西部地区成长型中小企业董事会特征及其对企业绩效的影响研究

魏良益　著

科学出版社

北京

内 容 简 介

代理问题被认为是所有的企业契约观点的最本质因素，其实，企业控制权才是投资人、经理人以及债权人争夺的真正目标，因为企业剩余控制权和资金分配权会给控制人带来"利益"。对于高速成长的中小企业，实际控制人对董事会构成、规模、领导构成等特征要素起着重要影响作用，实际控制人能力是董事会治理效率和质量的关键因素。因此，本书着重运用控制权理论，从实际控制人维度研究成长型中小企业董事会治理问题，通过理论模型构建和实证研究，深入剖析成长型中小企业董事会特征及其对企业绩效的影响。本书根据公司治理理论、实证结果并结合经验观察，提出了我国西部地区成长型中小企业董事会治理面临的重要问题以及进一步完善成长型中小企业董事会治理的对策建议。

本书理论联系实际，对企业经营管理、科研、政策制定具有指导意义，可为公司治理、企业管理实务工作者和科研工作者提供理论借鉴，也可为政府职能部门提供决策参考。

图书在版编目(CIP)数据

西部地区成长型中小企业董事会特征及其对企业绩效的影响研究 / 魏良益著. —北京：科学出版社，2016.10

ISBN 978-07-03-050168-4

Ⅰ.①西⋯ Ⅱ.①魏⋯ Ⅲ.①中小企业–董事会–研究–西部

Ⅳ.①F279.243

中国版本图书馆 CIP 数据核字 (2016) 第 240708 号

责任编辑：张　展　孟　锐 / 责任校对：孟　锐
责任印制：余少力 / 封面设计：墨创文化

科 学 出 版 社 出版

北京东黄城根北街16号
邮政编码：100717
http://www.sciencep.com

成都锦瑞印刷有限责任公司 印刷

科学出版社发行　各地新华书店经销

*

2016 年 9 月第 一 版　　开本：787×1092 1/16
2016 年 9 月第一次印刷　　印张：17.5
字数：400 千字

定价：85.00 元

(如有印装质量问题，我社负责调换)

前　言

　　几乎没有人反对公司治理对企业绩效的巨大影响。美国、德国、日本和英国有一些世界上最好的公司治理机制，大多数理论研究和经验论据的获得基本集中于这些国家。一些转型经济体的公司治理机制不太完善，不幸的是，这些国家对公司治理进行系统性的研究也极少。

　　代理问题是所有企业契约观点的最本质问题，投资人与经理人形成代理关系，经过双边、多边博弈，减少代理成本、提高投资收益是投资人追求的最终目标，这些基本观点构成了代理理论的重要内容。其实，企业控制权才是大投资人、经理人及债权人争夺的真正目标，因为企业剩余控制权和资金分配权会给控制人带来"利益"，有很多证据也证明控制权是有价值的。

　　过分关注并约束大投资人的行为，防止其侵占中小投资人和其他企业利益相关者的利益是我国现行经济和法律制度、理论研究的现状。事实上，经理人因为信息不对称、机会主义、私人利益更可能采用隐蔽的方式侵害投资人、企业的资金，减少企业资源的数量；大投资人或许更有动力和能力监管经理人的行为，因为他们有收回投资的兴趣和权力，承担了更多的成本和风险。

　　中小企业特别是成长型中小企业已成为推动我国经济持续发展的重要引擎，深入研究中小企业公司治理、董事会治理问题，从而促进中小企业可持续发展，极具价值。研究成长型中小企业董事会治理问题，首先需要认识清楚两个重要问题：一是与其他企业相比较，成长型中小企业董事会具有的不同但很重要的特征；二是这些特征因素对企业的经营业绩的作用与影响。与此紧密关联，向前追溯和向后延伸的问题有：一是我国中小企业成长的特定的经济社会情景；二是成长型董事会各特征因素影响企业经营业绩的程度或结果。基于此，本书在消化吸收国内外有关董事会治理研究成果的基础上，对我国成长型中小企业董事会特征特别是西部地区成长型中小企业董事会特征进行了系统研究。

　　本书以"理论研究—实证分析—对策建议"为主线，按照公司治理理论、董事会治理理论、董事会特征理论层层推进，对我国中小企业、成长型中小企业董事会治理现状进行了分析；以阐述成长型中小企业董事会的特征因素为突破点，深入分析了成长型中小企业董事会特征影响企业绩效的机理；以构建成长型中小企业董事会治理评价指标体系为手段，以创业板上市公司为研究对象，对我国西部地区成长型中小企业董事会治理及其对企业绩效影响进行了深入分析，对西部、中部、东部、东北部成长型中小企业董事会治理进行了比较研究；以公司治理理论、实证结果并结合经验现实，提出了我国西部地区成长型中小企业董事会治理面临的重要问题，以及进一步完善成长型中小企业董事会治理的对策建议。

　　与以前的研究不同的是，本书在借鉴现有研究成果的基础上，进行了创新。

第一，运用企业控制权理论，从实际控制人维度研究成长型中小企业董事会治理问题，是对传统主流研究范式——委托代理理论分析框架的创新与完善，是对现有董事会治理研究的补充与完善。

第二，分析并提出实际控制人能力是成长型中小企业董事会特征的重要构成因素的观点。从企业产权终极控制链看，实际控制人对董事会构成、规模、领导构成等特征要素起着重要影响作用，实际控制人能力是董事会治理效率和质量的关键因素。

第三，构建理论分析模型，对实际控制人影响成长型中小企业董事会特征的形成及其对企业绩效影响的内在机理进行了分析；构建了成长型中小企业董事会治理评价指标体系，对西部地区成长型中小企业董事会治理及其对企业绩效影响进行实证分析，对西部、中部、东部、东北部成长型中小企业进行了比较研究。

成长型中小企业因处于"青春期"而具有明显的特征，社会和政府对成长型中小企业董事会治理应有更全面的认识，不应过早剥夺大投资人、实际控制人对中小企业成长的引导和管理。与董事会权利与义务、董事会运行效率、董事会组织结构、董事会薪酬结构、董事会独立性相比，实际控制人能力是西部地区成长型中小企业董事会更加重要的特征要素。不断提升实际控制人能力或许是提高西部地区，以及全国各地成长型中小企业董事会治理水平的有效路径。

目　　录

第一章 研究概述

第一节 引　言

中小企业已成为推动我国经济持续发展的重要引擎，深入研究中小企业公司治理、董事会治理问题，从而促进中小企业可持续发展，极具价值。中小企业特别是科技型、成长型中小企业已成为我国提高自主创新能力的重要主体，这也是本书选择成长型中小企业为研究对象的现实背景。

董事会治理是公司治理的核心，是公司经营成功与否的决定性影响因素之一。关于董事会治理问题的研究成果层出不穷，特别是董事会治理的"特征因素"，因为"特征因素"是董事会治理可观察、可计量和可比较的显性指标，首先为人们所关注并加以研究，其中以"董事会特征如何影响公司绩效"为重点的研究较为集中。

董事会特征作为董事会的重要属性，通常包括董事会规模、董事会领导权结构、独立董事比例、实际控制人等重要因素。各流派的经济学理论，对于董事会治理中董事会角色（监督职能、决策职能）定位是不同的，从而对董事会治理影响公司绩效的内在机理的解释也就有所不同。本书研究的重点和难点之一便是讨论董事会的角色，梳理董事会特征影响公司绩效的内在机理。

随着微软、苹果、谷歌、Facebook、百度、新浪等产品进入千家万户，昔日名不见经传的中小企业成长到现在，其经营活动足以影响全球居民生活和工作的方方面面，改变大家生活和思维习惯，它们在商海中是如此耀眼和成功，人们不禁想起这些公司的创始人——比尔·盖茨、史蒂夫·乔布斯、拉里·佩奇、马克·扎克伯格、李彦宏、王志东，试想如果这些企业没有他们的带领又将有怎样的发展历程，又将何去何从？中小企业的创始人既是公司发展的实际控制人，又是公司发展的精神领袖。实际控制人用其掌握的技术知识为公司发展提供基石和支持，用其永不枯竭的创新精神承载着公司发展的使命，时刻监控并指引公司正确的发展方向，用其优秀的决断能力为公司赢得一次又一次的成功。实际控制人或许不是公司的直接经营者，不具体参与公司财富的创造过程，但是他却无处不在；实际控制人可以是各项公司发展重大事项的最终决策人，也可以是各项决策实施的最终监督者。但是，实际控制人作为公司所有人、业绩的最终受益人，他是通过何种方式管理团队、实施决策、确保公司健康发展呢？本书另一个难点和重点将聚焦于董事会特征——实际控制人能力如何影响公司绩效。

本书将通过创业板上市公司深入研究成长型中小企业董事会特征主要构成要素及其影响企业绩效的内在机理，并结合我国公司治理的环境因素研究我国成长型中小企业董事会治理问题，不仅对于规范和校正董事会成员的决策行为、促进投资者正确决策、帮助政府实施有效监管具有现实意义，而且对于推进我国创新型国家战略的实施，具有重要的理论和实践意义。

第二节　研究背景

2003年1月1日起施行的《中华人民共和国中小企业促进法》（简称《中小企业促进法》），鼓励企业顺应市场经济的需求，采用先进的技术、生产工艺和设备，生产符合市场需要的产品，推进企业科技的研发及科技成果产业化，促进高科技中小企业发展。该法律的颁布，加快了市场经济体制下中小企业管理制度健全的历程，增强了中小企业发展壮大的决心和信心。

2007年，党的十七大报告指出，要"促进中小企业发展""提高自主创新能力，建设创新型国家"。支持、帮助广大中小企业健康成长、顺利度过成长期、进入规范发展阶段成为实现我国建设创新型国家战略的重要举措。但多数中小企业面临着企业规模急剧扩大、资源瓶颈凸显、经营风险急增等诸多问题，如何建立有效的公司治理机制是中小企业进一步发展壮大必须完成的重大任务。

2009年9月19日，《国务院关于进一步促进中小企业发展的若干意见》成为中小企业发展壮大的又一里程碑，意见指出，要"进一步营造有利于中小企业发展的良好环境"，要"切实缓解中小企业融资困难"，要"加大对中小企业的财税扶持力度"，要"加快中小企业技术进步和结构调整"，要"支持中小企业开拓市场"，要"努力改进对中小企业的服务"，要"提高中小企业经营管理水平"，要"加强对中小企业工作的领导"，从八个方面进一步着手解决中小企业发展壮大的切实问题。在《中小企业促进法》的基础上，新意见出台的政策更细化、更深入、更加健全了中小企业发展的法律基础。2009年10月23日，创业板的开板切实体现了政府为解决中小企业融资困难付出的辛劳和努力。

2011年3月发布的《中华人民共和国国民经济和社会发展第十二个五年规划纲要》（简称《纲要》）提出，"大力发展中小企业，完善中小企业政策法规体系，促进中小企业加快转变发展方式""推动中小企业调整结构，提升专业化分工协作水平""引导中小企业集群发展，提高创新能力和管理水平""创造良好环境，激发中小企业发展活力"。2011年9月，由工业和信息化部发布的《"十二五"中小企业成长规划》指出，"中小企业是我国国民经济和社会发展的重要力量。促进中小企业又好又快发展，是保持国民经济平稳较快发展的重要基础，是关系民生和社会稳定的重大战略任务"，《纲要》总结了"十一五"时期实施中小企业成长工程的基本情况，分析了未来五年中小企业发展面临的国内外环境，并依据我国加快转变经济发展方式、优化经济结构、顺应各族人民过上更好生活新期待的新要求，提出了"十二五"时期促进中小企业成长的总体思路、发展目标、主要任务和重要措施。

随着西部大开发战略的实施，西部地区中小企业得到了较快的发展，但是相对于中部、东部地区中小企业发展水平而言，仍有较大的差距。著者身为西部地区科研工作者的一份子，编写本书，希望能够为西部地区中小企业健康、持续发展壮大贡献出自己的微薄力量。

第三节 研究意义

本书通过深入研究成长型中小企业董事会特征主要构成要素及其影响企业绩效的内在机理，结合我国公司治理的环境因素，研究我国成长型中小企业董事会治理问题，主要意义与目的体现在以下几个方面。

首先，有助于支持、帮助广大中小企业健康成长。如今大多数中小企业都面临着公司治理方面诸多问题，引入战略投资者、股权结构重构、制度规范与创新等是其发展壮大的必然路径，企业形态将从家庭式、家族式向公众公司演变。通过本书对成长型中小企业的董事会特征因素及其对公司绩效的影响研究，有助于成长型中小企业适时地调整其董事会规模、独立董事构成比例等，提高公司业绩，顺利成长为规范成熟的现代企业。

其次，规范和校正董事会成员的决策行为，促进投资者正确决策，帮助政府实施有效监管。股东的分散化、业余化导致了董事会通过投票权和提议权对公司重大经营活动实施决策，监督公司的日常经营活动，董事会的管理效率直接影响公司经营绩效。政府是市场的监管者，董事会行为的规范性间接反映了政府监管的有效性。

最后，有助于促进中小企业发展，推进我国创新型国家战略的实施。由于我国特色的社会经济发展历程，中小企业的产生、发展与西方发达国家或者发展中国家有很大的不同。随着我国市场经济体制的确立及国民经济的快速发展，中小企业在我国国民经济结构中的地位也逐步提高。中小企业特别是高科技中小企业颠覆了传统的企业发展路径，它们旺盛的创新意识和能力不断推动高科技产品的更新换代和战略新兴产业的发展壮大，从而提升我国总体科技创新水平。

第四节 概念界定与研究范围

一、概念界定

西部地区：根据国家的现行划分，我国西部地区包括四川、重庆、贵州、云南、西藏、内蒙古、陕西、甘肃、青海、宁夏、广西、新疆 12 个省、自治区和直辖市。

成长型企业：根据中国企业评价协会、国家发展与改革委员会中小企业司、国家统计局工业交通统计司、国家工商总局个体私营经济监管司、中华全国工商业联合会经济部、民建中央企业委员会社会服务部、中国民营科技实业家协会和深圳证券交易所策划国际部组成的中小企业发展问题研究联合课题组的定义，所谓成长型中小企业，是指在较长时期内（如 5 年以上），具有持续挖掘未利用资源的能力，不同程度地表现出整体扩张的态势，未来发展预期良好的中小企业。本书采用此定义。

中小企业：根据 2011 年 6 月 18 日工业和信息化部、国家统计局、国家发展和改革委员会、财政部联合印发的《关于印发中小企业划型标准规定的通知》，规定各行业中小企业的具体划型标准，一是农、林、牧、渔业，营业收入两亿元以下；二是工业，营业收入四亿元以下或者从业人员一千人以下；三是建筑业，营业收入八亿元以下或者资产总额八亿元以下；四是批发业，营业收入四亿元以下或者从业人员两百人以下；五是零售业，营业收入两亿元以下或者从业人员三百人以下；六是交通运输业，营业收入三亿元以下或者从业人员一千人以下；七是仓储业，营业收入三亿元以下或者从业人员两百人以下；八是邮政业，营业收入三亿元以下或者从业人员一千人以下；九是住宿业，营业收入一亿元以下或者从业人员三百人以下；十是餐饮业，营业收入一亿元以下或者从业人员三百人以下；十一是信息传输业，营业收入十亿元以下或者从业人员两千人以下；十二是软件和信息技术服务业，营业收入一亿元以下或者从业人员三百人以下；十三是房地产开发经营业，营业收入二十亿以下或者资产总额一亿元以下；十四是物业管理业，营业收入五千万元以下或者从业人员一千人以下；十五是租赁和商务服务业，从业人员三百人以下或者资产总额十二亿元以下，十六是其他未列明行业，从业人员三百人以下。企业类型的划分以统计部门的统计数据为依据。

董事会特征：根据文献梳理和课题研究设计，本书将董事会属性主要分为董事会结构、董事会特征和董事会程序，其中董事会特征包括董事会规模、独立董事比例、董事会领导结构、董事持股比例、董事薪酬、董事会会议次数、董事受教育程度、董事性别比例、董事从业经验、董事声誉、实际控制人能力等 11 个要素。

董事会规模：董事会成员总数，包括董事长、副董事长、董事及独立董事等，董事可以担任其他经营管理职务。

独立董事比例：企业独立董事人数占董事会总人数的比例。

董事会领导结构：企业董事会董事长与总经理两权合一或是两权分离状况。

董事薪酬：非独立董事的报告期年度平均薪酬（在董事会特征对公司业绩影响的实证研究中，董事薪酬采用董事会报告期薪酬总额）。

董事会会议次数：董事会报告期内召开会议总次数，包括定期、临时董事会会议。

董事受教育程度：董事会所有成员的学历构成，分为大学以下学历、大学学历、硕士研究生学历、博士研究生及以上学历四类（在董事会特征对公司业绩影响的实证研究中，董事受教育程度用董事会成员硕士研究生及以上学历董事人数占董事会总人数的比例衡量）。

董事性别比例：董事会女性董事占董事会总人数的比例。

董事从业经验：董事会成员从业时间的算术平均值。

董事声誉：董事会成员在报告期内是否受到中国证券监督管理委员会（简称证监会）的稽查、行政处罚、通报批评，是否存在被其他行政管理部门处罚及证券交易所公开谴责的情况，是否受到被采取司法强制措施的情况，以相关管理部门的信息披露为准（不采用一般媒体报道）。

实际控制人、实际控制人能力：实际控制人指虽不是公司的股东，但通过投资关系、协议或者其他安排，能够实际支配公司行为的人。根据《上市公司收购管理办法》《股票上市规则》《中小企业板上市公司控股股东、实际控制人行为指引》等文件，有下列情形之一的，将被认定为"能够实际支配公司行为"，并被认定为实际控制人：①单独或者联合控制一个公司的股份、表决权超过该公司股东名册中持股数量最多的股东行使的表决权；②单独或者联合控制一个公司的股份、表决权达到或者超过 30%；③通过单独或者联合控制的表决权能够决定一个公司董事会半数以上成员当选的；④能够决定一个公司的财务和经营政策，并能据此从该公司的经营活动中获取利益的；⑤有关部门根据实质重于形式原则判断某一主体事实上能对公司的行为实施控制的其他情形。

本书采用实际控制人知识结构、身心素质、决策能力的加权评价指数度量实际控制人能力。

董事会治理评价指数：董事会权利与义务指数、董事会组织结构指数、董事会运行效率指数、董事会薪酬指数、董事会独立性指数、实际控制人能力指数的加权指数。

公司业绩：衡量公司经营成果的财务计量指标，包括每股收益、净资产收益率、主营业务收益率等。

二、研究范围

本书的研究范围包括研究主要内容、研究重点、研究难点、研究基本观点和研究创新点。

(一)研究主要内容

(1)成长型中小企业董事会特征构成要素研究。归纳分析国内外研究文献中关于董事会特征的构成要素，从我国经济处于"转轨"阶段、公司治理环境与成熟市场经济国家存在差异、成长型中小企业与成熟型企业董事会的使命与职责存在差异等出发，分析我国成长型中小企业董事会特征的主要构成要素，以期构建与我国成长型中小企业发展需求相适应的董事会治理机制，是本书研究的出发点。

(2)董事会特征对企业绩效影响机理研究。基于企业控制权和最终产权观点，结合我国中小企业产生和发展的特定历史、文化背景和现实情境，研究我国成长型中小企业董事会特征主要构成要素影响企业绩效的内在机理，重点研究成长型企业董事会特有的特征要素对企业绩效影响机理，构建理论分析模型，构成本书理论分析的主要内容。

(3)董事会特征对企业绩效影响的实证研究。参照南开大学公司治理董事会治理评价指标体系(CCGI[NK]指标体系)，构建我国成长型中小企业董事会治理评价指标体系，利用公司披露信息和数据，对我国创业板上市公司董事会特征主要构成要素与企业绩效关系进行实证分析，对董事会治理状况进行评价，提出有益于我国成长型中小企业董事会治理机制完善的建议，构成本书实证分析的主要内容。

(二)研究重点

(1)董事会特征对企业绩效影响机理研究。基于企业控制权理论和最终产权观点，研究我国成长型中小企业董事会特征主要构成要素影响企业绩效的内在机理，特别是对成长型企业董事会特有的特征要素对企业绩效影响机理的研究，构建理论分析模型。

(2)董事会特征对企业绩效影响的实证研究。根据理论分析模型，构建我国成长型中小企业董事会治理评价指标体系，以创业板上市公司为对象，对我国创业板上市公司董事会特征与企业绩效的关系进行实证分析。

(三)研究难点

(1)运用企业控制权理论研究中小企业董事会治理问题，分析董事会特征主要构成要素影响企业绩效的内在机理，是对传统主流研究范式——委托代理理论分析框架的创新和完善，将面临一定的理论创新难度。

(2)董事会治理评价指标体系指标的选择及权重的确定是实证分析的难点。

(四)研究基本观点

(1)实际控制人通过控制权机制影响董事会特征与治理效率。成长型中小企业实际控制人通常是成长型中小企业的创始人，其企业精神、核心价值观、创业能力决定了企业兴衰成败。企业实际控制人通过金字塔股权链、交叉持股、直接控股等各种途径掌握着企业控制权，影响着董事会特征、董事会行为及董事会治理效率。

(2)实际控制人能力是成长型中小企业董事会治理的重要特征要素。从企业产权终极控制链看，实际控制人对董事会构成、规模、领导构成等特征要素起着重要影响作用，实际控制人能力是董事会治理效率和质量的关键因素。

(3)董事会规模、构成、领导结构、实际控制人能力与企业绩效显著相关。与董事会规模、构成、领导结构等要素一样，企业实际控制人能力与企业绩效显著相关，原因在于我国成长型中小企业的最高管理者多数由实际控制人(创始人)担任，作为实际控制人的企业家才能决定企业经营绩效。

(五)研究创新点

(1)运用企业控制权理论，从实际控制人维度研究成长型中小企业董事会治理问题，是对传统主流研究范式——委托代理理论分析框架的创新与完善，是对现有董事会治理研究的补充与完善。

(2)分析并提出实际控制人能力是成长型中小企业董事会特征的重要构成因素的观点。

(3)对实际控制人影响成长型中小企业董事会特征的形成及其对企业绩效影响的内在机理进行分析，构建理论分析模型，并进行实证研究。

第五节　研究方法与研究框架

一、研究方法

定性和定量分析相结合，本书主要采用比较分析、文献分析等方法对成长型中小企业董事会特征的构成要素、董事会特征要素影响机理进行定性分析，主要采用统计分析(相关分析和回归分析)等方法对成长型中小企业董事会治理评价指标体系、董事会特征与企业绩效的关系进行定量研究。

二、研究框架

第一章为研究概述，包括引言、研究背景、研究意义、概念界定与研究范围、研究方法与研究框架，其中研究范围还包括研究内容、重点、难点、基本观点和创新点。

第二章为我国中小企业及公司治理理论的发展，包括我国中小企业产生和发展、我国中小企业公司治理理论研究的现状、我国中小企业公司治理理论研究评述。

　　第三章为我国中小企业董事会治理理论的发展,包括我国中小企业董事会治理理论研究的兴起、我国中小企业董事会治理理论研究的现状、董事会治理理论研究评述。

　　第四章为我国中小企业董事会特征与企业绩效的理论研究,包括国内外企业董事会特征理论研究综述、我国中小企业董事会特征研究现状与评述、成长型中小企业董事会特征及构成要素、成长型中小企业董事会特征影响企业绩效的机理分析。

　　第五章为我国西部地区成长型中小企业董事会治理指数对企业绩效影响的实证分析,包括我国西部地区成长型中小企业的发展历程与现状,我国西部地区成长型中小企业董事会治理评价指标体系的构建,实证研究样本资料的选择,模型构建、检验及分析。

　　第六章为我国西部地区成长型中小企业董事会特征对企业绩效影响的实证分析,包括西部地区成长型中小企业董事会特征要素,实证研究样本资料的选择,成长型中小企业董事会特征对企业绩效的模型构建、检验及分析,董事会特征对企业绩效实证结果及分析。

　　第七章为我国西部地区成长型中小企业董事会治理面临的制约问题与对策建议,从制约问题和对策建议两个方面进行具体阐述。

　　第八章对全书研究内容及主要研究结论进行梳理总结,指出需要进一步深入研究的方向和主要问题。

第二章 我国中小企业及公司治理理论的发展

第一节 我国中小企业产生和发展

一、国有中小企业发展历程

国有中小企业发展体现了我国经济体制改革历程。在改革开放以前，对国有中小企业实行统一管理，各种弊端开始显现。1956 年，毛泽东在《论十大关系》中就指出，把所有权力全部集中到中央或省市，不给工厂一点权力是不妥的。孙治方认为，属于企业内部简单再生产的范围属于小权，应交予企业处理，国家行政干预过多就会管死；属于企业扩大再生产、价值增值的范围属于大权，必须由国家进行严格控制。1978 年党的十一届三中全会指出，应该有领导地大胆放权，让地方和工农业企业在国家统一计划指导下有更多的经营管理自主权。此后，国有中小企业开始逐步推进产权制度改革，探索所有权管理权两权分离、建立现代企业制度、国有资产管理体制等系列制度改革。

(一)第一阶段：行政管辖阶段(1949~1977 年)

1949 年新中国成立后，为了加快社会主义基本建设和经济复苏，国家在 1956 年年底顺利完成了对农业、手工业、资本主义工商业的"三大改造"，社会主义基本经济制度建立起来，高度集中计划经济体制形成。同年，国务院颁布了《关于目前私营工商业和手工业的社会主义改造中若干事项的决定》，明确规定："各地国营商业、工业企业部门应尽快筹备建立起各行各业的专业性公司，以便管理机关对各项社会主义业务和改造工作进行分类管理。[1]"通过此措施，政府兼具行政管理和企业管理混合体职能便确立下来。企业管理行为行政化对公司治理造成"外部治理内部化，内部治理外部化"的影响[2]。1958~1960 年三年基本建设期间，全国基建投资总额达到 1007.4 亿元，有 9 万多个小项目进行施工，地方经济体系开始在各地纷纷建立，开办了大量的中小企业，如小化工厂、小化肥厂、小水泥厂、小钢铁厂等。在 20 世纪 60 年代中后期，县域经济也逐步发展起来。

(二)第二阶段：扩大自主权阶段(1978~1984 年)

为根本解决集中的计划经济体制弊端，改革开放把国有中小企业发展引领到新的阶段。1978 年 10 月，四川省选择了包括宁江机厂在内的 6 个企业作为改革试点，标志着中国国有中小企业改革序幕拉开。1979 年 5 月，原国家计划经济委员会等 6 个单位，在北

---

① 豆建民. 中国公司制思想研究[M]. 上海：上海财经大学出版社，1999：93.
② 李维安，武立东. 公司治理教程[M]. 上海：上海人民出版社，2002：294.

京、上海、天津三个直辖市选择了 8 个企业(包括首都钢铁公司)开展扩大自主权试点工作。1979 年 9 月，国务院发布了 5 个文件，涉及改进折旧费和提高折旧率使用办法、开征固定资产税、扩大国营企业自主权、实行利润留成、实行流动资金全额信贷等，在各个地方选择企业试点运行。1979 年，全国试点企业为 4200 个，1980 年，试点企业达到 6000 个，达到全国总企业预算数的 16%，总利润的 70%，产值的 60%。1981~1982 年，在公交企业中实行经济责任制，随后的 1983~1984 年试行利改税制度，扩大企业自主权经营①。改革开放前，我国对国有中小企业进行改革的主要方向是在划分中央和地方的权限上面；改革开放后，国有中小企业改革的重点放在了国家和企业关系调整上面，开始关注调动企业员工工作积极性。这种改革思路与以前相比，有了质的提高，开始注重从企业内部来提升企业经营效益，当然仍是在计划经济体制下进行的，也还没有达到自负盈亏、自主经营比较理想的状态。

(三)第三阶段：所有权经营权分离阶段(1985~1992 年)

1984 年 12 月，党的十二届三中全会《关于经济体制改革的决定》提出了要发展计划经济体制下的商品经济，提高企业独立自主性，自负盈亏；指出了国家对企业管得太多太死，把全民所有同国家机构直接经营企业混为一谈，所有权同经营权是可以分开的。此后，国有中小企业拉开企业承包经营制的序幕，改革正式进入两权分离阶段。1988 年，国务院发布了《全民所有制工业企业承包经营责任制暂行条例》，到 1990 年，第一轮承包经营预算的企业达到 3 万多家，启动了第二轮承包经营。1988 年之后，中央和各级地方政府停止开办新的国有中小企业②。

(四)第四阶段：公司制改革阶段(1993 年至今)

1992 年，邓小平同志发表了南巡讲话，从思想认识的层面解决了国有企业到底是"姓社"还是"姓资"的问题，经济体制改革进入新阶段。1993 年，中共中央十四届三中全会在《关于建立社会主义市场经济体制若干问题的决定》中提出，要在包含国有中小企业在内的所有企业建立权责明晰、产权分明、管理科学、政企分开的现代企业制度，并规定全部法人财产包括国家在内的投资者归企业所有，依法自负盈亏、自主经营，深化了两权分离理论。1994 年，国务院在全国选定了 100 家企业进行试点改革，并取得了初步经验。但由于历史问题积累较多，国有中小企业发展面临着众多困难，使得有 1/3 明亏、1/3 潜亏、1/3 盈利。

在当时条件下，国有企业改革具有必然性。国有企业所有制结构发生重大变化，三资企业、个体企业、私营企业迅猛发展，在运行机制、管理机制、盈利机制、分配机制等方面比国有中小企业都具有一定的优势，市场竞争力较强，市场开拓和经营决策较灵活，加上一系列大型跨国公司在技术、产品、规模、服务上面都具有绝对优势，国有中小企业的发展面临着巨大困难。1995 年 9 月，党的十四届五中全会提出了国有企业改革，1997 年 9 月，党的十五大会议进一步指出，要着眼于搞好整个国有经济，抓好大

　①　周叔莲. 国有企业改革三十年的回顾与思考[J]. 改革发展，2009，(1)：19—27.
　②　杨永兵，石进芳. 关于我国中小企业演变特征的再认识[J]. 经济师，2004，(8)：74—75.

的，放活小的，对国有企业实施战略性改组；采取改组、联合、兼并、租赁、承包经营和股份合作制、出售等形式，加快放开搞活国有小型企业的步伐①。

根据对 21 个省、自治区、直辖市的统计，到 1998 年年底，具有独立核算资格的国有小企业改制比例已达到 80％，一些地方力度更大。安徽省的 2061 家国有地方型工业小企业改制户数为 1923 户，改制比例为 93.3％，江西省国有中小企业改制比例达到 87％。而四川省乐山市、绵阳市国有企业改制比例已超过 98％。经过这一时期一系列改革，国有小企业数量由 1995 年的 72237 户下降到 1998 年的 43196 户，下降比例达到 40％。

据统计，在 80％实施改制的国有小企业中，承包占 7.28％，租赁占 7.28％，出售占 8.17％，股份合作制占 22.6％，破产占 2.81％，兼并占 4.4％，其他形式占 43.9％。多种改制形式加速了国有中小企业改制速度，经营状况好转，亏损比例下降，创新力加强，地方财政收入增加。1998 年，通过对 18 个城市调查，改制企业销售收入、工业增加值和工业总产值分别增长 6.6％、5％和 7.3％，减亏额为 6365 万元，减亏幅度达到 84％。

2002 年 6 月 30 日，《中华人民共和国中小企业促进法》正式颁布，对国有中小企业发展起着巨大推动作用。我国通过一系列切实可行的实践措施推动国有中小企业产权改革，主要包括以下措施：通过内部员工购买本企业产权将原国有中小企业转变成股份合作制企业；通过资本市场这一平台将企业股份向社会公众出售；通过产权交易市场将企业产权向非国营企业主出售；MBO 即管理层内部收购。但是也出现了国有资产流失、原国有企业员工安置等一系列问题。

第一，股份制改造中出现国有资产流失现象，国家和职工利益受到侵害。企业产权制度改革需要进行详细认证、科学调研、制订方案、实施步骤和妥善管理，但是存在相当量的企业对职工持股只停留在"个人得利、企业融资"片面认识上。只注重员工持股数量和改制的速度，盲目跟风，员工持股一哄而上，企业产权制度改革一蹴而就，对改制效果、员工持股方式、何时持股、持股比例、股份能否流通、股份能否上市、能否继承、转让方式、分红方式等没有进行详细规划，简单效仿其他企业。而管理者和一部分官员甚至认为这是国家留给自己的最后一份蛋糕和福利，而趁机中饱私囊，损害了国家、企业和职工的利益，造成国有资产流失。

第二，股份制改造理念发生偏差，只是作为简单融资行为。许多职工虽然购买了企业产权，成为企业所有者，但都存在着增加收入、入股分红的投机心理，并没有真正理解股权投资意义，没有从长远眼光来看待企业发展，并未重视企业治理结构的完善。许多企业领导只是把股份制改造作为一种简单融资行为，企业产权结构发生变化，但经营管理体制模式仍没有发生变化，法人治理结构不完善，职工持股没有达到实质目的。

第三，监督机制不完善。职工把资金投入企业以后，投资资金并没有运用到开发新产品、进行新投资、开展新研制、创造新效益、扩大再生产，而是用于非生产性投资，如交通工具、办公设备购置等方面，效益低，经营困难，职工利益受到损害。

二、乡镇企业发展历程

我国乡镇企业是在计划体制下初创，在市场经济中成长的，其发展历程不仅是我国

---

①　豆建民. 中国公司制思想研究[M]. 上海：上海财经大学出版社，1999：98.

农村工业化的一个写照，而且是判定乡镇企业持续发展条件的历史视角①。乡镇企业的治理结构大致经历了承包制、早期的股份合作制和经营者持大股三种形态治理结构的变迁②。

(一)第一阶段：社办工业阶段(1958~1965年)

1958年，毛泽东第一次提出了社办工业的概念，也就是乡镇企业的雏形，该阶段社办工业阶段发展情况如表2-1所示。

表2-1　1958~1965年社办工业产值

年份	社办工业总产值/亿元	队办工业产值/亿元	社队工业总产值/亿元	比上年增减/%
1958	62.5		62.5	
1959	100		100	60
1960	50		50	50
1961	19.8	32	51.8	3.6
1962	7.9	33	40.9	−21
1963	4.2	36	40.2	−1.7
1964	4.6	40	44.6	10.9
1965	5.8	24	29.3	−33

资料来源：张毅，张颂颂. 中国乡镇企业简史[M]. 北京：中国农业出版社，2001；于驰前，当代中国的乡镇企业[M]. 北京：当代中国出版社，2009.

注：1958~1960年，由于中央规定不允许生产队创办企业，故没有队办工业产值项

(二)第二阶段：社队企业阶段(1966~1978年)

1966~1969年，受"文化大革命"影响，统计数据为估计所得，1967年比1966年工业产值增加了7.3%，1969年比1968年工业产值增加12%。1970~1974年，知识青年下乡推动了农业活动发展，社队企业规模每年以24%的速度增长，但由于物资和资金缺乏、政策打压，社队企业产值增长较慢，1970年为67.6亿元，1974年为151.3亿元，社队工业产值和数量以年均10%的速度增长。1975~1978年，由于基层干部和农民创办社队企业积极性提高，社队企业增长平均速度提高到25%，1975年社队企业数量为7.74万个，1978年就快速增长到152万个，1975年工业产值为197.8亿元，1978年增长到609亿元。

(三)第三阶段：复苏阶段(1979~1984年)

1978年年底召开了十一届三中全会，标志着我国改革开放拉开序幕。农村经济发生了一系列深刻变革，"以粮为纲"的单一目标结构得到变革，创办了各种经营模式的乡镇企业，劳动力就业结构和农业产业结构得到调整，农村经济得到快速复苏，转移大量农村剩余劳动力，新创就业岗位达到1.3亿个，开始了工业化进程。乡镇企业数量及产值

---

① 夏英，牛若峰. 中国乡镇企业：长期发展的问题和选择[J]. 农业经济问题，2000，(6)：14—15.

② 吕达成. 中小企业治理结构的变迁及其发展[J]. 改革研究，2003，(12)：12—13.

数据如表 2-2 所示。

表 2-2　1979～1984 年乡镇企业发展情况

年份	1979	1980	1981	1982	1983	1984
规模增长率	−3	−3.8	−6.1	1.9	−1.2	350.2
总产值增长率	11.5	19.5	11	17	19.2	68
工业产值增长率	10.2	19.3	11.1	14.8	17.2	64

资料来源：张毅，张颂颂. 中国乡镇企业简史[M]. 北京：中国农业出版社，2001；于驰前，当代中国的乡镇企业[M]. 北京：当代中国出版社，2009.

　　1984 年，六届全国人大二次会议上提议制定《中华人民共和国乡镇企业法》，该法对乡镇企业定义作出如下界定："乡镇企业是指农村集体经济或者农民投资超过百分之五十，或者虽不足百分之五十、但能起到控股或者实际支配作用、在乡镇（包括所辖村）举办的承担支农义务的各类企业。"乡镇企业任务就是要增加社会有效总供给，提供社会服务，吸收农村剩余劳动力，根据市场需要发展商品生产，支援农业，提高农民收入，推动农村农业现代化，促进农村和国民经济发展。1983 年前，社队企业只有队办企业和社办企业，1984 年改名为乡镇企业，包括合作企业、个体企业、村办企业、乡办企业等，工业产值、总产值、企业规模都有大幅度的提升。

（四）第四阶段：调整发展阶段（1985 年至今）

　　1985～1988 年，乡镇企业经历第一次高峰阶段。乡镇企业以前是社队企业，1978 年总产值为 493 亿元，占农村总产值的 26.1%，1984 年改名后得到了快速发展，1985～1988 年，乡镇企业总产值年均增长率为 39.6%，到 1988 年乡镇企业总产值达 6495.7 亿元，企业数达 1888 万个，从业人数达 9546 万人，这一时期的乡镇企业发展极大地促进了国民经济的繁荣[①]。

　　1989～1990 年，乡镇企业经历第一次调整时期。1989 年，中共十三届三中全会提出了整顿经济秩序、改善经济环境的改革方针，对经济发展速度和规模进行调整，针对乡镇企业发展中出现的一系列问题，国家制定了"调整、整顿、改造、提高"的政策，规范经济秩序，对盲目建设乡镇企业项目进行整顿，防止经济过热，压缩基础设施规模，对经济效益差、环境污染严重、原材料耗费高的企业采取关停、合并、技改等措施，在此期间，乡镇企业职工人数出现负增长，总产值下降 14%。

　　1991～1995 年，乡镇企业经历第二次高峰期。乡镇企业经过第一次整顿，企业管理水平得到显著提高，引进并采用了一系列高新技术，资源原料耗费降低，环境污染程度减弱，经营绩效上升，市场竞争力得到提升，为乡镇企业发展打下了良好基础。1991年，乡镇企业总产值为 11612.7 亿元，1995 年猛增到 68915.2 亿元，年平均增长率高达56%。1992 年，乡镇企业总收入达 15931 亿元，比 1991 年增长 49.5%；实交国家税金达 500 亿元，增长 37%。乡镇企业总产值从 1991 年开始 4 年迈过 4 个台阶，1991 年突破万亿，而 1994 年达 45378 亿元，突破 4 万亿大关。乡镇企业已毫无争议地成为农村经

---

① 王宝文. 中国乡镇企业发展历程及转型研究[J]. 农村经济，2012，(2)：65.

济的支柱和国民经济的重要组成部分[①]。1995 年，乡镇企业职工人数为 12862 万人，利润总额为 1775 亿元，出口贸易额高达 5394.5 亿元。乡镇企业职工人数和规模增长速度有所减缓，但其管理水平不断得到提高。

1997~2001 年，乡镇企业经历第二次调整期。1997 年 1 月，我国正式实施《中华人民共和国乡镇企业法》，乡镇企业开始深化产权制度改革。由于受亚洲金融危机影响，我国乡镇企业总产值年平均增长率低于 10%，发展速度大幅度降低。在这一阶段，大量乡镇企业逐步改制为个体经济、私营经济和股份制，改革成为自负盈亏、自主经营、独立核算、自我发展、自我约束的企业法人和市场竞争主体。随着产权制度改革，乡镇企业规模逐步扩大，开始融入国际市场，引进并采用高新技术，西部地区乡镇企业加快发展速度，不少地方甚至高于东部地区。但是在这一阶段，乡镇企业发展速度减慢，乡镇企业转变成私营企业，劳动力吸纳能力和企业总数呈下降趋势。

截至 2004 年上半年，从农业部乡镇企业局统计数据看，经济总量略有下降的形势依然明显，但从农民就业和乡镇企业获得的收入来看，乡镇企业仍然是解决"三农"问题的有效载体和重要平台[②]。

2005 年后，乡镇企业迎来第三次高峰发展时期。在我国加入 WTO 后，乡镇企业得到良好发展机遇，出口规模、生产规模不断扩大，经营管理水平不断提高，企业运行状况平稳。2006 年，乡镇企业数量为 2314 万家，职工人数为 14680 万人，总产值为 249708 亿元。随着国际化、市场化加深和经济结构调整，乡镇企业出现如下新的特征：第一，产业集群发展格局初步形成，2008 年的产业园区数量为 7879 个，入驻产业园区企业数量为 67.5 万家，总产值为 98411.5 亿元；第二，创新意识得到提高，研究开发机制得到建立，乡镇企业发展得到质的飞跃和提高。

三、民营中小企业发展历程

1956~1978 年，我国允许一定数量的个体经营户存在，以作为国家和集体经济的补充，但还不是民营企业。从 1978 年党的十一届三中全会开始，30 多年来民营中小企业从小到大、从弱到强、快速发展，推动了科学技术提高，成为国民经济重要组成部分。民营中小企业发展历史可分为三个阶段。

(一)第一阶段：初创阶段(1978~1986 年)

在此阶段，农村专业户和个体工商户是民营中小企业的主要形式。1978 年 12 月，党的十一届三中全会做出了"让一部分人先富起来"的决定。1979 年 9 月，党中央第一次明确了个体经济的作用和地位，正式确认城乡劳动者个体经济是社会主义公有制经济的补充和附属。1980 年 10 月，中共中央、国务院在《关于广开门路、搞活经济、解决城镇就业问题的若干决定》中做出了"多种经营形式、多种经济成分长期共存"的发展战略决策。1982 年 12 月，五届全国人大五次会议通过了《中华人民共和国宪法》(简称《宪法》)，《宪法》规定：在法律规定范围内的城乡劳动者个体经济，是社会主义公有制

①　幸元源. 改革开放以业我国乡镇企业的发展历程和展望[J]. 改革与开放，2009，(11)：99.
②　李敏. 乡镇企业发展历程与发展趋势探析[J]. 当代经理人，2006，(21)：141-142.

经济的补充，国家保护个体经济的合法权利和利益，在我国第一次通过法律形式明确了企业的法律地位。

从此，民营中小企业以个体经济形式快速发展起来。到 1981 年 12 月，全国登记注册的个体工商户由改革开放初期的 15 万户增长到 183 万户，从业人员达到 227 万人。1984 年 4 月 13 日，大连复员军人姜维创办了第一家私营企业——光彩企业，民营企业的创办正式拉开序幕，掀起了个体经济发展浪潮。

随后几年(1982~1986 年)，政府采取尊重人民群众自愿选择的策略，没有盲目地肯定和反对。1984 年，党的十二届三中全会明确提出发展多种所有制经济形式，作出了"社会主义经济是公有制基础上的有计划的商品经济"的判断。1986 年，全国个体工商户数是 1982 年的 4.6 倍，个体工商户从业人数是 1982 年的 5.7 倍。

(二)第二阶段：曲折发展阶段(1987~1996 年)

在此阶段，民营中小企业发展道路较为曲折。1987 年年初，党中央下达了"把农村改革引向深入"的文件，肯定了民营企业存在的积极作用和必要性。1988 年发布了《中华人民共和国私营企业暂行条例》，在《中华人民共和国宪法》中增添了关于私营经济的条款，民营企业的存在得到国家承认。但 1989 年发生的政治风波也给民营企业发展带来了一次大风暴，认为中产阶级、个体户、私营企业是资产阶级自由化根源，民营企业发展进入低谷。

1992 年，邓小平明确指出："不坚持社会主义，不改革开放，不发展经济，不改善人民生活，就只有死路一条"，提出了"三个有利于"标准，凡是"有利于发展社会主义生产力，有利于提高社会主义国家的综合国力，有利于提高人民生活水平"，都应该得到鼓励和发展。1992 年 10 月，党的十四大报告明确指出："在所有制结构上，以公有制(包括全民所有制和集体所有制)为主体，私营经济、个体经济、外资经济为补充，各种经济成分长期共存发展，不同的经济成分还可实行不同形式的联合经营。"党的十四大肯定了改革开放的重要成果，明确了社会主义市场经济体制目标，并提出了一系列改进措施，民营企业进入发展的春天。中共十四届三中全会通过的《中共中央关于建立社会主义市场经济体制若干问题的决定》又明确提出了："公有制主体地位主要体现在国家和集体所有的资产在社会总资产中占据的优势，国有经济控制国家经济的命脉并起主导作用，但分不同行业、不同地方，并不是在数量上都要占据绝对的优势，在积极发展集体经济和国家经济发展的同时，还要鼓励个体、私营和外资经济发展。"中共中央所作出的决定，统一了思想认识，对民营企业发展具有重大促进作用。

在一系列政策鼓励下，民营企业发展进入前所未有的高潮，许多民营企业以几十倍甚至上百倍的速度成长，成就了一大批知名企业，尤其是 1993~1995 年，民营中小企业实力得到爆发式膨胀。但从 1996 年开始，民营企业发展由于自身因素遇到困境，管理不善、速度过快、创新动力不足、人才结构失衡、资金浪费、多元化扩张过度，出现许多问题。

随着民营中小企业规模扩大，人员构成发生变化，虽然大多数民营中小企业核心管理层由亲人或朋友所组成，但也开始逐步引入经验丰富、技术知识水平较高的人员，分工逐步细化，生产规模扩大，企业雇工数量增加。企业管理者逐步认识到，企业发展建立在相互协调一致的目标上，而目标又建立在共同的价值观、相互信任上。没有信任，就没有凝聚力，企业盈利能力和绩效水平就难以提高。因此，民营企业家开始注重企业文化建设，重视企业内部人际关系沟通，开展员工职业发展规划，改善职工劳动工作环境①。

（三）第三阶段：快速发展阶段（1997 年至今）

1997 年，党的十五大把民营经济确定为国民经济重要组成部分，民营经济"成分"的概念被淡化，得到了前所未有的发展。1999 年 3 月，《中华人民共和国宪法修正案》明确指出："在法律规定范围内的私营经济、个体经济等非公有制经济，是社会主义市场经济重要组成部分。国家对个体经济实行监督、引导和管理，保护私有经济和个体经济的合法权利和利益。"从此，民营经济由"补充成分"地位上升到"重要组成部分"，民营企业家创业热情空前高涨。

2002 年，党的十六大报告指出，放宽民间资本市场准入条件，完善私人财产保护制度。2003 年，党的十六届三中全会提出了现代产权理论，为建立民营产权的保护机制提供了理论和政策依据。2004 年 3 月，《中华人民共和国宪法修正案》增加了"公民的私有财产神圣不可侵犯"条款。2005 年 2 月，国务院颁布了《关于鼓励支持和引导个体私营等非公有制经济发展的若干意见》，即"非公 36 条"，促进了民营企业的发展。

这一时期出台的一系列民营经济利好措施，推动民营中小企业发展进入了一个新的阶段，以高科技产业为代表的民营企业得到迅猛发展，民营中小企业技术水平不断提高，管理不断完善，进入全面发展时期②。

第二节　我国中小企业公司治理理论研究的现状

公司治理是我国中小企业现代企业管理制度体系中最重要的制度安排。现代公司与传统企业根本区别就在于经营权与所有权相分离，从而使所有者与管理者成为不同主体，两者之间形成相互制衡、相互监督机制，从而对企业进行有效的控制与管理。

我国中小企业由股东、董事会董事和高级管理人员组成基本的治理结构。在这种组织结构中，三者相互制衡。通过这一系列制度的安排，股东将自己的资产全权委托给董事会；董事会主要负责企业重大经营决策，处理企业重大经营活动，把企业日常经营活动交由管理层负责，对管理者进行选聘、调任、奖励及解聘，属于决策机构；管理层即经理层主要负责企业经营活动，制订企业经营计划，确定管理方案，对企业资源、资金、技术、人才进行组织，在董事会授权范围内进行经营活动，属于执行机构。而公司治理结构就是要明确股东、董事会、管理层和监督者各自职责，划分各自的职责、权力和利益，使权责利相统一，从而保证企业能够高效地运行。

一、中小企业公司治理理论

经济学文献中首次出现"公司治理"概念是 20 世纪 80 年代初期，公司治理的内容

---

① 张道航. 改革开放 30 年与民营企业发展及其社会责任演进[J]. 企业文明，2008，(4)：84.
② 张海丰，赵培. 我国民营企业发展历程与前景探析[J]. 市场论坛，2006，(8)：38—39.

是指管理公司股东、董事会、高级管理者及公司其他利益相关者之间相互产生的矛盾，要明确公司治理的核心，首先应该区别两个问题：第一是谁从公司的经营过程中获利；第二是谁应该从公司经营过程中获利。如果两个问题的答案不相同，便产生了公司治理的问题，这一解释由 Phlip L. Cochran 和 Syeven L. Wartick 在其 1988 年发表的《公司治理——文献回顾》中提出。除了 Phlip 和 Syeven，1995 年，Hart 提出了另外的成立条件，他认为，如果公司管理者和经营者之间存在代理问题，并且两者之间还存在交易成本，那么公司治理问题应运而生。公司治理问题经过长期的发展和研究之后，存在普遍接受的一种观点，公司治理概念可以划分为狭义的公司治理和广义的公司治理，狭义的公司治理主要解决公司经营者和所有者之间的代理矛盾，广义的公司治理既要解决经营者与管理者之间的代理问题，还要解决企业与其他利益相关者之间的矛盾，这里的利益相关者指代债权人、客户、供应商、政府等组织或个人。

　　在较成熟的国外公司治理理论研究基础上，结合我国经济发展的具体情况，众多专家学者提出了适用于我国企业的公司治理理论，李维安和武立东根据布莱尔 1995 年出版的《所有权与控制——面向 21 世纪的公司治理探索》一书的有关论述，将公司治理理论整理划分成为三个流派：一是金融模式论；二是"市场短视"论；三是"利益相关者"论。于东智[①]在 2004 年出版的《公司治理》一书中，将公司治理理论流派主要划分成为两类：宏观理论和微观理论，如图 2-1 所示。本书主要阐述主流且应用比较普遍的五种理论：委托代理理论、利益相关者理论、交易费用论、产权理论和大股东治理理论。

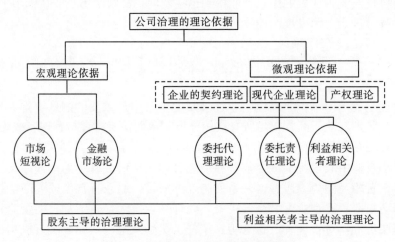

图 2-1　于东智的公司治理流派划分图

（一）委托代理理论

　　委托代理理论，是美国学者面临公司经营业绩下滑但是经理层却掌握公司较大比例公司控制权的现象，将经营业绩下滑归罪于公司管理层提出的观点。开创性人物代表 Jensen 和 Meckling[②]在 1976 年提出所有者和经营者之间的代理问题，包括经营者与所有

　　①　于东智. 公司治理[M]. 北京：清华大学出版社，2004：248.
　　②　Jensen M C, Meckling W H. Theory of the firm: managerial behavior, agency costs and ownership structure [J]. Journal of Financial Economics，1976，3：305−360.

者利益冲突产生的代理成本，为降低代理成本所有者采用的激励管理层的成本，两者的成本支出呈负相关。Holmstrom 在 1979 年完善了 Mirrlees 的委托代理模型后，形成了标准的委托代理分析模型，为经理人薪酬激励机制的制定奠定了坚实基础。Fama 和 Jensen[1] 认为，在以激励成本为代价的基础上，决策管理和风险剩余承担的分离可以提高公司经济风险的最优分配，委托代理的存在是非常必要的，然而在差劲的公司治理条件下，委托代理又可能为公司带来衰退的风险。根据委托代理理论，公司治理的任务主要包括以下三方面：一是公司治理机制由内部治理机制结合外部治理机制共同构成，旨在减轻管理者和股东之间的利益冲突；内部治理机制内容为大股东治理、董事会、薪酬激励机制和公司融资机制；外部治理机制内容包括公司控制权市场、公司声誉市场、公司产品和要素市场、法律咨询途径等。

（二）利益相关者理论

利益相关者理论的国外支持者的典型代表人物是 Aoki、Blair、Schmidt 和 Hellwing，国内支持者的典型代表人物是崔之元、杨瑞龙、周业安和方竹兰等。该理论的主要观点是："现代公司是由各个利益平等的利益相关者所组成的，股东只是利益相关者的其中一员，管理者不仅要为所有者服务，还要为其他利益相关者服务。公司并不是由股东主导的'分享民主'的企业组织制度，其实质上是一种受产品市场影响的企业实体。股东的利益并不是靠表决权来加以保护，而是要依赖于股票市场、产品市场和经理市场的保护。管理者、债权人和公司其他雇员等具有特殊资源者也同样是公司的所有者。"利益相关者理论根据服务团体的范围又可以划分成为公司应该为广泛的利益相关者服务和公司主要向关键的利益相关者服务。

（三）交易费用论

交易费用论思想的首创人物是 Williamson[2]，他在《资本主义经济制度》一书中通过引入资产专用性、交易频率和不确定性三个基本维度诠释了交易属性，特别是对资产专用性的详细刻画，极大地拓展了科斯的交易费用思想，让交易费用经济学更完整和系统。交易费用论的基本逻辑体系是不同的交易因为拥有不同的属性，需要不同的治理结构或制度安排来最大限度地节约交易费用，所以公司治理结构的目的是通过节约交易费用，增加公司的剩余收益。资产专用性、交易频率和不确定性三个维度还可以再进行细分，其中资产专用性包括绝对专用、非专用和混合式专用三部分；交易频率根据交易的频繁程度可以分为一次性交易契约、偶然交易契约和经常性交易契约，定义角度是买方；不确定性描述的是被代理人的机会主义造成的未来情况不可预测性。三个维度的交互作用可以产生新的代理形式，如古典契约，即完全由市场治理，没有资产专用性的代理模式；关系契约，即由企业治理，资产专用性程度非常高、交易频繁且具有很高的不确定性的代理模式；处于两者之间的混合代理模式，不同的代理模式切合不同的公司治理结构。

---

① Fama E F, Jensen M C. Separation of ownership and control[J]. Journal of Law and Economics, 1983, 26 (2): 301-325.

② Williamson S. Costly monitoring, financial intermediation, and equilibrium credit rationing[J]. Journal of Monetary Economics, 1986, (18): 159-179.

交易费用论解决公司治理问题的分析关键是从风险承担的角度来确定到底哪些利益相关者应该进入公司董事会。首先，作为公司所有者的投资人既面临投入资本被挪为他用的风险，又面临某些资产（如劳动力、中间产品）只有专项用途的风险；其次，作为另一主要利益相关者的债权人承担的风险通常只有贷款风险；最后，公司供应者的风险与股东承担的第二种风险类似，即资产的专用投资风险。综合分析结果是股东承担最大的风险，因此需要建立董事会这样一种治理结构来防止股东利益被侵蚀，其他利益相关者的风险可以通过签订一些具有法律约束意义的合同来加以保护。

（四）控制权理论

提出产权理论的代表性人物是 Grossman 和 Hart（1986）、Hart 和 Moore（1990）、Hart（1995），产权理论填充了交易费用论中没有涉及成本和收益解释的缺陷。产权理论强调了剩余控制权对兼并方产生收益，而对被兼并方产生成本的过程，思维严谨地阐述了由产权结构决定企业边界的数学模型，提出了企业的一体化。产权理论的立足点是公司的剩余权利，即在初始契约中没有规定的所有对资产的权利，也称为剩余控制权。拥有剩余控制权的一方等同拥有了剩余资产的所有权，考察了剩余资产在利益相关者之间的配置问题。产权理论明确了在不完全契约条件下，事前对契约规定以外的剩余控制权的配置至关重要，实现剩余索取权和剩余控制权的匹配问题，防止所有人被"敲竹杠"，失去对剩余资产的收益。

（五）大股东治理理论

大股东治理现象是 20 世纪 70 年代之后企业众多公司行为最为普遍的表象之一，并且出现了公司所有权结构越来越集中的趋势，这一趋势也通过中国、美国的学者对美国大公司进行研究证明，随后其他一些国家的研究也赞同这一普遍趋势。除了美国、英国、加拿大等少数国家，在欧美、东欧和东亚等大部分国家和地区还出现了家族、国家或者银行等作为控股股东的上市公司，这一现象同样出现在处于快速发展阶段的中国。所有权如此集中的中小企业面临的经营者和所有者之间的委托代理问题不再是其主要关系问题，控股股东与外部中小股东之间的利益冲突反而成为其迫切问题，因为控股股东几乎能够控制其全部的管理者。大股东治理通常会出现正反两方面的结果，正面影响是控股股东与管理者相互监督，减少所有者与经营者之间的代理成本；负面影响是大股东监督不力引起的内部人控制，大股东的经营侵占不利于外部债务性融资的进入，以及中小股东丧失监督和管理斗争，越发激起大股东的控制欲。虽然许多学者认为大股东治理有利于提高公司治理的整体效率，但是关于大股东治理的正反两方面的影响比例没有一个定量的结论。一种让人们普遍容易接受的结论是权衡股东监督成本和代理成本过程中，当投资者持股超过一定比例时，适宜采用股东监督经营的模式。

二、我国中小企业公司治理理论

我国公司治理研究起步较国外稍晚，学者开始对公司治理展开研究是在 1993 年党的十四届三中全会《关于建立社会主义市场经济体制若干问题的决定》提出对国有企业进行改革并构建现代企业制度这一目标之后，现代企业制度建立的主要关注点是认清企业的产权关系，形成完善的公司治理结构。公司治理概念的第一次明确提出可以追溯到1999年党的十五届四中全会通过的《关于国有企业改革和发展若干重大问题的决策》（简称《决策》），《决策》指出："企业法人治理结构是公司制的核心，要明确股东会、董事会、监事会和经理层的职责，形成各负其责、协调运转、有效制衡的公司法人治理结构。所有者对企业拥有最终控制权。董事会要维护出资人权益，对股东大会负责。董事会对公司的发展目标和重大经营活动作出决策，聘任经营者，并对经营者的业绩进行考核和评价。"此后，以民营企业、家族企业、中小型企业及创业板公司为主要对象的研究，针对国内的公司治理概念形成了不同的理论观点，归纳起来主要分为制度安排学说、组织结构学说、决策控制学说三种观点。

（一）制度安排学说

公司治理概念的制度安排学说由斯坦福大学教授钱颖一提出，他在《中国的公司治理结构改革和融资改革》中指出："从经济学家角度出发，公司治理结构实际上是一整套制度的安排，目的是支配企业中广大利益相关团体，包括投资人、管理人员和员工，争取自身利益最大化。公司治理结构安排的主要着眼点是企业控制权的分配；监督和考核董事会、管理人员和员工；制定薪酬激励制度，公司治理结构优劣的评价标准是是否降低了公司的代理成本。"胡汝银也得出了与钱颖一相似的观点，他认为公司治理结构（公司管治）是为了股东、客户、供应商、员工和其他机构团体的利益，公司董事会和高级管理人员采用的一套管理和控制公司的制度和方法。他们两人的观点已经将公司治理问题扩张到公司的其他相关利益者角度，将国内的实际情况与国外的利益相关者论相结合。费方域则认为公司治理的实质是一套制度安排，一种合同关系。

（二）组织结构学说

组织结构学说的代表人物是经济学家吴敬琏，他的观点是，公司治理实际上是处理所有者、董事会和高级管理人员三者组成的一种组织结构的制衡关系。这种组织结构内部管理机制是所有者将资产委托给董事会管理和保护；公司董事会对公司的经营拥有决策权，并管理、监督、考核公司高级管理人员；公司高级管理人员通过董事会授权进行具体的公司运营事项。三者的立足点不同，利益存在冲突，因此公司治理要处理三者之间的关系，最优的结果是实现相互制约和相互制衡。贾永轩将公司治理结构分成四方面：公司所有者治理结构、公司经营者治理结构、公司法人治理结构和公司制度治理结构，这四方面就像汽车的四个轮子，四轮同时驱动才能够带动汽车的前行，缺一不可。

（三）决策控制学说

决策控制学说的代表性人物是张维迎，他将公司治理归纳总结成为一整套关于公司控制权和剩余索取权的法律、文化和制度性安排，它决定了公司的使命和目标，明确公司各阶段的控制实施人员及控制方向，制定公司剩余收益的分配问题。杨瑞龙则认为，国内公司治理结构（特别是国有中小企业的公司治理结构）存在严重的行政干预下管理行为，政府对公司治理的过分干预不利于公司参与市场竞争，政府的不干预可能会让国有公司失去控制、利益受损，因此比较通用的做法是共同治理模式，这一观点显露了公司最终控制权理论的重要地位。

三、我国中小企业公司治理理论研究现状

公司治理理论中最成熟和采用率相当高的委托代理理论，主要来源于公司所有权和经营权的分离，我国大多数中小企业实际上存在所有权和经营权两者合一的现象，很多学者都认为，我国中小企业不存在代理成本，不能用委托代理理论来解释许多经济现象，因此这一问题经常被理论界所忽略。随着利益相关者理论的受关注度增加后，中小企业的公司治理问题也慢慢被理论界重视起来了。在我国，虽然中小企业在国民经济中占有重要地位，但是国内对于公司治理的研究普遍集中在国有企业身上，常常简化中小企业的公司治理问题为规模限制的问题或者融资困难的问题，但是国有企业出现的公司治理问题却不常出现在中小企业内。因此，国内关于中小企业治理理论的研究相对薄弱，但是仍旧存在一些关于中小企业公司治理方面的研究，主要观点如下。

杨大楷和蔡菊芳[①]认为，中小企业不完善的公司治理结构首先表现在企业股本结构不合理。中小企业不完善、不健全的公司治理结构会在一定程度上影响公司的长远发展。他们还认为"一枝独大"的现象并不是完全没有可取之处，因为这种股权结构可以增加大股东治理公司的积极性，限制管理层以私人利益为主的行为，适当缓解分散了股东对公司治理激励不足的问题。此外，他们提出了基于总裁生命周期的五阶段假说，如果中小企业规模加大，企业发展到一定水平，建立现代企业制度之后，合理规划公司的股权结构将成为中小企业最大的问题。

通过借鉴李维安研究东南亚家族的模式，王宣喻和储小平[②]研究了我国私营企业的公司治理结构，得出以下结论：家族成员和企业的控制权逐渐转移到了非家族的中层经理人员手中，这个现象成为了企业优化公司治理结构的关键；由所有权系统、董事会和家族系统共同构成的公司治理结构应该独立且相互交叉。

郭勇是国内比较早开始研究民营企业的学者之一，通过借鉴近年来比较热门的公司治理理论——利益相关者理论，他认为公司制民营企业的治理主体应该由利益相关者组成，如股东、经理层、债权人和一般雇员，不能仅仅只是创业者。公司法人治理权，即剩余索取权，应是股东、债权人和员工共同所有，他们之间的制约可以通过治理权的分配来达到。

资本结构是公司治理结构最主要的组成部分之一。处于转轨期的民营企业可能被诱导具有超强的内部资源融资的偏好，这种偏好将严重带动民营企业公司治理结构出现真正的所有者在位的治理模式。为了解决这一问题，民营企业应该打破这种治理状态，结合公司自身发展的实际情况，以融资、重组联合和项目引进为契机，通过引入外部资金来改变公司治理结构。郭金林[③]提出了一种新的将我国民营企业的共同治理与金融的主导治理相结合的治理模式，即采取机构投资者、银行和公司控股权市场等金融主导的治理机制。

①　杨大楷，蔡菊芳. 中小企业公司治理结构及其融资研究[J]. 经济经纬，2004，(1)：8—9.
②　王宣喻，储小平. 私营企业内部治理结构演变模式研究[J]. 经济科学，2002，(3)：15—16.
③　郭金林. 企业产权契约与公司治理结构——演进与创新[M]. 北京：经济管理出版社，2002：30—35.

张彤璞和王铁山①则提出，中小企业融资难的关键是解决公司治理问题，并且公司治理还会影响中小企业的长远发展。因此，他们主张，目前中小企业应该集中解决公司治理的问题。公司治理的问题主要体现在产权模糊、企业管理者的整体素质不高、制度缺失、企业运营缺乏规范性、信号危机和道德危机等。他们认为可以通过建立现代企业制度来完善中小企业的公司治理结构。建立现代企业制度的途径主要集中于五个方面，分别是建立科学的法人治理结构、营造企业文化、增强自身信用意识、重视企业管理制度的完善与创新，实现中小企业产权的多元化、开放化和明晰化。

第三节　我国中小企业公司治理理论研究评述

一、中小企业公司治理理论评述

(一)委托代理理论

首先，委托代理理论的构建基础是非对称信息博弈论，主要观点来源是委托人和代理人对公司信息存在发生时间的非对称和发生内容的非对称，在面临决策的制定和事项处理过程中，公司治理可能面临逆向选择和道德风险，从而不利于公司利益最大化目标的实现。如果委托代理理论的构建基础在成长型中小企业中不再适用，那也说明委托代理理论不适用于成长型中小企业公司治理的分析，因为成长型中小企业股东参与公司经营的比例非常高，出现完全的委托代理关系概率小，不存在完全的信息不对称性。其次，委托代理理论的另一主要观点认为，委托代理关系的出现是生产力大发展和规模化生产的产物，一方面因为生产力的发展使得公司劳动分工更加细化，公司所有人的知识、精力和能力不再满足公司发展的要求，需要更专业的职业经理人的参与；另一方面因为专业化分工产生了一大批拥有足够知识、能力和精力的职业人员满足市场需求。委托代理理论成立的条件是生产力大发展和规模化生产，对于成长型中小企业，生产力大发展可能还勉强可以达标，但是规模化生产这一现象的确还未成功，因此委托代理关系的存在性还有待商榷。

委托代理理论中，经理人和所有者之间的冲突研究的主要内容集中在公司接管、公司管理人员报酬和公司所有权结构层面，忽略了股东之间的冲突。委托代理关系产生的另一主要原因是公司所有权的过度分散，现今这一现象已经普遍转变成为所有权的集中，所有权和经营权之间的矛盾已经逐渐被大股东和中小股东之间的冲突所取代。国内关于委托代理理论分析的重点是国有企业的委托代理关系，代表人物是张维迎、杨瑞龙、刘迎秋等。因为成长型中小企业中属于国有企业的比例非常少，所以不宜再利用委托代理理论进行分析。

(二)利益相关者理论

公司的利益相关者包括股东、债权人、购买商、供应商、员工、竞争者、各级政府和其他社会团体等，公司所需兼顾的范围非常广，利益相关者理论的核心是平衡各利益

①　张彤璞，王铁山. 中小企业公司治理与融资问题探究[J]. 陕西科技大学学报，2006，(4)：38—39.

相关者的要求而进行的公司治理一系列方法和程序。利益相关者理论与传统企业理论的区别在于其认为除了达到公司经济利润最大化的目标，利益相关者会分散经营目标，还要承担社会和政治的责任。如果公司治理遵循利益相关者利润，公司的行为会受到框定限制，无形中被冠上公益色彩后，可能导致公司产生经济利润的损失，或者陷入顾此失彼的困境，要么失去经济利润，照顾社会责任；要么不顾及社会责任，获得经济利润，作为公司的所有人和经理人虽然会注重社会责任，但那只是一种声誉的积累，经济利润才是其长期发展目标。利益相关者范围太广，到目前为止，仍找不到一种理论和方法可以衡量全部的利益相关者的权重，并且公司衡量各利益相关者的权益难度很大，数据收集难，业务负担重，在实际公司经营中不太容易实现，不太实际，不具有很强的操作性，因此利益相关者理论在国内主要用于研究和探讨可行性方面，实际利用率很低。

（三）交易费用论

交易费用论的侧重点从股东和公司之间的不完全契约合同出发衍生而成，用资产的专用属性来区别股东承担的风险与公司其他利益相关者承担的风险高低，从而推断出公司内部应该制定一套专门的治理结构——董事会，用来保障股东的权益。用交易费用论研究公司治理问题的核心关键词是资产专用性和治理结构两方面，是股东利益至上理论的理论工具之一。科斯在研究交易费用论的时候将交易费用和信息费用的内涵混淆不清，市场结构并不完善，对企业创立、发展扩大、倒闭的推动力或许更大于交易费用的动力。Williamson 的交易费用论忽略了生产组织之间的契约关系和技术关系的深厚联系，其关注有限理性的假设成立的原因是信息的复杂性和信息的不确定性，但是信息的不统一性和解释差异性被忽略了，他在考虑规制结构的时候只参考了结构成本，忽略了结构的收益，没有利润的对称性。

（四）控制权理论

产权理论建立的基础是资产控制权与收益权相分离，其存在的最大局限是产权理论比较适合边界清晰、效率较高的私有产权形式的激励机制问题，不适用于控制权与收益权难分离的公共资产，这一缺点在成长型中小企业公司治理的分析中却变成了优点。公司的外部资产或是自然资源的治理问题难以通过产权理论得到解决，资产收益的分配难题可能激发公司股东与其他利益相关者之间的矛盾，不利于公司的长远协调发展。产权理论的创始人 Coase 在他出版的《社会成本问题》一书中也承认了产权理论零交易费用的缺陷："迄今所阐述的观点都是假定……，在市场交易中是不存在成本的。当然，这是很不现实的假定，为了进行市场交易，有必要发现谁希望进行交易，有必要告诉人们交易的愿望和方式，以及通过讨价还价的谈判缔造契约，督促契约条款的严格履行等。这些工作的成本通常很高，并且任一给定比率的成本都可能致使许多在无成本定价制度下进行的市场交易成为泡影。"因此，也出现了考虑交易成本的费用交易理论。

（五）大股东治理理论

大股东治理存在几点非常明显的缺陷：一是大股东治理的中小企业，如果大股东一旦缺位，将造成比非大股东治理更严重的内部人控制人问题，以及高昂的代理成本；二是大股东治理可能存在中小股东搭便车的行为，这种情况下大股东管理机会成本大于其他公司没有大股东参与治理的机会成本，但是这一观点在 1986 年得到 Shleifer 和 Vishny[①] 的反对，他们认为当大股东持有股份的数量上升时，其治理可克服搭便车的现象发生，Holderness 在 2001 年也解释拥有公司控制权的股东参与公司治理，正确的决策带来的收益积累远大于被中小股东稀释的部分，可以分享更多的公司收益；三是国内外学者都通过实证研究证实大股东治理会倾向于谋取私利，侵害中小股东的利益，并且国内的侵害程度高于英国、美国等国。比较一致的争论结果是，关于投资者保护的法律法规较完善的国家适用于采用大股东治理，因为大股东对公司的监管优于外部市场监管；反之，保护投资者的法律较弱的国家，更适用于大股东不参与公司治理。但是必须明确的是，国外学者的大股东研究对象是机构投资者这一类的外部股东，我国学者研究的大股东是公司内部的大股东，存在非常大的差异，公司内部的大股东的监管效率或许优于法律完善机构投资者股东的治理。

二、适应我国成长型中小企业公司治理理论创新

不同的公司治理模式源于不同的理论基础，并在不断成长的过程中修正和强化自身治理水平。我国中小企业公司治理模式的选择应该结合本国经济、文化、政治、法律、科技和市场等各种影响因素，制定最具有特色的公司治理模式。不同企业公司治理模式的选择在明确了国内基本外部环境因素之后，还要结合公司内部的各种资源因素，包括有形资源、无形资源和组织资源等，尤其注意处于新兴产业的公司治理模式与传统行业的公司治理模式存在非常大的差异。我国是处于转轨阶段的发展中国家，劳动力密集是国内经济的重要特征，大多数中小企业还处在资本积累、生命成长周期的成长阶段，财务资本的缺失是众多中小企业最大的成长难题。

股东主义理论与利益相关者理论之间的争论源远流长，最著名的是 20 世纪 30 年代关于公司到底应该承担什么责任、为谁服务的"哈佛辩论"。股东主义理论是公司治理最为根深蒂固、影响深远和标准、正式化的理论思想，探索的基础是经营权和所有权开始分离，公司治理的最终目标是股东利益最大化。首先，从中小企业的经营角度出发，公司大部分管理者不但由部分股东组成，并且管理者还要为股东服务，受制于股东。其次，中小企业尤其是成长型中小企业的技术含量高，公司具备的研究和开发实力较强，再加上经济的全球化、信息交流的便利性和交通运输的流畅性，对供应商和消费者的依赖性较小，规模小的中小企业面临的供应商转换成本小，也不用客户盯住政策。再次，我国中小企业贷款融资的问题由来已久，公司资本结构的贷款比例小，所受债务利益相关者的约束较小，可能面对的利益相关者问题较为重要的是员工和政府机构。中小企业员工的利益可以通过股票激励的手段和公平的薪酬考核制度加以抚慰，政府机构的利益可以通过遵纪守法、良好的生产运营为政府作出一份纳税的奉献。因此中小企业的公司治理更适用于股东主义理论。

中小企业的股东根据其所有权成分和控制权可以进行细分：国家股或国有股、自然

---

① Shleifer A，Vishny R W. A survey of corporate governance[J]. The Journal of Finance，1997，52(2)：737 —783.

股权、控股股东、中小股东。拥有国有股或国家股的成长型中小企业的比例甚小，不到10％。因此，本书着重叙述成长型中小企业公司治理理论更适用于采用大股东控制权理论的原因。结合本书对传统五种公司治理理论的评述，比较适用我国中小企业采用的理论是控制权理论和大股东（区别于国外学者的大股东概念，国内研究的大股东均指公司内部大股东）治理理论，拥有控制权的大股东参与中小企业的治理能够带来更多的资源，帮助解决中小企业资源稀缺的难题；拥有控制权的大股东治理采用的正确的、有针对性的决策能够为公司带来更大的资本积累，解决中小企业融资困难的同时，为众多利益相关者带来持久的收益；拥有控制权的大股东治理对经理层的监控效果远高于外部机构投资者、债权人及法律机构。

　　成长型中小企业大多数是拥有高技术人力资本的公司，大多数致力于发展具有高新技术的产业，关键性资源——技术型人力资本发挥的优势和作用已经日渐显著，并在一定程度上成为其与其他类型企业竞争的核心资源。对这类核心资源的掌控适合把握在拥有控制权的大股东手中，因为拥有控制权的大股东具有足够的权利采用各种薪酬激励手段（如股权激励和期权激励等）吸引科技型人才或者防止科技型人才的跳槽。张维迎在1998年曾提出"天然"拥有公司控制权这一概念，也有学者认为将具有"天然"控制权的经理人视为公司的代理人，能够非常好地消除委托代理成本，关键利益相关者的利益也更容易平衡。这一系列的假定巧好符合成长型中小企业现阶段的发展环境和内部治理结构，因此本书认为，成长型中小企业公司治理适合采用拥有控制权的大股东治理理论，尤其是实际控制人治理模式。

第三章 我国中小企业董事会治理理论的发展

第一节 我国中小企业董事会治理理论研究的兴起

一、董事、董事会的起源

(一)董事

在 16 世纪英格兰伊丽莎白一世统治时期，产生了公司制企业，主要由合伙制公司和特许经营公司两种形式构成。步入 17 世纪初，英国伦敦弗吉尼亚公司的设立为公司制向复杂性拓展指明了方向，弗吉尼亚在公司内设置了双层结构，一是在英国的公司最终发起人拥有公司最高决策权；二是位于美洲大陆的人员负责将公司具体商业活动从英国向其他殖民地延伸。由于公司在英国以外的殖民地拥有业务，必须具备相应的团队来代替英国政府进行管理，于是就有了董事会的雏形。然后在公司的组织结构从简单合伙制往股份制公司转变的过程中，那些经英国公司股东委托管理殖民地业务的负责人理所当然地拥有另一个更具有时代特色的新称谓——董事。经过 17 世纪的千锤百炼，18 世纪的英国股份公司的董事制度开始了快速发展，尤其是在保险、运河开凿和银行这些特别发达的行业中。

借鉴英国股份制公司良好的发展经验，弗兰克林于 1752 年在美洲大陆成立了第一个合伙制公司——Contributionship 公司，公司虽然不是当前具有时代特色的股份制公司，但是公司开始了执行董事的历史，因为除了公司首席执行官以外的大部分经理人员都由董事会成员担任。随后汉密尔顿在 1791 年成立了第一家美国公司，该公司虽然终因不力的经营在 5 年内倒闭，但是该公司体现的现代公司的一些特征却被公司治理历史所记录。该公司拥有的现代特色包括四个方面：一是由公司 5 名非董事股东组成专门的监督机构，检查公司正常生产经营和会计账簿；二是制定管理人员薪酬激励制度，例如，把 5% 的公司利润分配给管理人员；三是更改公司一股一份投票权的缺点，规定不同持股数量的人员具有不同权重的投票权；四是董事定期（如每年）进行重新选举，防止单个董事长时期任职。董事制度的萌芽为董事的界定和董事会制度的形成开创了新篇章。

现代社会定义的董事是指既管理公司内部事务，又能够代表公司与第三方进行交易或合作业务的法定的、必需的业务执行机构。董事一般是通过公司股东大会选举产生的，可以是自然人或者法人，如果是法人董事会的话还需要选定一名具备行为能力的自然人作为其法定代表人代为行使权利和义务，任职期限通常为 3 年，不同公司可以适当调整。参与董事选举的候选人还必须具备一定的条件，如经营管理能力、诚实守信的品格和尽职尽责的历练，除此以外，各国公司法还对董事的国籍、身份、年龄、兼职作出了限制，我国公司法对董事和经理人的资格都作出了严格的限定。董事根据其在公司担任的管理职务情况又可以分为执行董事和非执行董事，非执行董事又包括内部非执行董事（或称灰色董事）和外部非执行董事。执行董事指的是在公司担任高级管理人员的董事，他们不仅参与董事会事件决策，还参与在各业务单元岗位实施董事会的决策，参与决策的制定和实施过程；不担任公司任何高级管理职务的作为非执行董事，不负责董事会决策的具体执行过程，只参与董事会决策的制定，通常是金融、投资、法律、财务和战略管理领域的专家或者具备专业技能的知名人士，其中和公司不存在利益关系的董事又成为独立董事。独立董事制度的建立已经席卷全球，我国独立董事制度相关的法律法规虽然起步较晚，但是成效显著。

董事作为公司的重要决策人员，享有权利的同时必须履行其义务，我国董事的权利包括四部分，分别是对业务的行使权，或者称为对公司日常事务的业务行使权和对重大事项的具体业务的行使权；出席股东大会和董事会，对决议的事项进行赞成或反对的投票权；在特殊情况下代表公司的权利，主要包括代表公司向政府主管机构申请设立、发行股份、修改章程、发行债券、变更、合并及解散等各项登记的权利，代表公司向证券管理机构申请发行新股、募集公司债券的审核权，代表公司在公司债券和股票上面签名盖章的权利；按照公司章程或者依法取得报酬津贴的权利等。

与董事权利对等的义务在不同国家有不同的规定。英国和美国董事主要履行信托义务，即董事在公司承担的一些最基本最主要的义务，董事作为受托人必须履行忠实职责，竭尽所能实现、保护公司利益，不得利用其在公司的地位和权利为自己或者与自己有利害关系的第三人谋取利益，更加不得损害股东甚至公司的利益。通常状况下，董事的信托义务又分为忠实义务和勤勉义务，勤勉义务要求董事在制定经营决策时，其作为标准的前提是公司利益，用适合的方式勤勉尽责，核心内容是董事必须积极负担公司的勤勉义务，必须诚实守信，谨慎而且勤勉地进行经营决策、制定公司经营战略和监督业务执行。忠实义务是一种客观而消极的义务履行标准，也称为禁止性义务，要求董事在公司的生产经营过程中，不能将自身利益凌驾于公司利益之上，不得为了个人利益而牺牲公司的长远利益。也可以说，勤勉义务和忠实义务是对董事称职和道德的基本要求，董事的信托义务在英国、美国法律体系中的地位举足轻重。

在我国，公司董事应该履行的义务主要包括：一是忠实和谨慎的义务，董事应当具备善良、谨慎的优秀品质，能够尽其所能地履行自身的义务；二是承担不得逾越权限的义务；三是禁止竞业义务，董事不能够为自己或者与自己有利益关系的第三方从事与公司业务有竞争的业务，且不得在其他同类公司兼任董事和经理人，如果董事出现此类行为，必须公开交易的主要事实，如果取得了股东大会的同意或者许可，也可以解除竞业禁止的限制；四是董事个人利益的交易受限制的义务，董事如果利用自身职务之便牟取个人私利，必须将有关情况在董事会上加以解释，取得董事会的理解和认同。董事行使其权利、履行其义务的同时，还应该承担相应的责任，如果董事违反相关法律法规和公司章程，其行为已经对公司造成损害，使得公司利益产生损失，就要对公司及受到损失的第三方承担赔偿责任。

（二）董事会

关于董事会的形成不同人持有不同的观点，有些人认为董事会的形成是法律硬性规定的结果，如公司法对于董事会结构方面的规定，有些人认为董事会的形成是公司制自然发展的内在要求，如公司所有权和经营权的分离，要求有专门的组织机构监督经理层的行为，于是董事会应运而生。追根溯源，以资本联合为核心的、具备现代意义的股份公司于19世纪初开始在英国、美国等国发展起来，因此各国政府也开始了有限公司的法规制定过程。美国是第一个设立现代意义股份有限公司的国家，紧接着英国在19世纪中期也出现了与股份有限公司注册和监管相关的法规，并在1862年颁布了《公司法》。股份有限公司制度用其自身优势吸引了大批公司采用这种企业组织形式。所有者和经营者分离现象的产生也源自股份有限公司的出现，再加上股份有限公司相关法律制度的建立，企业也开始了脱离某个具体所有者独立存在的历史，具备了法律定义的人格，成为了与出资者分离的法人。随着公司法人资格的出现也产生了一些新的问题，例如，公司股东的利益通过什么来保障？公司的经营由谁监督？公司管理层的行为谁来监督？董事会制度的出现正是为了解决这些问题，公司所有者应当采用一些措施保障代理人和自身利益的同步性。英国董事会的来源和形成过程是风险规避、追求利润和提高公司价值的过程，也是董事会治理的实质和目标，而美洲大陆董事会及董事会制度的形成过程是显示董事会"所有权主导控制"的过程，其本质上是一个权力集中的决策和管理机构。

董事会这一组织机构的普遍使用与其法律地位有非常大的关系，可能一些公司董事会的存在是立法的要求，另外一些才是出于所有者利益的保护目的。董事会相关法律成立之初，是要求董事会成为所有者的代表，进行管理层的监督工作。英国的董事制度最初的规制是1856年颁布的《合股公司法》，正式确认董事会作为公司必设机关的是1947年英国的公司法。美国公司法的历史应该追溯到19世纪末20世纪初出现的兼并浪潮，在这一浪潮中许多卡特尔组织如美国钢铁公司、标准石油公司等相继而成。为了禁止卡特尔这类垄断组织的形成，美国颁布的《诺尔曼法》也起到了规制公司和董事制度的作用。这个时期美国股份公司主要拥有两种类型的董事会结构，一是外部人控制型，董事会中处于主导地位的是公司的大股东代表，以金融资本家为主；二是家族创始人控制型，董事会中处于主导地位的是公司的创始人。美国的《示范公司法》表明美国公司必须设立董事会；此外，当时比较具有影响力的《特拉华州公司法》也规定了公司必须设立董事会，这两部法律的形成都标志着公司董事会法律地位的确立。除了英国、美国，法国是欧洲大陆第一个设立有关股份公司法案的国家，即1808年实行的《法国商法典》；其次，德国在1897年实施的《德国商法典》规定公司的董事会必须在国家监督机构的监督下行使其权利，该法典的出台也确认了董事会可以在不受股东和国家监督机构的影响下独立领导和指挥企业健康运行。

美国既是董事会制度的发源地，又有源远流长的历史可供借鉴。因此，美国董事会制度的发展历程也成为了其他国家争相效仿的模板，对于我国董事会制度的完善也有很强的借鉴意义。美国的董事会发展阶段可以归纳成为三部分。第一阶段是内部人控制的阶段，处于这一阶段的董事会成员基本都由公司内部人员构成，要么是公司大股东或法人大股东的代表，要么是公司的职业经理人，内部人将决策管理和决策控制的权力集于一身，独立性的缺点暴露无遗。第二阶段是独立董事控制的阶段，20世纪70年代末80年代初，美国出现了多起对公司董事会与管理层之间不信任的法律诉讼案件，甚至在80年代还出现了在国际上都享有盛誉的大公司由于没有及时解决公司治理出现的问题而相继倒闭的事件，为此还曝光了许多令众多投资者震惊、信心动摇的消息。这时候，关于防止内部人控制、完善董事会结构和职能，从而重新树立投资者信心的问题成为了全世界企业的关注点。时代背景推动了独立董事的出现，因为人们逐渐意识到，在董事会中引入独立董事制度可以对董事会职能起到良好的强化作用，还能保证董事会的独立性、公平公正和透明度。独立董事作为美国大型公司董事会结构中的主体，终于在20世纪最后的20年得到实现。第三阶段是董事会委员会制度盛行的阶段，公司独立董事人数的增多却没有带来公司独立性的增强，虽然存在独立董事自身的原因，但是更重要的是董事会全体会议上，所有内部董事的出现严重限制了外部董事针对内部董事利益问题方面的发言。董事会下设专门的委员会，且在比较敏感的委员会规定只有独立董事才有资格担任，就能够很好地解决独立董事权利行使的难题。换句话说，可以通过建立委员会制度来剔除董事会比较敏感的活动中内部人的参与，使得委员会真正地拥有实权。委员会制度因此成为了独立董事和公司内部人抢夺控制权、独立董事获取自身真正独立的一个手段。董事会的发展史也是董事会的成长、完善史，是伴随着环境的改变治理董事会的过程。

市场形成之后，才有企业的诞生、财富的积累、人口的增长、城市的兴起、商业的发达。在内在需求和外部环境的双重压力下，企业的演变经历了几个世纪，从行会到索赛特，从索赛特到康孟达，从康孟达到特许公司，从特许公司到股份公司。上市公司作为股份公司的一种形式，已经遍布世界的各个角落。建立董事会的出发点是保护投资者的切身利益，在当今经济和制度较完善的情境中，董事会已经以法律的形式被固定，但是董事会的运营效率仍待商榷。

(三)董事会模式

国际上主要存在三种典型的董事会模式，分别是单层董事会模式、双层董事会模式和混合制董事会模式，其中单层董事会模式和双层董事会模式分别如图 3-1 和图 3-2 所示。

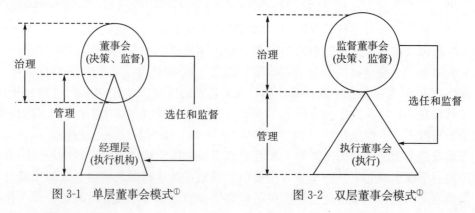

图 3-1　单层董事会模式①　　　　　　　图 3-2　双层董事会模式①

1. 单层董事会模式

单层董事会模式(图 3-1)的董事会集决策、监督、管理职能为一身，在公司治理中的

① 郭建鸾. 单双层董事会模式比较与我国董事会模式改进[J]. 经济管理，2008，(18)：22—27.

地位举足轻重，也称为一元制董事会模式，包括执行董事和独立董事，没有监事会，董事会成员由股东大会选举产生，董事会可以代表股东的利益选聘经理层，对执行经理层行使监督责任，做出公司重大事项的决策，日常业务交由经理层管理。这样，公司治理的核心是董事会，董事会对股东负责，经理层对董事会负责。使用该模式的国家主要有美国、英国、澳大利亚等，依赖于成熟完善的外部资本市场的监管。

(1) 单层董事会模式的特点

董事会下设各种专门的委员会，协助董事会进行决策。董事会下设的专业委员会通常包括审计委员会、提名委员会、薪酬与考核委员会、行政委员会、执行委员会和公司治理委员会等。审计委员会、提名委员会和薪酬与考核委员会是公司治理的三个核心委员会，这三个委员会的委员通常由独立董事担任，各司其职。董事会也会将其所有的业务分配于各专业委员会负责，公司可以按照自身的经营特征和需要设置不同的委员会。通常这些委员会的直接领导是董事长，委员会实质上已经执行了董事会的大多数决策职能，决策的顺畅和便利有利于公司及时进行决策以适应瞬息万变的市场变化。总体而言，董事会的委员会结构体现了公司业务的分立执行和监督，保证了董事会的独立性，保障了股东的合法权益，董事会与外部治理相结合也体现了公司结构的独特性，这种独特性仍一直保留在董事会的执行职能过程中。

独立董事在董事会中的作用非常重要，因为董事会的独立性和公平性将决定董事会是否能够有效运行，而这个关键点可以通过独立董事占董事会总数的大比例加以保证。董事会决策执行和决策监督的平衡的假设前提就是独立董事的独立性，美国采用一元制董事会模式的核心思想便是董事会的独立性。1997 年，美国商业圆桌会议认为，大型上市公司董事会保持对管理层的实质独立性非常重要，且这类公司的董事会成员大部分应该由外部董事组成。此外，美国公司内的治理专家和外部机构投资者都认为董事会应该完全独立于管理层，因为由大股东控制的公司可能会损害中小股东的利益，所以，董事会改革的方向是建立一个公正、独立的董事会。从 20 世纪 60 年代起，美国开始聘任外部董事的公司数量越来越多，紧接着从 20 世纪 80 年代开始，独立董事参与公司治理的模式得到广泛采用，普遍认为独立董事制度有利于董事会对公司事务的独立判断。这些年美国一些大公司的董事会独立性也一直在提高。

大部分公司的董事长与 CEO 两权合并。除了独立董事的广泛推广，另外一个在众多美国公司都盛行的现象是董事长兼任公司首席执行官，源于美国许多人不认同两权分离，美国公司的 CEO 很难对董事的提议提出异议，即便是如商业圆桌会议这些机构都主张公司将两职合并。1997 年的美国商业圆桌会议也证实选择董事长和 CEO 两权合并的大多公司运行良好，因为公司结构具有唯一的领导人可以提高组织的运行效率。

董事会的服务对象集中为奉行开明的股东利益最大化模式。将股东利益区别为短期利益和长期利益是美国开明股东利益最大化模式的观点。传统的股东利益最大化模式的侧重点是短期利益，往往忽略了股东的长期利益。如果股东强调追求短期利益，就会用公司的短期收益来衡量经营业绩，因此经理层将全力以赴致力于获取公司短期利益。开明的股东利益最大化就是要通过改革这种传统的股东利益最大模式，确保公司的长远发展，实现股东长期受益最大化。

(2)单层董事会模式的特征要素

1)董事会规模

美国董事会规模通常为 3~29 人浮动不等。分行业看来，金融服务类公司的董事会规模一般较大，技术类公司的规模通常较小。据美国投资者责任研究中心在 2000 年考察了 1165 家公司董事会的结果可知，这些公司的董事会平均规模是 10 人。标准普尔 500 家大型公司 1995~1997 年董事会的平均规模分别是 11.9 人、11.9 人、11.7 人，标准普尔 400 家中型公司 1997 年的董事会平均规模是 9.8 人，标准普尔 500 家小型公司 1997 年的董事会平均规模是 8.6 人。可见同为大型公司，1997 年董事会平均规模较前两年有少许下降，1996 年的标准普尔 500 家大型公司包括两大经济领域，其中技术类公司董事会平均规模最小，不到 9 人；金融服务类公司董事会平均数是最大的，超过 14 人。从大、中、小型公司的比较还可以看出，董事会规模随着公司规模的扩大而扩大。学者还研究发现，规模在 10~15 人的大公司董事会最有效率，在这类公司中，不仅其董事会议效率高，董事还能有效地代表公司股东的权益，也能满足董事会作为决策机构对专业人员的数量要求。

2)董事会构成

董事会构成通常指董事会内部董事和外部董事的结构。内部董事一般是公司的高级管理人员，外部董事多是某一领域的专家或者曾经在一些大型公司担任过高级管理职务的人员。外部董事的参与有助于保持董事会和经理层之间的基本控制关系，维持董事会的客观性和独立性，内部董事的参与可以提高董事会信息的数量和质量，提升董事会的整体决策水平和效率。随着世界范围内越来越多的研究表明董事会职能减弱的事实，美国公司开始大举聘任众多的社会专家加入董事会，以加强董事会对高级管理者的控制和监督，保障股东的合法权利。因此，从 20 世纪 60~70 年代后期开始，外部董事的比例呈现持续上升的趋势，并在 70 年代的晚期达到最高峰，约占董事会总人数的 3/4，在董事会决策支持系统中起到巨大作用的团体是外部董事专家领导的各类专业委员会。

3)董事会专业委员会

董事会的信息获取能力和独立性之间的平衡决定了董事会治理的效率，因此要维持董事会在公司治理中的效率将面临两大难题，要么保持董事会较高的独立性，要么董事会获取众多的内部经营、运行和管理的信息，两者的关系往往顾此失彼。为了缓解两大难题，采用单层董事会模式的许多公司开始在董事会下设多个专业委员会，由专业委员会来处理敏感的公司事务，减少董事会成员与内部董事之间的冲突和争议，例如，通用汽车公司董事局下设财政委员会、审计委员会及薪酬与考核委员会。大多数英美公司中常设的专业委员会(包括审计委员会、提名委员会和薪酬委员会)成员一般都由外部董事构成。

一是提名委员会。提名委员会的主要责任是考察现有董事会的构成、成员资格和组成，对董事候选人员提名，评价董事会成员的工作绩效，评价 CEO 的工作业绩并决定 CEO 的去留。提名委员会实质上是董事会挑选成员的代理人，因为美国的公司治理专家认为，具有独立的提名委员参与董事会候选人的提名比管理层负责该过程更具有独立性。独立董事与内部董事之间几乎没有利益冲突，因此可以保证其在董事推选过程中的公允和独立性，为优化董事会成员结构发挥积极的均衡作用。

二是薪酬委员会。薪酬委员会承担的主要责任包括提出各层级经理人员的年度薪酬标准并报董事会审批，制订经理阶层人员的薪酬方案，负责各经理阶层人员享有的股权、退休基金和绩效股票的管理等。英国1992年的Cadbury报告规定的示范行为准则明确指出，公司管理人员不能决定支付给自己的薪酬数额，应该由非执行董事构成的薪酬委员会来决定。随着经济社会的发展，董事会的业务量增加，薪酬委员会通常还包括董事会及公司高级管理人员薪酬的考核工作，简称薪酬与考核委员会。

三是审计委员会。审计委员会的主要职责包括通过股东大会的批准后，对公司的会计师和审计师进行提名；审理每年发表前的财务报告和其他会议报告内容；协助公司董事会其他成员了解公司的内部控制财务报表、商业伦理政策和会计核算体系；对公司外部审计人员的审计服务进行范围界定；评价经理层对内外部人员提出的重要控制建议的反应；建立公司董事、内部审计师、公司财务经理和外部注册会计师之间的沟通交流渠道。上市公司董事会应当下设由非执行董事构成的审计委员会，是美国注册会计师协会于1968年提出的建议，纽约证券交易所在10年后的1978年正式要求在其交易所上市的所有公司必须在董事会中下设审计委员会，且审计委员会的规模至少3名，成员组成中非执行董事占多数。审计委员会的设立也没有减少公司内部审计师的工作内容，降低内部审计师工作的重要性，内部审计师工作负责的对象变为审计委员会而不再为经理人员负责。

4）董事会的职能

美国律师协会手册这样描述董事会职能：批准公司的财务、经营和其他计划、目标及战略，评价公司和高级管理人员的绩效，同时就此情况实施必备的措施。要求董事会成员熟悉公司运行状况，了解公司业务进展的最新情况。美国通用汽车公司对董事会的职能要求，包括选聘高级管理人员，确定其薪酬，监督其工作，必要时提供相关的评估和参考建议；选择并评估公司首席执行官的工作业绩，监督CEO的继任计划和执行，明确CEO的薪酬总额；审议、批准并监督公司重要的业务、财务战略和行动等；评估公司可能面对的重大风险，提出相应的解决方案；履行和维护公司诚信义务，处理与其他利益相关者之间的诚信问题。董事会的职能范围的大小影响其下设专业委员会的数量和名录，可以在审计委员会、薪酬委员会、战略委员会、提名委员会、财政委员会等专业委员会中根据公司自身实际情况衡量、挑选。近年来，美国一系列大公司的丑闻事件的曝光，极大地动摇了人们对董事会监督和决策职能发挥力度的信心，也吸引了人们对董事会制度独立性和CEO制度的准确性的高度重视，投资者都恐惧再有类似安然倒闭，安达信会计公司的破产和长通、施乐公司的会计欺诈现象的发生。

5）董事会的报酬

美国投资者责任研究中心将董事的报酬分为底薪、全额薪水、额外股票薪酬、非股票收益和退休金收益等，底薪是年度聘任薪金或者年度股份奖励与董事会会议费收入之和，全额薪水是额外的股份奖励与底薪之和。美国的外部董事常规董事会工作的薪金通常以会议费和年薪的方式取得，不包括委员会成员费和委员会会议费用，另外委员会的主席还有额外的津贴。外部董事参加的会议次数决定了其取得的会议费的多少。然而，美国的内部董事却不会因为参与董事会决策而取得额外的现金薪酬。最后，公司董事还拥有一项特权，那就是有权选择基本薪酬的取得方式（薪金或者股份），所以有些公司一般会将认股权证和股票报酬作为基本薪酬的补充，有些公司也会采用慈善收益方案、健康和人寿保险、打折的公司产品、正常的差旅费和实际支出之外的非股票收益、退休金补充董事的基本薪酬。在美国和其他类似的公司董事会薪酬激励制度比较完善的国家，董事会的薪酬方案常作为提高董事或高级管理人员工作积极性、忠诚度的手段。

2. 双层董事会模式

（1）双层董事会模式的治理机制

双层董事会又称为二元制董事会模式（图 3-2），设立一个具有较高地位的董事会来监督执行董事会的决策职能，使用该模式的代表性国家有德国、荷兰、奥地利等，适合证券市场不完善、外部市场监管部门强势的国家。双层董事会模式采用管理理事会和监事会管理和监督公司运营，经过股东的授权，经营决策职能由管理理事会负责，监督职能由监事会负责，代表股东监督管理理事会的决策过程，更具有决策的独立性。理事会行使部分董事会的职能与经营者的职能，监事会行使部分股东大会的职能与部分董事会的基本职能。在德国，企业权力主要掌握在股东大会、理事会和监事会三大机构手中，分别控制着公司的所有权、经营权和监督权；股东大会选举产生监事会，监事会推选任命理事会；理事会对监事会负责，监事会最终对股东大会负责；理事会和监事会的成员不得交叉任职，责权划分明确。

德国企业公司治理核心机构是监事会，《德国公司治理准则》确保监事会的运行效率和处理复杂问题的胜任能力，它还规定监事会内部必须成立由专家构成的委员会。委员会主要职责是处理与公司相关的经营战略、投融资结构、经理层的薪酬和会计审计问题，然后将其工作的执行情况定期向监事会主席报告。值得注意的是，监事会没有权利直接干预理事会的日常工作，只能对理事会的工作进行监督，或者在必要时提出具体的参考意见；在理事会和监事会之间出现争议或冲突时，由股东大会裁决。

理事会是公司的法人机构，需要负责公司日常经营和管理实务，是执行监事会决议的执行机构，类似于英国、美国等国的经理层，主要负责公司的生产经营管理；理事会各组成人员拥有相同的权利，决策必须是全体一致通过。理事会成员的薪金由固定薪酬和浮动薪酬共同组成。浮动的薪金由一年度支付一次的报酬和一次性支付的报酬组成，和公司的业绩挂钩，长期激励理事会委员的工作积极性。

德国双层董事会模式的最基本特点是在理事会之上的监事会拥有无上的权利，既包括对公司理事会和经理层在内所有人员的监督权利，又包括对理事会和经理层人员的任免权。监事会这一至高无上的权利让德国公司的员工拥有较多的权利来选择公司经营者，这种权利还像达摩斯利剑悬在理事会成员的头顶，让其尽职尽责、奉公守法，不能为所欲为，有利于将理事会和监事会之间摩擦降到最低。此外，监事会的成员通常由具备权威、专业技能且公正廉明的专家构成，兼顾公司内部、外部的监督，监督效果显而易见。但是近年来，随着德国监事会权利的减弱，专家学者和公司利益相关者普遍认同在公司内设立 CEO 及相关的行政决策系统，采用一系列的手段推动证券市场的健康运行。

（2）双层董事会模式的构建基础

1）全能银行制和股权结构

德国公司的资产来源主要集中于银行和其他非金融机构，银行和非金融机构所持有的资产约占公司总资产的 52%，个人所有的资产约占公司总资产的 15%。因此，德国的公司股权都较为集中，根据 Franks 和 Mayer 统计表明，德国排名前 200 的大公司中，近90％的公司内至少有一个股权份额高达 25％的大股东，股权集中程度高。德国公司融资渠道与我国公司的融资渠道非常类似，主要依靠银行的贷款，德国的银行可以划分为商业银行、合作银行和储蓄银行，都是全能银行。德国对银行的业务限制相对较少，银行可以经营所有的金融业务，如传统的银行业务、信托保险，甚至证券买卖等高风险金融业务。此外，德国的银行还可以持有一般公司的股份，并向公司派遣监事、董事参与公司治理。在德国，人们普遍认为，银行参与公司业务可以促进经济的快速增长。但这一现象并非一蹴而就，一开始德国银行同世界其他范围内的银行类似，向公司提供贷款业务，只是公司的债权人，但当银行为主要债权的公司到证券市场进行股权融资或者拖欠银行贷款的时候，德国银行通过资本再重组变成公司的大股东。政府在法律上也并没有限制银行持有单一公司股份的数额。

据美国学者马克·J. 洛对德国公司股权结构统计表明，德国所有银行在其国内 33家大公司的投票权高达 82.7％，银行持股数量及衍生的重要作用都远高于美国和日本。德国的银行作为公司的大股东，在公司治理过程中具有非常重要的作用，不仅可以通过自身拥有的高份额股权在股东大会上行使投票权来实现，还可以通过自身在公司监事会的席位来实现。根据相关法律和公司传统做法，持有公司 10％股权的股东可以在监事会中要求一个席位，保证大股东可以按照自己的意愿通过自身持有的股权和小股东委托股票的方式，选举代理人进入公司监事会，有效地监督公司的理事会成员和经理层。

2）不发达的证券市场

德国资本市场管制的导向是提高银行和机构投资者在融资过程、公司治理过程中的效率，发展以银行为中介的间接融资，限制以公开发行股票或债券为媒介的直接融资。德国对资本市场的管制压制了本就不发达的证券市场的成长和发展，再加上公司内外部之间信息的高度不对称、大股东对股价的操纵、证券市场较低的信息透明度，不存在良好的市场环境以供中小投资者和公司的直接融资。因此，公司的主要股东很少参与股票市场的交易，使得股票市场更加不发达。股票市场的不发达具体体现为两个方面：一是德国的股份公司数量少，截至 2005 年 3 月，德国只有 2000 家股份公司，其中只有 650家上市公司；二是德国的相对证券交易量较小。这种环境背景下，德国公司受证券市场的影响较小，公司股东缺少制约高级管理人员和执行董事的外部武器，所以股东必然选择强化内部监督。

3）股东和职工的共同参与

早在 200 年前，德国早期社会主义者就已经提出了职工民主管理的有关理论，在1848 年德国国民议会上讨论《营业法》时也有人认为应该设立工人委员会，并选举公司员工代理人参与公司监事会决策，1891 年修订的《营业法》首次承认工人委员会的法律地位，因此德国具有很长的公司职工参与制度历史。德国职工参与制的主要内容包括以下五个方面：一是行业工会的代表和公司的员工必须在监事会和理事会拥有一定的席位，具备重大事项的投票表决权利；二是监督劳动、工资合同的正确施行；三是保证和监督施行职工利益相关的法规；四是积极了解和咨询公司的经营流程；五是与投资方一样具有公平的权利参与社会福利细则和方案的表决。德国还为职工参与公司治理制定了明确的法规，按照企业职工规模的不同来确定理事会的监督人选和人员数量，例如，就业职工人数大于 2000 人的有限责任公司、有限公司和合资合作公司应该设置 20 名监事会委员，职工所占的人数按比例推选，白领职工、工会的代表和低层管理人员都有资格参与监事会成员的候选；职工就业人数为 1000~2000 的公司必须设立 11 名监事会委员，职工代表和投资方代理人各 4 名，"其他人员" 2 名，1 名劳资双方都合心意的、中立的第三方，其他人员指的是与劳资双方都没有利益依赖关系的人员，也不能是与企业有利益往来关系的公司的就业人员。只要监事会席位总的数量大于 1，就必须拥有 1 名职工及工人代表。职工参与的公司决策会提高其公正性，提高监督效率和公司健康、长远发展的稳定性。

3. 混合制董事会模式

采用混合制董事会模式(图 3-3)的典型国家是日本。混合制董事会是一种非常严格的内部约束的董事会模式，全体董事会成员参与公司的经营决策，监督业务的执行情况。董事会下设常务会和代表董事，由代表董事执行业务决策，代表董事会对外交际。此外，混合制董事会模式还专门设有监查机构——监事会，这种混合制董事会模式实际上反映了日本的一种网络商业文化，日本控制公司股权的主体通常是企业法人和外部金融机构。

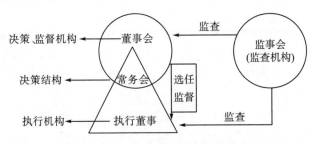

图 3-3　日本的混合制董事会模式

(1)混合制董事会模式的特点

1)内部董事是董事会的主体

和单层董事会的外部董事为主不同，也不类似于双层董事会的内外部董事共同参与，日本董事会成员主要由内部董事组成，来自于公司各主要事业部或者分厂的领导人员。1994 年，有关学者通过比较日本和美国两国公司的董事会规模发现，日本样本对象的董事会规模的中位数是 21 人，但是外部董事仅 2 人；美国样本对象董事会规模的中位数是 15 人，但是外部董事却高达 10 人，可以看出日本和美国董事会构成差异非常大。日本董事会与美国董事会的一个相同点是都将业务执行机构和决策机构合并。虽然日本董事会几乎都由公司内部人员组成，但是这些内部人员却几乎都不是公司股东，因此公司股份在董事会的比例非常低，董事会实际上并不代表股东行使监督职能。

2)等级式董事制度

日本的董事并没有平等的权利，而是按照等级高低赋予相应的权利。董事级别按照从低到高的顺序分为一般董事——常务董事——专务董事——副社长——社长——会长六个级别，级别越高权利越大。日本这种董事等级划分制度的形成起源于第二次世界大战之后。日本作为一个起步较晚的资本主义国家，外部资源环境有限，国内的资源供应严重不足，特别在战后经济迅速恢复的时期，资源的供需缺口更明显，因此日本政府开始采用高度集中的管理战略，将国内的资源集中起来发展总体经济。这种策略的选择也从侧面反映了日本民族尊重秩序、服从权威的文化习惯，间接说明日本公司严密的内部控制制度也是受这种文化传统长期熏陶的产物。

3) 独特的选举制度。按照日本商法的规定，公司董事的选举是股东大会的职责，虽然日本一些大企业的董事也的确通过股东大会选举产生，然而董事候选人的提名由社长负责，让股东大会的选举流于形式，没有实际的作用，经社长提名的董事候选人即便在股东大会上面得到了承认，事实也是社长选举董事。董事并不能代表股东，也不能代表股东监督公司的生产经营，其真正负责的对象却是公司社长。社长又是通过董事会选举产生的，结果形成了社长选举董事、董事选举社长的循环选举，真实的情况是社长自己选自己。虽然这种董事选举制度下，公司股东的利益不能得到最佳的保障，但是如果公司经营不善，长期不盈利或亏损，社长也会迫于大股东的压力选择离任。

4) 董事会的服务对象奉行职工利益至上模式

第二次世界大战之后，日本公司都集中采用股东利益至上的模式，但是在日本公司的实际生产经营过程中，公司财产掌握在职工手中，职工拥有对财产的最终控制权和剩余收益的索取权，股东即使身为公司的投资者，也并不控制公司。大家普遍认为日本公司奉行的是职工利益至上的模式，并非其他国家公司意义上公认的股东利益最大化。当公司陷入经营困境的时候，日本公司通行的做法是减少股东的股利分红，却不是裁员。日本公司内大部分董事属于以前的雇员，日本公司在国际上著名的三大法宝是年功序列制、企业工会制和终身雇佣制，反映了公司职工参与和激励特征，这种职工至上的董事会模式还在很大程度上铸就了员工的忠诚度和完全服从的工作态度。

(2) 混合制董事会模式的形成基础

1) 独特的股权结构

日本大公司的股权普遍高度集中，个人持股比例很低，股票几乎都集中在少数财阀手中，形成了独具特色的"金字塔"式股权结构，虽然这种现象在战后有些许改变，但是改变的时间短、比例小，如今日本公司股权的法人化现象非常严重。除了股权高度集中于法人之手，法人之间相互交叉持股的现象也是日本公司股权结构的又一个特色，不同公司之间相互持股，金融机构、事业法人和综合商社之间也相互持股。产生这种相互持股的主要原因是日本的经济立法没有对法人之间相互持股进行严格的限制，制定这种立法准则与日本公司组织的财阀体系传统有很大的相关性，这些财阀通常是日本银行、保险等金融机构。日本的法人持股状况有两大特点：一是日本的金融机构尤其是城市大银行通常位于法人持股网络的中心，其持股份额远大于一般企业法人的持股率；二是企业法人之间相互持股的总和占公司股份的很大比例，据日本著名学者奥村宏估计高达70%左右，这种高比例的法人持股现象为日本的经济体制取得了"法人资本主义"的称号。日本股权结构的高度集中，中小股东股权持有率低，理所当然在公司的地位也低，待遇差，让本就服从权威的公司员工极大地忽略了中小股东的利益。

2) 以银行持股和银行信贷为主的主银行制

主银行是指为企业提供的贷款数额位于所有贷款融资第一位的银行，日本实施主银行制度。战后日本大多数企业自有闲置资金非常少，证券市场也不够发达，因此企业主要通过从银行间接融资。20 世纪 70 年代的日本企业所需资金中高达 80% 的资金来自于银行贷款，其中就有大部分企业拥有自身的主银行，主银行既是企业的主要债权人，又是企业的主要大股东，换句话说，主银行与企业之间存在股权关系和债权关系，主银行也会向企业派遣代理人作为高级管理人员，保障主银行的合法权益。正是主银行在日本企业中的这种双重身份，加强了对企业的监督控制的有效性，主要体现在以下两个方面：一是当企业经营状况良好的时候，主银行作为债权人是企业的商业伙伴；二是当企业经营状况出现问题的时候，主银行作为公司的主要大股东可以及时捕捉信息，尽早发现问题，尽快地采取补救措施，极大地保障了主银行的利益不受损害。

3）职工参与制的实行

日本法律规定企业沿用股东利益最大化的模式，公司实质形成了职工利益最大化的模式，日本企业董事会的服务对象也奉行职工利益至上的模式，出现这种现象的主要原因来自三种机制的作用：一是劳资合作机制；二是年功序列制，即独特的奖励机制；三是微观横向协调机制，即职工可以参与公司基层管理决策的制定过程，与投资者共同分享公司的控制权。20 世纪 80 年代的日本公司能够取得与英国、美国等国的大公司相竞争的实力，也正是这三种机制联合作用，企业实行员工参与制度，很好地激发了员工的忠诚度和归属感。

4. 三种模式的简单比较和评价

上述三种董事会模式既有相同点，也存在很大的差异，都是各国经济发展、演化的产物，都依赖于国家的法律法规对企业董事会的不同规范程度，依赖于法律法规对股权结构构成的限制范围，依赖于资本市场特别是证券市场的发达程度，依赖于国家的文化传统对董事会成员、高级管理人员行为的影响程度等。美国的证券市场相对最完善，法律法规的制定也相对健全，美国公司具有严格的外部监督制度，因此可以实行决策权与监督权两权合一的单层董事会模式；德国的证券市场相对欠发达，银行贷款成为其主要融资工具之一，股权结构比较集中，股东对公司有一定的监督能力，因此形成了股东和职工共同参与监事会监督理事会，监事会与理事会并行的双层董事会模式。日本的证券市场欠发达，股权虽然高度集中，然而股东几乎不具有监督的权利，内部董事的比例非常高，这种独特的董事会介于其他两者之间，形成了比较复杂的混合制董事会模式。

综合比较三种董事会的异同点，可以归纳成下述六个方面。

①董事会的职责不同。不同董事会模式对应的董事会职责有较大的差别，对董事会职责的规定通常来源于各国的董事会运行准则，不同国家法律规定有较大的差异，有些国家的董事会治理准则对董事会的职责有明确的规定，有些国家却没有形成严格的治理体系准则。美国公司董事会的主要职责包括五个方面：董事提名；提名、聘任、考核和解聘 CEO，并决定经理层的薪酬方案；对与企业业务相关的重大事项提出建议；考察并批准企业重要的财务、经营战略；监督公司的内部控制和风险管理的执行，以及对外披露的财务报告的真实性、准确性和完整性。德国的董事会职责主要包括三个方面：在监事会的协助下，制定并修改公司的经营战略；在公司章程和基本原则的约束下执行公司管理职能；确保企业的行为遵循相应的治理准则。

②董事的资格、选举、薪酬等不同。各国对董事会成员资格的要求各有不同，美国规定，董事会应该由不同经验、种族、年龄和性别的合格人员构成。对于董事的提名、选举、聘任和离任，英国、美国认为应该由董事会下设的提名委员会负责，德国认为应

该由股东和职工组成的监事会负责。英国规定董事的任职期限每届最多不能超过三年，澳大利亚的规定是不超过三届。各国给予董事的薪酬总额和方式存在较大的差异，美国企业协会主张公司给予董事具有行业竞争性的薪酬水平，但要和董事承担的责任相适应。

③董事会、董事长的独立性。董事会的独立性决定了公司经理层的业绩评价是否公允，决定了股东的利益是否得到极好的保障。美国主张独立董事应该占有上市公司董事会的绝对比例；英国认为董事会应该平衡执行董事和非执行董事的数量，保证董事会所有董事的权利具有公平性，不出现一枝独大的现象；日本持有的观点是董事会应该包括独立董事和内部董事，后者占多数；加拿大主张董事会内应至少拥有 2 名以上的执行董事。在独立董事的定义方面，各国的观点也不统一，美国的独立董事必须满足五个条件：一是不曾在公司及其下属企业担任任何职务；二是不得是公司员工的亲属；三是不在与公司业务有利害关系的其他部门任职；四是不得与公司存在利害关系；五是除了独立董事的津贴，不得从企业或者与企业有利害关系的第三方取得报酬。英国的独立董事被要求与公司没有利害关系，相对于管理层独立。新加坡的独立董事被要求其决定不受其所涉及关系影响。加拿大的独立董事要求拥有独立的判断力且与管理层相独立的董事。董事长的独立性是指董事长和 CEO 两职是否兼任，若两职分离，则董事长独立性较强，许多不强调董事会中独立董事组成的国家普遍倾向于董事长和 CEO 两职分离的设置方式。澳大利亚、马来西亚、加拿大等国虽然建议两职分离，但公司若选用一人兼顾，应该取得股东大会的理解，并制定相应的约束制度保证其独立性。

④董事会规模及其下属委员会。对于董事会规模的设定，各国的看法比较统一，就是将企业自身业务特点和规模复杂程度结合企业的行业属性设定最适宜的董事会规模，实际上，规模较小的董事会的运行效率可能相对较高。加拿大建议企业董事会规模适宜为 10~16 人；美国企业协会认为公众企业的董事会规模适宜数为 8~15 人，我国对股份公司董事会规模的设定是 5~19 人。董事会下属委员会的设定，各国观点不一，综合看来，相对发达的国家比较主张董事会下设委员会。

⑤董事会会议。董事会主要通过召开董事会会议来完成董事职能的执行，各国都规定了不同的董事会会议性质、次数和议题。美国企业协会规定大型公众公司的董事会应该每年至少召开 8 次会议，在 CEO 和其他内部董事不在场的情况下，董事会成员应当定期会面；英国规定董事会定期召开会议的同时，制订即将讨论事项的计划；加拿大规定一年至少应该召开 6 次董事会会议；我国规定，董事会每年应该至少召开 2 次定期会议，临时会议可以根据公司的需要临时召集。董事会会议召开前应该拟定即将审议的提案，董事会会议召开的程序应该符合有关法律法规的规定，真实、完整地记录董事会会议内容并保存。

⑥董事会绩效考核及披露。董事会绩效考核制度的建立利于提升董事会的运行效率、激励董事的工作热情。在美国，考核的主要内容包括定期考核董事会、董事、公司 CEO 的职能完成情况，定期审查考核程序是否有效、是否需要进行相应的修改等；由独立董事负责考评方法、程序、原则的制定工作。加拿大规定，董事会应该具备有效的考核董事会、董事和专业委员会的程序和方法，考核工作委任提名委员会或其他合适的委员会负责。我国《中国上市公司治理准则》关于董事会绩效考核的工作要求包括上市公司应该主动构建公平、公正及透明的董事、监事、高级管理人员的绩效考核方法、程序、原

则；董事会或其下属委员会负责实施董事、高级管理人员的绩效考核。

公众、外部投资者通过董事会信息披露了解董事会、董事、企业运行状况，并以此信息为评判公司的标准，所以各国都制定了公司董事会信息披露的严格规定。德国希望通过法律法规的发布以加强公司信息披露、企业信息的透明度。英国法律规定企业必须对董事会及各委员会成员构成、董事履历、董事报酬、董事会的独立性等信息进行规范性披露。

除了上述六个方面的三种董事会模式的主要差异，三种模式的发展出现了四个方面的趋势，分别是人力资本的兴起、责任性投资的价值观、趋同化趋势和企业外部信息化。

①人力资本的兴起。各董事会模式发展的初期，只有高级管理人员才是公司特质的人力资本，才能参与公司剩余收益的分配，因为高级管理人员可以通过内部董事的方式参与董事会决策或者监督过程。但人力资本的作用在后工业时代越来越明显，这一现象终于在20世纪90年代开始改变。传统企业的优先地位一直被非人力资本所有占领，但是在一些处于高新技术产业的企业创立初期，风险投资基金的加入是被那些高新技术的发明者成功游说的结果，出现了"劳动雇佣资本"的现象。这类企业具有两个特点：一是高新技术的发明可以凭借其技术获得比经营者更高的股权份额，甚至高于那些出资者——风险投资基金；二是出于维持公司经营、决策的科学化、技术领先地位的原因，出资者股东更愿意让高新技术的发明人控制公司的经营权和决策权。这一趋势的典型范例是美国硅谷的那些高新技术企业，可能代表了未来全球公司发展的方向之一。

②责任性投资的价值观。责任性投资也可以称为"对社会负责的投资"，简称SRI，它把伦理道德、融资目的、社会环境三者融合起来，要求企业除了关心利润，更需要关注对公司长远发展越来越重要的两个因素——社会公正和保护环境。社会公正需要企业兼顾利益相关者如股东、职员、当地政府机关、购买商、供应商、竞争者和公众的利益。保护环境需要限制工业的污染、掠夺式开发项目和自然环境的肆意破坏等。现今公司治理机制也受到责任性投资价值观的较大影响，如与日俱增的外部机构投资者向其投资的企业以决议的方式提出这方面的愿景，已经出现研究机构把盈利能力、社会公正和环境的保护列为公司治理的三大目标，国际机构如经济合作与发展组织、世界银行和亚洲开发银行等都积极支持责任性投资价值观的推广。

③趋同化趋势。经济全球化逐渐模糊各国经济的界限，基于激烈的全球市场竞争及跨国化发展的公司——母子公司治理的协调统一要求，世界各国政府开始放松对金融市场的监管，董事会模式的趋同化越来越明显。1993年，日本引入独立董事制度，20世纪90年代美国也着手修改《公司法》，要求公司董事把股东利益至上模式转变成为兼顾所有利益相关者的合法权益。德国虽然仍保留着董事会的中心地位，但是开始关注外部董事治理问题，例如，减弱对银行贷款的依赖性，开始提高直接融资的比例，改变金融市场的传统结构；加入股东代表诉讼制度，开始关注中小投资者的利益，虽然在日本、美国、德国出现的这些变化还局限于形式，各国董事会的根本区别仍没有消失，但是全球董事会模式的趋同化本身就是一个相当长期的过程，因为各国董事会模式的发展与其国内的经济发展水平、资本市场体制健全程度息息相关，也让人们意识到，公司治理及董事会制度的演变主要依赖于其所处的外部制度环境。

④企业外部的信息化。资源与能力的可获得性及企业间长期合作速度和效率是企业

外部信息得以存在和良好发展的两个重要因素。企业外部信息化要求企业不仅重视公司内部效率，更加注重企业的外部协调效率，企业外部信息化程度越高，对企业外部协调效率的要求越大。企业与外部资源建立长期稳定的合作关系，要求董事会有相应的控制权、决策权方面的计划，使其成为企业内部生产系统向外的延伸，合作关系的正常维护还需要在一定程度上与供应商进行共同决策、信息资源共享，正是在这些过程中，供应商或多或少地参与企业决策和控制，分享了公司所有权。因此，企业外部的信息化可能影响董事会引入新的利益相关主体。

5. 三种模式对我国董事会模式选择的启示

我国公司面临的问题较为复杂，虽然引入了双层董事会模式的监事会，但是因为监事会没有任免董事会董事的职能，所以监事会某种程度上失效。我国大部分公司由国有制企业改组而成，国有股占据绝对比例，形成"一股独大"的现象，大量出现"大股东操纵"和"内部人控制"的丑闻，并且还存在国有股所有者的缺位，形成公司实际操纵在国有控股股东代理人手中的现象。三种董事会的详细阐述、差异比较和全球发展趋势对我国的董事会模式选择主要有四点启示，分别是对董事会形成背景的启示、对董事会构成方面的启示、对董事会专业化的启示及对董事会制衡约束机制的启示。

（1）对董事会形成背景的启示

国内公司董事会模式的采用不能盲目选择国外成功的董事会发展模式，应该取长补短、博采众长，综合考虑各方面背景因素。我国大多数上市公司是由国有企业改制形成的，股本结构中国有股权比例较大，公司经常出现"一股独大"的现象，也致使中国式委托代理问题的出现，即内部人控制问题和大股东操纵问题，不仅降低了市场对上市公司的公信力，还严重损害了中小股东的利益。鉴于国内这种实际情况，上述三种董事会模式中的任何一种都不完全适合国内的上市公司采用，如果只是简单地照搬国外的模式，可能脱离国内的实际情况，也不利于资源的优化配置。因此，我国董事会模式的建设应该结合本国国情，完善国内的资本市场和产品市场结构，构造充分的外部监控机制；另外，不断完善公司的内部治理结构，发挥内部机制的作用，让内部机制和外部监控结合发展，打造最适合我国国情的董事会模式。

（2）董事会构成方面的启示

在董事会成员构成的选择过程中，除了公司股东，还应考虑其他利益相关主体代表的参与及董事会成员的专业知识、技能和素质。可以通过以下措施来完善董事会构成：董事会成员引入职工董事，选举职工董事既能够代表广大职工的利益，又能通过一线员工获取企业生产经营信息，减少董事会信息的不对称，还在一定程度上激励员工的工作积极性、调动员工的上进心；具有大量贷款债务的企业可以效仿日本董事会模式，在公司董事会内引入主银行董事，增强银行对公司偿债能力的信息，也能够从主银行董事身上学习更多融资经验和知识；进一步完善国内的独立董事制度，改变国内目前独立董事的"花瓶式现象"，约束可能影响独立董事独立性、监督职能发挥等其他行为，在公司内引入公司治理方面的专家作为独立董事。

（3）对董事会专业化的启示

董事会是现代企业内部控制体系的核心，其作用的实现迫切需要董事会专业化的不断增强。通过设立董事会下属各专业委员会实现董事会的"专业化",例如,设立审计委员会负责公司内部经营绩效的审计,设立提名委员会负责董事会成员的推选和离任,设立战略委员会负责对企业经营策略、财务策略和融资结构选择等发展战略提出具有参考价值的意见和建议,设立薪酬与考核委员会负责制定董事会成员和高级管理人员的薪酬方案、考核和评价他们的工作绩效。董事会的专业化既增加对公司经理层经营管理的监督力度,也有助于提高董事会的综合决策水平。根据统计,我国还有相当数量的企业董事会未设立专业委员会,或者公司虽然设立了专业委员会,但是专业委员会的运行效率很低,效果也不显著,专业委员会功效的体现还有很大的发展空间。

(4)对董事会制衡约束机制的启示

制衡约束机制可以提高董事会监督职能的发挥力度,并确保董事会的独立性,董事会制衡约束机制的制定有助于保证董事会的运行效率。这三种董事会模式的成功关键便是其制衡力量和机制可以较好地约束经营者。美国完善的独立董事制度、发达的职业经理人市场及频繁的敌意收购或者兼并的威胁给公司的经营者造成了巨大的压力。此外,美国公司制定的薪酬激励制度很大程度上调动了经理人的工作忠诚度,也增加了经理人工作不尽责的机会成本。美国公司两种内外制衡约束机制的结合提高了董事会的运行效率。德国的监事会由股东代理和职工代表几乎各占一半组成,监控职能的行使力度较大,特别是监事会中的银行代表,银行代表为了保证公司的偿债能力,经常会给经理人员施压,因此也保障了监事会较强的约束力。日本的制衡约束机制依赖于终身雇佣制、年功序列制、工资和薪金等激励手段,以及交叉持股公司和主银行实施监督职能。综上所述,我国构建董事会制度的关键是确定董事会的制衡约束机制。

(四)董事会职能

从董事会的发展史来看,董事会治理的核心是便于董事会更好地履行其职能,因此对董事会职能的研究总是伴随着公司治理研究的发展过程。关于董事会治理理论,不同国家的学者之间存在较大的争议,董事会职能的意见也非常不统一,其中最具有代表性和得到广泛响应的看法是20世纪70年代初,美国学者提出的大公司董事会职能弱化论,认为董事会并不能对股东利益勤勉尽责。这个观点也同样在1971年得到了美国学者Myles L. Mace的证实,之后大批量的学者提出只把董事能够行使的职能赋予董事会,防止董事会被经理层控制。

从不同角度出发,对董事会应该赋予的职能存在争议,并且时至今日,董事会的运行对于外部人员而言仍旧是一个模糊不清的"黑箱"。各国学者对董事会职能的研究主要归纳为经济理论角度、实践发展角度、法律角度和经济环境角度四个方面。

1. 从经济理论角度审视董事会职能

交易成本理论和代理理论主张董事会仅是一种控制手段,董事会的职能就是要监督经理人员的行为,具体就是董事会应该负责推选、任命、解聘及激励CEO,考核CEO和整个公司的经营绩效,监督公司决策的具体执行情况,控制重大风险。如果要保证董事会监督职能的有效性并获得客观、充分的咨询以支持其行使监督职能,董事会必须与公司的管理层保持独立性。但其他经济理论如经理层霸权理论、阶级霸权理论、受托责任理论和资源依赖理论，却持有不同的观点。资源依赖理论认为董事会的主要职能是向公司提供更多资源和更广泛的信息，减少环境不确定性对公司经营的影响；经理层霸权理论的看法是，董事会受经理层的控制，只能被动地行使监督职能，既没有决策发言权，也不能真正地控制经理层的行为，这种理论的董事会实质上是 CEO 控制董事会和公司的工具。整体而言，经济理论并不能清楚地阐述董事会的职能。

2. 从实践发展角度审视董事会的职能

公司的实践者和理论研究者长期以来都非常重视董事会传统的基本职能，即监督职能，却不得不承认董事会在公司经营决策制定过程中显示的重要作用，特别是人们越来越认为董事会的职能出现弱化之后。随着公司治理实践的发展，又开始要求董事会参与决策制定，从而让董事担负起战略决策的职能，但是这种职能发展结果并非偶然，200多年前的美国历史就出现过强调董事会领导、决策作用的传统。美国第一个股份公司构建时，就专门设立了一个名为"检查委员会"的公司治理机构，该委员会与董事会分离，由 5 名参与董事会选举而落选的人员组成。检查委员会的权利就包括检查公司所有事务，包括公司的账务报告。检查委员会经过实践后，成为美国现代企业董事会构成中的"审计委员会"，保证董事会决策、领导作用的同时，还兼顾了董事会的监督职能。

3. 从法律角度审视董事会的职能

如今，许多国家对董事会职责进行了描述性定义，但评论者普遍认为这些法律赋予董事会职责的定位并不能完全描述董事会实际发挥的职能效果，原因是这些职责崇高而又模糊不清。实际上，公司董事会职能的发挥程度仅在其理解的职能范畴内，而不管法律规范赋予其多少权利。

4. 从经济环境角度审视董事会的职能

经济发展环境、阶段对企业董事会的职能有一定影响。在资本市场比较发达的国家，公司可以借助外部市场来完善董事会的监督职能，董事会就能更注重发挥其决策职能；在资本市场不发达或者欠发达的国家，没有约束力较强的外部市场，董事会将花费较多的精力在行使监督职能方面，不利于其决策职能的发挥。董事会作为沟通资金供给者和资金需求者之间的桥梁，应该将其职责集中于代表股东监督经理层，督促董事会为股东谋取最大利益。传统意义层面的公司决策过程：提议、审批、执行和控制——都是公司所有者的责任，在现代企业治理结构中，公司所有者和经营者分离，董事会的职能是建立并有效实施监督控制权，缓解股东和经理层之间的代理问题，决策的执行交由经理层负责，确保公司有条不紊地健康运行。

最近 10 年，美国法律界、舆论界不断主张和建议公司改变董事会的构成和职责，改变的方向主要集中于"管理董事会"和"监督董事会"，全球普遍趋向于提高董事会的监督职能。目前，各界人士对董事会争论的核心职能，可以划分三个类型：决策型董事会、监督型董事会和受托型董事会。其中，受托型董事会的典型特征是受托，这种类型的董事会在公司经营过程中既要对股东利益负责，还要对社会利益相关者负责。虽然这种董事会不积极参与公司战略方案的提议、选择和实施，但是他们有最强的财产责任心，对公司经理层的监督程度较高，能够对公司战略决策的实施结果给予全面的评价。董事会的职能争论也经历了三个阶段：从只集中于单一的监督职能，到监督、决策职能共同发挥作用，最后形成了关系职能、决策职能和监督职能"三足鼎立"的局面。

二、我国中小企业董事会治理理论研究的兴起

我国企业自新中国成立以来经过了 60 多年的发展，大致经历了三个阶段，依次是企业社会主义改造与建立阶段、企业计划经济体制巩固阶段和企业市场经济体制变革阶段。我国企业建立现代企业制度是从党的十一届三中全会逐步开始的，董事会制度是在企业发展第三阶段中后期才开始实践的。董事会制度发展主要经历了三个阶段，经过初步尝试、发展与完善，不断提高我国中小企业董事会治理水平。我国于 1979 年颁布了《中华人民共和国中外合资经营企业法》，按照规定在我国合营公司应设立董事会，这一与国际现代企业制度相接轨的制度安排为我国建立以董事会治理为中心的企业制度起了引领和示范的作用。1993 年颁布的《中华人民共和国公司法》（简称《公司法》）针对不同形式的公司制企业作出了进一步详细的规定。要求股份有限公司应当三会俱全，即董事会、股东会和监事会；一般的有限责任公司也应当设立董事会、股东会和监事会；国有独立公司应设立董事会，但不设立股东会。该法律还对董事会、股东会和监事会的权限范围作出了划分。

之后，尤其是在近几年，我国上市公司的董事会制度建设取得了长足进步。第一，董事会专业委员会制度和独立董事制度基本建立。近半数的上市公司设立了董事会专业委员会，上市公司独立董事在董事会人员数量中的比例至少占到 1/3，这为发挥董事会的有效性和独立性奠定基础。第二，由于中小股东权利的兴起，股东尤其是中小股东选举董事的权利得到一定保障，大多数上市公司在公司章程中规定以累积投票方式选举董事，提高了董事会成员的代表性。第三，确立了公司董事责任（包括民事责任）追究制度，例如，全国最高人民法院颁布的《关于审理证券市场因虚假陈述引发的民事赔偿案件的若干规定》，与《公司法》、《中华人民共和国证券法》（简称《证券法》）的规定相应配套。总之，随着我国经济体制改革不断深化，我国公司治理和董事会制度也在逐步走向规范，为提高我国公司治理水平提供持续、可靠、操作性强的制度安排。我国企业制度与董事会制度的改革历程如表 3-1 所示。

表 3-1　我国企业制度与董事会制度改革历程

阶段	企业制度改革	董事会制度
社会主义改造与建立时期（1949～1957 年）	①1949～1951 年：剥夺官僚资本主义企业，建立国有工商企业，确立厂长负责制 ②1952～1954 年：改造民族资本主义企业、个体手工业者，建立社会主义国有企业、集体所有制企业 ③1955 年：确立三级一长负责制 ④1956～1957 年：设立党委领导下的厂长（经理）负责制	仅在部分私营企业中出现过
企业计划经济体制巩固时期（1958～1976 年）	建立部分全国性、地区性和地方性公司，重申党委领导下的厂长负责制，企业的行政指导色彩浓厚	完全消失

续表

阶段	企业制度改革	董事会制度
市场经济体制变革时期(1977至今)	①1978年年底～1984.9：出现非公企业，国有企业实行扩大经营自主权改革试点，厂长经理负责制代替党委领导下的厂长经理负责制，放权让利；盘活国有资产经营效率 ②1984.10～1988年年底：实行承包制，以法律形式确立厂长的法定代表人地位；企业改革追求利润和产值双重目标；股份公司开始出现并发展 ③1989～1993年：企业改革从放权让利机制转向完善内部经营机制，以部门规章制度对股份制试点工作进行规范与完善 ④1994～2003年：颁布《公司法》，企业改革的方向是建立现代企业制度；以产权改革为重点；利润成为企业首要目标；国有企业设立监事或监事会，建立稽查特派员制度 ⑤2004年至今：对国有企业进一步实行现代企业制度改革	开始在中外合营企业出现； 公司制企业均应设立董事会，引进独立董事制度； 国有独资企业开始董事会制度试点工作

（一）董事会制度初步建立阶段的理论研究（1977～1993年）

1. 中小型合资企业董事会制度初探

1977～1993年，我国企业制度改革从局部试点转向全面改革阶段，我国实行以国有企业和集体企业等公有制企业为主体，多种所有制企业包括个体私营企业、合营企业、外资企业等不同所有制并存和发展的基本经济制度。

我国企业董事会制度开始出现在中外合资经营企业中。我国为了扩大国际经济合作和技术交流，按照平等互利的原则，外国公司、企业和其他经济组织或个人，在中国境内同中国的公司、企业或其他经济组织共同举办合营企业。我国的中外合营企业有一部分是中小企业，企业制度通常较为规范，从创立之初就建立了现代企业制度，按照市场经济的原则和国际惯例来进行企业制度建设。

1979年7月1日，五届人大二次会议颁布了《中华人民共和国中外合资企业经营法》。对于董事会制度的相关规定有：第一，合营企业设董事会，其人数组成由合营各方协商，在合同、章程中确定并由合营各方委派和撤换；第二，董事长和副董事长由合营各方协商确定或由董事会选举产生，中外合营者的一方担任董事长的，由他方担任副董事长；第三，董事会根据平等互利的原则，决定合营企业的重大问题；第四，董事会的职权是按合营企业章程规定，讨论决定合营企业的一切重大问题，如企业发展规划、生产经营活动方案、收支预算、利润分配、劳动工资计划、停业，以及总经理、副总经理、总工程师、总会计师、审计师的任命或聘请及其职权和待遇等。通过这一法律规定，中外合营公司应设立董事会，法律也对董事会人数安排、人员设定、决策制度和董事会职责进行规定。这与国有企业有重大不同，国有企业的一切重大活动是由党委领导集体决定的，实行党管企业。而中外合资企业的一切重大问题与活动是由董事会所决定的，有利于充分发挥企业各方力量，尤其是经验、技能、知识丰富的董事参与到企业决策活动上来，有利于充分调动企业决策人员主动性和积极性，使企业的生产经营活动以利润最大化为目标。这一规定使中外合资企业制度能很好地与国际公司制相接轨，董事会制度先在合资企业中进行尝试，利用、学习并吸收国际先进的管理水平和经验，为日后我国企业建立现代企业制度和董事会制度起到很好的示范和带动作用。

2. 国营企业厂长经理负责制的建立

其他性质的企业如国营企业、乡镇企业和私营企业等中小企业尚未建立董事会制度。1978 年，中共中央作出了《关于加快工业发展若干问题的决定(草案)》即"工业三十条"，规定了在国有企业中"企业的一切重大问题都必须由党委集体讨论决定，由厂长负责执行决定。"国有中小企业在经营机制改革中，先后经历了扩大经营自主权试点工作、以承包制为主的经营方式和改革内部经营管理机制三个阶段。1982 年 1 月 2 日，中共中央、国务院颁布了《国营工厂厂长工作暂行条例》。第二条就明确规定了："工厂实行党委领导下的厂长负责制。厂长是工厂的行政负责人，受国家委托，负责工厂的经营管理。生产经营方面的问题，由厂长全权决定。"1983 年 4 月 1 日，国务院颁布了《国营工业企业暂行条例》，根据第四条规定，继续实行党委领导下的厂长(经理)负责制，企业在生产经营活动中实行党委集体领导、职工民主管理、厂长行政指挥的根本原则。1984 年，国有中小企业继续推进经济体制改革，厂长经理负责制取代了党委领导下的厂长经理负责制。1984 年 5 月，中共中央和国务院办公厅颁发了《关于认真搞好国营工业企业领导体制改革试点工作的通知》，指出："当前我国国营工业企业存在的一个突出问题是无人负责，实际上是无权负责、无法负责、无力负责。为了改革这种状况，必须在解决国家与企业的关系、适当扩大企业自主权的同时，积极改革国营工业企业领导体制，实行生产经营和行政管理工作厂长负责制。"同年 10 月，中共中央通过了《关于经济体制改革的决定》，指出为提高我国企业经营活力和生产效率，必须实行厂长经理负责制。1986 年，中共中央、国务院颁布了《全民所有制工业企业厂长工作条例》，改革企业领导体制，明确了厂长经理负责制作为企业的领导体制。1988 年 4 月 13 日，第七届全国人民代表大会第一次会议通过了《中华人民共和国全民所有制工业企业法》，第七条规定："企业实行厂长(经理)负责制"，第四十五条又规定："厂长是企业的法定代表"，通过法律的形式明确了我国国营企业包括国营中小企业的厂长经理负责制。

3. 国营企业和乡镇企业股份制改造的准备工作

1992 年 5 月 15 日，原国家经济体制改革委员会颁发了《股份有限公司规范意见》和《有限责任公司规范意见》，为后来公司制的中小企业建立董事会制度提出了规范性意见，为《中华人民共和国公司法》的制定奠定了基础，主要对董事构成、选举、任职资格、义务、职权和会议制度等方面作出了规定。

1993 年 11 月，中共中央通过了《关于建立社会主义市场经济体制若干问题的决定》。其中明确了"必须坚持以公有制为主体、多种经济成分共同发展的方针，进一步转换国有企业经营机制，建立适应市场经济要求，产权清晰、权责明确、政企分开、管理科学的现代企业制度"；要"建立科学的企业领导体制和组织管理制度，调节所有者、经营者和职工之间的关系，形成激励和约束相结合的经营机制"；一般小型国有企业，有的可以实行承包经营、租赁经营，有的可以改组为股份合作制，也可以出售给集体或个人"；理顺城镇集体企业的产权关系，根据不同情况可改组为股份合作制企业或合伙企业，条件具备的可以组建为有限责任公司，对于少数规模大、效益好的可以组建为股份有限公司或企业集团；作为农村经济重要支柱的乡镇企业，进一步完善承包经营制，发展股份合作制，创新产权制度和经营方式，增强乡镇企业活力。对国有中小型企业和乡镇企业实行以股份制改造为重心，为中小企业建立现代企业制度奠定产权基础。

(二)董事会制度全面建立和发展阶段的理论研究(1994～2001年)

1. 全面建立董事会制度

为规范企业组织和行为，建立现代企业制度，保护公司、股东和债权人的合法权益，1993年12月29日，第八届全国人民代表大会常务委员会第五次会议审议通过了《中华人民共和国公司法》，制定了以下董事会制度。

(1)董事会构成

在人数方面，有限责任公司董事会人数为3～13人；国有独资企业不设立股东会，设立董事会，人数为3～9人；而股份有限责任公司人数为5～19人。在职位方面，有限责任公司和股份有限公司设董事长1人，副董事长1～2人；而国有独资公司设董事长1人，按需要设立副董事长。对于小规模的有限责任公司，还可不设立董事会，只设立执行董事并可兼任经理，作为法定代表人，享有一般意义上的董事会职权。

在职工董事规定方面，有限责任公司被两个或两个以上的国有企业或国有投资主体投资成立时，董事会中要有职工代表，以代表职工权益；国有独资企业董事会中职工代表由职工民主选举；而股份有限公司没有作出必须有职工代表的规定。

(2)董事任职资格制度

《公司法》第五十七条和五十八条对董事任职资格作出了规定，相关人员不得担任公司董事。

(3)选举制度

有限责任公司和股份有限公司董事由股东大会选举、更换，并决定其报酬事项；而国有独资企业董事会成员由国家授权投资的机构或者国家授权的部门按照董事会的任期委派或者更换。有限责任公司董事长和副董事长产生办法由公司章程规定，股份有限公司董事长和副董事长由董事会全体过半数成员选举产生；国有独资企业董事长和副董事长由国家授权投资的机构或者国家授权的部门从董事会成员中指定。

(4)董事会职权

根据《公司法》规定，有限责任公司和股份有限公司董事会的主要职权相同，同时对董事长和副董事长的职权作出规定。

(5)董事责任义务

《公司法》第五十九条～第六十三条规定了董事应履行的责任和义务。董事应当遵守公司章程，履行职责义务，维护公司利益，不得利用职权谋取自身利益；不得挪用公司资金或者将公司资金借贷给他人，不得以公司资产为他人提供担保，不得将公司资产以任何人名义开立账户存储；不得将公司资产以其个人名义或者以其他个人名义开立帐户存储；不得自营或者为他人经营与其所任职公司同类的营业或者从事损害本公司利益的活动，若有所得应归公司所有，除公司章程规定或者股东会同意外，不得同本公司订立合同或者进行交易；不得泄露公司秘密。

（6）董事会会议制度

《公司法》要求我国公司制企业建立董事会制度，对董事会制度在各类性质的中小型公司制企业全面建立奠定了法律基础，如国有中小型企业、公司制乡镇企业、私营企业和合资企业等。标志着中国现代企业制度的基本模式已经确立，全面推进我国中小型企业内部治理制度改革，董事会运作和治理已开始具备了所需的基本制度环境。

2. 中小企业股份制改造

（1）国有中小企业股份合作制改造

从 1994 年起，原国家经济贸易委员会（简称经贸委）、国家经济体制改革委员会进行了国有企业公司制改造试点工作。到 1998 年年底，国有企业改造为股份有限公司已有上万家。其中国有中小企业采取组建有限公司，改建为股份合作制企业，跨所有制、跨地区、跨行业的联合、兼并、承包、出租、部分或全部有偿转让资产、依法破产、委托等改制形式，逐步实现民营化。到 1997 年，国有中小企业有 50％以上实现了民营化，而在进展比较快的省份，则达到了 75％以上。

（2）乡镇企业股份合作制改造

乡镇企业也开始了股份合作制改造。经历了承包制、股份合作制和股份制改革后，乡镇集体企业出现的一个特征是，股权逐步向经营者（层）集中，原有企业经营者通过购买和扩股的方式获取了企业大部分财产所有权。在经营者持大股企业中，经营者不再由乡村政府指派，而是以自己的财产承诺来行使企业控制权，他承担经营风险并索取剩余[①]。而乡镇政府和职工持有少数股份，参与企业剩余索取权分配。

根据《公司法》第一百零三条规定，股东大会具有决定公司的经营方针和投资计划，选举和更换董事，决定有关董事的报酬事项，审议批准董事会的报告，批准公司的年度财务预算方案、决算方案，审议批准公司的利润分配方案和弥补亏损方案等 11 项权利。我国的股东大会其实行使了国外董事会的部分职权。再与第一百一十二条规定联系起来，可以发现，我国《公司法》是基于股东中心主义的立法，董事会权利被削弱。

原有的民营企业、经过股份合作制改造的国有中小企业和乡镇企业，由于股权高度集中，股东、董事和经理三者高度重合。大股东对公司具有实际控制权，董事会制度并不能发挥应有的监督控制职能，董事会制度也只是流于形式。大部分的中小型国有独资企业则没有按照《公司法》进行改制，它们多是按照《企业法》进行设立，董事会更没有建立起来；而小部分的中小型国有独资企业虽然按照《公司法》进行了公司制改造，但没有建立起权力机构、决策机构、监督机构和经营管理者之间的制衡机制，主要表现就是董事会成员与经理人员的高度重合、企业的决策权与执行权高度统一、董事会没有发挥出应有的作用[②]。在行政干预下，决定董事会成员任职资格的依据往往不是是否具有必备的经营管理经验与能力，甚至这种选任还要与党政系列的干部级别制度相联系，成为体现个人政治地位的一种平台，以致产生"董事不懂事"的结果[③]。董事会形式重于实

① 谭秋成. 乡镇集体企业中经营者持大股：特征及解释[J]. 经济研究，1999，（4）：45—51.

② 徐炜. 论我国国有独资公司董事会制度建设[J]. 公司治理，2007，（12）：28—35.

③ 上海证券交易所研究中心. 中国公司治理报告（2004）：董事会的独立性与有效性[M]. 上海：复旦大学出版社，2004：1—35.

质，无法对公司高级管理层实施有效的监督，而这一情况在董事长与总经理两职兼任时更为严重。虽然有些中小型国有独资公司由原厂长担任董事长，另外聘任总经理，但权力中心还是延续到董事长身上，这种权力运行模式形式上是以经理为中心的，实际上并没有向董事会中心转移，"内部人"控制现象较为严重。

3. 上市公司董事会制度的建立

为维护证券市场健康发展，适应上市公司规范运作的实际需要，中国证监会于1997年颁布了《上市公司章程指引》，在《公司法》基础上，为上市公司完善董事会制度提供了更加详细的规范制度，从而为中小型上市公司建立董事会制度提供了操作规范。

第一，进一步规范了董事的责任义务。第八十条规定，不得利用内幕信息为自己或他人谋取利益；不得利用职务便利为自己或他人侵占或者接受本应属于公司的商业机会；未经股东大会在知情的情况下批准，不得接受与公司交易有关的佣金。第二，更加明确了董事会的职权范围。根据第九十四条规定，公司章程的修改方案的权利由股东会转向董事会；制订公司的证券及上市方案；在股东大会授权范围内，决定公司的风险投资、资产抵押及其他担保事项；向股东大会提请聘请或更换为公司审计的会计师事务所。第三，扩大了董事长的职权，根据第九十九条规定，包括签署董事会重要文件和其他应由公司法定代表人签署的其他文件，在发生特大自然灾害等不可抗力的紧急情况下，对公司事务行使符合法律规定和公司利益的特别处置权，并在事后向公司董事会和股东大会报告。第四，进一步规范董事会会议。对会议具体内容作出详细说明，应包括会议日期、地点、期限、事由、议题及发出通知的日期；会议记录包括会议召开的日期、地点和召集人姓名，出席董事的姓名及受他人委托出席董事会的董事（代理人）姓名，会议议程，董事发言要点，每一决议事项的表决方式和结果（表决结果应载明赞成、反对或弃权的票数）；每一董事享有一票表决权，制订自愿性的独立董事引入制度。第五，建立董事会秘书制度。根据第一百一十五条规定，董事会秘书主要职责是递交国家有关部门要求的董事会和股东大会出具的报告和文件，筹备董事会会议和股东大会，并负责会议的记录和会议文件、记录的保管，负责公司信息披露事务，保证公司信息披露及时、准确、合法、真实和完整，保证有权得到公司有关记录和文件的人及时得到有关文件和记录。

我国中小企业主要在中小板和创业板进行上市，成为公众企业，董事会制度也需要更加规范和完善，以维护投资者利益。严格董事责任义务、明确董事职权范围、规范董事会会议召开程序、建立董事会秘书制度，这一系列措施都是为更好地发挥上市公司董事会职能、加强监督控制、提供决策质量、提升上市企业市场价值。截至1997年，我国大多数中小型上市公司实行了以董事会为领导的总经理负责制，但是董事会治理机制还不够完善，董事会职能没有得到完全有效发挥。

1998年12月29日，为规范证券发行和交易行为，保护投资者的合法权益，维护社会经济秩序和社会公共利益，促进社会主义市场经济的发展，第九届全国人民代表大会常务委员会第六次会议通过《中华人民共和国证券法》。对上市公司董事会制度中两类特别的事项作出了明确规定。第一，董事股票收益的规定。根据第四十七条规定，上市公司董事持有上市公司股份百分之五以上的股东，将其持有的该公司的股票在买入后六个月内卖出，或者在卖出后六个月内又买入，由此所得收益归该公司所有，公司董事会应当收回其所得收益。第二，信息披露规定。根据第六十八条规定，上市公司董事应当对公司定期报告签署书面确认意见，上市公司董事应当保证上市公司所披露的信息真实、准确、完整，禁止董事利用上市公司内幕信息从事证券交易活动。这有利于中小型上市公司规范董事会运作，防止董事利用职权牟取私利，提高董事会治理的公正性和有效性。

4. 上市公司独立董事制度的建立

为完善我国企业董事会制度，提升董事会监督职能水平，防止董事会流于形式，被"大股东"或"内部人"所控制，引进了独立董事制度。1997 年的《上市公司章程指引》并没有要求建立强制性的独立董事制度。为此，2001 年 8 月，中国证监会颁布了《关于在上市公司建立独立董事制度的指导意见》，标志着我国中小型上市公司独立董事制度开始实施。

独立董事制度的建立，第一，优化了董事会成员构成。由于中小企业存在着"一股独大"和"内部人控制"的状况，董事会易被大股东和内部人所控制。而独立董事制度的引进，成为内部董事的一种重要制约力量，形成制衡机制。第二，补充监事会制度的空白，提高董事会监督职能。监事大多由股东或政府专门机构所选任，且大多来自公司内部，专业性知识、技能、信息渠道较为狭窄，不能参与公司战略决策，监督作用被弱化，"徒有虚名"。独立董事的引进，则可以弥补监事监督职能的不足，具有召开临时股东大会、重大关联交易等重大事项发表独立性建议等多项监督职能。独立董事享有的表决权也有利于加强对高级管理人员的事前和事后监督，防患于未然。第三，为战略决策更能提供专业化和独立性的建议。独立董事大多为来自学校、科研机构的教授和研究人员，或为来自其他公司的董事、总经理，或为财务、法律、公共关系等方面的专家。他们具有独特的技能、知识和工作经验，整体素质较高，能对公司的战略、决策提供科学性、综合性、异质性的咨询建议。同时，他们还能利用专业知识加强对企业内部的监督和管控，提供专业意见，控制经营风险，规范管理层行为，提高中小企业规范化运作水平。

但是，因为独立董事制度建立不久，相应的政策、法律、配套制度和外部环境还不成熟，难以使独立董事发挥其应有的功效。第一，中小型上市公司很快实施了此条款，积极引进独立董事，但也只是迎合政策的需要而刚好达标。由于"一股独大"和"内部控制人"的存在，中小企业的股东或管理层向董事会提出独立董事人选，然后再以董事会的名义进行提名，这种提名机制和选任机制很难保证独立董事的独立性。第二，独立董事大多身兼数职，由于时间和精力的限制，难以去深入了解企业的内部实际运营情况；来自于大学和科研机构的独立董事虽然在理论知识上较为深厚，但缺乏企业实际经营管理经验，其决策建议和监督职能大打折扣。第三，中小企业上市公司为保密需要，往往不向独立董事提供或很少提供企业内部资料，有时甚至不让独立董事参加董事会会议，独立董事无法获得充足的信息，难以发挥作用。第四，建立专业委员会的自愿选择也造成了企业治理的"二元制"结构、公司治理水平参差不齐。

针对上述存在的问题，证监会采取了以下措施进行应对：要求独立董事人数不符合规定的公司尽快补足独立董事；对独立董事制度落实情况巡回检查，对不符合要求的进行整改；督促独立董事充分发挥自身独立性、能动性和积极性，履行其职责；督促检查上市公司为独立董事提供必要的工作条件；推动建立独立董事自律组织，加强独立董事自律管理。但是，由于这些措施缺乏强制性和执行力，中小型企业的独立董事制度没有得到有效发挥，以董事会为中心的治理机制尚未真正建立起来。

(三)董事会制度完善阶段的理论研究(2002~2006 年)

1. 上市公司董事会制度的进一步完善

2002 年 1 月 7 日，证监会发布的《上市公司治理准则》，对上市公司建立和完善现代企业制度、规范上市公司运作、完善我国中小型上市企业董事会制度起到了极大的推动作用。

2. 国有独资企业董事会制度的试点建立

积极推进国有资产管理体制改革，加快国有企业股份制改造的步伐。与股份制改造相同步，加强国有企业董事会制度建设，已成为国有资产监督管理委员会的重要任务，加快了国有中小企业董事会制度建立的工作进程。2003 年 5 月，国务院公布了《企业国有资产监督管理暂行条例》，建立适应社会主义市场经济需要的国有资产监督管理体制，进一步搞好国有企业，实现国有资产的保值增值。其中第六条规定："国务院及省级人民政府，设区的市、自治州级人民政府，分别设立国有资产监督管理机构，国有资产监督管理机构根据授权，依法履行出资人职责，依法对企业国有资产进行监督管理。"国有资产监督管理机构在不同程度上影响着国有企业的董事选举。任免国有独资公司的董事长、副董事长、董事；依照公司章程，提出向国有控股的公司派出的董事人选，推荐国有控股公司的董事长、副董事长人选；依照公司章程，提出向国有参股公司派出的董事。国有资产监督管理机构还要对董事的业绩进行考核，并以此确立董事的薪酬及奖惩，以提高董事工作积极性和主动性。在国有资产监督管理机构派出董事应当按照国有资产监督管理机构的指示，对国有控股公司、国有参股公司的股东会、董事会决定公司的分立、合并、破产、解散、增减资本、发行公司债券、任免企业负责人等重大事项发表意见、行使表决权。自此，中小型国有独资企业逐步建立董事会制度，代替行政干预指挥。

2004 年 2 月 24 日，原国务院国有资产监督管理委员会(简称国资委)主任李荣融在全国资产监督管理工作会议上表示，国资委在 2004 年将选择部分试点国家独资企业建立董事会制度，由小到大，获取经验，以待时机再全面推开。此后，少数国有中小企业开始建立董事会制度，既表明董事会制度已在我国中小企业全面展开建立，也从侧面说明了企业管理体制改革是我国中小企业董事会制度建设的重要推动力。

2004 年 5 月 17 日，国资委主任李荣融再度表示，国有企业将逐步建立董事会制度，进一步完善和规范在企业里已建立起来的董事会制度。以前，都是由相关政府部门任命企业的经营者作为负责人对国有企业进行管理，这做得还不够。国资委认为，国家作为国有企业的出资人，按照出资人第一权利的要求，只有组建董事会，完善董事会制度，才能实现所有权与经营权的两权分离，建立现代企业制度，最大化出资人的利益。在国有中小企业建立董事会制度，再度得到国资委的认可与肯定。

因此，国资委对中小型国有独资企业的监管主要是通过董事会来进行的。国有中小董事会建立以后，国资委将以股东和出资人的身份向企业委派董事代表，并按照《公司法》与其他董事共同对国有中小企业经营活动进行监管，制定战略决策，控制资产运作。未来除了部分的国有独资公司的党组书记由组织部门选定，大部分的国有中小企业经营者将由董事会选出。国资委对中小企业经营工作进行的指导主要是以董事的身份来进行的。

在2004年5月28日举行的《企业国有资产监督管理暂行条例》实施一周年座谈会上，国资委主任李荣融进一步明确表示，在国有独资企业建立董事会，是国资委当前工作的"重中之重"。国资委选择了一些基础条件比较好和代表性比较强的国有企业进行试点，建立规范的公司章程和董事会制度。试点工作为后来的国有中小企业规范企业运作、建立董事会制度提供可借鉴的经验。

2004年6月，国资委颁发了《国务院国有资产监督管理委员会关于国有独资公司董事会建设的指导意见（试行）》和《关于中央企业建立和完善国有独资公司董事会试点工作的通知》，中央企业董事会制度的试点工作正式开展，取得了显著成果。第一，建立符合《公司法》规定的董事会及董事会专业委员会。试点企业根据企业实际情况需要建立了专业委员会，如常务委员会、财务审查委员会、风险控制委员会和审计委员会等。第二，完善了董事会议事规则、公司章程等一系列的企业治理规章制度，试点企业参照《公司法》《国务院国有资产监督管理委员会关于国有独资公司董事会建设的指导意见（试行）》和《关于中央企业建立和完善国有独资公司董事会试点工作的通知》，制定董事会的各项规章制度。第三，建立了独立董事制度。国资委为了鼓励提高董事会中独立董事的比例，对独立董事比例超过50%的企业授予多项自主权利。独立董事的设立，有利于独立董事集中精力去组织董事会正常运作，防止内部董事对董事会的控制，加强对管理层的监督。第四，选举产生职工董事。一些试点企业按《国务院国有资产监督管理委员会关于国有独资公司董事会建设的指导意见（试行）》的要求，设立了职工董事，享有与其他董事相同的权利，承担相应的责任和义务。

经过试点工作，试点企业初步实行了董事会决策、经理层执行决策的公司治理机制，股东、董事会、监事会、管理层分工协作。国有独资企业的现代企业制度和董事会制度在大型企业初步建立，为后来的中小型独资企业建立和完善董事会制度提供了借鉴经验。此后，少数有条件的中小型独资企业也开始实行董事会制度，加强对国有资产的监管，防止国有资产的流失。

3. 公司制企业董事会制度的进一步完善

第十届全国人民代表大会常务委员会第十八次会议于2005年10月27日修订通过《中华人民共和国公司法》，对在董事会制度运行过程中所出现的实际问题进行了规范，中小企业的董事会制度也得以完善。根据新《公司法》的相关规定，第一，完善了股东会、股东大会的召集程序。现实中，出现了董事长既不召集、主持，也不指定副董事长召集和主持股东会、股东大会的情况，股东会、股东大会职权无法正常行使，严重影响了公司正常运行。新《公司法》规定出现上述情况时，有限责任公司由半数以上董事共同推举一名董事主持；不设董事会的，股东会会议由执行董事召集和主持；董事会或者执行董事不能履行或者不履行召集股东会会议职责的，由监事会或者不设监事会的公司的监事召集和主持；监事会或者监事不召集和主持的，代表十分之一以上表决权的股东可以自行召集和主持。股份有限公司出现上述情况时由半数以上董事共同推举一名董事主持；董事会不能履行或者不履行召集股东大会会议职责的，监事会应当及时召集和主持；监事会不召集和主持的，连续九十日以上单独或者合计持有公司百分之十以上股份的股东可以自行召集和主持。第二，完善董事会的召集程序。为保护股东权利，防止权利变形运作，将原来的"三分之一以上董事可以提议召开董事会会议"改成"半数以上董事共同推举一名董事召集和主持"。第三，新增独立董事制度的规定。把运行了几年的独立董事制度正式写入了法律，最终通过的法律将原草案规定的"上市公司可以设立独立董事"中的"可以"删去，变成"上市公司设立独立董事"。独立董事制度的建立再也不是上市公司的自愿性条款，而是强制性的法定义务，但具体的办法由国务院制定，为独立董事制度在实践中不断完善提供条件。第四，董事选举实行累积投票制。旧《公司法》中一般实行普通投票制，中小股东不能成功选举自己提名的董事的可能性较大。为适当平衡大小股东的利益，使股东大会在选举董事时中小股东也有可能选出自己中意和信任的人选，实行累积投票制。这项董事会投票制度以法律的形式确定下来。

2006年，证监会印发了《上市公司章程指引（2006年修订）》，进一步明确了公司董事、监事、高级管理人员及持有公司股份百分之五以上的股东，在买入后六个月内又卖出（或在卖出后六个月内又买入）本公司股票所产生的收益归公司所有，公司董事会有责任收回该收益。公司董事会不收回该收益的，股东有权要求董事会在三十日内执行。公司董事会未在三十日内执行的，股东有权为了公司的利益以自己的名义直接向人民法院提起诉讼，以维护中小股东的合法利益。

第二节　我国中小企业董事会治理理论研究的现状

一、董事会治理理论研究

董事会治理作为公司治理的重要组成部分，主要研究"股东大会与董事会""董事会与经理层"之间的关系。董事会代表股东的利益，对公司的业务进行决策和监督经理层的行为，经理层主要负责执行董事会的各项决策，负责公司的日常经营活动。经济的快速发展带动了公司董事会治理结构的变化，专家学者、投资方、政府机构和公众越来越关注董事会出现的热点话题：董事会成员的构成、董事会的独立性、董事会的权利和义务、董事会的运行效率、董事的能力、董事的薪酬等。国外研究学者对于董事会治理的研究起步较早，理论成就非常显著，如委托代理理论、利益相关者理论、资源依赖理论、管家理论、阶级霸权理论的产生和发展，在全球范围内得到广泛的认同和应用。之所以会出现如此多的董事会治理理论，是因为各国、各行各业的学者对董事会的治理持有不同的观点，每种理论都可以通过实践证明其正确性，但是每种理论又存在许多争议，总有那么一些特殊的经济现象无法用一种董事会治理理论来完全解释。尤其是各国对其国内的公司董事会治理体系有不同的规定，限制范围也有较大的出入。这些董事会治理理论都是在某国的制度基础上成长起来的，或许只适应于某种经济体制和政府行为。国内关于董事会治理理论的研究起步较晚，成果较少，公司在进行董事会治理时，不能只是简单地照搬他国的董事会治理模式，一定要充分了解每一种董事会治理理论发展的基础、条件和优缺点，结合国内的国情、经济体制及公司自身的发展阶段，选择一个最适合企业董事会治理的模式和方法。本书接下来将详细阐述目前国际上比较热门的一些董事会治理理论的起源和现状，以便寻求一种最适合我国成长型中小企业的董事会治理理论和模式。

(一)委托代理理论

1. 委托代理理论的起源

追溯公司治理的发展历程，首先不得不提的是两权分离理论。该理论在《国民财富的性质和原因的研究》中提出，在《现代公司与私有财产》[①] 中得到论证，最后发扬于《看得见的手——美国企业的管理革命》[②]。

斯密较早发现了股份公司所有权和控制权相分离之后，在《国民财富的性质和原因的研究》中指出：在看待金钱方面，股份公司的董事是为他人效力的，而私营企业却是为自己打算的，所以并不能期望股份公司的董事像对待自己利益那样尽全力，亲历亲为，无私奉献。犹如管家一样的股份公司的董事可能在小事情上有所疏忽，难免造成资源的浪费和利益的流失，并且他们还会考虑自身的责任，面对风险时，不能像私营企业者一样大胆，可能失去先机，这样长此以往，两权分离的股份公司的发展将可能落后于私营企业。可见，斯密并不十分赞同公司所有权和控制权的分离，虽然斯密的观点考虑得不够全面，例如，所有者的分散和非专业化带来的管理成本可能远大于控制者造成的浪费和损失，但是斯密发现并认识这一现象，并开始了两权分离的研究，表述了股份公司的一大特点和经营难题，引起了该领域学者的关注。

《现代公司与私有财产》以 20 世纪 30 年代 200 家美国大公司为研究对象，进行股份公司控制权和所有权分离的实证研究，调查了这些美国公司的股权分散情况，并发现随着股权的逐渐分散化，公司所有权和控制权日益分离，公司控制权主要掌握在公司经营者手中，44％的研究对象企业股权高度分散，几乎没有持有 5％以上的股东，公司的经营者几乎控制了企业财产。此书还得到以下结论：直到 20 世纪 20 年代末，美国大公司经营者普遍控制公司财产，股份公司已经实现了"所有权和控制权分离"的又一新的发展里程碑。两权分离的出现，成为了后续公司理论的发展基础，并因此衍生出了众多关于企业所有者和经营者相关关系的研究，致力于得出一种最优的组合方式，使得公司所有利益相关者的利益最大化。此书将理论和实际情况相结合，系统阐述了两权分离问题。

钱德勒在《看得见的手——美国企业的管理革命》[③] 中，通过研究 200 家非金融公司，发现其中 84.5％的公司被经理层控制，虽然这 84.5％的公司中有 5 家公司主要受家族的影响，但掌握控制权的这些家族以专业、高薪的高级主管著称，并不是因为他们持有具有绝对控制意义的股权。钱德勒因此指出：到 20 世纪 60 年代，美国经济的一些部门形成了"经理式的公司"现代工商业标准模式。书中特别涉及美国铁路企业的成长，

---

① 伯利，米恩斯. 现代公司与私有财产[M]. 甘华鸣，等，译. 北京：商务印书馆，2005：338.
② 钱德勒. 看得见的手——美国企业的管理革命[M]. 北京：商务印书馆，1987：275.
③ 钱德勒. 看得见的手——美国企业的管理革命[M]. 北京：商务印书馆，1987：171，338.

因为铁路企业算是所有权与控制权分离的先行者，产生的原因主要是铁路筹资规模巨大、发行股票较早、股权特别分散，并且铁路企业经营要求较高的专业知识，所以职业经理进入铁路部门的时间较早，逐渐出现了所有权和控制权的分离。钱德勒通过此书不仅进一步详细描述和肯定了美国企业两权分离的特征形式，客观深入地阐述了两权分离的产生背景和发展历程，并且指出两权分离可能成为现代工商业发展的趋势。

2. 委托代理理论

《新帕尔格雷夫经济学大辞典(第 3 卷)》[①] 中，金森和麦克林定义委托代理理论为"一个人或一些人(委托人)委托其他人(代理人)根据委托人利益从事某些活动，并相应地授予代理人某些决策权的契约关系"。《最新美国标准公司法》[②] 规定："公司所有权力应由公司董事会或者在董事会授权下行使，公司经营和事务应由董事会管理或者在其指导下管理，除非公司章程或者经第 7.32 节授权签订的协议另有限制"。股东和经理层在公司的角色不同，他们的目标也可能出现偏差，经理层控制的公司运营结果也可能不能满足股东的期望，这时的股东作为委托人，经理层作为代理人，便产生了委托代理关系。

委托代理理论的核心是因代理关系而产生的代理问题。为了防止或者缓解代理问题，委托人有必要建立制衡机制，有效地监督、约束代理人的行为。委托代理理论认为董事会可以很好地处理代理关系带来的代理冲突，并保护股东的利益。委托代理理论通过在解决大型上市公司股东和经理层的代理关系的实例检验，并将其运用到董事会治理的实践过程中。

Fama 和 Jensen[③] 将公司的决策过程划分为经营程序和控制程序。控制程序是董事会的主要职责，股东通过在董事会内加入代表股东利益的董事，以防止董事会被经理层控制。Mizruchi[④] 认为董事会的主要职能是发挥其战略决策角色。Williamson[⑤] 则认为董事会是内生的控制工具，当公司内部的管理人员之间存在较为激烈的竞争的时候，最优的董事会结构便是让经理层全权控制，让董事会内部的经理相互制衡约束；当公司内部的管理人员之间存在勾结的时候，最优的董事会结构是在其中加入非执行董事，让非执行董事和执行董事之间形成制衡约束关系。因此董事会的结构应该根据公司经理层的实际情况而定，选择最有助于保证股东利益最大化的董事会结构。Jensen[⑥] 的看法是董事会中的非执行董事能够很好地履行监督 CEO、解雇经营业绩较差的 CEO 的职责。Perry[⑦]

①　约翰·伊特韦尔，默里·米尔盖特，彼得·纽曼. 新帕尔格雷夫经济学大词典(第 3 卷)[M]. 北京：经济科学出版社，1035.

②　沈四宝. 最新美国标准公司法[M]. 北京：法律出版社，2006：416.

③　Fama E F, Jensen M C. Separation of ownership and control [J]. Journal of Law and Economics, 1983, 26 (2)：301—325.

④　Mizruchi M S. Who controls whom? An examination of the relation between management and board of directors in large american corporation[J]. Academy of Management Review, 1983, (8)：426—435.

⑤　Williamson S. Costly monitoring, financial intermediation, and equilibrium credit rationing[J]. Journal of Monetary Economics, 1986, (18)：159—179.

⑥　Jensen M C. The modern industrial revolution, exit and the failure of internal control systems [J]. Journal of Finance, 1993, 48(3)：831—880.

⑦　Perry J. Size and composition of corporate boards of directors：the organization and its environment[J]. Administrative Science Quarterly, 1972, (17)：218—229.

通过对委托代理理论进行深入的研究，发现公司实际存在不同层次的代理成本，应该根据代理成本的高低采用优先序列的方式首先缓解最主要的代理成本。最后 Jensen 和 Meckling[1] 认为所有者和经营者之间存在的代理成本是"一级代理成本"；股东大会和董事会之间存在的代理成本是"二级代理成本"。Hermalin 和 Weisbach[2] 认为，一些组织的董事会是法律要求组建的产物，大部分董事会的组建是为了解决机构间的代理问题的一种内生治理机制。

结合代理理论和组织行为学说，发现董事会的运行效率与董事会的规模有很大的关系，规模较小的董事会更有提高公司业绩的优势。产生的原因是对于一定规模的公司，董事会规模过大会增加公司决策制定的难度，降低董事会运行的效率，或者决策人过于周全所代表的利益而导致决策过程的谨小慎微。Lipton 和 Lorsch[3] 是较早提出限制董事会规模的研究学者，他们认为董事会的规模最好由 8~9 人构成，且最多不能超过 10 人。紧接着，Jensen[4] 结合前两者的结论，发现当董事会内人数增加的时候，尊敬和礼貌及不让 CEO 尴尬的念想会随着提高，坦率和追求真理的美好作风可能会被放弃，所以得出了董事会的成员超过 7 人或者 8 人的时候，董事会运行的有效性会降低，也更容易被经理层控制。

1993 年，Alexander[5] 通过研究也得出了董事会规模与公司业绩相关联的结论，他认为规模较大的董事会运行效率降低，因为规模较大的董事会通常情况下会更具有多样性，也更容易发生争议，更不具有集体凝聚力，给了经理层空子可钻，例如，经理层通过结盟、分化，只提供选择性的信息渠道等策略在董事会的交流中获取权利优势，使得董事会不能充分发挥其功用。除了理论的定性研究，许多实证研究也支持大规模董事会会降低董事会效率的观点。例如，Halthausen 和 Larcher 通过实证研究发现董事的规模与总经理的薪酬之间存在显著的正相关关系，即规模较大的董事会难以有效地降低代理成本和制止经理人员的机会主义行为。Yermack[6] 通过对《福布斯》1984~1991 年发布的美国 500 家公众公司的数据进行实证分析，发现董事会规模越大，公司绩效越差。紧接着，Eisenberg 等[7] 通过对芬兰的中小公司的数据进行回归也得出了相同的结论，即公司董事会规模越大，公司绩效越差。

---

① Jensen M C，Meckling W H．Theory of the firm：managerial behavior，agency costs and ownership structure [J]．Journal of Financial Economics，1976，3：305—360.

② Hermalin B E，Weisbach M S．Endogenously chosen boards of directors and their monitoring of the CEO[J]．American Economic Review，1998，88(1)：96—118.

③ Lipton M，Lorsch J W．A modest proposal for improved corporate governance[J]．Business Lawyer，1992，48(1)：59—77.

④ Jensen M C．The modern industrial revolution，exit and the failure of internal control systems[J]．Journal of Finance，1993，48(3)：831—880.

⑤ Alexander J A．Leadership in stability in hospitals：the influence of board-CEO relations and organizational growth and decline[J]．Administrative Science Quarterly，1993，(38)：44—45.

⑥ Yermack B D．Higher market valuation of companies with a small board of directors[J]．Journal of Financial Economics，1996，40(2)：185—202.

⑦ Eisenberg T，Stefan S，Wells M T．Larger board size and decreasingfirm value in small firms[J]．Journal of Financial Economics，1998，48(1)：35-54.

3. 外部代理成本——债权代理成本

除了关注所有者和经营者之间的代理成本，还需要关注三种与债权有关的代理成本。

①债权人为了防止公司发生损失而产生的担保和监控成本，这也是最明显、最直接的一种债权成本。如果债权人为了保护自身的利益，防止债务企业发生损失，可能会制定如资金限制性使用范围的合同条款、资金自主权限制的合同条款等控制措施，必然会发生监控成本，且监控成本的最终承担者是债务企业。此外，企业为了取得债务资本，可能会被要求向债权人提供担保协议、抵押品等，以及企业定期地向债权人披露有关公司财务的信息，这一系列的行为产生的成本就构成了企业债务的担保成本。

②债权人影响公司经营决策时产生的机会成本，这是一种隐形的、不可见的、难以衡量的债权成本。当企业没有负债，资本全部来自于自由资金或者股权资金的时候，公司可以随意选择未来的投资项目，假设存在一个高风险、高回报的投资项目，以及一个低风险、低投资回报的项目，那么公司可能会在可承受的范围内选择具有较高回报的高风险项目。但是当公司资本部分来自于债权人的时候，债权人可能会为了保护公司的偿债能力，限制企业只能投资于较低风险的项目，企业就损失了高回报项目带来的大于较低回报项目的那部分收益，这就构成了企业项目选择的机会成本，且对这一决策产生最大影响的因素是债权人。所以说明债权人可能会给公司带来战略决策方面的机会成本。

③债务为企业带来的财务成本和可能破产的成本。债务资金的第一个特点是需要按期(如每季度或每年)支付债务利息，利息是按债务本金的一定比率计算的，且利息多数时候是一种现金支出。企业在一定时间内必须向债权人支付现金利息，如果企业拥有足够的现金，支付现金后将增加企业的利息现金的投资机会成本；如果企业没有充裕的利息现金，企业就不得不通过其他途径获取资金以支付利息，这种情况下可能增加企业的交易成本或者资本贬值的成本，严重的时候，企业还可能面临较大的资金周转的财务成本。债务的另一个显著特点便是需要还本的资金来源，如果企业在债务到期的时候还不能偿还其负担的债务，那么企业将面临较大的破产成本。如果企业破产，股东失去了全部索取权，债务人还要承担企业债务面值与企业破产清算价值的差额损失。一旦债权人意识到他未来可能面对的破产成本，一定会采取相应的措施来将这种破产成本转移给所有者或者管理者，于是构成了由于债务给企业带来的破产成本。

(二)博弈论

博弈论的研究重点是当参与者在策略互动的情形下，可以预测到是什么样的均衡结果。在现代企业中，股东会、董事会及经理层的权利和职责相分离；股东会把企业经营的控制权赋予董事会，剩下对剩余收益的控制权；董事会将企业管理的控制权赋予公司经理层，剩下对公司重大问题决策的控制权。这种情形下就组成了双层委托代理关系，各委托代理关系彼此之间的利益关系就存在不完全信息的动态博弈。

我国博弈论的起步可以追溯到《孙子兵法》，谈论敌对双方的战略博弈，博弈的结果是赢家奴役输家，生活中经常接触的棋牌、象棋等娱乐的胜负问题也是一种博弈。博弈论本是应用数学的一个重要分支、运筹学研究的重要学科，直到 20 世纪 50 年代，博弈论被美国数学家和经济学家引入经济学，研究企业人力资本、企业经营管理、企业经营成本等经济学博弈，经济学博弈论显著的成就有"囚徒困境"和"搭便车"策略。从董事会角度看，董事会内部董事和外部董事、董事会与 CEO 之间都存在实实在在的博弈。

理论界将博弈论运用到公司董事会治理的研究中，首先是对董事会更换 CEO 问题的探索。董事会是否更换 CEO，主要在于董事会与 CEO 之间谈判的博弈，以及董事会外部董事之间相互进行的博弈选择。Hermalin 和 Weisbach① 提出了一个董事会更换 CEO 时的讨价还价博弈模型。

理论界开始将博弈论引入经济学的另一个重要研究对象是董事会的监督职能，因为内部董事和外部董事之间的这种制衡和约束过程就等同于博弈。通过博弈分析，发现在董事会中增加外部董事的比例可以提高董事会的监督能力。Noe 和 Rebello② 针对董事会有效控制经营的自利行为提出了一种分析模型，从 Noe 和 Rebello 的研究结论可以发现，除了在董事会中加入外部董事，更重要和更直接的行为是制订有效的薪酬评价体系和方案，如果董事会无法决定 CEO 的薪酬和激励机制，那么即使董事会全部由外部董事构成，也并非最佳的董事会构成模式。Raheja③ 认为，董事会监督职能的发挥力度取决于内部董事和外部董事之间的相互作用。博弈论的运用，成功地提出了一种有助于提升董事会监督效率和更换公司 CEO 的有效性的董事会构成模式，即在董事会中加入独立董事。这一突破性结论使董事会独立性研究得以产生和发展，且产生了重要的现实意义。

(三)利益相关者理论

早在 1932 年，利益相关者理论的早期思想就产生了。哈佛法学院 Dodd 认为，公司的董事不仅要代表股东的利益，而且还要代表其他利益相关者的利益，如购买者、职工，尤其是公司所处社区的整体利益。Barnard 也同意 Dodd 的观点，他主张公司的目标应该是为社会服务，经理层还应该把这种观念传达给公司职工，实现公司全体为社会服务的目的。

利益相关者理论的产生和发展应该受益于 Penrose、Ansoff 等的开创性研究，以及 Freeman、Blair、Donaldson、Mitchell 等学者再次对利益相关者理论整体框架和实践应用的完善，并且这些完善为该理论的发展作出了伟大的贡献，也取得了丰硕的成果。

利益相关者理论的第一次提出是 1984 年弗里曼出版的《战略管理：利益相关者管理的分析方法》一书，弗里曼认为，企业经营管理的最终目标是综合平衡所有相关利益者的要求和利益。利益相关者这一概念第一次出现在 1959 年 Penrose 出版的《企业成长管理》一书中，其中他提出"企业是人力资产和人际关系的整合"这一概念。1963 年，利益相关者概念再由斯坦福大学拓展，认为利益相关者包括股东、经理层、职工、债权人、购买商、供应商、政府机构及其他社会团体和个人。该定义的利益相关者还只停留在经理层进行经营决策时侧重关注的某些群体层面。斯坦福大学的研究表明，经理层在公司

---

① Hermalin B E, Weisbach M S. The effects of boards composition and direct incentives on firm performance [J]. Financial Management，1991，20(4)：101—112.

② Noe T H, Rebello M J. Asymmetric information, managerial opportunism, financing and payout policies [J]. Journal of Finance, 1996, (51)：637—660.

③ Raheja C G. Determinants of board size and composition：a theory of corporate boards[J]. Journal of Financial and Quantitative Analysis, 2005, 40(2)：283—306.

的日常经营过程中必须关注利益相关者的利益和需要，否则会为企业未来的生存和发展造成严重的危机。利益相关者的分析方法也一直在斯坦福大学研究的企业规划过程中发挥着重要的作用。

利益相关者概念迅速被大家接受，并逐步成为了解决公司治理结构问题的利益相关者理论。Ansoff 于 1965 年对利益相关者理论进行了有保留的应用。此外，公司的经营目标应当分为社会绩效目标和经济绩效目标，其中以经济绩效目标为主，把社会绩效目标作为经济绩效目标的限制和修正，值得注意的是企业必须兼顾两类目标，既不能舍弃社会绩效目标，更不能舍弃经济绩效目标。Ansoff 对利益相关者理论的应用更深层次地丰富了该理论，但遗憾的是在该理论的运用和阐述过程中忽略了界定利益相关者主体范围。

1990 年美国某法案的通过，将利益相关者理论推动成为主流基础理论之一。该法案中关于信托责任的条款指出，董事会在行使其决策的过程中，只要是从公司的最大利益出发的情形，可以不用再考虑公司任何占控制地位或起到支配作用的特殊团体的利益。该条款明确规定，授权后的公司董事会在做出重大决策时，不仅要注重公司股东的短期、长期利益，还要兼顾决策可能对公司其他利益相关者的短期、长期影响。该法案中提到的利益相关者指的是公司股东、债权人、职工、供应商、购买商，以及公司所处的社区其他人员或主体。

20 世纪 90 年代之后，利益相关者理论开始被管理学家和经济学家高度重视，被认为是帮助人们理解、认识企业的工具，且理论体系也在这一过程中得到了进一步的完善，尤其是 Clarkson、Donaldson、Preston 从利益相关者的角度丰富了利益相关者理论。利益相关者理论发展过程中，最令企业界和理论界都头痛的问题之一是界定利益相关者的范围，不能把利益相关者的范围界定得过于广泛，因为这种界定以后虽然更符合企业的现实状况，但是其应用更加不现实、不经济、不科学；但是也不能把利益相关者范围定得过于狭窄，因为这种定义不能充分反映公司面对的利益相关者，在决策的制定过程中有可能遗漏了最重要的一个。

通过管理学家和经济学家对于利益相关者的一系列定义，利益相关者理论实际包括三方面的内容。一是利益相关者理论提醒了人们，世界是复杂的，即使只为达到一个非常简单的目标，也应该考虑许多相关因素的影响，所以当企业在做出相对复杂的决策的时候，应该尽可能地考虑更多的因素，提高决策制定的全面性、完整性和真实性。二是利益相关者理论强调了企业是团队共同作用的结果。从激励角度来解释这个问题更容易理解，人们只有对某件事情的结果承担风险，且与这件事存在利益关系的时候，才会更加关心事件运行的过程。所以，企业在决策的制定过程中必须考虑所有利益相关者的利益，增加利益相关者对决策的关注度，提高决策的正确性和成功的概率。三是持有利益相关者理论观点的人普遍认为，企业不应该只在制定决策的时候才考虑相关者的利益，还应该为相关者的利益负责，提高利益相关者对企业的信心和忠诚度。

利益相关者理论对于董事会治理问题的研究具有非常重要的价值。在董事会追求既定目标的时候，它是一种可以帮助董事会表明所有决策应该考虑的不同个人和不同群体的有用工具，以及可以在提高董事会实现目标可能性和保证董事会行为合乎道德影响的时候，帮助董事会考虑所有的利益相关者。任何企业在经营、决策和监督的过程中都不能忽视对企业长期利益带来重大影响的利益相关者，否则企业可能会承担巨大的损失。

企业必须考虑利益相关者的优先次序而并非仅限于所有者的优先次序，而且还应该以"公平分配"的原则来对待每一个利益相关者。公司的高级管理人员负责一切日常经营管理活动，其自身已经担负了非常繁重的责任，所以再把维护利益相关者的权益这一责任交付给高级管理人员非常不切实际，这一结论的决定性基础因素是委托代理理论自身具有重大缺陷。所以，只有依赖董事会来维护利益相关者的利益，可以通过建立科学、客观又合理的董事会治理机制来实现。[①]

(四)资源依赖理论

Preffer 和 Salanick 提出董事会治理的资源依赖理论，他们认为董事会是一种管理外部变化和减少环境不确定性的体制。以此理论为基础的董事会的有效性体现在它可以随着环境的改变而改变。公司在选举董事会成员时，希望董事个体应该关注公司或许存在的问题，加强公司与外部其他实体间的联系，努力帮助公司的发展。此外，他们还认为董事会可以为公司带来合法性、外部环境与公司之间的沟通渠道、建议和咨询、优先从公司外部取得重要的支持和收入等四方面的资源。资源依赖理论主张董事会的主要责任是为减少环境的不确定性而提供信息和获取公司经营所需要的资源。

董事的交叉任职是资源依赖理论在董事会治理研究中的重要贡献。Hillman 等[②]从资源依赖理论出发，将董事会成员划分为四种类型，分别是内部人、业务专家、支持专家和社会影响者。支持该观点的学者认为，董事会的建立更有利于公司获取董事会成员的其他资源来帮助公司经营决策。资源依赖理论本意是组织的存活应尽全力减轻对外界资源过多的依赖。从公司角度出发，公司的生产经营与外界资源环环相扣，如原材料的供应、产品的销售、与政府的交涉及和竞争对手的斡旋，董事会的性质决定了董事会的构成，董事会成员的各种背景可以为公司提供丰富的途径来帮助公司减少资源稀缺问题。

资源依赖理论视角的学者把董事会的属性——董事会构成和董事会特征作为董事会发挥作用的前提条件，认为董事可以通过一些行为来积极参与和影响企业的战略，例如，向企业提供可供选择的方案、建议并劝告 CEO 的行为及自己的分析等。但是该理论认为，只有企业的 CEO 有职权、能力形成和执行企业的战略，董事自身并不能参与和完成这些活动。

资源依赖理论发展更加成熟的时候，不少社会学家和经济学家通过对董事连锁现象进行大量的研究后，用实证研究的方法再次支持了资源依赖理论对董事会治理的解释能力和适用性。董事是公司与其他公司之间交流的重要节点，正是他们发挥的重要作用保证了企业与其他企业之间良好的交易活动和频繁往来业务关系。这种董事之间的网络行为效应拥有非常重要的作用，降低了企业间的交易成本，为企业获取相关重要资源和信息提供了便利、增强了企业内部组织之间的协调和合作关系[③]。近年来关于连锁董事的理

① 杨军. 董事会治理研究[M]. 北京：中国财政经济出版社，2004：84—172.

② Hillman A J，Cannella A A，Paetzold R L. The resource dependence role of corporate directors：strategic adaptation of board composition in response to environmental change[J]. Journal of Management Studies，2000，37(2)：235—256.

③ Bazerman M H，Schoorman F D. A limited rationality model of interlocking directorates[J]. Academy of Management Review，1983，8(2)：206—217.

论包括监督控制理论、共谋理论、事业推进理论和资源依赖理论等。Penning[1] 通过对这些关于连锁董事的理论研究进行总结，发现连锁董事效应可以对公司的业绩产生强有力的影响。

(五)现代管家理论

以社会学和心理学为理论基础的管家理论，认为社会人追求自我实现。按照管家理论的观点，董事会和管理者的目标就是追求委托人利益的最大化，董事会的目标和所有者的目标是一致的，管理者主要受到成就需要和责任需要的激励，不会出现机会主义现象，董事会像管家一样管理好所有者的财产。董事和管理者就不会牺牲企业利益来谋取个人私利，当董事的利益与企业的利益发生冲突时，董事会把企业的利益放在首位。

最早是由 Davis 和 Donaldson 提出的现代管家理论，弥补了委托代理理论假设的不足。委托代理理论假设受托人为了私欲、懒惰心理而不能顾全委托人的利益，现代管家理论则认为受托人为了自尊、自我价值的实现努力工作，成为名副其实的"管家"，此时委托人和受托人之间利益形成一致，便能使得股东利益最大化。现代管家理论在董事会治理方面运用得较广泛的是关于总经理和董事长两职合一是否更有利于公司的经营绩效的探讨。Donaldson 和 Davis[2] 认为，总经理为了挑战自我、实现自我，会努力经营公司而成为好管家；董事长和总经理两职合一更有利于对公司的控制和战略方案的传达，适应风起云涌的竞争市场。

现代管家理论的"两职合一"假说对委托代理理论的假设提出了挑战。该理论认为，代理理论对经理人内在的机会主义和偷懒的人性假定是不合适的。因为经理人的行为动机，不仅有经济方面的，还有其他如获得同行上司认可、实现内心和精神的满足等方面。

Boyd[3] 的研究支持了现代管家理论，认为董事长和总经理的两权合一与公司绩效之间存在正相关的关系。Harrison[4] 研究后指出，当公司绩效较差时，两权合一、经理人员被替换的可能性较大。Donaldson 和 Davis[5] 指出，两权合一的公司净资产收益率较高。Brickley 等[6] 认为，两职合一避免了将经营者所掌握的大量公司特定知识和经验转移给董事长的巨大成本，有利于改善公司业绩。

---

①　Penning J M. Interlocking Directorates[M]. San Francisco：Jossey-Bass，1980：82.

②　Donaldson L，Davis J. Stewardship theory or agency theory：CEO governance and shareholder returns[J]. Australian Journal of Management，1991，16(1)：49—64.

③　Boyd B. CEO duality and firm performance：a contingency model[J]. Strategic Management Journal，1995，16(4)：301—312.

④　Harrison J R. The strategic use of corporate board committees[J]. California Management Review，1987，(30)：109—125.

⑤　Donaldson L，Davis J. Boards and company performance：research challenges the conventional wisdom [J]. Corporate Governance International Review，1994，(2)：151—160.

⑥　Brickley J，Coles J，Jarrell G. Leadership structure：separating the CEO and the chairman of the board[J]. Journal of Corporate Finance，1997，3(3)：189—220.

（六）替代性假说

替代性假说认为股东和代理人之间的代理问题即使在不同的治理机制中也是相互联系的。公司经营绩效不只是受某种单一机制的影响，而是受多种治理机制的综合影响。Rediker 和 Seth[①] 在董事会和可选择治理机制的替代性研究中，分析了董事会监督动力与其他内部治理机制之间的相互关系，发现外部董事监督与大股东监督、经理人员持股激励机制与内部董事的相互监督之间有很强的替代效应，提出了董事会与可选择治理机制间的替代效应模型。

替代性假说认为董事会不同治理机制之间是相互关联的，突破了不同的治理机制在解决股东与代理人代理问题上是相互独立的假设；认为公司绩效应依赖于一系列治理机制在控制代理问题上的效率性而不是依赖于任何单一的机制，不同的公司治理手段可以相互替代。Fama 和 Jensen[②③] 认为，可能存在其他可以限制经理人和股东之间利益冲突的因素，这种因素可能是公司控制权市场，也可能是经理人员及公司内部高层经理人员之间的竞争，还可能是董事会中外部董事进行的对高层经理人员行为的直接监督。Rediker 和 Seth 提出了董事会与可替代治理机制间的替代效应模型，认为外部大股东的监督水平、经理人持股的激励效应和经理人员之间的相互监督动力等任何一个方面越高，董事会的监督动力将越低。替代性假说把相互替代的个体作为"黑箱"，回答了董事会监督与可替代治理机制间的替代关系，而忽视了"黑箱"内如何运作，不能解释董事会如何监督的问题。"[④]

（七）现代组织理论

现代组织理论将董事会作为一个公司内部工作组织，主要负责公司战略决策、经营监督及领导工作。Demb 和 Neubauer[⑤] 在 *The Corporate Board：Confronting the Paradoxes* 中认为，董事会可以作为一个战略决策工作组织，从董事会目标、规模、领导权等多角度衡量董事会战略决策的科学性。现代组织理论更加明确了董事会在公司经营中的角色和地位，并强调了董事会的整体性和独立性。

（八）经理层霸权理论

经理层霸权理论支持者认为由于公司股权分散，公司控制权多数集中在经理层手中，董事会没有掌握公司的实际控制权。由于董事会对公司的实际情况掌握程度完全不及经理层，并且自身的专业知识也不及经理层，容易被经理层牵引，很难了解公司的真实经

① Rediker K J，Seth A．Boards of directors and substitution effects of alternative governance mechanisms[J]．Stategic Management Journal，1995，(16)：85—99.

② Fama E F，Jensen M C．Separation of ownership and control[J]．Journal of Law and Economics，1983，26(2)：301—325.

③ Fama E F，Jensen M C．Agency problems and residual claims[J]．Journal of Law and Economics，1983，(26)：327—349.

④ 李维安，张俊喜．公司治理前沿[M]．北京：中国财政经济出版社，2003：311.

⑤ Demb A，Neubauer F F．The Corporate Board：Confronting the Paradoxes[M]．Oxford：Oxford University Press，1992：27—28.

营状况。Pfeffer①认为，在大多数情况下，董事会成员由经理层选出，而这些董事会成员的决策被经理层控制着。

(九)阶级霸权理论

阶级霸权理论拥护者认为只有具备影响力、显著威望的高层阶级人员才能进入董事会，确保统治者的价值观和利益相同，排斥其他群体加入董事会。这一理论的优缺点非常明显，优点是决策一致性较强，然而决策想法比较单一狭隘。目前该理论的研究已经逐渐转移到董事长和总经理两职是否合一的争论当中。Ranft 和 O'Neill②认为，董事长和总经理两职合一的公司董事会效用比较弱。

二、我国上市公司董事会治理现状

我国上市公司董事会治理的历程开始于为克服行政型企业治理模式而进行的股份制改造，经历了二元制董事会模式的形成、国有资产监督管理制度(包括稽查特派员制度、外派监事制度及国有资产监督管理委员会的建立等)对董事会监督的强化、"三分开"政策对领导权结构的规定、独立董事制度的引入及董事会专业委员会制度的实行等过程，到现在已经初步形成了自己的董事会治理机制。我国上市公司董事会治理的发展历程就是董事会制度不断完善的过程，目前还存在很多问题，严重阻碍了上市公司的发展。

1. 独立董事制度作用未能充分发挥

(1)独立董事比例较低

我国上市公司独立董事制度的建设已经取得了长足的进步，大多数公司的独立董事比例基本满足了我国证监会要求。但与欧美国家相比差距较大(美国独立董事的比例高达62%)。比例较低的独立董事，其意见不足以对公司决策产生关键性影响，是否尊重独立董事的意见，很大程度上还是靠大股东的自觉，而非制度性的约束。

(2)花瓶董事现象仍然严重

2001年，证监会出台《关于上市公司建立独立董事制度的指导意见》后，上市公司纷纷聘请经济学家、大学教授担任独立董事，从那时起，独立董事就一直未能摆脱尴尬的境地，"人情董事""花瓶董事"不乏存在。据统计：约有5%的独立董事本人坦承是"花瓶"，不能发挥作用；60%的独立董事无暇顾及上市公司的经营状况，只是象征性出席股东大会；相当多的独立董事在董事会表决时从未投过弃权票或反对票，显然独立董事并没有起到制衡董事会的作用。

(3)独立董事市场还不成熟

市场经济中的人才选择机制和信誉评价体系的形成与完善，是独立董事制度发挥作用的前提条件和根本保证。人才选择与社会评价机制的存在，使市场具有了内在区分"优质董事"和"劣质董事"的功能，而这种功能的持续作用，正是激励独立董事积极进

---

① Pfeffer J. Size and composition of corporate boards of directors: the organization and its environment [J]. Administrative Science Quarterly，1972，(17)：218—229.

② Ranft A，O'Neill H. Board composition and high-flying founders: hints of trouble to come [J]. The Academy of Management Executive，2001，15(1)：126—138.

取的一个重要条件。现阶段，由于中国市场经济制度建立和培育的时间较短，制度完善还需要很长一段时间，董事市场的发育尚处于起步阶段，董事资源匮乏。此外，独立董事本身也相对缺少市场化条件下的企业经营管理经验，独立董事自身的信誉体系几乎不存在。现阶段，在一个努力行使监督权与一同欺骗中小投资者的选择博弈下，作为理性的独立董事，可能会一起造假或者不作为。①

2. 过度强调监督职能而忽略战略决策职能

我国多数上市公司都把董事会片面理解为主宰公司大权的机构。因此，在实际中董事会成为权力角逐的场所，一些人为了控制董事会，甚至不惜损害公司和股东的利益。而对董事会应承担的义务却较少履行，甚至决策失误也没有有效的惩罚措施。与证券市场发达的国家相比，我国没有相对完善的股票市场和公司控制权市场，我国企业董事会承担了过多的监督职能。

3. 董事的提名和选任机制不完善

国内大多数上市公司董事候选人是由董事长与主要股东协商后，以董事会名义向股东大会提出，或者由股东直接提出候选董事名单，由中小流通股股东提名的董事十分罕见。这种提名方式事实上往往由大股东直接任命其代表或由总经理直接提名，从一开始就限制了董事的独立性。虽然股东代表大会名义上是上市公司的最高权力机构，董事会成员由其选举产生，但中小股东选举时只是被动地面对一份候选名单，在无法影响选举结果的预期及惯性下，只会采取合乎理性的冷漠。

持有公司多数股权的大股东在选举公司董事时处于主导地位，多数董事和经理人员以大股东的代理人形式出现，大股东事实上控制了董事会和经理层。在大股东控制下的董事会中，董事会的职能可能不能很好地发挥，即使引入独立董事，独立董事的人选还是由大股东控制，所以无论如何调整董事会的结构，董事会的治理效率都不会有太大的提高。

4. 董事会成员的专业结构不甚合理

经调查研究发现，高校教师和研究人员是上市公司独立董事的主体，其次是实业家，至于会计师、律师和咨询顾问这些专业人才的比例都较低。虽然我国上市公司董事会成员专业构成整体上逐渐趋于合理化，但就单个上市公司而言，仍有很大一部分上市公司专业构成不甚合理，其董事会的决策能力往往比较低，这也是我国上市公司公司治理质量不高的原因之一。相比较而言，据美国标准普尔1500家上市企业1997年董事会实务研究涉及的提名委员会496名相关董事中，包括217名提供服务的董事，其中87名提供法律服务，占40%，71名提供咨询服务，占32.7%，31名提供金融、银行服务，占14.3%，甚至有1名董事专门提供与搜寻董事会被提名人有关的服务。在薪酬与考核委员会任职的472名相关董事中包括210名为公司提供服务的董事，其中90名提供法律服

① 于东智. 公司董事会的性质与功效：观点与评论[J]. 山东社会科学，2004，(2)：38—43.

务，占 42.8%，48 名提供金融、银行服务，占 22.8%，46 名提供咨询服务，占 21.9%。[①]

5. 董事会运作效率普遍偏低

（1）董事的会议出席率偏低

董事会会议是董事会执行决策职能的主要方式，其组织情况和会议的效率直接影响到董事会治理的有效性。年度内召开的董事会会议可以反映董事会的工作强度，董事会会议中董事成员高出席率则是董事会合理决策的前提条件。同时，董事会会议出席率在一定程度上反映了董事对自身职责及履行职能的重视程度，参加董事会会议是董事履行职责的重要方式。会前，董事应当充分了解董事会议题；会中，董事应当针对议题提出自己独到的见解；会后，董事应当督办会议决议的执行。如果一名董事经常委托其他董事或其他代理人出席董事会会议并代为表决，说明他对公司的发展不够重视，或者他的时间冲突严重，姑且不论他的能力水平，公司应当慎重考虑他是否适合出任董事。

（2）缺乏参与战略管理、确保有效决策的信息和数据

由于信息技术发展水平不高，董事对公司经营发展的行业信息数据、产业链中供应商及客户的信息数据无法全面掌握，给董事会决策带来了巨大的困难。独立董事难以对公司事务投入较多的时间和精力，对公司情况不了解，客观上难以进行有效的决策和监督。

6. 对董事的激励、约束机制单一

在市场经济发达的国家，上市公司通过建立由外部董事和独立董事组成的薪酬委员会，来评价公司的首席执行官、其他执行董事及高级管理人员的绩效，并核定他们的激励薪酬。在我国，首先，上市公司董事薪酬与公司绩效缺乏直接的关联，董事激励机制不健全。其次，激励手段匮乏，我国对董事、监事、高管的激励还只是以货币形式的报酬激励为主，期权与期股等激励形势还未在实践中形成气候。再次，区域性特征明显，报酬较高的省份依然是经济发达地区和东部地区。

三、我国中小企业的董事会治理现状

在我国，中小企业的发起设立主要根据血缘、亲缘、友缘、学缘、地缘等社会人际关系进行，具有明显的情感性、地域性特征。我国中小企业资本、资金的筹集主要来自于企业内部，这种主要依赖内源性融资所形成的企业股权结构特征，决定了我国中小企业公司治理结构的特征，即企业股权高度集中在企业创业者及家族成员手中。中小企业公司治理与一般意义下的公司治理存在差异，主要表现在企业股权结构、董事会及其他治理机构的设置与运行方面。

我国中小企业公司治理形式上采用二元结构，主要是满足《公司法》要求，但在实际运行中却采用一元结构。股东天然是董事，董事长由大股东担任，董事兼任经理，这种交叉任职使得股东大会的职责、董事会的职责、经理层的职责相互重叠，形成"三会合一"的公司治理格局。

---

① 梁能. 公司治理结构：中国的实践与美国的经验[M]. 北京：中国人民大学出版社，2000：169.

在我国中小企业的公司治理中，董事会与监事会、经理层因为内部交叉任职结构所形成的重复博弈，其各自行动信息反而更加透明，进而形成相互之间强有力的监督制衡机制。因此，我国中小企业董事会职能呈现出综合性特征，不仅具有决策、监督职能，还兼具经理层执行职能，同时行使股东大会的基本职能；董事不仅是股东，也是经理，同时还是监督者。公司治理也呈现出独有的特征：股东会、董事会、监事会三会合一；大股东侵害小股东利益、小股东"搭便车"等不复存在；总经理对董事会负责、董事会对股东大会负责，实质上就是对自己负责；对董事会和经理人的监督和激励成为相互监督、约束、惩罚的企业内部管理制衡机制。

第三节　董事会治理理论研究评述

一、委托代理理论

委托人和代理人之间是一种委托代理关系，双方都是为了获取有利于自身的利益，因此需要为这种委托代理关系订立委托契约，而不是一方为对方贡献自己的资本。因此建立委托代理关系的前提条件有三个：一是双方公平、公正地维护双方的利益，不向某一方偏袒；二是委托契约应该清晰地明确双方的权利和义务，任何一方都不得超过契约规定的权利和责任的边界；三是委托代理契约的执行过程可以被双方观察到，受到彻底的监督，不允许发生违约行为。这三个前提条件是理想的条件，事实上很难实现和达成，因为契约本身就有三个不可以完善的缺陷：一是委托代理契约双方信息的不对称。决策的依据是信息，委托人和代理人之间却存在严重的信息不对称性，所以委托人很难准确地衡量代理人工作的努力程度，也无法对代理人行使有效的监督。二是契约的不完全性。委托代理契约规定双方的权利和责任的边界可能模糊或者不确定，因为公司的未来发展具有很大的不确定性，以及代理人的人力资本很难量化。三是存在监督的成本。监督不但不会产生直接的收益，而且还会支付监督费用，如监督人花费的时间、精力或设置监督机构的费用；为监督收集信息、调查取证及分析、研究和判断的费用；交涉谈判仲裁诉讼的费用；执行处罚制裁的费用等。

相对于其他董事会治理理论，委托代理理论得到了更广泛的认可和采用，但是其局限性在于：一是"代理人"的价值观和动机假说值得进一步商榷；二是董事会职能划分及董事会的决策过程没有说清楚。它将董事会的决策作为一个"黑箱"处理，忽略了董事会内大量的复杂性。根据委托代理理论，公司的股东作为委托人，将公司的信息资源、自身的利益委托给董事会来进行决策、经营；然后，董事会又作为委托人，将公司经营决策的执行、日常经营管理的权利委托给经理层。整体而言，股东是最终的委托人，董事会既是代理人又是委托人，经理层是最终的代理人。董事会是联系股东和经理层的桥梁，其作用非常大、地位非常高，影响力也非常强，所以董事会治理是现代企业公司治理的核心。董事会的行为将决定股东的利益和经理层的未来发展。

二、博弈论

Neo 和 Rebello[1] 是把博弈论引入经济学开创性代表者，他们的研究提出了外部董事在董事会中的重要意义的结论，为董事会中外部董事的参与提供了建议，成为了外部董事产生和快速发展的基石之一。他们认为，应该在董事会中加入外部董事的前提条件是外部董事可以通过掌控内部董事的薪酬方案和激励机制而激发内部董事主动向外部董事报告公司的信息，解决内外部董事信息不对称的最大难题。薪酬方案和激励机制成为内外董事之间博弈的关键。我国的董事会掌握对公司 CEO 的薪酬制定权利，并不包括内部董事的薪酬方案，且内部董事的薪酬方案并不由公司董事会中的外部董事单独制定。虽然国内外普遍建议董事会应该下设专门的委员会——薪酬与考核委员会负责董事、经理层和员工的薪酬方案和激励机制。但是我国《公司法》并没有规定公司必须建立薪酬与考核委员会，董事和经理层的薪酬实际仍掌控在董事会手中，内部董事也拥有自身薪酬和激励方案的参与权。因此，外部董事并不能利用薪酬方案和激励机制与内部董事进行信息的博弈，仍旧难以解决信息不对称的难题，博弈论在我国的适用性还有待商榷。

三、利益相关者理论

公众可能也同样发现了一个问题，既然利益相关者理论产生的共同治理的依据如此丰富、坚实，其理论思路也与经济发展的全球化现象不谋而合，还顺应了市场和经济环境变化的趋势，为何该理论在这几十年的经济发展过程中收效甚微呢？根本原因是利益相关者论本身具有的一些难以填补的缺陷，概括起来可以分为两类，分别是理论上的缺陷和实际运用过程中的缺陷。

一是利益相关者理论上的缺陷。利益相关者论实际上并不能协调所有实体性的目的。第一，利益相关者论的基本原则是公司应该同等对待其所有的利益相关者，负责全部利益相关者的利益，单就这一原则而言就是不实际、不合理的，公司对每个人都负责事实上是对每一个人都不负责，因为现实根本就不存在对每一个人都负责的情形，因此利益相关者论与良好的公司治理并不协调；第二，利益相关者论并没有为确定利益相关者的身份提供鉴别的建议，并且没有提供利益相关度的衡量方法，利益相关者论对于利益相关者而言就存在许多不足；第三，利益相关者论的产生和形成过程完全忽略了企业的行为，要平衡全部利益相关者的利益，就必将排除所有有助于特定群体的目标。

二是利益相关者理论在实践运用过程中的缺陷。无论是利益相关者的第一类、第二类，还是最狭窄的第三类定义，包括的相关主题都很多，在实践过程中并不具有操作性。此外，一些利益相关者也根本没有介入董事会治理的必要，即使进入了公司的治理过程，也不见得可以比没介入前更好地维护自身利益。相对于利益相关者论主张的是这种高成本"内嵌"公司治理的模式，可能通过国家或者司法干预的手段或者"看得见的手"取得的合法权益，成本更低，收益更高。人们都承认利益相关者论为公司治理结构的问题添加了更多新意，却仍旧不能忽视其在实践运用过程中的局限性和重重困难。理论虽然

① Noe T H, Rebello M J. Asymmetric information, managerial opportunism, financing and payout policies [J]. Journal of Finance, 1996, (51): 637-660.

很充实，但是缺乏实践的检验及相应的实证研究以支持应用的有效性，并且还有调查表明，企业经理层对利益相关者论普遍存在反对的态度。综上所述，利益相关者理论即使和股东至上理论争论多年，但是仍未推翻股东至上公司治理理论的主流学术地位，更加难以推翻企业实践中股东主导的治理理论的地位。

四、资源依赖理论

尽管资源依赖理论在 20 世纪 70 年代的出现得到了广泛的重视，指导了在选举董事会成员时考虑董事与公司外部资源之间关系方面的认识。但是，资源依赖理论也存在明显的不足：一是虽然间接承认了公司应当承担适当的社会责任，但是没有具体评价董事会职能和企业社会绩效之间的相关性；二是没有界定和细化董事会的运行程序；三是忽略了董事会构成和董事会改变相关权利的动态性。专家学者对于资源依赖理论的普遍研究都忽视了组织适应环境的动态性本质，以及董事会适应环境的过程中会发生各种变化，也忽略了这些变化发生的频率和后果。虽然资源依赖理论的理论依据充分，但在改善公司治理方法、调整董事会结构的路径方面贡献有限。

五、现代管家理论

管家理论与代理理论的研究假设、结论是有很大差异的。Dacin 等[1]认为，所有者与管理者是一种动态关系，随着他们的效用函数发生变化，代理关系有可能转变为管家关系，反之亦然；代理理论与管家理论是可以相容的。Donaldson 和 Davis[2] 认为，代理理论与管家理论没有优劣之分，仅是各自应用边界不同。因此，有必要同时运用代理理论与管家理论来分析管理者角色。

管家理论认为，应该利用内在的非物质因素对管理者进行激励，增强管理者的企业认同感，激发管理者的工作热情。显然，管家理论只是分析了董事激励来源的一个方面，而代理理论更多关注了董事可能会存在的自利性动机，这两个理论对董事激励和约束问题的分析对深入认识董事会治理问题具有重要意义。

六、阶级霸权理论

近年来，阶级霸权理论的研究逐步扩展到董事会和经理层对公司的控制和影响方面。更多研究的关注点集中在不同主体对公司控制权差异对公司价值和绩效的影响，特别典型的是对公司领导权结构设置(董事会长和总经理权限配置问题)有效性的系列研究。目前关于公司领导权设置有效性的大多数研究使用了证券市场的数据，并没有发现其对公司会产生重要影响。使用财务数据的研究也呈现出了混合性的结果，既有积极的影响，又有消极的影响。有一些学者把焦点放在了领导权结构设置的有效性是否会随着公司不同的情境而有所差异。还有一些学者研究了其他一些情境对公司领导权设置有效性的重要调节效应。

---

　　① Dacin R，Harris M T，Harris I C．Agents as stewards[J]．Academy of Management Review，1997，(22)：609—611.

　　② Donaldson L，Davis J．Boards and company performance：research challenges the conventional wisdom [J]．Corporate Governance International Review，1994，(2)：151—160.

第四章　我国中小企业董事会特征与企业绩效的理论研究

第一节　国内外企业董事会特征理论研究综述

公司治理分为内部治理与外部治理。外部治理机制的有效发挥依赖于产品市场、资本市场、控制权市场、经理人市场及董事市场的有效性。近年来,由于外部市场局限性及新兴国家转轨经济发展中市场机制不健全的诸多问题,有关企业内部治理中的董事会治理研究日益增多,尤其是董事会特征对企业绩效的作用引起学者广泛讨论。而现有研究主要从董事会规模、独立董事比例、董事会领导结构、董事会行为及激励等方面对企业绩效的影响进行分析。

传统的董事会治理研究是以委托代理理论为出发点的。自企业所有权与控制权两权分离以来,代理问题便随之出现,如何解决长期以来存在的代理问题和监督失位,维护股东的利益,便成为董事会治理的核心内容,有关董事会特征、职能、效能与企业绩效的关系的文献大量出现,成为学者所研究和关注的重点。而近年来,由于转轨经济及新兴经济体国家的中小企业已成为全球经济中一股重要力量,而成长期(青春期)是其发展成为大企业和全球企业所必须经历的一个阶段,决定着中小企业是持续发展还是衰弱死亡,也决定着一个国家未来的经济竞争力和综合实力。因此,中小企业的发展逐步受到重视,尤其是具有发展潜力的成长型中小企业。然而,成长型中小企业面临的问题更加复杂,单一的委托代理理论已不能用来对其进行研究和解释。成长型中小企业的最终控制人通常是该企业创始人,企业家精神、个人能力、知识结构与价值观决定着企业成败;最终控制人通过直接控股、间接控股、任职于董事会和经理层,掌握着企业控制权,对董事会特征有重要的影响,并通过董事会内在运行机理影响企业绩效。因此,在成长型中小企业董事会治理的理论研究中,引入控制权理论,同时结合委托代理理论,便具有合理性和现实性。

本书首先沿着传统的委托代理理论研究主线,对近年来国内外有关董事会特征的构成要素及对企业绩效的影响的相关文献进行梳理,吸收相关研究成果,总结国内国外理论和实证研究经验,为我国特殊背景下成长型中小企业的董事会特征及对企业绩效影响的研究思路和研究方法提供借鉴,作为成长型中小企业董事会治理的理论研究基础;然后以新的理论视角——控制权理论为主线展开评述和分析,为研究成长型中小企业董事会特征影响企业绩效的运行机理提供理论支持,达到本章对成长型中小企业董事会治理问题的研究目标。

伯利和米恩斯认为,股权分散性是公司重要特征。这一观点促使学者以委托代理理论为出发点来研究公司治理。公司治理主要解决两权分离下的剩余控制权与剩余收益权配置问题，以最大程度弱化代理问题，使经理层与股东的利益趋向一致。董事会治理作为解决代理问题的重要内部治理机制，是联结股东与经理层的中间纽带，是公司治理的中枢神经元，对公司其他内部与外部治理机制有深远影响。而关于董事会特征及其对企业绩效究竟有何影响则成为几十年来公司治理机制研究的重要课题。本节对该类文献进行了梳理和总结，以期为成长型中小企业的董事会特征及其对企业绩效影响的深入研究提供理论借鉴。

一、董事会规模与企业绩效

(一)组织行为学与代理理论观点

就一定规模的公司来讲，大规模董事会运行不如小规模董事会更有效率，这种观点主要以代理理论与组织行为学理论为基础。奥尔森认为，小集团能够做到为自己提供集体物品可能仅仅因为集体物品对个体成员产生了吸引。在这一点上，小集团和大集团是不同的。就大集团而言，其获得的任何集体物品数量离最优水平越远，就越不可能采取行动去获得哪怕是最小数量的这类物品。简而言之，集团越大，就越不可能去增进他们的共同利益[①]。个人所付出的成本与集体收益是等价的，然而集体收益具有共享性和非排他性，个人不能完全占有其贡献，而集团规模越大，集团成员从集体收益所占的份额就越小，个人收益与个人努力同为之付出的成本就越不平衡、不成比例，并且他们可能认为自己力量单薄对集团收益仅产生微弱影响而不愿付出努力，集体收益趋于降低。大规模集团还会带来组织协调成本剧增，相比小集团缺乏效率。

国外学术界对董事会规模与企业绩效的关系进行了长期的研究，董事会规模是研究董事会运行效率和职能发挥的一个重要评价指标。但是，对董事会规模与企业绩效的实证检验结果却是不一致的。Lipton 和 Jensen 最先假设了董事会规模独立地影响企业绩效。虽然大规模董事会的监督和信息获取能力较小规模董事会有优势，但组织协调成本上升将超过其带来的收益，所以，小规模董事会比大规模董事会更有效率。Lipton 和 Lorsch 认为，董事会规模最好为 8 或 9 人，最大不应超过 10 人[②]。此时董事会将逐渐缺乏效率，组织协调和沟通困难及成本超过人数增多所带来的益处。Jensen[③] 认为，董事之间的博弈可能削弱董事会对 CEO 的监督和评价作用，当董事数量超过 7 或 8 个时，董事会作用降低，被 CEO 控制可能性加大。这与奥尔森的研究结论大体一致，大集团的成员可能更加"懒惰"或者"力不从心"，而不情愿付出自己的努力去创造集体收益，出现机能障碍。Yermack[④] 以 1984~1991 年的 452 家最大美国上市公司为样本分析显示：董事会规模与企业价值呈负相关的"倒 U 型"曲线关系；董事会的规模从小型向中型变化

---

① 曼瑟尔·奥尔森. 集体行动的逻辑[M]. 陈郁，郭宇峰，李崇新，译. 上海：上海人民出版社，1995：5—30.

② Lipton M，Lorsch I W. A modest proposal for improved corporate governance[J]. Business Lawyer，1992，48(1)：59—77.

③ Jensen M C. The modern industrial revolution，exit，and the failure of internal control systems[J]. Journal of Finance，1993，48(3)：831—880.

④ Yermack D. Higher market valuation of companies with a small board of directors[J]. Journal of Financial Economics，1996，40(2)：185—202.

时，公司价值的减少额最大；董事会人数从 6 人上升到 12 人时的公司价值减少额相当于董事会规模从 12 人上升到 24 人时的减少额。小规模董事会由于人数少，沟通较多，信息流通较快，对不称职的 CEO 更具有罢免能力。Eisenberg 等则对芬兰的中小规模公司进行分析得出董事会规模与公司价值呈负相关[①]。这些研究得出的结论，为中小企业更适合于拥有小规模董事会、更能发挥董事会效率提供了经验证据，大规模董事会在应对市场环境的复杂性与应变性方面显得"笨拙"，丧失了中小企业的灵活竞争策略优势。Wu 和 Honey 对 1991~1995 年公司董事会规模的变化进行了考察，发现公司董事会规模在逐渐变小，市场参与者认为小规模董事会的监督积极性更高，对小规模董事会看好[②]。市场参与者对董事会规模的看法也是衡量董事会效能的一个重要参考指标，市场参与者对小规模董事会偏好。

国内学术界对董事会规模的经验研究不多，对董事会规模内生性问题分析较少。孙永祥和章融研究显示，董事会规模与 Tobin Q、ROA 和 ROE 都表现出了反函数关系，董事会规模与企业绩效成反比[③]。而我国资本市场的公司股价并不能如实地反映公司真正绩效，对选用的 Tobin Q 作为衡量企业绩效的一个指标而有待商榷。沈艺峰和张俊生对 ST 的公司研究发现，普遍存在着大规模董事会的特性，大规模董事会可能是公司治理失败的一个重要原因[④]。李常清和赖建清通过对 1999~2003 年实证分析，发现董事会规模越大，EPS 和 EVA 越低，ROE 则越高，认为上市公司董事会包含了一定比例的非执行董事，往往是大股东代表，既不领取薪酬也不持有股权，是董事会规模过大的真正原因[⑤]。于东智的研究表明，董事会的规模与公司绩效之间存在着"倒 U 型"的曲线关系，并建议董事会的规模采取奇数型的设置，这样可以避免僵持局面的出现[⑥]。王山慧和王宗军通过对中国中小板上市公司实证得出 ROA 和 Tobin Q 都与董事会规模显著负相关。不论是从财务指标还是从市场指标来看，董事会规模都与公司绩效负相关，即董事会规模越大，中小板公司的绩效越差。董事会规模过大可能引起沟通、协调问题，影响决策的效率，而中小板公司面对激烈的竞争市场需要比较高的决策效率，因此更青睐小规模的董事会[⑦]。

总之，这些学者从理论与实证等方面，论证了大规模董事会不如小规模董事会更有效率，大规模董事会可能成为一种"橡皮图章"而不能发挥应有的作用。董事会规模追求过大，反而会导致组织协调成本加大，应该追求"小而灵活"的董事会规模。规模较小的董事会更能快速、从容地应对飞速变化的市场环境，迅速地做出反应和决策。但国内国外的实证经验多是从单一的外生变量对整个市场样本企业进行分析，没有考虑区域、行业、企业发展阶段等因素，鲜有对处于成长型中小企业进行专门研究，尤其是西部地区几乎没有，故得出的结论不一定对西部地区成长型企业适用。

① Eisenberg T，Sundgren S，Wells M. Larger board size and decreasing firm value in small firms [J]. Journal of Financial Economics，1998，48 (9)：35—54.

② Wu Y L，Honey I. Shrunk the Board[M]. Chicag：University of Chicago，2000：194—201.

③ 孙永祥，章融. 董事会规模、公司治理与绩效[J]. 企业经济，2000，(10)：13—15.

④ 沈艺峰，张俊生. ST 公司董事会治理失败若干成因分析[J]. 证券市场导报，2002，(3)：21—25.

⑤ 李常青，赖建清. 董事会特征影响公司绩效吗[J]. 金融研究，2004，(5)：64—77.

⑥ 于东智. 董事会、公司治理与绩效：对中国上市公司的经验分析[J]. 中国社会科学，2003，(3)：29—41.

⑦ 王山慧，王宗军. 中小板上市公司董事会治理[J]. 财会月刊，2011，(4)：3—6.

(二)资源依赖理论和企业成长理论的观点

资源依赖理论认为,一个组织最重要的存活目标就是要想办法降低对外部关键资源供应组织的依赖程度,并且寻求一个可以影响这些供应组织的关键资源进而能够掌控的方法。董事会成员越多,知识技能覆盖面越广,与外部环境资源联系性越强,组织抗风险能力越高,从此种意义上来说,大规模董事会有利于提高企业绩效。国外一些研究表明,董事会规模与公司价值呈正比例关系。Dallas 指出,董事会能够为公司进行外部环境的协调、信息的获取与交换和基于自身背景与特征为公司提供咨询建议与指导[①]。Denis 和 Sarin[②] 发现,董事会规模增加的公司在后续的会计期间获得了更高的市场调整收益率。Birnbaum 和 Croll[③] 认为,外部环境的不确定性会导致董事会规模的增加。Mizruchi 和 Stearns[④] 认为,董事交叉任职与有效的资本获取相关,而大规模的董事会则为这种交叉任职提供了便利,因此从这个角度来说,大规模董事会与企业绩效正相关。Dan 和 Daily[⑤] 运用 Meta 方法对 131 个样本进行分析,认为董事会规模与企业绩效呈现显著正向关系。Ocasio[⑥] 认为规模相对较大的董事会更可能产生可选择的 CEO,一个规模相对较大的董事会也限制了 CEO 施加社会影响以维系其权力的可能性。这与 Jensen 的大规模董事会更可能被 CEO 所控制而不能有效发挥监督作用的结论截然相反。资源依赖理论及相关实证证据主要从市场环境复杂性与多变性角度出发,企业需要更多优质、关键的可获得资源,以减少企业对外部环境的依赖性,加大与外部市场联系程度,从而趋向于更大规模董事会。

依据企业成长理论,综合董事会职能与企业发展特征,企业生命周期不同阶段具有不同的董事会治理结构。处于成长期的企业,开始出现经营权和所有权部分分离的现象,企业主要目标是获得高速成长的市场机会,企业有强烈的创新愿望[⑦]。李云鹤等通过对我国上市公司的 1620 个样本观测发现,在企业生命周期的成长阶段,公司董事会规模较其他阶段增加迅速,更多考虑董事会成员为公司发展所带来的内外部资源,董事会的监督职能则并没有充分体现出来[⑧]。处于成长期的企业,面临的市场形势更加复杂,随着企业规模扩张,对董事的知识资源需求量增加,董事会规模趋于扩大;而企业的委托权与代

① Dallas L L. The relational board:three theories of corporate boards of directors[J]. The Journal of Corporation Law,1996,22,(1):1—25.

② Denis D J,Sarin A. Is the market surprised by poor earnings realizations following seasoned equity offerings [J]. Strategic Mangement Journal,1999,20(11):1071—1076.

③ Birnbaum D W,Croll W L. The etiology of children's stereotypes about sexdifferences in emotionality[J]. Sex Roles,1984,10(9—10):677—691.

④ Mizruchi M S,Stearns L B. A longitudinal study of the formation of interlocking directorates [J]. Administrative Science Quarterly,1988,33(2):194—210.

⑤ Dan R D,Daily C M. Directors and shareholders as equity partners? Handle with care! [J]. Compensation and Benefits Review. 1999,31(1):73—79.

⑥ Ocasio W. Political dynamics and circulation of power:CEO succession in U. S. industrial corporations,1960—1990. [J]. Administrative Science Quarterly,1994,39(2):285—312.

⑦ 刘苹,陈维政. 企业生命周期与治理机制的不同模式选择[J]. 财经科学,2003,(5):73—76.

⑧ 李云鹤,胡文伟,李湛. 企业生命周期视角下董事会治理结构演变—来自中国 A 股上市公司的经验研究[J]. 上海交通大学学报,2010,(12):1636—1640.

理权也逐渐走向分离，代理问题逐渐显现，此时对董事会的监督需求也会增加，从而董事会规模也趋于扩大。

综合上述两种观点，对于大规模董事会与小规模董事会孰优孰劣的问题并没有得到一致的结论，学者从不同的理论角度出发，通过实证经验数据来论证他们的观点，而且由于各个不同国家、不同行业、不同时期和不同企业发展阶段的背景和市场环境都有较大差别，得出的结论也会不一致，并没有一个普适的准则。

(三)董事会规模与企业绩效关系的动态性与内生性

Crutchley 等超越了仅从静态角度分析董事会规模与企业绩效的关系，以崭新视角动态地研究董事会稳定性(规模与人员自身变化)与企业绩效的关系。结果表明，公司绩效较差，董事稳定性也较差；稳定性越强，后期的绩效改善也越强。由于公司绩效较差，董事担心声誉受到破坏，主动离开董事会，而不是被公司解聘离开董事会[1]。

而关于董事会特征面临着内生性问题，许多经验研究结果可以用均衡和非均衡现象去解释。Hermalin 和 Weisbach 用董事会规模与企业绩效明确说明了这个问题：如果用非均解释，则董事会规模与企业绩效存在负相关关系，应限制董事会规模；若用均衡解释，则两者之间不存在直接关系，一定有其他因素对两者都产生影响[2]。Hart 认为，董事会是分散的股东和管理者之间合约问题的均衡解(虽然是次优解)，董事会规模也对企业绩效影响存在着内生机制[3]。Yermack 最先给出了经验证据，即在控制了股权结构、公司规模等变量后，董事会规模与企业绩效是负相关的，并呈稳健性。后又谨慎地解释了其中可能存在的内生性问题，但发现，董事会规模确实对企业绩效产生了影响，但并没有发现企业绩效会反过来对董事会规模产生作用，即董事会规模不会因企业绩效而增减[4]。这与 Hermalin 和 Weisbach 关于绩效变差可能会反过来导致董事会规模增大的观点不一致。Postma 和 Serken 对荷兰样本进行分析，对董事会构成变量进行了控制，发现董事会规模与企业绩效仍然负相关，也没有合理地解释内生性问题[5]。Loderer 和 Peyer 等研究瑞士公司董事会层级制和公司绩效的论文中也提出这些内生性问题尚未解决[6]。

国内学者大多数把董事会规模作为外生变量研究董事会规模与企业绩效的关系，对于董事会规模具有内生性并没有充足的证据来证明，对于董事会规模是否是以单一的特征变量来影响企业绩效没有得到很好的论证，给研究董事会规模与企业绩效的关系增加了新的挑战与难度。

---

① Crutchley E C. An examination of board stability and the long-term performance of initial public offerings[J]. Financial Management，2002，31(3)：63—90.

② Hermalin B，Weisbach M. Board of directors as an endogenously determined institution：survey of the economic literature[J]. FRBNY Economic Policy Review，2003，21(9)：7—26.

③ Hart O. Corporate governance：some theory and implications[J]. The Economic Journal，1995，105 (10)：678—689.

④ Yermack D. Higher market valuation of companies with a small board of directors[J]. Journal of Financial Economics，1996，40(2)：185—211.

⑤ Postma T，Sterken E. Board composition and firm performance in the netherlands[J]. Eastern Economic Journal，2003，29(7)：41—58.

⑥ Loderer C，Peyer U. Board overlap，seat accumulation and share prices [J]. European Financial Management，2002，8(10)：165—192.

二、独立董事比例与企业绩效

董事大致分为外部董事(独立董事)与内部董事。内部董事是指那些兼任公司高管的董事,他们既负责参与公司重大经营方针决策,又负责执行这些董事会决策。而外部董事是指公司从外部聘请的有法律、管理、财会、金融、投资等某方面专长的人士,他们也往往是其他公司的董事长、总经理,或者是大学、科研机构的教授与研究人员,亦或政府官员,享有极高的社会声誉。董事会发挥其有效性,对企业决策、治理与绩效产生影响,董事会如何影响公司绩效就是上述命题的逻辑延伸[①]。

(一)委托代理理论和资源依赖理论观点

1. 委托代理理论观点

代理理论认为,经理人具有自利性和机会主义倾向,可能采取与股东利益相背的行为。若不能对代理实施有效的监管,委托人的利益则可能遭到侵蚀。而外部独立董事能够很好地解决经理人的代理问题,能对经理人实施有效的控制。Meckling 和 Jensen 认为,独立董事比内部董事更加客观独立及更有经验;独立董事被授权以选择、监督、考核及奖惩公司的管理层,通过减轻管理层和股东之间的利益冲突来维护公司的效益;具有较高降低代理成本的能力[②]。Fama 和 Jensen 认为,对于独立董事来说,内部董事很少会对 CEO 提出质疑,因为内部董事在职务关系上从属于 CEO,实施监督则有可能使他们利益受损,而且激励不相容也可能使内部董事出现机会主义行为[③]。当独立董事比例增加时,董事与股东的利益更加趋向一致,若独立董事有充分的独立性来行使投票,则更有可能更换不称职、公司绩效差的 CEO。

2. 资源依赖理论的观点

依据资源依赖理论,企业能否在激烈的市场声誉竞争中立于不败之地,主要取决于企业获取与控制外部资源的能力,独立董事也能有效提供企业发展所需关键资源,加强与外部联系。Johnson 等提出的分析表明,董事会通过充分发挥资源提供、监督控制与战略决策的职能,来影响企业决策与绩效,而引进独立董事,则会提升原董事会职能效率[④]。Bazerman 和 Schoorman 认为,独立董事的贡献主要体现在创造和提升了相互不同机构间双赢、多赢的关系;他们与外部机构有密切的联系,建立广泛的外部关系网络,并频繁活动,有利于增进与其他公司相互合作关系与信任,降低交易成本,扩大和获取

① Hillman A J, Keim G D, Luce R A. Board composition and stakeholder performance: do stakeholder directorsmakea difference [J]. Business and Society, 2001, 40(3), 295-314.

② Jensen M C, Meckling W H. Theory of the firm: managerial behavior, agency costs and ownership structure [J]. Journal of Financial Economics, 1976, 3: 349-356.

③ Fama E F, Jensen M C. Separation of ownership and control[J]. Journal of Law and Economics, 1983, 26 (2): 301-325.

④ Johnson J, Daily C, Ellstrand A. Boards of directors: a review and research agenda[J]. Journal of Management, 1996, 22: 409-438.

关键资源①。Agrawal 和 Knoeber 认为，具有政治背景的外部独立董事，通过游说可以为公司获取可观的相关利益②，如政府补贴、政策支持和税收优惠等，能有效提高公司效益或帮助公司渡过难关。Easterbrook 发现，来自银行的独立董事显著增加了公司的可用资本③。Buderi 和 Huang 也认为，微软在中国的成功是因为其在中央与地方政府的公关运作④。政治影响力作为独立董事的一种资本也能为公司提供公司发展所需的关键资源。独立董事的背景能够影响他们成功发挥决策支持与监督专家的能力与技巧。Weisbach 则认为，外部董事能运用自己的商业经验、知识技能、战略眼光等优势，为公司战略制定提供咨询建议，帮助管理层解决经营难题⑤。Johnson 等认为，具有行业专长的独立董事能从专业角度对公司战略和决策提供咨询建议，能为成长型中小企业多元化经营战略、兼并重组、提升企业核心竞争力建言献策⑥。非常有经验的独立董事专家还能将一系列的"如果……则……"决策规则转变为一系列的过程式知识，使得决策过程非常有效率和效益⑦。Hambrick 认为，独立董事作为专家，一般拥有良好且丰富的理论、实务经验和教育背景。这些专家能把他们的知识与经验运用到企业的战略制定与决策上来，从而提高企业的经营业绩⑧。

这些具有相关背景的董事成为公司的一种资源，利用自身的专业知识、技能、战略眼光、商业经验为公司战略决策执行出谋划策，并结合市场形势，提出切实可行、具有针对意义的咨询建议，降低外部信息搜寻成本、交易成本，发挥"参谋"作用。

3. 实证研究

Rosenstein 和 Wyatt 研究认为，外部董事比例和公司的市场价值显著正相关，外部独立董事能有效地发挥监督代理和资源提供作用，为股东带来财富⑨。Baysinger 和 But-

① Bazerman M H，Schoorman D F. A limited rationality model of interlocking directorates[J]. Academy of Management Review，1983，8：206—217.

② Agrawal A，Knoeber C R. Firm performance and mechanisms to control agency problems between managers and shareholders. Journal of Finance and Quantitative Analysis，1996，31：377—97.

③ Easterbrook F H. Two agency-cost explanations of dividends[J]. American Economic Review，1984，(4)：650—659.

④ Buderi R，Huang G T. (The art of relationships)：microsoft，china and bill gates's plan to win the road ahead[J]. Research Technology Management，2006，91(4)：61—62.

⑤ Weisbach M S. Outside directors and CEO turnover[J]. Journal of Financial Economics，1988，20：192—203.

⑥ Johnson J，Daily C，Ellstrand A. Boards of directors：a review and research agenda[J]. Journal of Management，1996，22：409—438.

⑦ Eisenhardt K. Agency theory：an assessment & review[J]. Academy of Management Review，1989，(14)：57—74.

⑧ Hambrick D C. The top management team：key to strategic success[J]. California Management Review，1987，30：88—108.

⑨ Rosenstein S，Wyatt J G. Outside directors，board independence and shareholder wealth[J]. Journal of Financial Economics，1990，26(2)：175—191.

ler①、Brickley 等②、Peng③ 的研究结果均表明，独立董事在董事会中所占比例与企业经营业绩之间存在显著的正相关关系。吴淑琨等通过对 1997～1999 年的 476 家公司研究，发现非执行董事比例与公司绩效正相关④。白重恩等考察发现，董事会独立性与企业市场绩效显著正相关⑤。魏刚等发现来自高校和研究机构的独立董事比例与业绩指标不存在显著的正相关关系，但来自政府和银行背景的独立董事越多，公司经营业绩越好⑥。高明华和马守莉于 2001 年对 83 家样本公司分析所得，独立董事比例和净资产收益率及每股收益呈微弱正相关，但不显著⑦。王跃堂等发现，独立董事的比例和声誉具有正向的绩效后果，独立董事的行业专长和政治关系并未如预期那样能改善公司绩效⑧。这与魏刚关于独立董事的政治背景的绩效促进作用有些不一致。魏锋和薛飞考察 1999～2004 年每年董事会制度安排对多元化经营的影响发现，独立董事比例越高，公司越不易做出多元化经营决策，公司绩效越好⑨。赵昌文等发现，家族类上市公司中独立董事比例的提高仍然有助于企业价值的提升。对于银行背景的作用，赵昌文与魏刚结论不一致，赵昌文与王跃堂关于行业专业和政治关系背景的研究结论不一致；但赵昌文和魏刚都承认政府关系背景的积极作用，但对独立董事拥有何种资源对公司产生何种经营绩效的结论并不完全相同。而沈艺峰和张俊生通过对我国 1997～1999 年的 ST 和 PT 公司研究发现，独立董事人数和占董事会比例呈下降趋势，从 1997 年的平均每公司 7.93 人降到 1999 年平均每公司 6.58 人，公司绩效下降可能与独立董事人数和比例下降有关⑩。独立董事在抑制公司绩效下滑、防止连续亏损等方面有积极作用。

　　综合以上观点，公司董事会应积极引入独立董事，提高独立董事比例，利用其专业知识、技能与社会关系，发挥声誉机制，为企业战略决策提供咨询建议，并对管理层进行有效监督，使管理层行为与股东利益趋向一致，使委托代理成本最小化。但对引入何种类型董事，拥有何种资本的董事能为企业提供最关键资源、实施最有效的监督却没有一致的结论。而实证经验又很少专门针对成长型中小企业进行研究，对于中小企业在成长阶段对独立董事资源及监督需求没有进行详细的分析与论证。尤其是在我国特殊经济与社会背景下，董事会背景是否对公司经营绩效产生影响有待论证，如拥有政府和银行关系的背景是否能让中小企业获得扩张所需的紧缺的资金资源，大学或科研机构的教授能否把科研理论与企业实践相结合，都需要进行考察。

　　① Baysinger B D, Butler H N. Antitakeover amendments managerial entrenchment, and the contractual theory of the corporation[J]. Virginia Law Review, 1985, 71(8)：1257-1303.

　　② Brickley J A, Smith C W, Zimmerman J L. Organizational architecture：a managerial economics approach [J]. Irwin, 1996.

　　③ Peng M W. Identifying the big question in international business research [J]. Journal of International Business Studies, 2004, 35(2)：99-108.

　　④ 吴淑琨, 刘忠明, 范建强. 非执行董事与公司绩效的实证研究[J]. 中国工业经济, 2001, (9)：69-76.

　　⑤ 白重恩, 刘俏, 陆洲, 等. 中国上市公司治理结构的实证研究[J]. 经济研究, 2005, (2)：81-91.

　　⑥ 魏刚, 肖泽忠, NickTravlos, 等. 独立董事背景与公司经营绩效[J]. 经济研究, 2007, (3)：92-103.

　　⑦ 高明华, 马守莉. 独立董事制度与公司绩效关系的实证分析[J]. 南开经济研究, 2002, (2)：65-69.

　　⑧ 王跃堂, 赵子夜, 魏晓雁. 董事会独立性是否影响公司绩效[J]. 经济研究, 2006, (5)：62-72.

　　⑨ 魏锋, 薛飞. 董事会制度安排、多元化经营与公司绩效[J]. 管理学报, 2008, (6)：862-870.

　　⑩ 沈艺峰, 张俊生. ST 公司董事会治理失败若干成因分析[J]. 证券市场导报, 2002, (3)：21-25.

(二)组织行为学和管家理论观点

1. 组织行为学乘员理论观点

Donaldson 和 Davis 认为，在乘员效应的组织中集体主义强烈、薪酬差异小和人际关系好，董事会仅起辅助决策作用[①]。Ford 认为，独立董事在战略、预算、危机管理等方面不如内部董事处理得好[②]。独立董事通常在多个公司任职，由于时间和精力的限制，他们往往对所任职的公司信息没有充分的了解，对公司所面临的市场、机遇与威胁把握不深入，从而在战略建议和咨询方面可能与公司实际情况脱节，并且在监督经理层方面较内部董事信息获取处于劣势地位，并不能有效地发挥监督代理作用。

2. 管家理论的观点

管家理论借鉴了组织行为学与心理学的一些观点，认为组织成员能自觉地履行委托人交付任务，兢兢业业，不会为一己之利去做出有损委托人的行为。管理层行为包括了非经济驱动因素，如进取心、责任感、成就感。代理人通过努力工作从而获得上级和同级的认可与信任，而这依赖于委托人对其有充分信任，若对其进行近距离和频繁监督，会认为是委托人对其不信任，从履职转向反控，不利于调动组织成员工作积极性，使监督产生负效果。因此，内部董事因其熟悉业务和对组织的承诺而体现出特殊的治理意义。内部董事对公司经营状况把握更加清晰和准确，比独立董事在战略咨询建议和资源提供方面更有优势，故提高内部董事比例能促进公司绩效的提高。

3. 经理层霸权理论观点

Pfeffer 认为，在大多数情况下，经理层掌控着董事会成员的任选、聘用与解职，所以，在许多实践方面，经理层控制着董事会[③]。董事会只是一个"法律虚拟体"，是从属于经理层的"名存实亡"的机构，董事会监督经理层的作用并不能得到发挥。Crystal (1991)认为，独立董事一般由 CEO 提名，并可以被 CEO 撤换，使得独立董事出于"感恩"而很少对 CEO 提出实质性异议来。独立董事会成员经常是由 CEO 所提名的报酬咨询专家，此时报酬合约不是最优的。独立董事对公司信息获取渠道通常也是来自于 CEO，这使得 CEO 在信息源对独立董事实行了"控制"。为了保护自己的声誉，独立董事也不愿意与 CEO 陷入无休止的争吵中，反而默许 CEO 采取的行动，使得独立董事成为"花瓶"，而不能对公司绩效产生积极影响。

---

① Donaldson L，Davis J H. Boards and company performance—research challenges the conventional Wisdom[J]. Corporate Governance：An International Review，1994，2：151—160.

② Ford H. Outside directors and the privately-owned firm：are they necessary[J]. Entrepreneurship：Theory and Practice，1988，13(1)：49—57.

③ Pfeffer J. Size and composition of corpo-rate boardsof directors：the organization and its environment[J]. Administrative Science Quarterly，1972，(17)：218—229

4. 实证研究

支持乘员理论的 Yermack 发现，独立董事比例与公司绩效呈反比例关系①。Bhagat 和 Black 对董事会构成和公司绩效进行分析，发现只有内部董事比例才与公司绩效呈正比例关系②。Tian 和 Lau 在其文献中，将中国原国有企业及其附属机构委派的董事定义为内部董事，其余则为外部董事，发现内部董事比例与企业绩效呈现正向关系③。Ronald 的研究结果表明，董事会的独立性与公司的绩效指标呈反比例关系，独立董事增加可能是公司经营绩效下滑后所采取的一种应对策略。李常青和赖建清认为，上市公司绩效下降也许是受独立董事发挥监督作用的影响和体现；独立董事的"独立性"较难保证，因为独立董事的决策信息来自公司内部人；独立董事可能变相成为内部人侵占其他股东利益的"保护伞"，董事会独立性与企业绩效负相关④。实证结论是支持组织行为乘员理论与霸权理论的，鉴于独立董事在公司治理中的重要作用，应注重发挥其监督和资源提供职能的有效性和独立性，以促进公司绩效。

(三)集中股权结构下独立董事对企业绩效的影响

在我国中小企业广泛存在着缺乏权力制衡的大股东，大股东在选聘、奖惩、解职独立董事方面有着极大的话语权。因此，独立董事能否有效发挥监督作用取决于其参与公司权力博弈的能力。

王跃堂等实证发现，独立董事比例和公司绩效的关系受到股权结构的影响，股权缺乏制衡的结构不利于独立董事保持独立性和代理成本的降低，对于股权缺乏制衡的公司，代理理论还是优于乘员理论⑤。杜育华通过建立模型分析发现，董事会越独立，股东整体收益越低，代理成本越高⑥；王山慧和王宗军以 2007~2009 年的中小板上市公司数据分析，得出独立董事比例分别与公司绩效的财务指标、市场指标正相关的结论，但在统计上都不显著⑦。于东智利用 1997~2000 年的 1088 家公司研究样本，以截面数据分析得出的结果表明，独立董事与公司绩效不具相关性，考虑时滞性后，两者仍然不具有统计意义的相关性⑧。李云鹤等通过对 2002~2007 年共 1620 个观测样本观察发现，我国上市公司外部董事比例几乎保持在稳定的水平，公司中独立董事的设立更多的是满足上市公司合规性要求，独立董事也没有随公司代理问题严重程度的可能增加而增大，这可能是我国独立董事监督职能没能充分发挥作用的重要原因⑨。

———————————

① Yermack D. Higher market valuation of companies with a small board of directors[J]. Journal of Financial E-conomics，1996，40：185—211.

② Bhagat S，Black B. Do independent directors matter[M]. New York：Columbia Law School，1997：78—103.

③ Tian J，Lau C. Board composition，leadership structure and performance in chinese shareholding companies [J]. Asia Pacific Journal of Management，2001，18：245—163.

④ 李常青，赖建清. 董事会特征影响公司绩效吗？[J]. 金融研究，2004，(5)：64—75.

⑤ 王跃堂，赵子夜，魏晓雁. 董事会独立性是否影响公司绩效[J]. 经济研究，2006，(5)：62—72.

⑥ 杜育华. 双重委托代理下独立董事治理效应研究[J]. 管理学报，2011，(7)：1081—1085.

⑦ 王山慧，王宗军. 中小板上市公司董事会治理[J]. 财会月刊，2011，(4)：3—6.

⑧ 于东智. 董事会、公司治理与绩效：对中国上市公司的经验分析[J]. 中国社会科学，2003，(3)：29—41.

⑨ 李云鹤，胡文伟，李湛. 企业生命周期视角下董事会治理结构演变——来自中国 A 股上市公司的经验研究 [J]. 上海交通大学学报，2010，(12)：1635—1640.

我国的董事会市场、资本市场发育尚不健全，独立董事的选聘主要还是由大股东所决定的，独立性难以得到有效保证；独立董事大多在多个公司任职，独立董事职务并不是他们的主要工作和经济来源，精力和时间难以得到有效保障；独立董事的设置大多是迎合国家政策法规的需要，并没有起到实质作用。因此，在我国，独立董事是否能对成长型中小企业的绩效产生积极影响，关键是要看独立性和积极性能否得到最大程度的发挥。

(四)独立董事比例与企业绩效内生性研究

将独立董事设定为内生变量，可得出独立董事比例是否与公司绩效相关是各种条件联合决定的结论。但是工具变量很难寻找，因此对内生变量的结果要谨慎解释。Agrawal和 Knoeber 发现，外部董事比例和公司的 Tobin Q 在单一方程中负相关，但在联立方程中，这种相关性消失了[1]。Firth 等也发现，外部董事比例和公司绩效的联立方程并不显著[2]。Barnhart 和 Rosenstein[3] 用 Tobin Q 来衡量公司业绩，发现独立外部董事比例和公司业绩之间只存在一种微弱曲线关系[4]。而 Hermalin 和 Weisbach 指出，在公司绩效下降之后，独立董事的任命数将增长[5]。王跃堂等认为，董事会构成和公司绩效是被联合决定的，绩效越高的公司越愿意聘请独立董事[6]。于东智和王化成通过 1998～2001 年度上市公司分析，绩效越差的公司越有可能聘请独立董事，它们希望通过该项治理措施能够改善自身的治理效率，提升市场形象。"独立董事的绩效内生性"的理论假说成立[7]。独立董事和公司绩效内生性的研究表明，公司绩效在持续下降或出现严重亏损以后，独立董事比内部董事更加被信任，独立董事的比例反而会上升。

三、两职合一与企业绩效关系

关于董事会的另一个争论的焦点在于董事长是否应该兼任公司总经理，现代管家理论与代理理论分别从不同的角度进行了理论与实证说明，但尚未得出一致结论。

(一)相关关系

1. 现代管家理论观点

Donaldson 和 Davis 提出了管家理论，现代管家理论的出发点是代理人诚实守信、兢兢业业和勤勉尽责地管家，认为代理人都是完全受个人效用最大驱使的机会主义者的假

---

① Agrawal A，Knoeber C R. Firm performance and mechanisms to control agency problems between managers and shareholders[J]. Journal of Finance and Quantitative Analysis，1996，31：377−97.

② Firth M，Fung P M Y，Rui O M. Simultaneous relationships among ownership，corporate governance，and financial performance[D]. Hong Kong：The Hong Kong Polytechnic University，2002：53−108.

③ Barnhart S W，Rosenstein S. Board conposition，managerial ownership，and firmperformance：an empirical analysis[J]. Financial Review，1998，33(4)：1−16.

④ 魏刚，肖泽忠，NickTravlos，等. 独立董事背景与公司经营绩效[J]. 经济研究，2007，(3)：92−103.

⑤ Hermalin B，Weisbach M. Board of directors as an endogenously determined institution：survey of the economic literature[J]. FRBNY Economic Policy Review，2003，21(9)：7−26.

⑥ 王跃堂，赵子夜，魏晓雁. 董事会独立性是否影响公司绩效[J]. 经济研究，2006，(5)：62−72.

⑦ 于东智，王化成. 独立董事与公司治理：理论、经验与实践[J]. 会计研究，2003，(8)：8−13.

设是不成立的①。代理理论与交易成本经济学设定模型，认定委托人与代理人存在内在利益冲突，完全从个人的成本与收益去考虑，在财务方面去尽量获得好处，即 X 理论模型。Perrow② 认为，将个体作为自利主义者和机会主义者太过机械化。Hendry③ 也认为，过于机械化而不会有任何实践的重要性。而管家理论借助于社会学与心理学知识，代理人把做好本职工作、全心全意为委托人服务内化为自身价值追求。个人除了经济利益追求，还有非经济利益追求，包括获得上司和同级的赞许、工作成就感、责任感、实现自己远大抱负等。因此，对代理人实行严格的监督可能反而会使他们不受信任，不利于自身积极性和主观能动性的充分发挥，不利于管理者参与日常决策与管理活动。董事会与 CEO 之间应建立相互合作、信任的关系，实现彼此畅通无阻的信息沟通与交流，尽可能授权管理者来进行决策，使管理层在日益复杂的市场环境形势下，能快速地做出决策，并付诸行动④。两职合一，使公司 CEO 享有更大的自主权，能够从容面对飞速变化的市场。CEO 作为内部人，更了解公司内部经营状况和市场情况，比外部董事更具有责任感，能做出适优决策。现代管家理论认为，两职合一能使企业拥有一个强有力的领导核心，避免企业受董事长和 CEO 的双重领导，而出现领导责任划分不清，强有力的领导人物也能使企业对快速变化的环境作出反应。

　　Mallette 和 Fowler 于 1992 年通过实证发现，董事长兼任 CEO 对公司绩效产生积极作用⑤。Cannella 和 Lubatkin 通过实证分析得到，两职合一与公司绩效存在着正向关系⑥。总经理的代理问题只有在其职位受到威胁时出现，而在此之前，总经理是以公司股东利益为导向的。以上结论说明总经理兼任董事长时，同样会兢兢业业工作，而不会任意挥霍手中放大的权力，一旦滥用职权可能使公司业绩下滑，被解雇的威胁也将会增大，因此两职合一反而能调动其工作积极性，对公司绩效产生积极作用。

2. 代理理论观点

　　代理理论根植于经济学与金融学，主要研究委托代理关系中出现的两个问题：委托人与代理人的目标部分不一致；委托人与代理人风险偏好不一致，出现风险承担问题。代理理论认为两权分离是有效的，因为自身行使一些权利不如委托给他人更有效率，从而追求利益最大化。Fama 和 Jensen 认为，代理人是有限理性和自利的，与委托人激励不相容，存在着机会主义行为，通过控制权来获取自身利益最大化，因此决策控制能降

　　① Donaldson L，Davis J H. Stewardship theory or agency theory：CEO governance and shareholder returns[J]. Australian Journal of Management，1991，16(1)：49—64.

　　② Perrow C. Economic theories of organiztion[J]. Theory & Society，1986，15(1)：11—45.

　　③ Hendry D F. The econometrics of macroeconomic forecasting [J]. Economic Journal，1997，107(444)：1330—1357.

　　④ Davis J，Schrooman H，Donalson F D L. Toward a stewardship thory of management[J]. Academy of Mangagement Review，1997，14(1)：67—73.

　　⑤ Mallette P，Fowler K L，Effects of board composition and stock ownership on the adoption of poison pills[J]. academy of management Journal，1992，35：1010—1035.

　　⑥ Cannella A A，Lubatkin M. Succession as a sociopolitical process：Internal impediments to outsider succession [J]. Academy of Management journal，1993，36：763—793.

低代理成本并提高公司绩效，赞成两职分离[①]。Pi 和 Timme 证实了分离 CEO 和董事长将提高公司绩效[②]。李常清和赖建清采用 1999~2002 年的 396 家上市公司资料实证分析，显示 CEO 兼任董事长显著降低公司 EVA，但是 CEO 兼任董事则不影响公司 EVA；两职合一明显导致了管理层的利润操纵行为[③]。蒲自立和刘芍佳利用 1997~2000 年的全部上市公司为样本，实证发现，两职合一对公司绩效产生负面影响，对公司价值并没有产生积极效果[④]。沈艺峰和张俊生通过对 1997~1999 年的 ST 和 PT 公司研究表明，两职合一在 ST 公司中的比例要高于其在对应样本公司中的比例，且在 ST 公司中呈逐年递增的趋势，董事长和总经理两职合一可能是 ST 公司治理失败的一个原因[⑤]。两职合一所带来的潜在代理问题可能会招致公司治理失败，让代理人也充当监督者有些不合适宜。

3. 资源环境依赖理论观点

该理论从权变思维角度来分析问题，认为董事长与总经理两职是否合一应根据企业实际情况及市场条件来决定，每个企业、行业甚至各个不同发展阶段并没有固定的设置模式，应考虑两职合一所带来的收益是否超过其代理成本。Hambrick 和 Finkelstein[⑥] 指出，在高度不确定的环境中，由两职合一带来的权力统一和迅速的市场反应能力对公司而言是一项有效的资产。Finkelstein 和 D'Aveni[⑦] 提出了两职状态设定的随机模型，论证了两职是否合一应根据环境的变化而变化。Judge 和 Miller[⑧] 认为，决策制定的速度在高度不确定环境中与绩效相关，通过以放弃少数服从多数的投票为代价来快速决策，提高公司效率。因此，在低资源丰度的环境或者高复杂性的环境中，CEO 与董事长应该两职兼任，使 CEO 拥有快速做决策的能力，两职合一所带来的收益超过其代理成本，对公司绩效产生积极作用。

当公司业绩稳定、规章制度健全或处于成熟期时，公司总经理拥有重要非正式权力，如果选择 CEO 兼任董事长，则会削弱董事会监控能力，内部监督机制丧失，不能对总经理实行有效的监控。

权变理论为研究西部地区成长型中小企业提供了一个新的理论视角，应以动态思维方式来分析企业，而不是从单一的代理理论或资源依赖理论进行分析，综合考虑公司规模、股权结构、成长阶段、区域环境、市场环境等因素，关键是看两职合一所带来的决策速度的好处是否超过其代理成本的上升。

---

① Fama E F, Jensen M C. Separation of ownership and control[J]. Journal of Law and Economics, 1983, 26(2): 301—325.

② Pi L, Timme S G. Corporate control and bank efficiency[J]. Journal of Banking and Finance, 1993, 17: 515—530.

③ 李常青，赖建清. 董事会特征影响公司绩效吗? [J]. 金融研究，2004，(5): 64—75.

④ 蒲自立，刘芍佳. 公司控制中的董事会领导结构和公司绩效[J]. 管理世界，2004，(9): 117—122.

⑤ 沈艺峰，张俊生. ST 公司董事会治理失败若干成因分析[J]. 证券市场导报，2002，(3): 21—25.

⑥ Hambrick D C, Finkelstein S. Managerial discretion: a bridge between polar views of organizational outcomes[J]. Research in Organizational Behavior, 1987, 9(4): 369—406.

⑦ Finkelstein S, D'Aveni R A. CEO duality is double-edged sword: how bards of directors balance entrenohment avoidance and nity command[J]. Academy of Management Journal, 1994, 37(5): 1079—1108.

⑧ Judge W Q, Miller A. Antecedents and outcomes of decision speed in different environmental contexts[J]. Academy of Management Journal, 1991, 34 (2): 449—463.

（二）无相关关系

Chaganti 等通过实证对零售业的 21 个破产公司和 21 个非破产公司比较，认为两职合一与美国零售企业的失败之间没有联系[1]。Baliga 等认为市场对董事长与 CEO 两职是否兼任的反应是相同的，通过数据分析并没有强有力证据得出两职合一与公司绩效存在相关关系[2]。Boyd 的研究指出两职合一与权益收益率或股价的变化不相关[3]。Brickley 实证发现，两职分离的公司绩效并没有改进，并没有呈现出更高的资产收益率。

吴淑琨等通过对 1997 年的上海证券交易所（简称上交所）188 家上市公司资料分析，在资源丰度高和高度变化的环境中，两职是否合一与其绩效之间并没有显著的联系[4]。吴淑琨通过对 1997～1999 年的公司样本分析认为，两职合一与公司 ROA 负相关，但统计上不具有显著性[5]。于东智和谷立日以 1997～2000 年的 384 家公司为研究对象，认为董事会领导结构并不存在显著的线性关系，公司绩效的决定因素是很复杂而且是相互联系的，并不能用单一的变量（如两职设置）来衡量，两职分设也并不是解决公司绩效问题的万能药。公司治理效率的根本决定因素在于合理的股权结构与市场化的人事任免机制。而在现行制度下，总经理兼任董事可能是一种较好的选择。王山慧选取 2007～2009 年的中小板上市公司数据，以 ROA 和 Tobin Q 衡量公司绩效，实证得出董事长与 CEO 两职合一对公司绩效存在正向关系，但不显著。这些学者通过实证分析，并没有得出两职设立与企业绩效存在着显著的关系，这可能与选取的样本和采用的统计回归方法有一定的关系，两职设置对企业绩效的影响也有可能是与其他变量联合决定的。

四、董事持股比例与公司绩效关系

董事激励制度包括董事报酬与董事持股制度，国内外学者大多从董事持股比例来研究董事会激励制度对公司绩效的影响。

（一）激励理论观点

赫茨伯格把使职工非常满意的因素称为激励因素，使职工非常不满意的因素称为保健因素，有了保健因素，职工不会感到满意，有了激励因素，职工会感到满意，只有激励因素才能充分调动职工的工作积极性[6]。虽然工资奖金被赫茨伯格划为保健因素，但依据工作绩效来制订切实可行、评判标准的奖金和持股计划也能够具有激励因素的性质，

---

① Chaganti R S, Mahajan V, Sharma S. Corporate borad size, composition and corporate failures in retailing in-dustry[J]. Journal of Management Studies，1985，22：400—417.

② Baliga B R, Moyer R C, Rao R S. CEO duality and firm performance：what's the fuss [J]. Strategic Man-agement Journal，1996，17：41—53.

③ Boyd B K. CEO duality and firm performance：a contingency model[J]. Strategic Management Journal，1995，16：301—312.

④ 吴淑琨，柏杰，席酉民. 董事长与总经理两职的分离与合———中国上市公司实证分析[J]. 经济研究，1998，(8)：21—28.

⑤ 吴淑琨. 董事长和总经理两职状态的实证检验[J]. 证券市场导报，2002，(3)：26—30.

⑥ 俞克纯，沈迎迎. 激励、活力、凝聚力——行为科学的激励理论与群体行为理论[M]. 北京：中国经济出版社，1988：36—37.

将保健手段转化成激励手段①。董事报酬作为一项基本工资制度，是对董事支付的固定酬劳，董事不管努力程度多大，只能获得事先合约所规定报酬，而并不会有额外的收益与好处，只要董事满足和实现股东的最低期望值，他们是能获得这份报酬的。董事越努力，付出成本也越大，而收益却没有成比例地上升，即单位劳动报酬率逐渐降低，从而出现偷懒行为和代理问题。因此，董事不会将自己努力行为与公司长期绩效联系起来，而只是追求短期行为。Jensen 和 Chew 认为，董事持股比例作为公司激励董事的一种反映形式，通过对作出贡献的董事进行"选择性"激励，部分克服了现金报酬的困境②。全美公司董事联合会（NACD）蓝带委员会认为，董事持股有利于董事与股东达成长期的利益战略联盟，这种联盟有助于董事积极参加到公司有效的战略决策上来，并去主动地监督战略决策的执行情况。并且，持股也使董事退出成本增大，更有可能进行决策和监督。董事适度持有公司股份时，能把努力积极工作内在化，公司绩效成为中介变量，工作的积极性和努力性与所获报酬成正比关系。而当董事持股比例超过一定数额限度后，可能会诱使他们去侵蚀和掏空小股东的利益与财富，发生"隧道行为"，出现"内部人"控制现象，导致公司价值减损。因此，让董事适度持有公司股份，能有效地协调好与股东关系，履行好自身本职工作。

（二）实证检验

Morck 等③研究发现，当公司董事适度持股时，公司的 Tobin Q 最高。Hermalin 和 Weisbach④ 在 1991 年也得出了类似的结果。于东智选取 1997~2000 年的上市公司数据为资料，以平均资产收益率与平均主营业务利润率来衡量绩效，发现公司董事持股比例之和、人均持股比例都未与绩效指标表现出统计意义上的曲线关系，而表现出较强的线性相关性⑤。丛春霞通过随机选取 2002 年度报告的共 498 家上市公司，实证发现我国上市公司董事持股比例较低，但当持股比例较高时，对公司的绩效有正向的影响⑥。魏锋和薛飞通过对 1999~2004 年多元化经营公司研究发现，董事持股比例越高，公司进行多元化经营的可能性越小，而我国上市公司多元化经营会导致公司价值折价，公司绩效却越好⑦。沈艺峰和张俊生通过根据样本公司，对应样本公司董事会的平均持股数大致上是 ST 公司的 10 倍，是 PT 公司的 15.80 倍，且保持着逐年上升的趋势。相反，ST 和 PT 公司董事的持股数和持股比例却远低于对应样本公司的数据，尤其是 PT 公司，其董事会成员的持股数和持股比例更是下降到零。董事会成员持股数及持股比例过低可能是 ST

---

①　李增泉. 激励机制与企业绩效——一项基于上市公司的实证研究. 会计研究[J]. 会计研究，2000，(1)：23—29.

②　Jensen M C，Chew D U S. Corporate Gover-nance：Lessons from the 1980s[M]. New York：Wiley，1995：337—404.

③　Morck R，Shleifer A，Vishny R W. Management ownership and market valuation：An empirical analysis[J]. Journal of Financial Economics，1988，20(88)：293—315.

④　Hermalin B E，Weisbach M S. The effects of board composition and direct incentives on firm performance[J]. Financial Management，1991，20(4)：101—112.

⑤　于东智. 董事会、公司治理与绩效：对中国上市公司的经验分析[J]. 中国社会科学，2003，(3)：29—41.

⑥　丛春霞. 我国上市公司董事会设置与公司经营业绩的实证研究[J]. 2004，(11)：142—143.

⑦　魏锋，薛飞. 董事会制度安排、多元化经营与公司绩效[J]. 管理学报，2008，(6)：862—870.

公司董事会治理失败的一个主要原因[①]。

综合以上学者的观点，大多数人赞成董事适度持股是对董事的一种激励因素，有利于公司经营绩效的提高，持股过少不能起到很好的激励作用，单靠声誉机制与自身道德激励不能有效提高董事工作积极性，不能激发董事去追求公司长期利益，可能出现短期行为。而对于处在成长期的中小企业，公司利润有限，董事的报酬份额不可能过多，更应该让董事持有公司股份，使其得到报酬与工作努力程度相联系起来，使董事决策更加注重提升企业长期发展的潜力。

五、董事会行为特征与公司绩效

(一)正向关系

董事会的行为特征主要表现在公司董事会会议召开次数。较高频率的董事会，能让董事积极参加对公司的战略研讨。董事有较多的时间碰面，进行相互磋商与思想交流，使董事能快速地了解到不同的市场信息，实现信息的互动和交换，扩展各自的思维渠道，提高董事会战略决策异质性。较高频率的会议也能使董事与经理实现更多的交流，使董事了解公司经营状况和内部信息，从而提出更富有针对性和时效性的战略决策，并且能更好地监督管理层。所以除了每年、每月的例行会议，还应召开更多的战略磋商会议。Yermach D.，董事缺少履行其职能的时间是一个普遍存在的问题，董事会会议召开的次数与公司绩效是正相关的，会议越频繁，董事越能更好地去维护股东利益，建议董事会每两个月至少开一次[②]。Conger 也认为，提高董事会会议次数和时间是保证董事会运行效率的重要途径。

(二)负向关系

Jensen 认为，CEO 制订董事会召开的时间与次数、会议讨论内容其实也早已被安排和商量好，而且多数是讨论公司的日常经营事务，例行工作也占用了大量时间，外部董事不能对 CEO 及其管理层进行有效监督，董事会会议更像是一个例行的"形式"。Jensen 建议，董事会应该相对不活跃，在问题发生的时候，才被迫频繁地参与公司救治活动。董事会行为可能更是一种事后被动反应，当公司绩效严重下滑或巨额亏损时，董事会会议成为了一个"灭火器"和"应急机制"，而其对公司的绩效作用也是滞后的。外部董事参加会议的时间有限，他们大多在多个公司任职，还可能是其他公司的董事长和总经理、大学和科研机构的教授，独立董事职务只是一个"副职"而已，犹如忙碌的"小蜜蜂"。在董事会议上也没有有效地与公司经理层、其他董事进行有意义的研讨与交流，董事会会议是无效率的。

Vafeas 在 1999 年通过对 1990~1994 年 307 家企业实证分析，认为董事会会议召开次数与公司绩效成反比例关系，高频率董事会会议次数是对公司绩效下滑的一种被迫反应，在董事会会议次数异常增加后，公司的运营绩效有所改善。谷祺和于东智对 1996 年

① 沈艺峰，张俊生. ST 公司董事会治理失败若干成因分析[J]. 证券市场导报，2002，(3)：21—25.

② Yermack D. Higher market valuation of companies with a small board of directors[J]. Journal of Financial Economics，1996，40(2)：185—202.

12 月 31 日以前上市的 366 家 A 股公司分析，董事会会议频率与公司规模显著正相关，与以前期间业绩显著负相关[①]。于东智通过对 1997～2000 年的样本公司研究发现，董事会会议次数与前期绩效在 20％置信水平上显著负相关，上一年度的主营业务利润率与当年度董事会异常会议次数负相关，印证了 Jensen 的观点[②]。李常青和赖建清分析，公司的会议频率并不影响公司 EVA，即会议多寡与 EVA 无关[③]。胡晓阳等对 2000～2003 年的公司业绩进行分析，公司董事会行为与公司绩效改善没有呈现出显著正相关，相反在一定程度上是负相关，但不显著[④]。牛建波和李胜楠通过对家庭控股的民营上市公司进行分析，在全样本的民营上市公司中，年度内董事会会议次数对企业的市场价值没有显著的影响；但是在通过家族控股上市而形成的民营上市公司中，年度内董事会会议次数对企业的市场价值有显著的正向影响；在通过兼并重组取得控股地位的民营上市公司中，年度内董事会会议次数对企业的市场价值没有显著的影响；随着控股股东现金流权与投票权的分离程度的提高，年度内董事会召开会议次数的增加有利于企业市场价值的增加，表明调整董事会会议的频率比其他治理措施能产生更好效果[⑤]。魏锋和薛飞通过对 1999～2004 年的多元化经营公司分析发现，董事会会议频率越高，多元化经营策略越易达成，而绩效则越差[⑥]。王山慧和王宗军通过对 2007～2009 年的中小板上市公司进行分析，得到董事会会议次数与公司绩效的财务指标正相关，与公司绩效的市场指标负相关，而且统计上都是不显著的[⑦]。沈艺峰和张俊生通过把 1998～2000 年的 82 家 ST 上市公司与 82 家非 ST 公司作对比，发现 ST、PT 公司董事会平均每年开会的次数要大于对应样本公司，当公司被列为 ST 公司后，董事会通常会有较高的会议频率，ST 公司董事会治理失败的一个原因可以从董事会会议频率较高中找到证据[⑧]。

综上所述，董事会会议的频繁召开虽然在理论上有利于董事加强彼此合作与沟通，促进信息交流，有利于打造成一个相互协作的精英团队，对企业决策制定的讨论也会更加详细和充分，还可以加强对 CEO 及管理层交流和监督代理，但国内外的实证大多还是支持董事会会议召开只是一个"事后灭火"装置，在企业出现较大问题时才派上用场，从侧面反映出企业稳定经营时期董事会会议的召开可能对资源的浪费比其所带的收益要大，造成效率损失，还可能因争执不休而带来决策缓慢。因此，对于成长型中小企业而言，如何提高会议效率和降低会议成本，并使董事会和管理层能很好地交流和沟通，便成为未来一个重要的研究方向。

通过以上文献梳理，国内外学者大多把董事会特征作为单一外生性因素来考虑对公司绩效的影响，对董事会特征相互关系作用于公司绩效的研究较少；文献大多针对证券

①　谷祺，于东智. 公司治理、董事会行为与经营绩效[J]. 财经问题研究，2001，(1)：58－65.

②　于东智. 董事会、公司治理与绩效：对中国上市公司的经验分析[J]. 中国社会科学，2003，(3)：29－41.

③　李常青，赖建清. 董事会特征影响公司绩效吗[J]. 金融研究，2004，(5)：64－77.

④　胡晓阳，少斌，冯科. 我国上市公司董事会行为与公司绩效变化的实证分析[J]. 中国软科学，2005(6)：121－126.

⑤　牛建波，李胜楠. 控股股东两权偏离、董事会行为与企业价值：基于中国民营上市公司面板数据的比较研究[J]. 南开管理评论，2007，(2)：31－37.

⑥　魏锋，薛飞. 董事会制度安排、多元化经营与公司绩效[J]. 管理学报，2008，(6)：862－870.

⑦　王山慧，王宗军. 中小板上市公司董事会治理[J]. 财会月刊，2011，(4)：3－6.

⑧　沈艺峰，张俊生. ST 公司董事会治理失败若干成因分析[J]. 证券市场导报，2002，(3)：21－25.

市场的整体公司进行研究，对不同行业、不同发展阶段的董事会治理的区别研究较少，尤其是缺少关于成长型中小企业董事会治理问题的研究成果；国外的研究模型和方法，运用到我国转轨经济中的特殊背景不一定成立，尤其是我国存在着"一股独大"或"几股独大"的集中型股权结构，与发达欧美国家股权分散的结构有着巨大差异，得出的结论不一定适用于我国成长型中小型企业。而由于我国西部地区成长型中小企业普遍存在着大股东治理情况，拥有对企业的实际控制权，对董事会及经理层的人员选聘、激励及解雇施加了重大影响，股东与管理层的代理问题虽然存在，但已不是主要问题，以新的控制权理论为研究视角便应运而生。

第二节　我国中小企业董事会特征研究现状与评述

随着中小企业大量出现，以及转轨经济国家迈向市场化过程中，大股东掌控中小企业现象不断涌现，大股东通过手中的资本实际上拥有企业的所有权和控制权，他们的观点、思维、判断准则、个人爱好兴趣、价值观和能力都对企业绩效和发展产生深远影响。大股东在股东会上有足量的投票权来决定公司的经营政策和发展方向，选举董事会成员，在董事会中设立他们的代表人，进而对公司管理层人员的选拔、激励和退出施加影响，以保证企业运营按照他们已规划好的方向和在自己可控的范围内进行。有学者以控制权理论为基础，研究大股东为获得控制权私有收益，影响着董事会特征、董事会行为及董事会治理效率。

一、成长型中小企业的控制权及控制权分解

阿道夫·伯利和加德纳·米恩斯认为，控制权是通过法定权利施加影响，对多数董事有选择权；德姆塞茨认为控制权是一组排他性地使用和处置企业稀缺资源（包括财务资源与人力资源）的权利束；Hart 和 Moore 把企业契约性控制权分为特定控制权与剩余控制权，特定控制权是指通过事前契约合同制定来分配控制权权力，而剩余控制权是在契约以外没有明确规定如何使用权力，是决定资产在最终契约所限定的特殊用途以外如何使用的权利[①]。周其仁把企业控制权定义为排他性利用企业资产，特别是利用企业资产从事投资和市场营运的决策权[②]；但在现代企业中，尤其是公开募集股份公司中，特定控制权则通过契约授权（delegate power）给了职业企业家，这种特定控制权就是高层经理人员的经营控制权，包括日常的生产、销售、雇佣等权力，剩余控制权则由所有者的代表董事会所拥有，如任命和解雇总经理、重大投资、合并和拍卖等战略性的决策权[③]。成长型中小企业虽然实行了所有权与控制权的部分分离，但大多类似于古典私营企业，实行家族治理、关系治理的模式，最终控制人对董事会选举、管理层的任命握有重大决定权，同时还决定着企业战略决策和发展方向，排他性地享受着企业资源配置权和控制权。

① Hart O, Moore B. Property rights and the nature of ownership[J]. Journal of Political Economy, 1990, 98(6): 1119—1158.

② 周其仁. 控制权回报与企业家控制的企业[J]. 经济研究, 1997, (5): 31—42.

③ 钱颖一. 企业理论[M]. 载汤敏, 茅于轼. 现代经济学前沿专题（第一集）. 北京: 商务印书馆, 1989(1): 1—18.

　　Fama 和 Jensen 把企业决策分为"决策控制"和"决策管理"[1]。"决策控制"是对管理决策的审批及在决策执行过程的监督与控制，而"决策管理"是对企业日常管理活动的具体方案执行。经理所得到的特定控制权就是"决策管理权"，而董事会所具有的剩余控制权就是"决策控制权"[2]。即企业存在一个契约授权过程。企业的所有者除了保留通过投票权在股东会占据一席之地来选择董事、决定企业经营方向和重大方针政策等剩余控制权，将其大部分控制权授予股东代表机构董事会，而董事会则保留决策控制权，并把决策管理权（特定控制权）再授予管理层。契约控制权通过层层分解，使各层组织机构享有一定的控制权，实现权责利对等，发挥各自优势与技能来分工协作，保证企业在合理的组织框架内正常运营。管理层拥有的特定控制权又称为经理权。经理权主要表现为管理权能和代表权能，前者是指经理在公司内部所享有的可以抗衡股东、董事或监事，并以此处理一些特定事务的权力和能力；后者是指经理以公司名义进行活动，并与第三者缔结契约，使公司直接承担该契约的法律后果的能力[3]。成长型中小企业的终极控制人的控制权还体现在监督权上面，即"决策控制"。董事会和管理层享受着部分企业决策权，而最终控制人为了加强对公司控制，保证他们的位置不受动摇，使企业运行能够在他们所掌控的范围内，而不超过这一安全范围的"控制幅度"，必然要对董事会和管理层实行经常性的监督，不能使其决策远离最终控制人的"视线"范围。

二、大股东治理战略对董事会特征影响

　　在股权分散的英美国家，公司治理主要对象是股东与经理人的委托代理问题。在转轨经济国家，企业股权高度集中，大股东有足够的能力对董事会战略决策施加影响，从而对管理层决策执行产生作用，即大股东享有企业最终控制权。董事会是现代公司治理的核心，董事会特征、构成与运作效率直接关系着企业绩效。因此，股权结构与董事会治理是企业核心治理机制，影响着企业的成长性。

　　大股东的存在是公司治理必须承认和面对的问题[4]。大股东的积极作用体现在其有足够的动力和信息去监督管理层，解决"监督人"缺位和"公共品"问题，有利于提高公司价值[5]。集中型股权结构下，股东行为有两方面特性：一是极大的持股比例提高了大股东行使权力的积极性，董事长或总经理是控股股东的直接代表或控股股东本人，经营者的利益与控股股东的利益高度一致；二是小股东因为持股比例过小通常不能或不愿行使其权力，而采用"用脚投票"机制。因此，控股股东拥有超强权力，也没有来自其他小股东的有力约束和制衡，形成了所谓的"一股独大"或"几股独大"下的"内部人控制"

　　① Fama E F, Jensen M C. Separation of ownership and control[J]. Journal of Law and Economics, 1983, 26 (2): 301-325.
　　② 黄群慧. 控制权作为企业家的激励约束因素：理论分析及现实解释意义[J]. 经济研究, 2000, (1): 41-47.
　　③ 范健, 蒋大兴. 公司经理权法律问题比较研究[J]. 南京大学学报（哲学·人文·社会科学）, 1998, (3): 136-149.
　　④ 曹廷求, 刘呼声. 大股东治理与公司治理效率[J]. 改革, 2003, (1): 36-39.
　　⑤ Porta R L, Lopez-de-Silance F, Shleifer A, et al. Investor protection and corporate valuation[J]. Journal of Finance, 2002, (57): 1147-1170.

格局①。李占雷和吴斯通过对中小企业板上市资料实证发现：在集中控股型公司中，大股东支配了整个公司的董事会和监事会，并在人员、资金、财务等业务上占有优势，监事会的职能在大股东面前不能正常发挥，"一股独大"的现象及大股东的过度干预往往会损害公司管理层的积极性，降低治理水平，导致企业低效率，影响公司成长性②。段云等通过对我国 A 股上市公司实证研究发现，当公司存在多个大股东时，他们会影响公司董事会的组成，第一大股东希望多安置一些内部董事，以方便自己议案的通过，但是第二大股东则希望少一些内部董事以维护自己的利益；董事会结构取决于公司的股权结构，是各方股东利益博弈的结果③。股东会往往又被大股东所操纵，大股东成为了中小股东的代理人，掌控着董事会，对董事会特征、运行效率产生重要影响。

　　自然人作为大股东控股已成为我国中小企业普遍现象，引起了学者的关注。自然人控股公司所有权结构主要表现出两种形式：一是自然人直接控股；二是自然人以控股公司为工具间接控股④。很多学者认为，自然人作为企业的决策者和股权所有者，集中控股对企业的发展起着至关重要的作用。因为它有利于充分发挥控股自然人的主观能动性，是一种卓有成效的激励机制，有利于企业的长远发展⑤。企业的大股东同时也是企业的中小股东代理人，直接参与和监督企业的经营管理；而董事会成员也是大股东的代表或大股东本人，决定着董事会构成与特征，很好地解决了委托权与代理权两权分离问题，减少了代理成本，并衍生出公司治理结构的特殊性，具体表现在董事持股比例高、两职合一程度高等多个方面。

　　Brickley 和 James 研究发现，股权集中度越高的公司董事会中，独立董事比例越低，因为在高度集中的股权结构下，终极控制人有操纵董事会的动机与能力，不利于董事会独立性的提升⑥。Rediker 和 Seth 发现外部董事比例与内部所有权负相关，"内部控制人"同样不利于董事会独立性发挥⑦。Mark 和 Li 认为，管理层持股比例与独立董事比例成反比；董事会规模较小时，倾向于较多数量的独立董事⑧。邵少敏等通过对浙江企业实证研究发现，总经理持股比例与董事会中独立董事比例显著正相关；控股股东持股比例与独立董事比例显著负相关；大股东数量与独立董事比例成反比；公司内部人有构筑内部人壁垒意图，大股东的存在能有效监督控制内部人，对外部监督需求减少⑨。与上述观点相反，随着控股股东控制权加强，能够对公司进行强有力的实质性控制，引进外部董

---

　　① 邵东亚. 公司治理的机制与绩效——案例分析与制度反思[J]. 管理世界，2003，(12)：115-127.

　　② 李占雷，吴斯. 股权结构、董事会治理与公司成长性——来自中小企业板的实证研究[J]. 经济与管理，2010，(5)：28-34.

　　③ 段云，王福胜，王正位. 多个大股东存在下的董事会结构模型及其实证检验[J]. 南开管理评论，2011，(1)：54-64.

　　④ 张一新. 自然人控股公司行为特征分析与完善[J]. 现代经济探讨，2002，(2)：62-64.

　　⑤ 封面报道. 不可忽视的特征[J]. 新财经，2004，(7)：46-49.

　　⑥ Brickley J, James C. The takeover market, corporate board composition, and ownership structure[J]. The Journal of Law and Economics，1987，30(1)：161-181.

　　⑦ Rediker K J, Seth A. Boards of directors and substitution effects of alternative governance mechanisms[J]. Strategic Management Journal，1995，16：85-99.

　　⑧ Mark Y T, Li Y. Determinations of corporate ownership and board structure[J]. Journal of Corporate Finance，2001，7：235-256.

　　⑨ 邵少敏，吴沧澜，林伟. 独立董事和董事会结构、股权结构研究[J]. 世界经济，2004，(2)：66-79.

事监督机制不会对其造成威胁，控股股东可能放弃"抵制"，转而"欢迎"外部董事进入董事会，可以充分利用其知识技能，并能向证券市场和投资者传递公开透明公司治理的利好信息①。唐跃军和左晶晶通过对实证研究发现，控股股东控制权比例与独立董事比例和调整之前的独立董事人数之间表现为正"U"型关系②。从以上理论和实证分析研究可以看出，成长型中小企业的控股股东作为最终控制人，往往对董事会规模、独立董事比例、董事背景、董事激励等方面有重大影响，从而决定了董事会的治理结构，决定着董事会的决策效率和监督效能，进而对企业绩效产生重大的影响。

三、成长型企业的控制权约束理论

在成长型中小企业中，实际控制人通常是企业家和创始人，大多通过直接控股、交叉持股、金字塔持股及任职等方式掌握着企业的大部分特定控制权与剩余控制权，对企业兴衰成败有着举足轻重的影响，企业成长的管理约束更多反映在企业家个人经营能力与控制幅度。Casson 认为，"企业家"是提供"决策性判断"的"某项事业的实施者"③。决策性判断，不仅受市场价格信息和需求信息的支配，而且受自身主观价值观与理念左右。企业家精神包括价值观、信念、自信心、远见力、领导魅力及对市场机遇与挑战的发掘能力。"企业家精神和才能"虽然非常主观，难以观察和度量，但企业家所做"判断性决策"的结果——企业的竞争状态，却由于必定要通过在不确定的市场环境里的"生存检验"而可以被观察④。

Richardson 的研究表明，管理资源不是劳动力、资金或设备，而是构成企业扩张的主要约束力量⑤。成长型企业经历了企业初期生存期后，企业规模进一步扩大，主导产品形成，抗市场风险能力增强，都与创始人拥有的企业家精神息息相关；但是企业家能力、个人知识局限性与组织结构限制了企业的进一步扩张。自 Penrose 以来，企业成长的管理约束问题引起了研究者的广泛兴趣，对企业董事会控制权授予有重要意义。影响成长型中小企业成长的重要因素是管理者所能达到的扩张极限，同时受吸纳新管理数量与质量的限制。企业在某一时点的全部管理服务分为两部分：一是运作当前企业规模所需，二是用于扩张性活动。一方面，成长型中小企业由于日常管理活动常规化，处置例行活动的能力增强，使得一部分管理力量得以分离出来转向企业扩张活动；另一方面，由于学习经验效率提高，成长型中小企业会释放出更多的管理力量用于扩张性活动。但这种内源性管理力量增加对于企业多元化扩张活动贡献不大，大多还是通过雇佣新管理者服务，彭罗斯效应主要就是对这种情况进行研究。彭罗斯认为，企业成长的管理约束更多反映的是企业家约束，让新雇佣的管理者服务具有企业家开拓创新精神，或是使原来企业家从日常管理束缚中解放出来，使其有更多精力进行扩张活动，这是企业的成长

① 唐跃军，李维安. 大股东对治理机制的选择偏好研究[J]. 金融研究，2009，(6)：72—85.

② 唐跃军，左晶晶. 终极控制权、大股东治理战略与独立董事[J]. 审计研究，2010，(6)：93—99.

③ Casson M C. The Entrepreneur：An Economic Theory[M]. Oxford：Martin Robertson, 1982：1—271.

④ Alchian A. Uncertainty, evolution and economic theory[J]. Journal of Political Economy，1950，(3)：211—221.

⑤ Richardson G B. The limits to a firm's rate of growth[J]. Oxford Economic Papers，1964，16(1)：9—23.

途径①。

　　彭罗斯效应模型对应的是管理型企业而非企业家型企业。在管理型企业中，有着明确的科层组织，实行委托权与代理权分离，是一个分权组织；而企业家型企业是一个非正式、灵活的、高度集权化的企业组织，体现了企业家对权力的控制与安排。成长型中小企业则属于企业家型企业，企业家集权化地控制着企业的扩张活动，或担心分权后可能失控，限制其他管理者权利，或者让自己家人、朋友、同学或值得依赖的人占据公司重要位置，使企业在自己掌控范围内。企业扩张主要受企业家（最终控制人）的能力、精力与控制能力的约束。因此，在成长型中小企业（企业家型企业）中，新增加的管理服务与管理数量使得企业家从日常管理中解放出来，从事更多的扩张性活动。除了受企业家个人能力与时间精力的限制，也受到控制幅度大小制约，即企业家认为"保险"的可授予的权限范围，以确保自己地位不受威胁。这一理论深化有其重要的现实意义：在成长型中小企业中，企业家从事扩张性活动，不可能总揽一切权力，引进新成员进入董事会和管理层，授予新加入者部分管理权与决策权；通过在董事会和管理层安排"耳目"获取信息对其监督，在授权和代理问题间寻求最优平衡点。董事会作为公司治理中心，是以终极控制人（企业家）的代表人身份出现的，享有企业部分剩余控制权和部分决策权，为企业扩张提供咨询建议，并对管理层进行监督，以维护股东利益，防止管理层机会主义和侵蚀股东利益的行为。为解决监督者代理问题，则需要对其进行激励，使监督者能与最终控制人的期望相一致。因此，基于企业控制权约束的理论视角，为分析成长型企业最终控制人与董事会治理的关系、授权董事会的必要性提供了新的理论视角。这进一步说明了最终控制人对董事会结构和特征的影响过程，不仅是大股东控制权的体现过程，更是一种控制权必然分解的合理性过程，为董事会特征要素影响企业绩效的内在运行机理打下理论基础。

四、我国中小企业董事会特征研究评述

　　在我国，董事会特征已有许多理论研究成果，对于中小企业而言，董事会特征对企业绩效的研究还较少。一方面，我国理论界对中小企业董事会研究不够重视，认为只有大型企业的董事会治理才具有研究意义和研究价值，而中小企业董事会治理不具有普遍意义。另一方面，许多中小企业不具备上市资格，外界无法获取有关中小企业财务情况及企业运行情况的公开数据，造成了对中小企业董事会特征研究的困难。

　　以控制权的视角研究我国中小企业董事会特征对企业绩效影响的成果较少，大部分的研究都以委托代理理论为理论基础。我国中小企业呈现出的股权高度集中的特点，与国外企业股权高度分散、国内国有企业内部人控制等现象都有较大的差别。这就决定了我国中小企业董事会特征的研究并不能单纯地借鉴现有的基于委托代理理论的研究成果，而可以尝试以新的视角——控制权理论来进行研究。

---

　　① 李新春，胡骥. 企业成长的控制权约束[J]. 南开管理评论，2000，(3)：18—23

第三节　成长型中小企业董事会特征及构成要素

　　成长型中小企业是中小企业的特殊群体，因其高速的成长性受到市场、政府和学者的高度关注。本节在总结梳理文献的基础上将成长型中小企业董事会特征归纳为董事会权利与义务、董事会运行效率、董事会组织结构、董事会薪酬、董事会独立性和实际控制人能力等六个方面。关于董事会权利与义务特征，主要从董事会职权与义务载明程度、董事培训次数和董事遴选等维度进行分析；关于董事会效率特征，主要从董事会规模、董事会会议情况等维度进行分析；关于董事会组织结构特征，主要从董事会领导结构、专业委员会设置等维度进行分析；关于董事会薪酬特征，涉及薪酬水平、薪酬形式、绩效标准等因素；关于董事会独立性特征，涉及独立董事比例、独立董事职能、独立董事独立性、独立董事激励等因素。本节重点对实际控制人能力特征进行分析，从实际控制人能力概念、特点、研究现状、评价体系等方面进行阐述，构建成长型中小企业实际控制人能力评价指标体系。

一、董事会权利与义务特征

（一）董事会职权与义务载明程度

　　董事会处于成长型中小企业公司治理的核心地位。股东会作为委托人，除了掌握重大经营决策权，把其他的经营决策权委托给董事会，交由董事会处理。董事会对股东会负责，把自身努力工作为实现股东利益最大化作为义务，形成了第一次分工。董事会由于时间、精力、知识、经验、人数等各方面的限制条件，又把企业的具体经营管理权委托给管理层，管理层对董事会负责，也同样把自身努力工作为实现股东利益最大化作为最终义务，形成了第二次分工。在两次分工中，董事会所处地位发生了重要转变，成为企业经营决策的"中枢"。一切权力来源于股东会，然后"沉淀"到董事会，最后"沉淀"到管理层，股东会、董事会、管理层逐级将公司治理权力进行分配。

　　董事会权利一般包括执行股东会的决议；制订公司重大经营决策方案，包括预算、决算方案，利润分配与亏损弥补方案，发行债券及增减注册资本方案，制订公司合并、分立、解散、变更形式方案；聘任、解聘公司管理层，对管理层进行考核、评价、激励和监督；制定内部管理制度；公司章程规定的其他职权。董事会义务一般包括勤勉、注意、技能义务和忠实义务。合理谨慎地履行董事会职责，积极参与公司事务管理，善待公司利益；董事会应竭尽全力履行职责并为公司工作，建立公司与董事会之间的信托关系，当董事会利益与公司利益发生冲突或背道而驰时，董事必须忠于公司利益，优先公司利益，包括竞业禁止义务和不得抵触利益交易义务。

　　董事会的权利义务既然不是天然的，为了证明其合法性和权威法，就必须靠公司内部各利益相关者都认同的契约来约定。在这份契约里载明董事会具体权利与义务，为董事会行使权利与履行义务提供依据。对董事会评价、监督和激励也将以这份契约内容为依据。因此，契约内容越完备、详细，对不确定性因素及后果处理考虑就越周详，越能减少股东会、董事会与管理层的信息不对称现象，实现信息共享与无障碍沟通，这份契约也就越有效。这份契约称为公司章程,公司章程的完备性决定着董事会权责的明确性与清晰度。因此,公司章程载明董事会职权与义务规范程度成为本节研究的一个重要指标。通过对此指标的分析,来研究我国西部地区中小企业董事会权利与义务明确程度和董事会职权行使的范围,明确西部地区中小企业大股东"愿意"把多少权利分配给董事会,大股东对企业和董事会的控制力度到底有多强,具有重要意义。

(二)董事培训次数

中小企业面对的市场竞争日益激烈,对人才的需求也更加渴求。董事会作为中小企业高级智囊团的代表,对董事的培训是公司工作的重中之重。在以往的公司治理中,管理层尤其是高级管理层和业务骨干的培训是企业培训的重点,但董事会在中小企业公司治理中发挥着越来越重要的作用,承担着公司战略决策任务。对董事进行高素质的专业化培训是推进董事会规范运作、加强董事会建设的重要内容。董事会是中小企业最高决策机构,承担着重要的决策职能,涉及公司重大经营战略决策计划需要董事会进行审议并批准,董事会在公司治理中起着"首脑"的作用。加强对董事的培训,提高董事的技能、知识和文化水平,让他们能更轻松、从容应对公司需要处理的复杂问题,提高解决复杂问题的能力,增强灵活性。对董事进行培训还可以加强董事之间的交流,实现董事之间的信息沟通和信息共享,对企业经营状况能有更加细致、深入的了解。

对董事尤其是独立董事的培训是十分必要的。我国《公司法》规定了董事和独立董事的职责、权利与义务。中国证监会发布了《关于在上市公司建立独立董事制度的指导意见》,独立董事必须满足以下要求:具备担任上市公司董事的资格;熟悉相关法律法规、政策及规章制度,以及上市公司运作的基本知识;必须具有独立性;具有五年以上经济、法律或其他履行上市公司工作经验的要求。

对独立董事进行系统培训是独立董事充分发挥其职能的重要保障。中小企业的独立董事由于大多数来自于大学院校、科研院所或其他公司的董事、经理,对本企业的具体情况并不十分了解,或者陌生。第一,技能的限制,独立董事由于身份的限制造成他们的理论研究成果与企业具体经营决策会存在着较大偏差,而其他企业董事、高管由于行业限制对本行业情况并不十分了解,难以做出正确、富有卓识的决策。第二,动机限制,独立董事年度薪酬一般较为固定,与企业绩效并没有明显的关系,而且他们具有其他丰厚的收入渠道,容易造成对企业经营状况"漠不关心",缺乏足够动力。第三,时间精力限制,独立董事由于承担着大量的科研课题或在其他企业的重大职责,难以"分身"来关心本企业的发展,让他们"无暇顾及",造成"心有余而力不足"的现象。因此,培训独立董事,提高独立董事决策效率,充分利用他们宝贵的时间,让他们获取更多的企业经营信息,将有助于独立董事为企业经营决策提供更多切实可行和宝贵的意见。

董事培训是非常必要的,在本节中也列入为一项重要指标,以此来研究我国西部地区成长型中小企业对董事培训的重要程度。充分发挥董事的"懂事"能力,对实现西部地区中小企业快速成长、提升市场核心竞争力具有重大的现实意义和作用。

(三)董事遴选

中小企业的大股东占有大部分或全部股权,企业的发展一般依靠内源性筹资,很少借助于外部资本来实现中小企业的发展壮大，把企业的控制权牢牢掌握在自己手中。中小企业在发展过程中，原始股东或创业股东由于自身能力、经验、知识、时间、精力的限制，再也无法像在企业初创阶段仅依靠大股东的个人能力与魅力去实现企业的发展。这时，他们必须面临一个问题，就是如何把企业的一部分剩余控制权分配给他人——公司董事，因此，董事的遴选机制便成为研究的一个方向。

中小企业大股东会存在着一种心理，认为企业是经他们一手创办的，是"归属"于他们自己的，非常忌讳他人去剥夺他们的"财产"，随着公司经营规模扩大，到了必须把一部分的控制权授予他人的时候，权力分配对股东来说非常重要。股东把一部分权力分配给董事，他们又不完全放心，担心董事侵害大股东利益去谋求自身利益最大化，或者能力太强、威信过高的董事必然会对大股东的权威和地位发起冲突和挑战。当董事与大股东发生激烈冲突或者有严重矛盾时，将会对大股东和企业带来严重的不良影响，造成企业"内讧"，这也是大股东极不愿意见到的情形。他们必须选择监督者来监督董事的工作，当发现有异常情况时及时通报股东，使董事行为不偏离大股东制定的企业战略规划，做好预防性对策。在兼顾与平衡各种因素的条件下，对股东来说，最好的选择就是选派他们值得信任的"亲信"来担任董事，董事同时也是监督者。他们选择"亲信"，主要是基于血缘、学缘、友缘、地缘等各种关系，使董事按照股东的旨意办事，董事充当股东的"守夜人"，帮助大股东监视企业其他人员的一切活动。大股东也会直接担任董事长或董事，自己掌控董事会，使董事会成为按自己意愿办事的工具。

大股东董事选聘机制虽然符合了大股东控制企业的目的，但是这种"任人唯亲"机制，极不利于企业日后的科学管理决策。在企业中也极容易形成不良风气，企业人员惧怕大股东的权威，使得董事会内部不敢提出与大股东相左的意见，不能发挥董事会智囊团的作用，董事会便成为"花瓶"。因此，本节把董事遴选机制也作为一项重要分析指标，分析各董事候选人详细情况、选聘流程与结果，考察董事选聘机制是否科学。

二、董事会运行效率特征

(一)董事会规模

董事会规模是指董事会成员数量。我国西部地区中小企业对人才是极度渴求的，但中小企业能够用于人力资本引进、培养的资金有限，人力资本的获取能力受到限制。因此，合理的董事会规模对于企业发展与成长显得更加重要。

中小企业董事会的董事一般来自于其他企业的董事或高级管理人员，或者来自于大学或科研机构的专家学者，或者来自于政府、银行机构的前任领导，或者是具有法律、财务、公共关系、经济背景的社会知名人士。董事会规模的扩大，有利于充分利用各董事的知识专长与优势，能够为制定符合企业实际情况的战略决策提供建设性意见。例如，我国西部地区的成长型中小企业，经常面临的一个问题就是筹资难，由于中小企业固定资产或可用于抵押的资产较少，面临的市场风险较大，银行一般不愿意借贷资金。快速成长的中小企业，其资金需求量大，当资金不能维持企业正常运转时，便会发生债务危机，严重情况下甚至破产。这时，利用具有金融企业工作背景的董事的人际关系，为企业多渠道筹资提供帮助，能够帮助企业解决资金问题。

　　但是董事会规模过大也会引起董事之间的"搭便车"行为。董事会规模过大，可能造成董事都希望把工作交由其他董事来做，尤其是在对大股东提出异议时，他们谁也不想去"得罪"大股东，这样的结果就是可能"被解雇"。董事互不作为的情况就会导致整个董事会行为的无效性，董事会集体"哑口"，致使董事会不能发挥经营决策作用。

　　因此，中小企业董事会规模到底多大才能有效提高董事会效能，从而促进企业绩效的提升成为本节的一个重要研究内容。《公司法》规定董事会规模为 5~19 人，在法律所规定人数区间内选择适当董事数量的研究，显得极具意义。

(二)董事会会议情况

　　董事会会议是中小企业董事会运行的平台，董事会作用发挥与董事会会议召开情况密切相关。我国中小企业尤其是西部地区的中小企业董事会治理不甚完善，董事会并没有发挥其应有的作用，研究董事会运行效率和运行机制也成为本节的一个重要研究内容。董事会会议的召开能有效地提高董事会的凝聚力，主要通过以下方式实现。

1. 董事会会议召开次数与董事参与程度

　　企业应按照公司章程的规定按时召开董事会会议，董事会会议分为普通会议和临时会议，普通会议或常规会议是《公司法》、规章制度和公司章程所规定定期召开的会议，而临时会议则是不定期召开的会议。董事会会议召开次数的多少与企业对董事会的重视程度和董事会在企业中发挥作用的大小有密切联系。董事会召开次数越多，董事参加会议次数越多，董事的参与度越高。中小企业在成长过程中，会遇到许多困难与问题，而这些问题有时单靠少数董事的力量难以解决，必须发挥集体智慧的作用，这就需要董事之间有一个良好且及时的沟通平台。召开董事会便能解决这一问题，把企业的重大经营决策问题安排在董事会中进行审议，提高企业经营决策的科学性。

　　从控制权理论来看，董事会会议召开次数能间接反映出大股东对企业的控制力度。若大股东对企业的控制力强，董事会会议召开次数一般较少，大股东虽然把提议交由董事会审议，但大股东却拥有最终决定权，董事会实际上是一枚"橡皮图章"，没有起到实质性作用。因此，考察西部地区中小企业董事会会议召开次数和董事的参与次数能够反映出董事会治理水平，成为本节选取的研究指标之一。

2. 董事会召开程序及记录情况

　　董事会的会议召开要遵守严格的程序。按照我国《公司法》的要求，董事会会议由董事会长召集并召开，当董事长不能履行其职务时，应由副董事长负责召集并召开董事会会议；董事会召集期限一般为 10 天；董事会会议召开必须满足法定人数，全体董事必须有一半以上出席，原则上应由董事亲自参加董事会会议，当董事因故缺席时也可委托其他董事代为参加；董事会的决议分为普通决议和特殊决议，董事会决议必须由全体董事过半数通过。董事会会议应做记录备案，董事对董事会决议进行全面、具体、翔实的签字，为董事会决议情况和日后董事职责追究及免除提供法律依据。

　　本节把董事会召开程序及记录情况作为一项重要指标来进行研究，以考察我国西部地区成长型中小企业董事会会议是否规范，是否能为董事会效能充分发挥提供保障。

三、董事会组织结构特征

(一)董事会领导结构

根据控制权理论，我国中小企业广泛存在着"三会"合一的状况，也就是股东会、董事会、监事会职能相互交叉、相互重叠。在第二次代理关系中，董事会是委托人，把企业经营权委托给管理层。董事会主要负责企业重大经营决策计划，是企业的最高决策机构，而管理层则在董事会确定的经营发展战略框架下开展经营活动，在董事会授权范围内享有一定的经营管理权。董事会除了决策职能，另一大职能就是对管理层进行监督，保证管理层在职权范围内努力工作，降低代理行为，促进管理层和企业目标的一致性，为提高企业经营绩效做出努力。一方面，若董事长兼任总经理，董事会决议较容易在管理层得到执行，有利于企业快速做出生产经营决策，减少决策信息传达层次，减少决策信息失真；另一方面，董事长兼任总经理会使董事会很难对管理层实行有效的监督，董事会监督职责要大打折扣，较易造成董事会监督职能流于形式。

根据控制权理论，我国中小企业大股东为了对企业实行强有力的控制，会把自己的职权范围延伸到董事会，再从董事会扩展到管理层，由大股东担任董事长、总经理一职，使企业处于大股东强有力的管控之下。因此，研究董事长与总经理两职分离情况成为本节重要研究内容，把两职分离情况作为一项重要指标，以此来研究我国西部地区中小企业董事会治理情况。

(二)董事会专业委员会设置

1. 审计委员会设置

审计委员会从属于董事会，被授权监督企业会计及财务等职能，对企业的财务活动进行监控、审批，以实现董事会的工作目标。审计委员会的职能包括向董事会提交企业审计报告、选择外部审计人员、制定审计人员的薪酬计划，对企业内部会计处理核算程序进行有效监督。

审计委员会的监督是一种事前、事中及事后监督，包括企业经营全过程，与证券监督管理部门及注册会计师相比，其财务检查及纠正的功能要大得多，是提高董事会效能的一个重要方面。

审计委员会在预防企业发布错误财务报告及防止弄虚作假方面具有重要作用。为了防止内部审计出现偏差，利用独立性较强的外部审计，减少公司管理层对企业财务审计的控制与干扰，充当公司内部审计与企业外部审计的缓冲器，充分发挥审计委员会的财务、会计鉴证能力，为投资者提供可信的财务报告。

因此，审计委员会对董事会加强管控、提高审计可信度及提高企业业绩方面具有不可替代的作用。基于审计委员会作用，研究我国西部地区中小企业董事会中的审计委员会便具有现实意义，以此来考察审计委员会设置情况，并分析西部地区中小企业董事会治理水平情况。

2. 提名委员会

提名委员会主要负责董事会成员的提名、选聘，通过选任合格的董事来充实董事会队伍，提名委员会主任一般由独立董事担任。根据控制权理论，大股东为加强对企业控制，决定企业重大人事安排，尤其是选择他们的亲信来担任董事，董事成为大股东的"依附人"，这种选聘机制体现着强烈的主观性。大股东选择的不一定是经验丰富、知识技能优越的人才，可能只是符合股东个人的需要，而没有从企业全局发展的角度去考虑。所以提名委员会应该选择有利于提高企业业务水平、合格的人才来担任公司的董事，最后再经股东大会审议通过。提名委员会应制定规范的提名程序，建立合适的人员结构。

因此，考察董事会提名委员会成为本节研究的一项重要内容，通过研究我国西部地区中小企业是否在董事会中设置提名委员会，以此来分析大股东对董事人事安排影响程度，研究董事遴选机制是否具有科学性和民主性。

3. 薪酬与考核委员会的设置

薪酬与考核委员会是董事会设立的、由独立董事担任负责人的专业委员会。该委员会的职责主要是制订公司经营管理层的薪酬计划，对管理层进行有效考核，并报董事会决议通过，把经营管理层的报酬同企业绩效紧密联系起来，提高管理层工作积极性。薪酬与考核委员会考核对象一般是首席执行官、执行董事和公司高级管理人员，通过对他们实际工作业绩评估后来确定其工作绩效及相应的报酬政策。

根据控制权理论，中小企业大股东掌控着董事会，他们一般会亲自选聘董事，并把自己的经营理念通过董事会贯彻到企业日常经营管理中。董事、管理层的薪酬水平一般由大股东亲自确定，这可能会因大股东个人喜恶来决定董事及管理层的薪酬。由于大股东自身能力、时间和精力的限制，并不可能掌握每个部门、每个人员的工作情况，在考核董事及管理人员工作业绩方面就显得较为"业余"，可能导致董事与管理层人员感觉"不公平"，长此以往，企业内部就可能会出现谁也不愿意多做事情，工作相互推诿的现象。

因此，组建专业的薪酬与考核委员会来对董事及管理层进行业绩考核更加有效和公正。薪酬与考核委员会一般选择外部的独立董事来担任负责人，独立董事可以是来自于专职于其他公司的人事主管，也可以是其他机构中人力资源管理专家。本节把西部地区中小企业薪酬与考核委员会的设置情况作为一项重要的考察指标，以此来分析中小企业董事会治理的完整性，从而考察董事会运行的有效性。

4. 战略委员会设置

董事会战略委员会是董事会按照股东会或股东大会的决议所成立的专门职能机构，将董事会相关决策职能委托给战略委员会。战略委员会主要包括以下职责：制定企业长期发展规划，并提出合理化建议；对公司章程制定的必须经由董事会批准的资产经营项目、资本经营运作进行研究并提出合理化建议；对公司章程制定的必须经由董事会批准的投资、融资计划进行研究并提出合理化建议；对企业其他重大涉及战略规划事项进行研究并提出合理化建议；检查以上事项的实施情况，或者承担董事会授权的其他相关事宜。

我国中小企业普遍存在着高层决策者和管理者对"企业战略"误解的现象。董事长（大股东委派）作为企业的一把手，也是公司主要战略制定者，往往把企业战略同个人"雄心壮志"混为一谈。

战略制定是中小企业实际控制人的主要职责，由于自身能力、精力、时间、知识和经验的局限性，应该充分发挥战略委员会集体智慧的作用，让更多领域的专业知识人才参与到企业战略制定上来，提高企业战略决策水平。在本节中，把董事会战略委员会的有效运行也作为一项重要的考察指标，来分析我国西部地区中小企业董事会治理水平，研究大股东制定企业战略发展规划的效率及质量情况。

四、董事会薪酬特征

董事会薪酬激励是董事激励的一项重要内容。根据激励理论，当人们预期自己的某一行为能够带来有吸引力的结果时，才会采取这一特定行为，即某一行动结果的期望值与绩效决定了激励因素作用的大小。如果努力工作并不能换取相应待遇报酬，人们工作的积极性就会大打折扣。亚当斯的期望理论重视选择行为的决策过程，更看重激励的公平性，从奖酬的公平性和合理性对人们工作积极性的影响出发，人们将自己投入与回报的比例进行横向比较和纵向比较，来判断报酬的公平性。如果企业的激励机制不具公平性，激励效果就会受到严重影响，所以报酬的公平性至关重要。

我国中小企业尤其是西部地区面临的市场环境日趋激烈，对能够处理复杂性、综合性问题的人才需求也越来越大。中小企业在招聘到人才后，还要留住人才，人才吸引与人才保留应放在同等重要的地位。如果不能给董事支付适当的报酬，董事工作积极性就会严重受挫，董事工作努力成果得不到企业的承认，董事就会选择"不作为"。把董事工作薪酬同企业绩效挂钩，采用合理的激励形式，包括物资激励、精神激励等内容，制定完备的薪酬激励制度，使得薪酬激励制度不因个人偏好而采用不同的标准，促进薪酬激励机制常态化。因此，在本节中，把董事会薪酬激励作为一项重要研究内容，具体又分解为董事薪酬水平、薪酬形式及绩效标准的确立情况等指标，以此来研究董事会治理水平状况。

五、董事会独立性特征

独立董事制度是董事会治理的重要组成部分，在我国企业中发挥着越来越重要的作用。建立和完善独立董事制度有助于提高企业决策科学性，加强内部制衡，提升公司治理水平。独立董事又称为非执行董事，独立于企业管理层，与公司没有任何严重影响其独立判断和决择能力的联系或关联，独立董事的最大特征就在于其独立性。

基于控制权理论，我国中小企业的董事会受大股东操纵现象非常突出，董事会一般都是大股东实现控制权力的工具。董事会的董事一般由大股东亲自选任和委派，董事会实际在很大程度上由所有者控制。很多中小企业甚至没有设置监事会，即使设置了监事会也不能充分发挥其监督职能，董事会的监督职能也不能发挥作用，使得中小企业出现监督机制失效或无效率，监事会或董事会处于虚设地位。另外，我国中小企业的资本市场开放程度不完善，股权流通与转让存在着巨大障碍，使得接管机制和"用脚投票"机制的作用力非常弱，债权人、职工、社会公众等利益相关者利益难以得到有效保障。因此，在我国中小企业中引进独立董事，完善独立董事制度，发挥独立董事的监督和制衡作用，对提高董事会治理水平，减少大股东对董事会的操纵，保护中小股东的利益，具有非常现实的意义。

2001 年，我国证监会正式颁布《关于在上市公司建立独立董事的指导意见》，第一次对独立董事的提名与选举、任职资格和条件、独立董事比例、薪酬、职权范围等问题进行了细致的阐述。各上市公司为迎合独立董事法律法规的要求，开始引入独立董事制度，在公司治理中起到了很好的作用。独立董事所承担的一般职责是：参与制定公司重要战略决策；对关联交易发表专门意见，对企业高级和中级管理层的培训提供专门化建议；为企业在发展过程中所遇到的困境提出专业化意见；对企业重大信息披露工作进行处理，以及参与其他重大企业经营决策事项。

因此，独立董事制度对企业绩效的提高有着极大促进作用。一方面，独立董事由于自己的独立身份，可以为中小企业决策层提供独立性强的建议和方案，而不是一味向企业的大股东"俯首称臣"。企业战略决策更多的是需要一种不同的意见与声音，从而更能提出异质性强的建议。另一方面，独立董事与企业内部经营业务没有关联和交易，独立性较强，与管理层没有利益关系，从而更能发挥其监督作用。在经营管理层发生错误行为时，能提出纠正措施，减少管理者代理行为，降低代理问题，提高经营目标与股东利益一致性。独立董事作用发挥与一般董事一样，需要正确的激励，使独立董事能够利用自己的聪明才智、知识技能和丰富经验并提高企业绩效。在本节中，选取了独立董事独立性特征这一重要指标，包括独立董事比例、独立董事职能、独立董事独立性和独立董事激励等变量，以此来研究我国西部地区中小企业独立董事制度建立情况，并考察董事会治理水平程度。

六、实际控制人能力特征

成长型中小企业实际控制人通常是成长型中小企业的创始人，其企业精神、核心价值观、创业能力决定了企业兴衰成败。企业实际控制人通过金字塔股权链、交叉持股、直接控股等各种途径掌握着企业控制权，影响着董事会特征、董事会行为及董事会治理效率。

从企业产权终极控制链看，实际控制人对董事会构成、规模、领导构成等特征要素起着重要影响作用，实际控制人能力是董事会治理效率和质量的关键因素。实际控制人的企业家才能决定着企业经营绩效。

所以，本书认为实际控制人能力是成长型中小企业董事会的重要特征之一。

（一）实际控制人的概念

我国《上市公司治理准则》和《上市公司股东持股变动报告》都提到"实际控制人"。由中国证券监督管理委员会颁布并于 2006 年 9 月 1 日开始施行的《上市公司收购管理办法》的第十章第八十四条对上市公司的控制权作出了如下规定：一是投资者为上市公司持股 50% 以上的控股股东；二是投资者可以实际支配上市公司股份表决权超过30%；三是投资者通过实际支配上市公司股份表决权能够决定公司董事会半数以上成员选任；四是投资者依其可实际支配的上市公司表决权足以对公司股东大会的决议产生重大影响；五是中国证监会认定的其他情形。实际控制人事实上就是拥有上市公司控制权的法人、组织或者自然人。根据上海证券交易所、深圳证券交易所公布的《股票上市规则》《中小企业板上市公司控股股东、实际控制人行为指引》等文件关于实际控制人的表述，认定出现下列情形的为上市公司实际控制人：一是单独或者联合控制一个公司的股份、表决权超过该公司股东名册中持股数量最多的股东行使的表决权；二是单独或者联合控制一个公司的股份、表决权到或者超过30％；三是通过单独或者联合控制的表决权能够决定一个公司董事会半数以上成员当选的；四是能够决定一个公司的财务和经营政策，并能据以从该公司的经营活动中获取收益的；五是有关部门根据实质重于形式原则判断某一主体事实上能对公司的行为实施控制的其他情形。

根据我国《公司法》第二百一十七条第三款的规定，实际控制人是指虽然不是公司的股东，但通过投资关系、协议或者其他安排，能够实际支配公司行为的人。修订后的《公司法》规定，控股股东是指其出资额占有限责任公司资本总额50％以上或者其持有的股份占股份有限公司股本总额50％以上的股东；出资额或持有股份的比例虽然不足50％，但依其出资额或持有的股份所享有的表决权已足以对股东会、股东大会的决议产生重大影响的股东。实际控制人的概念并不等同于控股股东，实际控制人可能是控股股东，也可能是控股股东的股东，或者除此以外的法人、组织或自然人。根据证券交易所对上市公司信息披露的要求，上市公司的实际控制人应该追溯到国有资产管理部分、自然人及其他的最终控制人。

通常情况下，理论界许多人把"实际控制人"和"最终控制人"的概念等同，例如，赖建清和吴世龙[1]在其对我国上市公司最终控制人的现状研究中，直接把最终控制人的概念等同于实际控制人。实际控制人的判断本身就是一个非常复杂的过程。最终控制人的概念来自于 Porta 等[2]的一篇关于全球所有权结构研究的经典文献，他们为了说明不同国家大股东的主体类型和所有权分布的情况，将公司的控股股东追溯到最终控制人的层面，最终控制人对公司的控制权也构成了其对公司的终极控制权。实际最终控制人通过交叉持股、金字塔控股可以采用杠杆的方式用少量的资金控制更大的资本。最终控制人概念的提出为公司治理理论引入了新的研究对象。根据《公开发行证券的公司信息披露内容与格式准则第 2 号（年度报告的内容与格式）》的要求，实际控制人应披露到自然人、国资管理部门，或者股东之间达成某种协议或安排的其他机构或自然人。终极控制人的区分建立在政府和非政府的基础上，可见最终控制人比实际控制人来得更抽象、更总括。例如，国资委、国有资产管理局（简称国资局）、国有投资公司都可以成为上市公司的实际控制人，但它们的最终控制人都是政府。

(二)我国上市公司实际控制人的特点

我国上市公司最先是从国有企业股份制改造开始的，我国国有企业的实际控制人的

---

① 赖建清，吴世龙. 我国上市公司最终控制人的现状研究[C]//公司财务研讨会讨论集，2004：1—15.

② Porta L R, Lopez-De-Silanes F, Shleifer A, et al. Corporate ownership around the world[J]. Journal of Finanee, 1999，(54)：471—517.

独特之处表现在两个方面。一是我国企业经过上市改制之后，确定了国有股东的控制地位。我国证券市场成立之初，本着帮助国有企业改革，帮助国有企业筹集更多的社会闲散资金，帮助减少国有企业的负担，加快国有企业公司治理机构改革的步伐等目的，以额度制的办法确定可以公开上市的企业名额，限制企业上市的数量和规模。在计划经济时代，准备上市的企业首先要进行股份制改革，从原企业剥离部分经营性好的资产组建成为新的股份有限公司。但是新组建而成的股份有限公司的绝对控制权仍旧掌握在国家手中，国家或国有法人持有的那部分股份便是国有股或者法人股，不能够直接在证券市场上进行流通。因为计划经济时代上市名额的限制，上市后公司的实际控制人通常是国家或国有法人。二是国有股东的控股地位得到了市场环境和证券法规法律等巩固。从法律法规角度出发，国有上市公司采用"配股"方式的股利分配政策的时候，如果国有股股东没有充足的现金放弃了配股权利，会损害国有股东的控制地位。因此，国家国有资产管理局于 1994 年 4 月 4 日针对这种状况专门发布了《关于在上市公司送配股时维护国家股权益的紧急通知》，规定"如系国家有控股要求的上市公司，转让国家股配股权造成的股权结构变化应不以影响国家控股地位(绝对控股或相对控股)为限"，此外只有在出现"股东要求保持现有股权比例不被稀释，国家股有能力追加股权投资"的情况下，国有上市公司才可以实行配股政策。除了关于国有上市公司股利政策的规定，中国证券监督管理委员会在 2000 年 8 月 16 日就非流通股的转让政策作了明确规定，只有出现以下几种情形的时候，国有股才能转让给非国有法人：一是获得财政部书面批准；二是法院终审裁决而被执行；三是法院主持或授权拍卖。除了上述两个关于国有股的政策，我国还有许多有助于保障国有股东绝对控制地位的法律法规。表 4-1 是赖建清和吴世龙[①]考察的沪深两市 2002 年的 1182 家上市公司实际控制人的分布情况，发现国有上市公司的比例远大于非国有控制的上市公司，前者数量是后者的 3 倍多，实际控制人可追溯到自然人的公司仅占样本公司总数的 12.53%。

表 4-1 上市公司实际控制人的分布数据

公司最终控制人的所有权性质		公司数量及其占上市公司的比例	最终控制人控制的平均表决权/%
国有股东	国资局	89(7.53%)	40.13
	国有资产经营公司	78(6.60%)	42.58
	国有独资公司	698(59.10%)	50.13
	院校	46(3.90%)	39.48
国有股东实际控制的总量		911(77.13%)	47.57
非国有股东	自然人	148(12.53%)	32.26
	一般社会法人	111(9.32%)	34.65
	外资股东	12(1.02%)	34.02
非国有股东实际控制的总量		270(22.87%)	33.27

---

① 赖建清，吴世龙. 我国上市公司最终控制人的现状研究[C]//公司财务研讨会讨论集，2004：1-15.

随着国有企业的改革和国有股权转让给非国有股东进程的加快，实际控制人为自然人的上市公司数量急速上涨，特别是深圳证券交易所的中小企业板、创业板的上市公司的实际控制人通常由自然人担任，由实际控制人自然人直接持股间接持股的比例大幅增加。以创业板为例，截至 2012 年 12 月 31 日，实际控制人自然人直接持股比例最高达64.13％（300171，东富龙，郑效东），实际控制人自然人间接持股比例最高达 59.06％（300328，宜安科技，李扬德），实际控制人自然人直接间接持股比例最低为 7.67％（300152，燃控科技，王文举），实际控制人对中小企业的业绩产生了重大的影响。

（三）我国中小企业实际控制人的研究现状

丁庭选和潘克勤[1]对我国 2002～2004 年的民营上市公司的控制能力与独立审计进行研究发现，民营样本公司的实际控制人对公司的控制能力越强，越倾向于聘任曾被证券监督管理委员会赋予专项复核资格的大型会计师事务所，并且聘任的大型会计师事务所有助于提高公司的市场评价。这说明大型会计师事务所对公司的有效监督和抑制作用，表明民营上市公司实际控制人关注公司财务的独立审计，较好地发挥了实际控制人的作用。但是这只能够说明实际控制人能够加强公司的外部声誉和市场评价，不能说明实际控制人从公司内部解决公司的经营现状，改变公司的经营成果，并最终反映在公司的业绩层面。谢梅和郑爱华[2]对我国 2006 年 6 月 30 日完成股份制改革[3]的 596 家工业类上市公司进行研究，分析了股改前后上市公司最终控制人的变化情况，比较了股改前后最终控制人性质的变化对企业业绩影响。研究表明，无论股改前还是股改后，如果公司的最终控制人是自然人或者民营企业，对公司的业绩有显著的正面影响；股改后，产品的竞争市场与自然人或民营企业控制有显著的互补作用。经过谢梅和郑爱华的研究可以发现，自然人或者民营企业的实际控制人性质非常有利于提高中小企业的公司业绩。

危兆宾通过对截至 2011 年 2 月 17 日的创业板市场的 179 家上市公司进行分析，发现以兄弟、父子、夫妻等家族方式联合持股占公司股份的比例超过 40％的公司高达三成以上[4]。40％的高股权比例已经几乎把握了公司的绝对控制权，在这类公司中，实际控制人在公司董事会、监事会、股东大会或公司高管中安排代表，通过这些代表直接或间接将自己的意志转化成为公司的意志，实际控制人对公司的影响程度可想而知。他还认为，实际控制人通过整合家族力量实现对公司的实际支配，如果能够较好地运用控制权推进公司的发展，将推动创业板的持续健康发展并产生示范效应。危兆宾更多考虑的是实际控制人对外部中小股东和社会责任的利益，没有比较实际控制人为公司带来的利益增长。

①　丁庭选，潘克勤. 控制能力、代理成本与独立审计的公司治理效应[J]. 经济学家，2008，(2)：81-89.

②　谢梅，郑爱华. 股权分置改革前后竞争、终极控制人及公司业绩关系的比较研究——来自工业类上市公司的经验证据[J]. 南开经济研究，2009，(4)：15-32.

③　股份制改革概念来源于股权分置的改革，股权分置指中国股份因为特殊历史因素和特殊的发展演变中，中国A股市场的上市公司内部普遍形成了"两种不同性质的股票"（非流通股和社会流通股），这两类股票形成了"不同股不同价不同权"的市场制度与结构。股权分置不能适应当前资本市场改革开放和稳定发展的要求，必须通过股权分置改革，消除非流通股和流通股的流通制度差异。中国证券监督管理委员会向社会各界征求意见后于 2005 年 9 月4 日正式出台了《上市公司股去哪部分置改革管理办法》，上市公司全面股改正式进入实施程序

④　危兆宾. 论创业板家族上市公司实际控制人的行为控制[J]. 企业管理，2011，(5)：33-34.

黄贤福[①]通过对我国民营企业进行分析后，得出了关于实际控制人能力和风险两方面的结论。一方面，民营企业实际控制人应该具备五项能力，一是具有较高的风险偏好，因为只有喜欢冒险的企业家才能接受新事物，积极地介入新的业务领域或引入新产品，企业才能得到创新和进一步的成长，公司业绩理所当然得到较大的提升；二是具有敏锐的洞察力和超前预见能力，成功的民营企业家常常具有敏锐的洞察力和超前的预见能力，可以抓住潜在的市场机遇，获得比竞争者更早的开发或介入新产品、新产业的时间，占领市场份额，从而成为行业中的领先者；三是具有强烈的进取心，也可以称为"企业家精神"，在经营活动中通常表现为强烈的逐利心和将企业做大做强的决心，也正是 Penrose[②]提到的建立强大企业"帝国"的企业家；四是具有较高的个人诚信度，民营企业实际控制人的个人信用程度是民营企业信用的灵魂，既可以取得上下游供应商和零售商的支持，还能够增强公司的融资能力和行业支持；五是具有较强的人脉关系和资源，因为在我国典型的关系型市场经济环境中，民营企业想要在国企的夹缝中生存，获得市场机会，必须取得政府的支持，并保持与国有企业的良好关系。另一方面，民营企业的实际控制人必须面对的四个主要风险：一是实际控制人的道德风险；二是实际控制人的法律法规风险；三是实际控制人的传承风险；四是实际控制人的不良嗜好或品行。黄贤福对实际控制人能力和风险的研究为分析实际控制人能力对成长型中小企业经营业绩的相关性提供了基础。

目前，国内关于实际控制人的研究主要集中于实际控制人的概念论述、实际控制人的法律制度的评析、实际控制人的性质、实际控制人对公司业绩和公司独立性的影响、实际控制人对中小股东的利益侵蚀及实际控制人控制能力对公司业绩和业绩质量的影响等方面。即使一些学者得出了实际控制人对公司业绩产生重要影响的研究结论，但还没有就实际控制人的能力进行评价，也没有进行实际控制人能力对公司业绩影响的实证研究。随着人力资源资本在企业资本的比例增加，特别是对于成长型中小企业而言，企业的人力资源成本占其主要部分，也是其保持公司核心竞争力的主要资源。投资者、研究分析人员也越来越关注公司背后隐藏的实际控制人，尤其表现在相关法律法规对实际控制人的重视程度。例如，经中国证券监督管理委员会发布并于 2006 年 7 月 10 日起实施的《证券市场禁入规定》第三条，将禁入范围扩大到发行人、上市公司、证券公司、证券服务机构、证券投资基金的控股股东、实际控制人或者发行人、上市公司控股股东、实际控制人的董事、监事及高级管理人员。李霖[③]借鉴香港的《证券及期货条例》的权益披露规定经验，根据内地市场法则和监管环境的事实，认为国内上市公司关于实际控制人的信息披露仍旧不足，证券交易所对实际控制人的处罚手段有限。实际控制人的性质会影响公司经营过程中的很多方面和层次，所以会对公司业绩产生重大影响，但是影响的程度需要作进一步的系统性分析。

(四)国内外对实际控制人能力的评价方法

国内关于实际控制人问题的研究较少，还没有对实际控制人能力评价的研究成果，

---

①　黄贤福. 实际控制人对民营企业成败的影响因素[J]. 企业天地，2011，(4)：23~25.

②　Penrose. The Theory of the Firm[M]. Cambridge：Oxford University Press，1995：32.

③　李霖. 完善境内上市公司实际控制人披露监管的建议[J]. 证券市场导报，2005，(4)：64~67.

但是实际控制人能力却是影响公司业绩最主要因素之一。本节主要归纳国内外关于人力资源评价的方法及可能适用于成长型中小企业的实际控制人能力评价的方法。关于实际控制人对公司业绩的影响机理将在第四节进行详细阐述。

自 Prahalad 和 Hamel[①] 把能力理论引入战略理论后，根据研究视角和研究层次的差异，能力大概包括核心能力（core competences）、独特能力（distinctive competences）、战略能力（strategic competences）、动态能力（dynamic competences）、组织能力（organizational competences）、个体能力（individual competences）等。这些能力概念总体来看，隶属于个体和组织两个层面。实际控制人的能力实质上考察的是组织中的个人能力，包括实际控制人能力的识别、评价等。王勇将个人的能力定义为"在特定组织中，服务于组织能力和战略能力的、同卓越绩效具有内在联系的个体特征和品质，这些特征和品质包括个人所具有的知识、技能、价值观、认知和行为技能等"[②]。

目前，国内外上关于能力的研究主要采用的是差异心理学方法、教育和行为心理学方法、管理科学方法三种。从不同的角度出发及利用不同的分类方法，理论界对个人能力类型的划分有较大的差异，例如，Kanungo[③] 认为，管理能力可以划分为情感能力、智力能力和行为能力。Sandwith[④] 认为，根据能力性质的差异可以将个人能力划分为概念能力、领导能力、人际能力、行政能力和技术能力。Sparrow 和 Hiltrop[⑤] 主张将能力划分成为行为能力、管理能力和核心能力。Hunt 和 Wallace[⑥] 把管理能力划分成为战略管理能力，领导和团队构建能力，组织和环境意识能力，解决问题和决策能力，政治、劝说和影响能力，行政和运作管理能力。Sparrow 和 Hiltrop[⑦] 将优秀的职业能力划分成为人际能力、认知能力和内在能力。归纳起来，对职业个人而言，能力主要包括行为能力、管理能力、决策能力、环境适应能力、技术能力、领导能力等[⑧]。

与人能力相关的心理测量主要有智力测验、人格测验、职业倾向测验和动机测验[⑨]，具体的测量方法也比较多，但是这种从心理角度出发的测量主要用于人员的选拔过程，不适用于评价一个在职的职业人的能力。实际控制人的能力实际上是一个隐性的内在变量，只能通过对其外在表现和工作业绩进行主观和客观相结合的评价方法，以获得较为

---

① Prahalad C K，Hamel G. The core competence of the corporation[J]. Harvard Business Review，2005，69（3）：275－292.

② 王勇. 基于能力的人力资源管理理论研究——知识工作者有效工作能力的确定、评价与发展[D]. 杭州：浙江大学，2003.

③ Kanungo R N. Managerial resourcefulness：a reconceptualization of management skills[J]. Human Relations，1995，（12）：1311－1347.

④ Sandwith P. A hierarchy of management training requirements：the competency domain model[J]. Public Personnel Management，1993，（1）：43－62.

⑤ Sparrow P R，Hiltrop J M. European Human Resource Management in Transition[M]. Hempstead：Prentice-Hall，1994：34.

⑥ Hunt J，Wallace J. Organizational change and the atomization of modern management[J]. Management Development Forum，1998，（1），52－105.

⑦ Sparrow P R，Hiltrop J M. European Human Resource Management in Transition[M]. Hempstead：Prentice-Hall，1994.

⑧ 王勇. 基于能力的人力资源管理理论研究——知识工作者有效工作能力的确定、评价与发展[D]. 杭州：浙江大学，2003.

⑨ 王垒. 实用人事测量[M]. 北京：经济科学出版社，2002：22.

准确的能力考核结果。王勇通过对个人能力的综合分析之后，得出了关于评价个人能力的以下几点结论：一是个人能力的特征包括知识、技能、态度、价值观、动机、认知和行为技能；二是管理类工作者的能力元素主要可以归纳为解决问题的能力、自我发展的能力、分析能力、正直诚信、责任心、成就动机、自信、直觉、主动积极、概念思维、定量分析、信息收集、团队合作能力及跨专业能力 14 个方面；三是个人绩效水平同工作经历的丰富程度正相关；四是企业能力开发资源投入强度和组织内资源分配比例影响企业内整体人力资本存量的增长。

张瑾[①]在其博士学位论文中进行了民营企业家人力资本与企业成长绩效的实证研究，她认为企业家人力资本要素包括企业家知识、企业家心理、企业家自我效能感和企业家能力四个方面。企业家知识由教育、经验、家庭环境三个因素组成。国际公认的、有效的、可靠的企业家心理能力测量工具是人格结构的"五大"模型，包括外向性、情绪稳定性、公正严谨性、和悦性和开放性五个核心人格特征，具体内容如表 4-2 所示。企业家的自我效能敏感来源于以往成败经验、社会劝说、替代经验、情绪状况和生理的唤起。企业家能力测量维度包括发现和利用机会的能力、构建网络关系能力、管理资源能力、经营创新能力、战略定位能力和不断学习的能力。张瑾的研究对本书衡量成长型中小企业的实际控制人能力具有巨大的借鉴意义。

表 4-2　"五大"人格结构及其具体层面

人格结构	具体层面
外向性 （extraversion）	热情（warmth）、合群、爱交际（gregariousness）、自信（assertiveness）、活动性（activity）、追求兴奋（excitement-seeking）、积极情绪（positive emotions）
和悦性 （agreeableness）	信任（trust）、坦诚、诚实（straightforwardness）、利他、顺从（altruism）、谦逊、质朴（modesty）、温和、亲切（tender-mindedness）
公正严谨性 （conscientiousness）	能力（competence）、守秩序（order）、负责任（dutifulness）、追求成功（achievement striving）、自我控制（self-discipline）、严谨、深思熟虑（deliberation）
情绪稳定性 （neuroticism）	焦虑（amxiety）、愤怒、敌意（angry hostility）、抑郁（depression）、自我意识（self-consciousness）、冲动（impulsiveness）、脆弱、敏感（vulnerability）
开放性 （openness）	幻想（fantasy）、爱美、有美感（aesthetics）、情感丰富（feelings）、行动（actions）、观念（ideas）、价值（values）

资料来源：张瑾. 民营企业家人力资本与企业成长绩效实证研究[D]. 济南：山东大学，2009：24-25.

时勘等[②]通过我国通信行业高层管理者的胜任能力模型，归纳出 9 项适用于通信行业高管的核心胜任能力：影响力、信息寻求、成就欲、团队领导、组织承诺、人际洞察力、主动性、客户服务意识、发展他人。张宇[③]认为高科技企业的人力资源与传统企业的人力资源相比较具有学历高、成就动机强、学习和创新能力强、团队作业及高流动性。毛惠

---

① 张瑾. 民营企业家人力资本与企业成长绩效实证研究[D]. 济南：山东大学，2009：1-10.
② 时勘，王继承，李超平. 企业高层管理者胜任特征模型评价的研究[J]. 心理学报，2004，（3）：306-311.
③ 张宇. 胜任能力模型在高科技企业人力资源管理中的应用研究[D]. 成都：四川大学工商管理学院，2007，1-10.

媛和葛华[1]用层次分析对企业家能力资本进行综合评价，得出了企业家能力的综合评价体系如表 4-3 所示。李晨[2]借鉴了现有人力资本价值评价的方法后，利用定性和定量分析相结合的方法构建了以企业家的业绩、能力和基本素质三方面为主体的企业家人力资本价值评价体系，还通过层次分析法确定了各个指标的权重，如表 4-4 所示。

表 4-3　企业家能力资本综合评价体系

综合评价	目标层	准则层	方案层
企业家能力资本综合评价	知识	组织知识	组织内的制度与政策，企业主要工作流程，机构设置与部门职责，组织文化
		环境知识	国家法律法规，国家有关政策，行业发展动态
		专业知识	核心专业知识，相关专业知识
	智力		创新能力，决策能力，预见判断能力，分析能力，协同能力，应变能力，社交能力，学习能力
	素质	个性特征	正直诚信，自律性，批评与自我批评，独立性，亲和力，原则性
		政治素质	政治修养，政治意识，社会责任感
		精神素质	创新精神，冒险精神，禁区精神，敬业精神
	健康		心理健康，身体健康

资料来源：毛惠媛，葛华. 企业家能力资本综合评价的层次分析法[J]. 沈阳大学学报，2009，(2)：23－26.

表 4-4　企业家人力资本价值评价指标体系

目标层	一级指标	二级指标	三级指标	合成权重
企业家人力资本价值评价指标体系	业绩指标(0.5401)		总资产收益率(0.5071)	0.2739
			企业发展能力(0.2660)	0.1437
			资产负债率(0.1400)	0.0756
			市场占有率(0.0563)	0.0304
			产品满意度(0.0305)	0.0165
	能力指标(0.2968)	决策能力(0.6334)	信息利用能力(0.6948)	0.1306
			判断能力(0.22101)	0.0395
			应变能力(0.0951)	0.0179
		沟通能力(0.2282)	社会交往能力(0.5710)	0.0387
			跨文化沟通能力(0.3328)	0.0225
			企业内部沟通能力(0.0962)	0.0065

---

[1]　毛惠媛，葛华. 企业家能力资本综合评价的层次分析法[J]. 沈阳大学学报，2009，(2)：23－26.
[2]　李晨. 企业家人力资本价值评价指标体系研究[J]. 南京财经大学学报，2009，(6)：11－14.

续表

目标层	一级指标	二级指标	三级指标	合成权重
企业家人力资本价值评价指标体系	能力指标 (0.2968)	创新能力 (0.1000)	制度创新能力(0.6664)	0.0198
			观念创新能力(0.2771)	0.0082
			管理方法创新能力(0.0565)	0.0017
		继续成长能力 (0.0385)	学习能力(0.6535)	0.0075
			可训练的特征(0.2772)	0.0032
			个人适应能力(0.0693)	0.0008
	基本素质指标 (0.1630)	品质 (0.7051)	个人信用(0.6948)	0.0799
			道德(0.2160)	0.0248
			社会责任感(0.0892)	0.0103
		知识结构 (0.2339)	工作经验(0.7533)	0.0287
			知识面宽度(0.1773)	0.0068
			专业知识(0.0694)	0.0026
		身心素质 (0.0609)	身体健康状况(0.7179)	0.0071
			心理健康状况(0.2046)	0.0020
			心理承受能力(0.0775)	0.0008

资料来源：李晨. 企业家人力资本价值评价指标体系研究[J]. 南京财经大学学报，2009，(6)：11—14.

注：每个单元格括号内的数值是本指标对上层指标的权重.

(五)成长型中小企业实际控制人能力评价体系

本书归纳了国内外关于实际控制人能力的评价体系之后，结合成长型中小企业的实际控制人的特点，构建了成长型中小企业的实际控制人能力评价体系，如表 4-5 所示。

表 4-5　成长型中小企业实际控制人能力评价体系

目标层	一级指标	二级指标	评价标准
实际控制人能力评价体系	知识结构	专业知识	实际控制人专业是否与公司主营业务对口
		教育程度	实际控制人教育程度影响公司的经营
		工作经验	实际控制人就业年限影响公司经营发展
		技术职称	实际控制人职称影响其声誉和关系网络
	身心素质	身体健康状况	实际控制人身体健康有助于其领导管理
		心理承受能力	实际控制人失败次数反映其受挫能力，公司经营年限反映个人心理忍耐力
		个人品质	个人是否存在恶性事件或者犯罪记录影响公司经营声誉
	决策能力	个人财富	实际控制人在其他上市公司或控股公司拥有的财富影响其投资战略和风险承受能力
		判断能力	公司经营年限体现了实际控制人对市场环境的正确判断，有助于公司的有效经营
		信息利用能力	信息利用能力体现了实际控制人发掘信息、处理信息、使用信息的效率和能力

注：本表由文献的归纳总结并结合本书的研究重点自行制作而成

本书对"能力"定义与毛惠媛和葛华[①]的"能力"概念比较类似，不同于李晨[②]关于"能力"的定义。能力是现实生活中表现出来的人的综合素质，是正确驾驭某种活动、解决某些问题的本领和能量，是实现人的价值的手段。李晨关注的重点是企业家人力资本价值，范围比能力更广，如对总资产收益率、企业发展能力、资产负债率等业绩指标的评价等。此外，他还认为素质是在人的先天禀赋的基础上，经过环境的影响和教育训练所获得的稳定的、长期发挥作用的基本品质和能力结构；"素质"的定义里面也包含能力的部分内容，所以可以和"能力指标"并驾齐驱，但是这并不能完整地评价企业家的"能力"。本书的实际控制人能力评价体系某种程度上算是李晨的企业家人力资本价值评价中"基本素质"和"能力指标"的结合。

本书针对成长型中小企业实际控制人的特点，调整了如表4-3所示的企业家能力的评价体系，构建了如表4-5所示的可量化指标。表4-3的企业家能力的目标层"知识"包含组织知识和环境知识，强调的主体是企业内部流程、准则及国家外部环境对个人的影响。虽然组织知识和环境知识对实际控制人的能力具有一定的影响，但是如果研究董事会治理指数的实际控制人能力会出现重复和冲突。例如，组织知识包括的方案层赋予企业业务单元负责人（即部门经理）的主要职责，会加重董事会的任务，因此不适合放在董事会的治理评价层面；此外，环境知识的评价范围过大，并且对国内所有公司都会产生较大的影响，并不只针对于成长型中小企业，所以应放弃组织知识和环境知识。专业知识分为相关专业知识和非相关知识，可以提炼量化成为实际控制人的专业知识是否与公司的主营业务对口。对口的专业知识有助于实际控制人准确了解公司的业务信息，减少信息的不对称性。

除此之外，本书还在"知识结构"的维度内加入了三个新的可量化的指标——教育程度、技术职称和工作经验，明确成长型中小企业实际控制人的综合素质，之所以把三者放入"知识结构"的维度，是因为教育程度反映了个人的学习能力和掌握知识量的多少，在我国的文化氛围中个人的学历高低可以在一定程度上表明个人的知识面的宽窄、掌握知识是否系统。技术职称的评定在我国具有明确的规定，学历、工作时间、申请技术职称对应专业的工作业绩等是评审时关注的重点，在教育、卫生、科研等技术性强的社会公共服务机构，通常以技术职称衡量专业技术人员技能水平、创新能力的高低，技术职称在我国现有人力资源开发工作中承载了丰富的信息。对企业人员而言，特别是对成长型中小企业的实际控制人来说，技术职称是其专业技能、科技知识、创新能力的一种体现，也间接对"知识结构"起到一定的支撑作用。工作经验虽然可能不会增加个人的专业知识，却提高了个人的生活阅历，增加了社会知识、交流交际的知识，工作经验的积累在一定程度上会增加个人的工作适应能力和把握能力。所以本书的成长型中小企业实际控制人的能力评价的"知识结构"范围包括专业知识、教育程度、工作经验和技术职称。

表4-5的一级指标"身心素质"是表4-3目标层"素质"和"健康"的综合，是表4-4二级指标"品质"和"身心素质"的精炼，产生的可量化指标是"身体健康状况"

---

① 毛惠媛，葛华. 企业家能力资本综合评价的层次分析法[J]. 沈阳大学学报，2009，(2)：23－26.

② 李晨. 企业家人力资本价值评价指标体系研究[J]. 南京财经大学学报，2009，(6)：11－14.

"心理承受能力"和"个人品质"。心理健康状况是评价企业家身心素质的重要组成部分。我国的心理学发展较晚,成果还不够丰硕,国人很少愿意承认自身的心理不健康,并且即使出现了不健康的迹象也不愿意接受心理医生的治疗,因此媒体报道或者被人们所熟知的企业家出现心理不健康的状况都是心理非常不健康的后果。要评价企业家的心理状况还需要非常了解企业家的生活信息,用心理学的专业知识来进行评判,由此可见,评价企业家的心理健康非常艰巨,因此本书舍弃了对研究对象实际控制人心理健康的评判,而选用实际控制人经营企业的年限数,间接反映他的心理承受能力。个人品质包含的内容比较丰富,如实际控制人的个人信用、道德、社会责任感和政治修养等,个人品质可以通过证券监督管理委员会对实际控制人的监督获得结论,如果单项设立细节的组成部分,工作量大且难度非常高,所以把成长型中小企业实际控制人的各种素质、道德、信用等精简为"个人品质"的评价。

最后也是实际控制人最主要的能力评价指标——决策能力。实际控制人正确的决策指引公司走上正确的发展道路,能抓住机遇,谋求可持续的长远发展;实际控制人的错误决策不仅不利于自身自信心的建立,而且会动摇公司其他董事、经理层和职工的工作质量和忠诚度。决策能力是实际控制人综合素质和知识的具体体现,包括"信息利用能力""判断能力"和"个人财富"。本书之所以没有在实际控制人能力评价项目中加入沟通能力、创新能力和继续成长能力,是因为实际控制人的教育程度可以间接反映其继续成长能力;实际控制人的工作经验和信息利用能力的综合间接支撑沟通能力、创新能力,实际控制人与董事会各成员组织间的具体交流沟通行为仍具有"黑箱"的特点,不易评价;创新能力可以作为判断能力的重要组成部分,判断能力是创新能力的一种结果性表达。

中小企业实际控制人一般为企业的创始人或原始股东,可称为企业家。企业家的能力和精神在我国中小企业初创阶段中具有十分重要的作用,主要体现在寻求组织各类生产资源、发现商业机会并利用机遇,实现创业成功。随着中小企业规模日益扩大、市场竞争环境变化复杂,对企业家的经营战略和管理能力要求加大,对民营企业家和其家庭成员在科层组织中的领导力要求越来越高,企业家的职业化水平将明显地改善民营企业家的公司治理效果。

当前我国中小企业研究都是把所有者作为制度变迁和其他利益主体去服务的对象。我国的许多理论学者也把企业的成长归因于经理人市场的发展和经理人的道德水平,张维迎认为,中国充满了许多合格的企业家,但缺少具备道德的职业经理人。中山大学的储小平认为当今我国缺乏具有良好的企业家行为和企业家道德的企业主。近几年来,我国理论研究也很好地解释了企业家对于创新和企业发展的重要作用,但是却忽略了企业家职业化这一重大问题。当今我国中小企业的公司治理已进入了一个怪圈,当企业治理遇到问题时,一般都是在经理人身上寻找问题和原因。公司治理是一个关于委托人和代理人的逻辑分析框架,主要探讨委托人和代理人相互合作关系,对委托人的问题却并不十分关注。所有者即企业实际控制人如果不具有相应的工作能力和心理素质,是很难发挥企业家真正作用的。

基于控制权理论,我国中小企业由于受大股东控制,所有者一般是企业的董事长或总经理,应把所有者同职业化经理人联系起来。职业化所有者指所有者即企业实际控制人在处理一系列工作包括战略管理、经理人激励与监督、投资融资等复杂问题时具有的专业化技能和知识，并按照公司治理的原则来开展工作。

我国中小企业创业者作为公司实际控制人实际存在着两种身份，一种是企业物资资本所有者，另一种是企业运营者。随着中小企业日益发展，所有者的知识经验和能力结构的缺乏更加显现，掌握企业实际控制权的所有者越来越难适应现代企业制度的变化。

中小企业在发展初期，两权合一的现象较为普遍，企业所有者作为实际控制人，对董事会和管理层有着极大影响；通过董事会和管理层的决策与经营行为，从而对企业绩效起着重要作用；这期间，董事会的独立性难以得到保障。必须把企业的实际控制人能力进行系统的分析，才能较好地说明中小企业董事会治理实际情况。因此，本节对企业实际控制人能力包括知识结构、身心素质和决策能力三大方面的指标进行分析。知识结构包括专业知识、教育程度、工作经验、技术职称等指标；身心素质包括身体健康状况、心理承受能力、个人品质等指标；决策能力包括个人财富、判断能力、信息利用能力等指标，以期研究企业家个人能力素质对企业绩效的影响，完善中小企业董事会治理理论。

第四节　成长型中小企业董事会特征影响企业绩效的机理分析

我国的成长型中小企业，大多是由创始人凭借自己过人的能力和艰辛的努力一手建立起来的。在企业创立阶段和发展初期，创始人往往实行"严紧"地控制，企业在此模式下也取得了快速的发展。但随着企业迈入成长期后，作为创始人的企业家才能发现，企业多元化、规模化扩张急需知识、人力资本，引入人力资本迫在眉睫。本书就是以企业人力资本产权拥有者最典型的董事会为对象，来分析成长型中小企业董事会特征要素影响企业绩效的机理。沿着"企业实际控制人—董事会特征—企业绩效"的分析思路，分析成长型中小企业股权结构和治理结构状况，分析我国成长型中小企业董事会特征的主要构成要素，以期构建与我国成长型中小企业发展需求相适应的董事会治理机制。

一、成长型中小企业股权结构及公司治理现状

(一)不完善的市场经济信用机制，决定中小企业股权结构

我国中小企业无论是在创立阶段还是在发展的初期阶段，内源性融资即自我筹资占据大部分比例，而外源性融资即借助银行、基金等金融机构和战略投资者获得资金几乎没有。中小企业对内部筹资的依赖性非常强，反映在治理结构上，即企业股权高度集中在企业创业者和相关家庭成员手中。我国中小企业之所以会出现股权高度集中的情况，究其原因是金融资本市场信贷政策约束，归根到底是我国市场经济信用体系不完善所致。

在对信任体系的研究中，Zucker 系统阐明了信任产生机制（trust-producing mechanism），并得到广泛认同与应用。她认为主要有三种机制。第一，是基于特征的信任，即与他人的社会相似性所产生的信任。一般根据他人与自己在地位、家庭背景、受教育程度、主要社会经历、价值观方面的相似性程度来决定信任量的大小。相似性越多，就意味着双方行为规范、处世原则、基本态度越趋于一致，使其相信对方有极大可能采取预期行为，在经济与社会交往中越容易达成共识，信任度也就越高。第二，是基于过程的

信任，即声誉机制的发挥。主要是以他人过去的行为、成果与声誉为标准，来决定是否给予信任。第三，是基于制度的信任，即法制环境所产生的信任。依据社会规章制度，如科层组织、中介机构、法律、部门规章等的完善性，来决定是否给予信任[①]。Whitley指出，在华人社会中，法制化约束力较弱，主要通过声誉与关系产生信任，其中关系运作则起着至关重要的作用[②]。关系运作，即建立、利用、维持和发展关系的活动，是一种主要的人际信任机制，在中国社会具有独一无二的意义。关系的重要功能保证了交往各个阶段所具有的信任。关系发挥着无形巨大的约束力量，成为一种义务。而义务感会使人做出值得信任的行为，回报性的义务是关系的核心因素，使对方有足够的动力去兑现他们的承诺[③]。因为一旦不守承诺，双方之间的关系就会撕裂，信任就会"被抛弃"，其损失和代价是不言而喻的。

对局外人的信息了解不多，实际上存在着一种信息不对称的情况，对外人的关系就会疏远，对他人的不信任就会成为一种顺理成章、合情合理的事情。费孝通的"差序格局"论最能反映中国传统社会结构特征和社会关系。中国人的内外边界是弹性的并且模糊的，"自己人"不仅包括既定的局内人，一般是亲友关系，还包括任何尽力想拉进圈子里的人，"外人"经过交往确立彼此之间的信任关系是可以成为"自己人"的。

正是由于这些因素，我国大量的中小企业包括成长型中小企业公司组织最高运行目标并不仅仅是单纯地追求规模最大化或利润最大化，企业治理"安全第一"也是至关重要的，尤其是在外部环境变幻莫测、存在着高度不确定性的情况下。此时，企业实际控制人为能使企业扩张在他们的控制幅度内，必然要对企业治理施加重大影响，安排他们的"亲信"，即那些具有良好融洽关系、值得信任的"自己人"，去充当企业治理与管理结构中的重要角色。防范委托代理关系中各种不确定性因素和机会主义行为所引发的风险，中小企业的公司控制权安排就是满足规避风险的"紧控性"要求[④]。

而当该类企业有与其他公司进行资产重组的机会或有上市可能时，如果他们的控制权会被稀释甚至瓦解，那么他们选择此类行为将会格外谨慎，以确保企业还是"属于"他们。控制权的思想，在企业内部各级岗位吸纳外部人的顺序安排上表现得"淋漓尽致"，以尽可能规避重要商业信息泄露的内在风险。对外人开放的顺序安排是：①生产经理；②设计开发经理；③质管部经理；④办公室主任；⑤人事经理；⑥副总经理；⑦营销经理；⑧总经理助理；⑨采购经理；⑩财务经理[⑤]。

中国—欧盟中小企业研究课题小组对 2004 年湖南中小企业实证调查也显示，在股权高度集中的情况下，"紧控型"董事会成员结构中有 88% 的股东成为董事，股东几乎成为天然董事；有 68% 的大股东及 25% 的大股东兼任或推荐公司内部董事任董事长；同时，有 35% 的大股东及 28% 的董事长担任（兼任）公司总经理，他们大多既是家庭成员，

---

① Zucker L G. Production of Trust：Institutional Sources of Economic Structure，1840-1920[C]//Staw B M，Cummings L L. Research in Organizational Behavior，1986，8：53-111.

② Whitley R D. The social construction of business systems in east asia[J]. Organization Studies，1991，12(1)：1-28.

③ 彭泗清. 信任的建立机制：关系运作与法制手段[J]. 社会学研究，1999，(2)：56.

④ 欧阳文和. 中小企业公司治理：理论与实务[M]. 北京：经济管理出版社，2006：71-72.

⑤ 王宣喻，瞿绍发，李怀祖. 私营企业内部治理结构的演变及其实证研究[J]. 中国工业经济，2004，(1)：66-73.

又是企业所有者①。中小企业内部治理过程中，家庭成员既是所有者也是管理者，公司董事长与总经理两职间交叉任职，形成决策权、经营权、监督权三权合一的内部人控制的企业组织结构。内部利益相关者之间的相互委托-制衡关系，成为中小企业内部管理的基本组织原则。

(二)三权合一下的内部委托代理组织关系

为满足《公司法》的要求，中小企业采取了形式上的二元制治理结构，其实是演进的一元制结构。一般情况下，股东尤其是大股东天然上就是董事，而董事长和经理层也大多是董事会成员，这种交叉任职的情况，使得经理层的职责也是董事会的职责，股东大会的职责也就是董事会的职责，三个职责高度重合，监事会也难以避免成为"摆设"，形成"三会合一"的公司治理结构，董事会监督和影响经理层的方式和内容也发生了变化。

虽然监事会机构形同虚设，但内部监督职责却不会削弱，反而随着企业内部结构组织关系上的交叉任职，而在许多环节会得到充分展现。交叉任职使得重复博弈次数提高，信息的不对称性减弱，形成"我知道你知道我的行动，你知道我知道你的行动"。相互之间的监督提高了监督的效率，降低内部交易成本，使出现的矛盾更容易协调。

在这个相互监督制衡机制中，当企业决策发生冲突时，企业所有者的个人股权(包括声誉)所形成的家长式个体绝对权威，在企业内部治理结构中发挥着难以替代的作用②。在社会等级身份信任差序格局下，"忠实于人"要比"忠实于原则和规章"更具"原则性"。

因此，中小企业董事会职责具有综合性特征，不仅具有传统意义上决策和监督职能，还具有经营管理与决策执行职能，同时兼具股东大会的基本职能。传统的委托-代理问题便衍化成内部相互委托-代理的重要管理组织形式，董事会对股东大会负责，经理层对董事会负责，其实就是"自己"对"自己"负责；股东会对董事会的激励和监督，董事会对经理层的激励和监督，便成为了相互激励、相互约束、相互惩罚的内部管理制衡机制。

二、三权合一下的中小企业为提高绩效所要解决的问题

在我国，成长型中小企业一般都是通过血缘、友缘、地缘、学缘等社会关系和人际关系自筹资金而建立起来的，关系由疏到亲、由远到近，带有浓厚的家庭性、地域性色彩。而在科技、资讯高度发达的时代，瞬息万变的市场推动着从业者必须充分利用各种新发明、新知识不断创新，以谋求发展。提高企业持续盈利能力和经营绩效，从企业内部治理结构上说，必须提高企业环境适应能力，并使企业发展保持在一个可控的范围内，增强资源获取能力。

---

① Yermack D. Higher market valuation of companies with a small board of directors[J]. Journal of Financial Economics, 1996, 40(2), 185-202.

② 欧阳文和, 高政利, 廖懿. 基于权威的"模糊治理"研究[J]. 经济问题探索, 2006, (5): 73-79.

(一)环境的不确定性和复杂动态性的问题

成长型中小企业是个开放的组织系统,它的生存和发展时刻依赖着环境。它从环境中获取必要的资源,并在企业内部加以整合处理,转化为特定的产品和服务,并输出到外部环境中,其进一步的活动又受到环境对其反馈信息的影响。成长型中小企业环境一般分内部环境与外部环境。内部环境指企业组织系统运行的各个环节所表现出来的相互关系和作用,一般是可控的,可以对内部环境加以改善和调整,以更好实现企业和组织的目标。而外部环境是不可控和不可预料的,经营者只能尽力去认识这些环境,调整企业自身以适应外部环境的变化。企业外部环境是受经济、社会、政治、法律、技术等综合因素影响制约的复杂系统。生产经营活动所需的人力、物力、财力都来自于市场和社会,生产的产品和提供的服务又最终流向市场和社会。成长型中小企业与外部环境相互影响、双向反馈,而这些环境因素是不确定的,是一个混沌、复杂的动态系统。

1. 环境不确定性增加

在21世纪经济全球化的时代,技术发展突飞猛进,经济进步日新月异,外部环境构成要素的数量和类别空前增加,环境不确定性所引致的风险也日益提高。同时,外部环境变化速度加快,变化周期缩短,规律也难以寻觅,如威胁论、贸易壁垒、排华势力、经济政策等不确定性因素。环境的可预测性、可观察性和把握能力越来越低。企业的成长发展和战略决策越来越依赖于环境的变化,并需要适当地作出调整与转化,"权变理论"也越来越受到理论界与实务界的重视。尤其对于成长型中小企业,经历了创业阶段后,为了扩大规模和提高市场占有率,投资比例逐渐加大,经营范围进一步拓宽,可能涉及以前没有触及的投资领域,经营不确定性和风险随之增大。如果没有良好的风险预测及处理能力,那么企业终究难以获得持续的盈利能力。

2. 环境竞争性增强

成长型中小企业在创立初期,即20世纪90年代以后,国内市场竞争较为缓和,投资机会较多,卖方市场处于优势地位。而在21世纪,经济的全球化和市场化进程,使得在要素市场、产品市场、资本市场、经理人市场、董事市场和技术市场上,不仅国内竞争力量异军突起,国外竞争力量的介入也使得竞争更加激烈。各个行业竞争者数量和竞争强度极大地提高,而竞争手段趋同化和模仿度也在增强。成长型中小企业要想继续使用以前单一的竞争手段获得利润,如今已是不可取的。如何提高竞争手段、增强企业竞争战略的异质性对提高企业绩效至关重要。

3. 环境复杂性提高

与传统的外部环境不同,中小企业成长的环境构成要素增加,如供应商和销售商的规模、数量和结构成分增加,消费者需求多样化等。买方市场层次分明,大批量、规模化、标准化生产和小批量、多品种、多样化、个性化的买方消费需求并存;在低进入壁垒行业,现存的和潜在进入的竞争者增加,高退出壁垒对企业转型、经营战略方针的转变也起着巨大的阻碍作用;外向型中小企业成长和发展的速度也越来越依赖其在国际市场中的地位，在全球价值链和供应链中扮演何种角色，在国际分工中处于何种领域，将决定其是否处于产业链高地和优势端口，并进而决定其成长的瓶颈；新技术的广泛运用、扩散速度使得生产制造工艺日趋复杂和多样化，精准化导致了产品的多元化，旧产品的淘汰和新产品的替代速度也逐步加快；环境友好性和经济、社会、生态可持续性发展必然要求中小企业成长在需求的无限性与自然资源合理利用、有限供给之间找到平衡点。总之，成长型中小企业所面临的环境复杂程度已极大地提高了，如何在复杂的环境中寻求企业清晰的发展思路和策略，对其绩效的提高和成长起着关键作用。

4. 环境动态性增强

在传统经济运行模式中，技术手段相对落后，环境较为封闭。但在现代经济环境中，变幻莫测、风云突变成为新经济时代企业外部环境的重要特质。而成长型中小企业环境动态性逐步提高，主要影响因素有国内国外的新竞争者不断进入现有行业领域，高科技的国外产品不断涌入，新技术替代威胁加强；消费理念与水平不断提升，市场需求多样化、个性化和不确定性不断加快；市场结构快速变动，产业结构升级加快；经济周期性变动受到来自于国际金融和市场的强烈影响，国外主要经济体的通货膨胀和经济政策制定不确定性；与社会主义市场经济发展相适应的法律法规体系尚未健全，转轨市场经济体制还没定型等。环境动态性的增强，决定了静态的竞争策略和思维模式必然失败，企业经营业绩必定亏损甚至破产。

5. 环境系统边界混沌化

成长型中小企业经历了创业初期阶段以后，企业运营系统在不断进化，由单一、简单系统转化为多元、复杂系统，企业所处的外部环境则是一个复杂混沌的动态系统。混沌理论告诉人们：经济的和其他社会的变量之间的非线性关系，能产生混沌行为，从而导致系统的不确定性[①]。

科学技术日新月益地发展，管理对象日趋复杂和多元化，管理技能与手段多样化，人们之间的相互交流和沟通越来越紧密，人的活动也越来越依赖于外部环境复杂性和不确定性，企业经营者再没有一套永恒不变的运作模式来面对这一切。将混沌理论引入企业组织系统与外部环境的研究，使企业适应复杂多变的市场环境，具有重要的意义。

现在许多中小企业之所以"胎死于萌芽"中，或者在成长阶段逐步没落、最终消亡，归根到底就是因为企业的战略方针、经营模式无法适应飞速变化的环境。企业不仅外部环境动态性越来越强烈，而且内部环境的变化也越来越快。企业内部三大核心资源：人力、财力、物力的不确定性也越来越高，对企业资源的掌控越来越不容易把握。企业有限的选择方案和控制措施在面对复杂多变的外部环境时，使得企业内部资源不再那么容易控制。例如，稀缺的人力资源可能在创业阶段与创业者同舟共济、同甘共苦，而在企业取得一定成绩之后，他们的优质能力可能被同行雇佣，被猎头公司、中介机构挖走；又如，财务资源深受金融市场影响，被看好的投资可能在瞬间就会变得一文不值、血本

---

① 赵锡斌，温兴琦. 混沌系统、企业环境与企业可持续发展战略[J]. 中国人口资源与环境，2006，(2)：124—127.

无归。企业内部资源环境动态性存在于采购、生产、销售等各个环节中，内部资源环境信息量巨大。经营者在处理这些复杂的变化量时，虽然会利用先进的管理手段来搜集信息，但不可能对每一条信息都作出反应，有效控制力也会随着企业成长和规模扩大而同比例地丧失，在处理内部环境多变性方面难免会显得"心有余而力不足"。

通过以上对企业所面临的外部环境和内部环境的分析，当今成长型中小企业随着组织规模逐步扩大，经营范围逐步拓展，所面临的环境要比创业阶段复杂得多。单靠创业者个人才智、判断力，以及对市场的投资机会主义便能取得成功的时代已经一去不复返了。复杂、混沌的动态环境对中小企业盈利、成长和发展，并最终能否走出国门成为世界知名企业，提出了严峻的考验和挑战，成功的企业必然是一个能很好适应复杂多变环境的企业。

(二)经营权与所有权部分分离所带来的监督问题

中小企业发展到一定阶段，肯定会出现一个节点，在那一点上，仅仅依靠资本所有者的创业精神或家族合力，难以使企业顺利渡过成长阶段、资本得到进一步的增值。必须要把所有权与经营权进行部分分离，这时企业就会出现新的问题，即委托代理和监督控制问题。有效合理的监督会给企业带来积极正向作用，确保企业运营在可控的范围内，降低代理问题所引致的经营绩效亏损的可能性；无效的监督可能会使成长型中小企业逐步被经理人所控制，管理层有更强的动力去实现自身利益，不惜损害企业整体利益。下面将对成长型中小企业监督问题的产生进行分析。

1. 企业成长理论：资本、产权维度的演进

(1)资本维度演进

中小企业资本维度的演进过程，可以划分为三个阶段(图 4-1)：资本闭合期、部分社会化期和全面开放期。中小企业在创立之初，由于其发展潜力和成长前景很难得到市场和投资者认同和信任，风险性很强，他们往往不敢轻易投入资本，宁愿去关注那些能给他们带来稳定收益的企业。此外，在企业创立之初时就吸引社会资本进入，会导致企业创始人的股权损失极大，可能会使企业不再受他们的控制，在企业经营战略制定和执行上将会受到投资者的极大干预，可能会陷入对企业战略选取的无休止的争论中，丧失企业最佳投资机会。因此，社会资本也将很难进入企业。而随着中小企业的发展，规模逐步扩大，经营领域开始出现多元化，企业内部自有资金将很难满足企业成长的需求，将会吸引社会资本的进入，创始人开始出让部分股权，但他们还是牢牢掌握着企业的绝对或相对控制权，以保证企业能在他们的控制幅度内。在达到第三阶段时，企业规模进一步扩大，市场服务对象进一步增多，资金需求进一步扩大，将会进入股权分散即全面开放期。

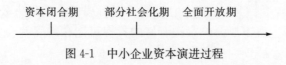

图 4-1　中小企业资本演进过程

（2）产权维度演进

中小企业产权维度的演进过程，同样可以划分为三个阶段（图 4-2）：两权合一期、控制权部分出让期、所有权部分出让期。在企业发展初期，创始人一般不会引进其他投资者，生产经营所需的资金一般都来自个人、家庭或借款等，类似于古典业主制企业。创始人拥有对企业的绝对所有权，不仅负责经营战略的制定，还是战略方针的执行者，所有权和经营权两权合一，能快速地做出决策并迅速执行。决策机构单一，并建立垂直式的自上而下的命令系统。它有助于减少企业的内耗和争斗，企业控制权牢牢掌握在创始人手中，监督成本、信息沟通成本和交易成本都非常低。当中小企业处于成长发展阶段时，创始人由于自身精力和能力的限制，开始引入管理人才，出让部分企业控制权，以最大限度地利用社会优秀管理人才来为企业发展服务，但仍保留着企业的绝对控制权。在第三阶段，引入社会资本参与企业投资和成果分享，股权分散，产权明晰，创始人或原始股东对企业控制权力度极大地降低。引入更多的管理人才，并赋予他们控制权以充分发挥其人力资本，所有权和控制权两权分离，建立现代企业制度。

图 4-2　中小企业产权演进过程

2. 企业成长的控制权约束

（1）彭罗斯成长效应

Richardson 的研究表明，企业成长的约束力量是管理资源，而不是资金、劳动力或者设备[①]。中国在改革开放后的 30 多年里，企业资金供给相对充裕，市场需求广阔，法律制度约束力较弱，卖方的竞争不激烈，买方处于劣势地位，市场投资机会主义现象较为严重，企业的成功与富有冒险精神的企业家密切相关。但进入 21 世纪，尤其是金融危机后，许多企业成长速度放缓，中小企业面临着深刻的成长危机。我国存在着大量的企业家控制的企业，企业家能力和企业剩余控制权结构对企业成长有重要的约束作用[②]。中小企业的家族化治理和企业家精力、能力的限制在很大程度上限制了企业的成长，企业控制权分散化和制度改革是企业持续健康发展的关键问题。

Penrose 对企业控制权约束问题进行了深入的研究。影响企业成长的速度便是企业家能力所能达到的成长极限，还受到吸纳新管理者数量和质量的能力限制。彭罗斯成长理论可以解释为：将某一个企业在某一时点的全部管理服务分为两个部分，一个是运作当前规模和组织活动所需的企业活动，另一个是服务于扩张性的活动，如新产品的开发、市场研究等。在既有管理力量的情况下，企业依然能够成长。因为，新项目确立之后，管理就会逐步走向常规化、模式化，管理服务的需求量就会减少，一部分的管理力量就可以分离出来而转向企业扩张；此外，当管理者在经营过程中学习到越来越多的管理经验时，也会释放出更多的管理力量用于企业扩张，并不会牺牲现有的经营效率[③]。然而，

---

①　Richardson G B. The limits to a firm's rate of growth[J]. Oxford Economic Papers，1964，16(1)：9-23.

②　周其仁. 控制权回报与企业家控制的企业[J]. 经济研究，1997，(5)：31-42.

③　李新春，胡骥. 企业成长的控制权约束[J]. 南开管理评论，2000，(3)：18-23.

仅通过企业内部效率提高来满足扩张的管理需求是缓慢的，需要在外部市场上去寻求高素质的管理人才。

图 4-3 为企业成长的彭罗斯效应。从图 4-3 可以看出，AA 曲线表示随着企业新引进管理者数量的增加，企业也会逐步成长，而曲线是向上凹的，说明其边际增长率是递减的。X 点表示企业在原定的管理者数量情况下，仍具有一定的成长速度，但是扩张速度比较缓慢。企业雇佣了新的管理者时，需要付出一定的学习、适应、协调沟通成本，通过曲线 BB 可以得到反映，新进入者的协调和融入成本的边际成本也是递减的，它将减缓企业的成长速度。而最终企业成长曲线是 CC，而在这条曲线上的(G，N)点就对应着企业最高成长率和管理者数量，也就是企业的管理约束点。

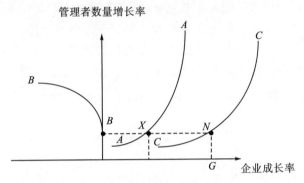

图 4-3　企业成长的彭罗斯效应

从彭罗斯成长模型中分析得出，中小企业的企业家能力和精力是其扩张活动的极限。要使企业获得更快速度的成长，必然要求新管理者的加入，吸纳新的管理力量参与到企业经营活动中来，也就会出现所有权和经营权的部分分离，但所有者仍然拥有着企业的绝对控制权。所有者为使企业能在其控制范围内，而不会脱离其控制幅度。新的委托代理问题也就出现，对管理层的监督问题也就随之出现。

（2）创业者陷阱

中小企业处于成长期，具有灵活性，又有可控性，既非幼稚，又非老态龙钟，企业家可以根据自己的意愿对企业战略作出适时调整，对企业的未来又具有一定的把握能力。

成长意味着具备了处理更大、更复杂问题的能力。领导的职能就是对企业进行管理，使它能够进入下一个更富挑战性的生命阶段[①]。企业不断成长，出现的新问题就会越多，管理的任务也就越艰巨、越复杂，使企业逐步改进，只有在企业走到生命尽头时才无需改进。

在企业的成长阶段，会遇到许多正常问题和不正常问题。正常问题是指那些单靠企业内部现有力量就可得到解决，而不必到外界去寻找额外的解决方案与措施的问题，又称为"常规型"问题。如果是企业预料之外的，并出现在企业转型过程中的特殊问题，称为"过渡型"问题。而不正常问题是指需要聘请外部行业领域专家来提出解决措施，它是企业新出现的、单靠企业内部现有力量无法解决的问题，称为"复杂型"问题。如果是比较少见和严重的，则属于"病态型"问题，如图 4-4 所示。

---

① 伊查克·爱迪思. 企业生命周期[M]. 北京：中国社会科学出版社，1997：22.

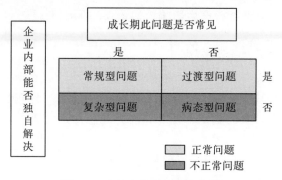

图 4-4　成长阶段所遇到的问题

　　中小企业在成长阶段，会遇到许多始料未及、非常规型的问题。例如，一个快速成长的企业对资金的需求呈倍数增加，如果企业管理人员能够很好地解决这一问题，那就属于过渡型问题；如果处理得不是很好，就会演变成复杂型问题。现在许多沿海企业老板"逃路"就是企业资金周转不灵、资金链断裂引发的。如果企业内部盛行独裁式的管理风格，董事会也实际上由创业者掌控，内部人员无力改变这一管理风格，预料之外的问题更加难以控制，陷入"创业者陷阱"。这一事态进一步恶化，就可能成为病态型问题，企业也就很快走向消亡。

3. 授权及监督问题

　　因此，企业要想顺利渡过成长期，实现扩张并走向成熟阶段，必然涉及创业者授权问题。就像独裁已久的国王甘愿遵守君主立宪制一样，创业者也心甘情愿地服从企业，而非企业服从创业者。在创业期，创业者既是董事长，又是总经理、销售经理、财务经理或采购经理，大权揽于一身，高度集权。但在成长期，业务拓展范围已超过了创业者的经营能力和时间精力的极限，达到彭罗斯成长率约束点后，这时就必须到企业外部去聘用新的管理者和专家。如果不这样做，会使创业者亲自处理大量的经营事务，无法从日常众多烦琐之事中脱身出来，极大地减少了创业者的战略决策时间和效率。

　　实行所有权与控制权两权部分分离，引入职业经理人，充分利用其先进的职业管理经验和技能，是中小企业成长不可逾越的阶段。但授权并不是无限制的放权。企业新管理制度体系的建立，会使创业者领导指挥职能制度化。他们不再对企业实行绝对、强有力、无微不至的监控。因此，为了降低经理层的自利主义和机会主义，使企业运行能在其控制幅度内，保证企业的"安全第一"，使其战略决策在管理层能得到有效执行，避免企业利益被管理层所吞噬，新的监督问题和需求也就出现了。

三、董事会特征对企业绩效影响的机理分析

　　从以上分析得知，成长型中小企业为提高经营绩效，实现持续而稳定的增长，就必须提高环境适应能力，增强资源内部供给能力，强化监督，降低代理问题，在"稳"中求发展。从董事会角度看，就需要通过董事会特征这一变量，分析其特征要素对企业绩效的影响机理，从而完善董事会治理机制，对董事会制度在符合法律法规条件下进行合理设计。本节沿着"董事会特征—董事会资本—董事会效能—企业绩效"的思路，研究

董事会特征要素如何对企业绩效产生影响，如图 4-5 所示。

(一)董事会特征对董事会资本的影响

　　Hillman 和 Dalziel 于 2003 年首次将董事会资本概念引入企业战略管理的研究，董事会资本分为人力资本和社会资本，并以此来分析董事会资源提供能力①。董事会人力资本是指全体董事给董事会带来的知识、技能和能力的总称；而董事会社会资本则指包括董事所拥有的公司内、外部的人际关系，以及由这些人际关系所带来的潜在资源在内的这样一种资产②。董事会社会资本根据范围和边界又可分为内部社会资本和外部社会资本。内部社会资本是董事会董事之间及与管理层之间相互沟通合作所建立起来的社会关系资本③。外部社会资本是指董事通过在其他企业任职或其他利益关系所形成的社会关系资本④。内部社会资本与外部社会资本能为企业提供不同资源，紧密结合、不可分离。董事会资本具有广度和深度两个维度。董事会资本广度是指董事的任职时间、教育背景、工作经验、知识构成及在其他企业任职所建立起来的企业关系等方面的异质性；董事会资本深度是指通过连锁董事身份在其他企业任职所嵌入到行业的程度。

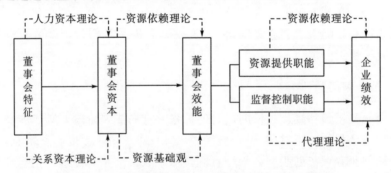

图 4-5　董事会特征要素对企业绩效的影响机理示意图

　　在主要市场经济国家中，已经有大量关于董事会的经验研究成果。一般说来，董事会特征包括：①独立性特征，即董事会规模、独立董事比例、董事长与总经理两职状态设置；②行为特征，即董事会年度会议次数；③激励特征，即董事会持股比例、薪资报酬⑤。我国成长型中小企业董事会同样包括以上几个主要特征，下面逐一分析它们对企业绩效的影响机理。

1. 董事会权利与义务对董事会资本的影响

　　中小企业的公司章程是在法律规范约束的条件下制定的对企业规章制度、企业管理、

　　① Hillman A J, Dalziel T. Boards of directors and firm performance：integrating agency and resource dependence perspectives [J]. Academy of Management Review, 2003, 28(3)：383—396.
　　② 周建，金媛媛，刘小元. 董事会资本研究综述[J]. 外国经济与管理，2010，(12)：27—34.
　　③ Fischer H M, Pollock T G. Effects of social capital and power on surviving transformational change：the case of initial public offerings[J]. Academy of Management Journal，2004，47(4)：463—481.
　　④ Mizruchi M S, Stearns L B. A longitudinal study of borrowing by large American corporations[J]. Administrative Science Quarterly，1994，39(1)118—140.
　　⑤ 于东智. 董事会、公司治理与绩效——对中国上市公司的经验分析[J]. 中国社会科学，2003，(3)：29—41.

运行机制等一系列制度安排。公司章程制定得越规范,权责利越明确,企业内部人员越能各司其职,既有分工又有良好的合作与协调统一。若规章制度不健全,则容易导致企业内部人员分工不明确,职责混乱,公司治理的混乱会导致公司治理水平低,严重影响企业绩效的提高。

根据控制权理论,董事会易受大股东控制,大股东把董事会作为其实现控制权的平台,弱化董事会的作用,董事会效能并不能得到充分发挥。成长性理论又认为,中小企业在初创阶段经过创始人的努力、才智、领导力和魅力能够实现企业的迅速成长,在发展初期企业决策的有效性、快速性和权威性是至关重要的,创始人刚好满足这一系列条件,是适合企业发展规律的。但当中小企业发展到下一阶段时,创始人不能再像以前那样把所有权与控制权集于一身,而是要选择适当放权,把一部分控制权授予他人,也就是第一层委托代理关系。大股东是委托人,董事会是代理人。按照现代企业制度要求,权力分配并不是口头式的,而是要有完善明确的契约,在这份契约里,双方的权责利规定十分清晰。双方在签订契约时,信息是不对称的,双方没有足够的时间、精力去获取签订契约的一切相关信息,也不能考虑到所有可能发生的情况,就是用数百页篇幅也不能阐述完整;而全力获取这种信息的成本也非常高昂,成本与收益是不对等的;委托人并不清楚代理人所有实际状况,包括动机、知识能力、工作努力与否,代理人又会隐蔽这些信息,这造成了契约不完备性。虽然企业不能制定全面性的章程,但可以努力使章程逐步完善,弥补规章制度存在的缺陷和漏洞。

中小企业通过企业章程明确董事会的职责与义务,进而细分到每个董事。董事必须遵守企业章程的相关规定,履行董事会义务,若义务没有或懈怠履行,将受到负面激励或相应惩罚;对于忠于董事会、勤于董事会职责、辛劳努力工作的董事则进行正面激励,以提高其工作积极性,把人力资本和关系资本充分运用到董事会事务中。董事会承担一定义务,必须要对其赋予相应职权。董事会职权是董事会资本充分运用的条件,没有董事会职权,董事会资本便没有畅通的运行机制,无法对董事会效能及企业绩效产生重大影响。

因此,规范、全面的企业章程有利于完善公司治理,明确董事会及董事的职权和义务,对董事会行为有一个明确的标尺来进行规范,从而提高董事会资本供给量,以此提高董事会治理水平,促进企业绩效的提升。

2. 董事会规模对董事会资本的影响

(1)扩大董事会规模,提高董事会资本水平

1)提高董事会人力资本水平

许多研究者(Smith 和 Scully[1],Amason 和 Sapienza[2])认为,董事会规模越大,信息搜集与处理能力也就越强。规模化使得董事会呈现多样性特征。企业通过任命具有不同教育背景、知识专长、行业经验和人际关系的董事,有助于董事会获取对企业有关的外

---

[1]　Smith K G,Scully J A. Top management team demography and process:the role of social integration and communication[J]. Administrative Science Quarterly,1994,39(3):412—438.

[2]　Amason A C,Sapienza H J. The effects of top management team size and interaction norms on cognitive and affective conflict[J]. Journal of Management,1997,23(4):495—516.

部环境信息，提供多角度的决策咨询，甚至获得关键资源。对于成长型中小企业而言，企业所面临的环境越来越具有不确定性和复杂性，常规型任务和问题越来越少，非常规型问题和任务越来越多，而为完成这样的任务，通常需要独特的见解和丰富的工作积累经验[①]。董事会规模在一定程度上扩大，通过增加董事会成员构成的多样性，提高知识经验的覆盖面，使得董事会内部的管理知识、专业知识容易得到较好的互补效果，更有利于提出综合性、独特性和异质性的决策和建议。

成长型中小企业董事会规模越大，董事会成员所涉及的行业和知识领域范围就越广。扩大董事会规模，有利于吸取关键优势人力资源进入董事会，提高董事会人力资本。运用头脑风暴法、专家建议法、小组法等，可以有效地提出创新、可行的战略行动方案。例如，成长型中小企业经常所面临的融资问题，在我国西部地区，资金问题越来越成为企业成长与发展最重要的关键因素。外部董事对融资政策、融资成本能作出合理的分析，为企业提出融资策略和建议，解决企业资金问题。

因此，扩大董事会规模，提高董事会成员人数，从有利的方面讲，能够提供丰富的人力资本，能够提高董事会的异质性和独特性，使董事会作出并实施有价值的、效率更高的、实用性更强的战略决策和建议。

2)构造复杂的董事会关系网络

董事会规模在一定程度上的扩大，有利于企业各方利益代表参加企业的决策与咨询建议工作，如代表长期供应商、重要客户、政府、金融机构、战略投资者、社区、雇员乃至环境保护者等的董事，有利于企业的利益相关者加强交流，维持各博弈方的长期合作关系，构建畅通无阻的社会关系网络。从企业内部来说，董事会成员之间、董事会与经理层之间通过界面关系实现交流合作，将人力资源、学习能力、战略、流程放在同一平台，通过即时的信息交换获得更好的协同价值，建立企业内部学习型组织，推动学习氛围形成。每个董事无论是工作经验、知识构成、教育背景和关系网络都存在着不程度的差异，这种差异性形成了多元化董事会。多元化有益于不同信息和关系的融合及交流，董事成员之间、董事与经理之间建立长期有效的沟通合作，构筑企业内部关系网络。关系网络又具有传递性、交互性和叠加性，促使综合性、复杂性、异质性关系网络的形成。

从企业外部来说，在残酷的现实面前，成长型中小企业逐渐意识到单靠自己能力和资源难以适应复杂多变的环境。企业扩大董事会规模，任命来自不同领域的董事，使得企业和企业之间、组织和组织之间的依赖性加强。董事会通过与供应商、销售商、代工商和其他协作企业建立长期合作的价值创造活动，形成有利于多方之间的协同合作，实现共赢，建立信任机制，持续降低交易成本。在沟通和合作过程中建立起学习机制，促进企业获得知识体系、学习惯例、战略思维等的快捷路径，使得其学习能力难以被模仿，从而提高董事会外部关系资本。董事会在与外部信息交流和转换过程中，隐性信息也能随着显性信息进行流动和传递。董事会与外部的多层次交流形成网络层次的社区，董事会与外部环境的利益相关者通过交流对价值网络产生归属感与认同感，积极主动地进行价值共造和知识共享。实现资源优化配置，提高核心竞争能力，可以极大地降低企业与

① Westphal J D, Milton L P. How experience and network ties affect the influence of demographic minorities on corporate boards[J]. Administrative Science Quarterly, 2000, 45(2): 366—398.

外部的交易成本，实现企业价值的最大化。并且还使董事会成员单向核心能力和关系网络都能得以延伸，提高关系网络覆盖面，最终构筑复杂的董事会社会关系网络，提高董事会关系资本水平。

(2)避免陷入大规模董事会的"陷阱"

随着董事会规模的不断扩大，会有一系列弊端出现，董事会内部信息传递的速度降低，难度加大[①]，不利于企业内部凝聚力的形成，导致董事之间难以形成有效的互动关系，严重时还可能滋生出小规模的利益团体，使董事会的合作困难重重[②]。

1)董事会规模过大，不利于董事会个体人力资本的供给

组织行为学理论认为，集体或组织存在的原因是它们能增进成员的共同利益或实现共同目标。董事会作为一个集体，董事是这个集体的个体成员，他们通过提供集体物品即人力资本来提高董事会效能，以达到提高企业绩效的目的。

在集体中，即使每个个体成员都能从集体目标中获利，并且他们是理性的和自利的，也不能判定他们就会为实现这一集体目标而付出行动。实际上，只有当这个集体人数很少并在合理范围内，或者采取某些强制性手段，或是对作出贡献的个体实现"有选择性"的独立激励时，才会促使他们实施行动来追求集体共同利益。否则，理性和自利主义的个体是不会采取行动来增进集体的共同目标和利益的。也就是说，在一个大集体中，即使每个人都是自利主义者和富有理性的，并且集体目标的实现有利于改善他们个体境地与利益，他们在很大可能上也不会自愿采取行动去实现集体共同利益。

集体中的每一个成员对他所属的集团追求的目标和利益抱有不同的价值观。每一个集团都面临着不同的成本函数，随着集体物品供给增加，总成本也会相应提高。毋庸置疑的是，集体或组织建立时都有一定的初始成本(固定成本)。集体为实现其共同目标必须建立一个组织形式，并以此为载体去提供集体物品。因此，这种初始成本会使第一批集体物品的价格或成本很高。任何集体当它的需求超过了一定限度时，再增加额外的集体物品所遭遇的成本和阻力也会相应地提升。这样，集体规模过大，集体物品提供的数量反而变少了；而在小集体中存在着只能提供低于最优水平的集体物品。因此，在其他条件相同时，集体规模越大，成员数量越多，个体所占收益比例就越小，离最优集体物品提供量就越远。规模过大反而有损于集体效率的提高。

因此，在其他条件不变的情况下，董事会规模过大，成员数量过多，董事提供集体物品的数量反而变少了，愿意履行自身职能、提供人力资本的倾向降低了。董事会资本其实就是人力资本和关系资本的集合体，董事相对于董事会和企业来说，其核心的价值就在于人力资本。对于董事会整体效能发挥而言，规模过大，董事会成员从董事会中获得的收益比例就会降低，董事就更容易从其他董事的成果中共享其集体收益，而自己不愿意付出成本即提供人力资本。在此情况下，离董事会整体人力资本提供量帕累托最优水平就越远，从这个意义上来说，董事会规模过大反而有损于董事会人力资本效能的发挥。

---

① Eisenberg T，Sundgren S，Wells M T. Larger board size and decreasing firm value in small firms[J]. Journal of Financial Economics，1998，48(1)：35—54.

② Goodstein J，Gautam K，Boeker W. The effects of board size and diversity on strategic change[J]. Strategic Management Journal，1994，15(3)：241—250.

2）董事会规模过大，难以构建有效的关系网络

董事会中人数太多，对于董事会关系资本的产生具有一些不利的影响。首先，规模太多容易造成董事会成员之间沟通和协调上的困难①。董事会规模过大，成员数量过大，沟通对象也就越多。虽然在一定层面意义上来说，扩大了沟通和交流的范围，有利于建立广泛的合作关系。但在实际情况中，董事会沟通渠道和途径却是有限的。董事可能身兼数职，在企业内部管理层任职，或者在外部担任其他企业的董事、总经理等，还可能是来自于大学和科研机构的专家学者。由于个人的精力和时间必定是有限的，董事很难全心全意投入到董事会日常工作上来，他们平日互相交流的机会和途径就不多。由于沟通和交流是要付出时间和精力成本的，成员数量过多，每个董事能够分配到与其他所有董事交流的时间就会变短，更使得他们难以加强彼此之间的横向交流和沟通。从这种意义上来说，规模过大，易导致沟通无效，不利于建立董事间友好合作关系，不利于董事间的关系资本提高。

其次，董事会会出现一定程度上的治理机能障碍，易出现"搭便车"的情况。这种情况在董事会成员持股较少、企业经营亏损或项目失败对董事损失较小的情况下更加普遍。董事规模过大，董事从董事会集体收益中所获收益比例就变小，董事就会觉得企业经营成功与否事不关己，对企业的发展变得漠不关心，对经营管理层行为就会不在乎。董事会成员可能不会再对总经理的错误做法作出诚恳的批评，或者对总经理的绩效评价进行直率的评价。董事如果总是对总经理的做法进行批评，"指手划脚"，极易招致总经理的"怨恨"和"报复"，所付出的成本就会变高，于是他们对这种监督行为就会变得犹豫或迟疑。董事会成员难以有足够的动力去和经理有效地进行沟通和交流，认为经理的行为是否有利于绩效的提高事不关己。他们会普遍存在着一种"搭便车"的心理，希望其他董事去履行这种监督和控制职能，自己"袖手旁观"。对于个人而言，不用自己付出成本和努力就会获得董事会集体收益是最优选择。从这种意义上说，他们就会认为与经理加强沟通和信息交流是不必要的，不利于对企业经营信息的把握和认识，很难充分了解到企业真实经营状况，如企业战略执行情况、采购信息、销售状况等。董事会与经理层的关系资本就难以提高，不利于构建企业内部董事会与管理层的关系资本网络系统，双向沟通和反馈难以实现，严重影响董事会资源提供和监督水平的提高。

总的来说，成长型中小企业随着规模扩大和多元化经营的需要，对人力资本和关系资本需求也不断增加。为适应复杂多变的市场环境，应扩大董事会规模，利用丰富的董事会人力资本和关系资本获得企业发展所需的各种资源。但是要坚持适度原则，过度扩大规模，反而会适得其反。

3. 独立董事对董事会资本的影响

所谓独立董事，就是指除了在该企业董事会任职，再没有与该企业之间有业务上和职业上的关系；他也不是该企业管理层的亲戚和前任雇员，具有权力和地位上的独立

---

① Lipton M, Lorsch J. Theory of the firm: managerial behavior, agency costs and captial structure[J]. Journal of Auditing, 2007, (2): 78-102.

性①。因此，外部董事既可以是与该企业没有业务往来的律师、财务专家、教授和银行家，也可以是该企业股东或者股东代表，还可以是其他企业的现任或已退休的董事或经理。内部董事是兼任企业高级管理人员，也可以是较低层的管理人员或者一般企业职员。灰色董事则是介于独立董事与内部董事之间的董事，可以是律师和投资者，也可以是企业的保险机构和借款银行，以及与该企业有相关业务关系企业的股东、经理或董事，还可以是该企业前任经理或者现任经理的亲属等。

作为独立董事，最重要的意义就在于其独立性，应该是独立于该企业管理层，他们的任务就是要实现企业利益和股东财富的最大化，而不考虑其他人的利益。作为独立董事，如果与该企业和内部董事之间有千丝万缕的"微妙"关系，或者考虑自己的利益能否在该企业实现的问题，那么他的独立性就会大打折扣，难以提供自身有价值的人力资本和关系资本。例如，该独立董事在企业担任前高级管理人员，那么他在董事会任职期间对于决策建议就会趋于保守，因为这会使得该企业有较稳定和风险较小的收益，从而为他日后退休领取年金提供可行保障，思想趋于保守，不利于董事会提出富有创新力和独特性决策建议，极不利于充分发挥其人力资本和关系资本的作用。而且，作为前任的高级管理人员，他们也会倾向于支持和理解现任管理人员的管理行为，不利于监督的执行。对于那些与企业有商业合作或利益关系的独立董事而言，他们在决策和咨询建议过程中会更多考虑自身利益实现的可能性，或者可能与高级管理人员达成"协商交易"。对于来自为该企业服务的律师事务所、会计事务所、资产评估事务所等中介机构的董事而言，他们会考虑自身长期业务合作而有失偏颇，如世界通信公司的安达信会计事务所的造假事件。因此，独立董事的设置首先应保证其董事选聘、地位和权力的独立性，才能保障其决策和建议独立公正，才能充分发挥其人力资本和关系资本，提高董事会资本水平。

(1)独立董事能有效地提高董事会人力资本水平

成长型中小企业随着生产规模不断扩大，生产经营和外部市场环境越来越复杂，创始人或原始股东自己的时间和精力又是十分有限的，在政治、经济、法律、财务、技术和国际市场等方面都需要咨询专家、助手和参谋，企业就会吸收外部专门人才进入董事会，并把一部分的决策权授予这些独立董事。随着他们对企业的生产经营状况和信息逐步了解和把握，他们的咨询建议能力和人力资本水平就会充分地发挥出来。因此，独立董事可运用他们的专业知识、技能、信息和其他认知资源来增强企业战略决策的可理解性、可持续性和创造性。在企业战略决策制定的早期，加强对企业问题的鉴定和内外部环境的定义与判断来提高战略决策的质量，为提高企业绩效制定切实可行的战略决策。

一般认为，独立董事的作用，首先表现为他们能为企业发展提供建议，对董事会的决策提供参考意见，能够为企业提供信息和知识，从而提升企业的社会形象和地位②。

1)观点具有客观性和公正性

独立董事一般都与企业没有任何"瓜葛"，凭借其独特的能力被选拔进入企业董事

---

① Denis D，Sarin A. Ownership and board structures in publicly traded corporations[J]. Journal of Financial Economics，1999，52(2)：187—223.

② 孙永祥. 公司外部董事制度研究[J]. 证券市场导报，2000，(3)：49—54.

会。独立董事最重要的意义，就在于他们被选聘、地位和权力的独立性而派生出来的观点客观性与公正性。独立董事的客观性使得企业的执行董事（内部董事）在与企业和股东利益可能存在潜在利益冲突时，能够凭借自己的经验作出客观的判断和评价。执行董事与企业的潜在利益冲突的问题，主要有董事的任免、管理层的绩效评价、董事和经理薪酬、经理继任计划等敏感事务。独立董事在对这些问题进行评判时，观点的客观性首先能保障其人力资本发挥是有效的，董事会人力资本的利用不是"徒有虚名"，而是具有实质性的作用。因此，独立董事观点的客观性和公正性，使得他们的人力资本能被正确和合理地运用，从而提高董事会人力资本水平。

2）观点挑战企业内部的一致性思维

成长型中小企业经历了创业期阶段，在创始人领导下取得了初步的成功。在企业内部容易形成创始人"唯是"的一致性思维，"固步自封"。而如今企业面临的外部环境越来越复杂，单一角度观点难以适应多变环境，在企业管理层容易形成对市场信息不正确的认识和观点，致使他们对提高经营绩效和企业成长方向与路径作出错误的假设、分析和判断。而独立董事来自于企业外部，且来自于不同的领域，包括实业和理论界的知名人士，并且没有陷入企业内部日常烦琐经营事务，从而能够"置身事外"，不易形成"从众效应"，能够从不同角度去研究分析存在的问题，帮助企业管理层去发现市场所发出的预警信号，揭示企业所面临的潜在危机，真正意义上提出可靠性的决策和咨询建议，提高董会人力资本水平。

3）知识、技能和经验的新颖性

独立董事的引进，能够为企业带来新的技能、知识和经验，对成长型中小企业的战略投资、扩张计划等提出客观的建议和方案。在我国尤其是西部地区成长型中小企业，管理层普遍会存在着一种传统思维发展模式，如资源消耗型扩张。企业经理经常会延续以前成功的方法，运用他们熟悉的习惯性数据作为决策的相关依据，这极有可能导致经理只保留他们认为会成功的单一狭窄做法，从而会放弃实际上可能会取得更大成功的其他不同做法[1]。如果按照这种传统思维模式发展企业，重复以前成功的做法，只要企业经营不会出现巨额亏损，是不会得到董事会干预和纠正的。但是在我国市场经济不断深入发展和国际化水平不断提高的情况下，以前任何成功的方法尤其是依靠创始人的企业家精神并不是灵丹妙药，很难适应环境的复杂变化。战略决策与环境形势的不匹配性容易导致企业战略决策失误，企业就会开始走向失败的道路，最终给企业以致命的打击。鉴于这样的形势，独立董事的引进有其重要意义。他们的知识、技能和经验经过岁月的积累和市场的考验逐步系统化、综合化和丰富化，他们在计划和实施股票期权计划、投资方向、融资结构等方面，具有特殊的技能和知识、丰富的经验。专业化使得他们更易提出具有创新性、异质性的观点，而不是拘泥于形式或某一限定领域，重视问题的内容与实质，将理论知识和实践相融合，将现实条件与经验相贯通。这对于成长型中小企业而言是至关重要的，只有观点的不断创新，才能促使发生富有创新力的竞争行为，而不易被模仿，提高企业的持续盈利能力。独立董事的引进就能较好地解决这个问题，能够源源不断地提供新颖性的人力资本，提高董事会人力资本水平。

---

① 唐清泉. 如何看待董事会的认知资源[J]. 南开管理评议，2002，(2)：15.

值得注意的是,成长型中小企业到底是应该通过合作的形式还是通过聘请独立董事的形式来获得这类创新性的知识、技能和经验,需考虑这类技能的需要是短期的还是长期的。如果对这类技能需要的时间少于两年,则通过聘请专家独立董事的方法是不可取的;只有当某项技能对公司来说是长期需要的,才应该考虑采用聘请专家独立董事的办法来解决①。

4)信息处理能力的综合性

独立董事一般具有较强的信息搜集和处理能力,能充分挖掘有价值的信息,提取关键信息,提高董事会人力资本水平。虽然没有获得企业的全部信息,但仍能根据自己的职业判断去分析出相关信息并做出有效决策。

根据 Bouwman② 研究,独立董事作为老练的专家与新手知识构成和解决处理问题的方式有较大差别。例如,在分析现金流量表、利润表和资产负债表时,新手的做法往往是根据财务报表所呈现出的数据直接运用一些指标计算公式,如资产负债率、速动比率等,进行简单的分析和比较得出企业经营状况的结论。然而作为财务专家的独立董事,在分析财务报表时,会综合考虑财务数据所隐藏的企业信息,会研究很多的非结构化因素。不仅要根据财务报表剖析、勾勒出企业的整体图像,还要去研究那些有价值、有意义的问题;专家独立董事的比较和分析也很复杂,既有横向上的相关子因素的分类比较,找出各个貌似独立子因素的关系,也有纵向上的同一子因素在不同时期的比较,分析子因素变化的条件和原因,并归纳总结出一系列的假设条件;专家独立董事运用这一系列假设检验条件,找出决策所需要的相关关键信息,凭借自己的直觉和判断能力得出企业有意义的整体图像,构造所需要的数量模型和机理机制,从众多复杂问题中推理出结论,提高复杂数据和资料的记忆与处理能力;富有经验的专家独立董事还能将"如果……则……"决策规则转化成过程式决策信息规则,使得决策过程更有针对性和效率。因此,独立董事在信息处理能力方面的综合性,决定了其决策能力的异质性,对知识和信息的把握也更加全面和精准,在如今的信息化时代尤为重要,从而对董事会人力资本水平的发挥具有积极的正向作用。

5)外部环境和企业内部经营现状的整合能力

独立董事往往从企业外部选拔而来,对市场和外部的环境整体把握能力要优于内部董事,而有时却不了解企业内部的具体情况;而内部董事作为企业高级管理人员,对企业的生产经营和财务情况知根知底,对企业的现状和存在的问题把握能力要优于独立董事,但对外部市场环境的综合分析能力较差,各有优缺点。成长型中小企业引进独立董事,加强独立董事与内部董事的协力合作,实现沟通渠道无障碍化,减少信息壁垒和信息封锁,能有效地提高董事会的人力资本水平。因为独立董事往往在知识和信息的整合方面的能力很强,他们通过与内部董事加强交流与沟通,能快速地把握企业生产经营现状和情况,并描绘出企业运营的整体图像。他们能有效地识别出中小企业成长所具有的优势和劣势,作出比较和分析,发掘出企业的巨大的潜在盈利能力,诊断出企业内部存

① 刘晓青. 独立董事制度研究[M]. 南昌:江西人民出版社:20—23.
② Bouwman M J. Expe vs novice decision making in accounting:a summary[J]. Accounting Organizations & Society,1984,9(3—4):325—327.

在问题的原因，并详尽地罗列出来，扬长避短；对该企业所处行业的情况进行分析，结合国家宏观调控、经济政策、经济周期和国际市场环境等外部因素，判断出中小企业实现扩张的机遇和挑战，抓住机遇，迎接挑战。将外部复杂多变的环境与企业内部经营状况相结合起来进行分析，实现信息整合，使中小企业的成长不背离行业发展趋势，提高与行业主流竞争行为的一致性，提出富有针对性和时效性的战略决策建议。从这个意义上来说，独立董事的引进可以有效提高企业外部环境与企业内部经营现状整合能力，从而提高董事会人力资本水平。

（2）独立董事能有效提高董事会社会资本水平

独立董事通常属于社会的精英阶层，是社会关系网络的重要集合体。他们可能与大学或科研机构保持密切联系，便于传播当前最前沿的理论知识，总结学者理论成果经验；可能是其他企业的董事或高级管理人员；更多是连锁董事，便于与其他企业保持联系和沟通，借鉴其他企业成功经验和运作模式。

独立董事的社会关系资本作用主要是发挥其连锁董事社会角色功能。他们可能同时在两家或两家以上企业的董事会任职，形成了广泛的企业间网络关系。可以从两个相互补充而独立的角度去理解：一是把网络联结作为一种社会现象，为支持整个上层社会的流动与控制，必须具有特定技能知识和社会交往系统；二是该网络联结以实现企业更高利润为目的，便于系统成员之间相互交流和沟通①。对应于这两个研究视角的支撑理论就是阶层领导理论和资源依赖理论。阶层领导理论认为连锁董事存在的目的是保护整个上层社会阶级共同利益；资源依赖理论认为连锁董事所具有的核心资源是企业竞争力的关键，可以有效面对来自技术变革、经济全球化等方面的不确定性。我国企业董事的生成机制不同于西方国家的"双向选择"，企业是否邀请个人担任董事，个人是否同意在企业董事会任职，两者均是基于理性决策与主观选择的过程。从某种程度上来讲，在我国董事生成机制中，企业更居于主导地位，董事个体往往是被动接受②。加上我国集体主义思想，不同于西方崇尚个人自由的人本思想，使董事的主观能动性难以得到有效的发挥。因此，我国独立董事的连锁性质用资源依赖理论相对于阶层领导理论更具说服力。根据资源依赖理论，成长型中小企业往往资源依赖程度更高，面临的环境更复杂。在社会网络分析中，如果成长型中小企业引进大量的独立董事，那么该企业与其他企业就会建立更多的直接联系，该企业在连锁董事网络系统中就会处于中心位置。有利的结果就是，其他企业和外部环境的信息和资源就会从不同渠道和途径流向该企业，为该企业自身发展提供参考，形成一个网络资源系统，提高资源的利用程度，完善董事会的联结职能③。企业独立董事作为连锁董事，可以有效地与企业外部建立密切联系，协调企业之间信息、市场、资本等资源的交换，提高董事会关系资本水平，降低对环境的依赖性。因此，独立董事的引进，能有效地提高董事会关系资本水平，加强该企业同企业外部之间的联系。

综上所述，独立董事的引进在增进企业董事会人力资本和社会资本方面具有极其重

---

① Richardson R J. Directorship interlocks and corporate profitability［J］. Administrative Science Quarterly，1987，32(3)：367—386.

② 段海燕，仲伟周. 网络视角下中国企业连锁董事成因分析——基于上海、广东两地314家上市公司的经验研究［J］. 会计研究，2008，(11)：69—75.

③ 仲伟周，段海燕. 基于董事个体态度和行为的董事会效率研究［J］. 管理世界，2008，(4)：178.

要的作用，可以利用独立董事特殊性、新颖性和综合性的知识、技能和经验，为管理层提出异质性、综合性的决策和建议，提高董事会人力资本水平，制定可行性强的竞争战略，并充分利用独立董事的连锁关系网络，构建与其他企业、外部环境的密切关系网，提高董事会社会资本，发挥社会网络关系的作用。通过董事会人力资本和社会资本水平的提高，从而提高董事会效能，最终提升企业绩效。

4. 董事会激励对董事会资本的影响

(1)董事会人力资本激励的必要性

1)人力资本与非人力资本的区分

企业是一个非人力资本与人力资本所共同订立的特别市场合约。在企业合约场合，对于"企业所有权属于哪一方的问题"的普遍答案是"企业是由其资本所有者所拥有的"。但是，对谁是资本所有者却没有给出明确的答复。成长型中小企业在其创立阶段时，企业的物质资本所有者作为创始人，同时兼任企业家和经营管理者。这种人力资本与非人力资本的所有者身份合二为一，产生了经济学中笼统的"资本"概念。创始人在企业创立期一身多任，他并不需要把作为财务资本所有者的自己与作为经理的自己签订契约，"资本所有者拥有企业所有权"的命题成立。"资本相对稀缺"也只不过是对人力资本和非人力资本不加区分的一个模糊判断而已。

我国成长型中小企业的创立大多发生在 20 世纪 90 年代以后，社会主义市场经济制度刚刚建立，实行改革开放，企业投资建设潮兴起。"资本"相对稀缺，而"人力"却相对过剩，出现了"资本"雇佣或支配"劳动"的情况，创始人作为物质资本的人格化代表去支配工人"人力资本"的应用。"企业雇佣劳动"只是"企业属于财务资本所有者"命题的另一个解释而已。其实，在中小企业成立初期，创始人作为"消极货币"的所有者，本身又是"积极货币"的掌握者。生产流水线和机器设备作为一种技术手段，并不能决定企业商品生产和销售状况，它是由企业决策层才冒险地"预测市场"所决定的。在成长型中小企业创立初期，"资本雇佣劳动"这一命题，其实隐含了"物质资本家拥有特定的人力资本才能"这一关键假设。

但是，随着中小企业逐步成长，决策才能和管理才能等这些人力资本逐渐从广义"资本"中分立出来。成长型中小企业规模扩大、市场范围延伸、交易从形式到内容的复杂，使企业人力资本所有者的独立显得极其重要。因此，资本所有者一分为二：一类是非人力资本所有者，另一类是人力资本所有者。企业创始人作为物质资本所有者，尽管拥有一定程度的"企业家才能"，但其"消极货币"本性日益显现出来。创始人技能、知识和经验已再不能独自为企业提供源源不断的发展动力，企业对人力资本的渴求达到有史以来的顶端。伯利和米恩斯的研究触碰到人力资本及其所有权，但只是把其描述成为"经济权势"或"新王子"，并把其看作"物质资本所有者"权力的僭越者。而 Stigle 和 Friedman 却指出，现代企业并不是"所有权与控制权的分离"，而是物质资本和人力资本这两种资本及其所有权的一系列复杂合约[①]。运用这个理论，可以发现在中小企业的成

---

① Stigle G J, Friedman C. The literature of economics, the case of berle and means[J]. Journal of Law and Economics, 1983, 26(2): 237—268.

长阶段，物质资本和人力资本的企业地位发生了急剧变化，人力资本的企业地位迅速上升，而物质资本的相对重要性却在下降。一方面，人力资本的专门化到达前所未有的高度，例如，董事会才能都变成独立可交易的要素进入企业合约内容，人力资本与物质资本契约也开始强调其精准性。另一方面，充分动员人力资本所有者，发展"激励性契约"，从而最高效率地利用物质资本，日益成为中小企业提高绩效的中心问题。因此，并不是企业的"消极货币"即物质资本使得人力资本发挥作用，反而是"积极货币"即人力资本保证了物质资本的保值、增值和扩张。在这个形势下，人力资本市值相对上升，而物质资本市值相对下降。

2)人力资本的产权特性

企业契约异于一般的市场交易的关键就在于，企业契约包含了对劳务的利用。科斯在 1937 年"企业的性质"论文里认为，企业契约中，购买劳务的情形显然要比市场中购买物品的情形要复杂得多。在购买物品时，事先只说明大概情形而日后才详加阐述的意义并不是很大。反而，企业劳务的买卖，事先说明主题而以后再决定细节的意义却是非常重大的。因此，企业契约是一个特别的市场契约。

但是，科斯并没有对为何单单劳务的买卖需要如此特别的契约进行详细的解释，直至 20 世纪 60 年代，对人力资本研究的兴起能较好地说明这一问题。考察改进人力方面比较重要的活动有：①医疗和保健；②在职人员培训；③正式建立起来的初等、中等和高等的教育活动；④不是由企业组织的那种为成年人举办的学习项目，包括那种多见于农业的技术推广项目；⑤个人和家庭适应于变换就业机会的迁移。通过分析，这些因素日益成为现代经济增长的重要源泉[①]。

但从市场的角度去研究人力资本，必须注意到人力资本产权形式所具有的重要特征。正如 1985 的 Rosen 所说，人力资本"所有权限于拥有它的人"。人的精神、状态、价值观、知识、技能、经验、健康体力等所有权只能限于某个特定的载体，并且这个载体只能是人，且是活生生的人。即使在奴隶社会里，在法律上，奴隶是奴隶主财产的一部分，奴隶主可以全权支配奴隶的劳动并占有其成果。但是，奴隶作为一种"主动的财产"，是有血有肉有思想的，他决定着自身劳动力的供给，在这里劳动力和劳动是有明显区别的。奴隶主必须善待奴隶，给予其一定的"福利"，并允许奴隶在超额生产时拥有一定的"私有财产"，奴隶有了积累"财富"的可能，并最终可凭借这些"财富"赎回"自己"，成为自由民。因此，人力资本作为一种自然而然的个人私产，奴隶制法权结构都必须重视其存在，更何况在现代社会企业组织里。

当然，违背市场公平交易原则，极有可能致使人力资本所有权在德姆塞茨意义上的"缺失"。人力资本产权虽还归属于这个人，但其人力资本产权的强度便会有明显的下降。从这个方面来说，人力资本与非人力资本在产权利用上的情况相类似。一项被转移的技术，在相同条件下转移到新主人那里时仍可以发挥其先进工艺设计、制造和生产的作用；但是当某雇员被"转移"时，他从原先的企业组织进入另一个企业组织，可能因企业文化或薪酬的变化导致人力资本产权提供强度的变化。简言之，人力资本产权的缺失可能会导致人力资本的经济利用价值发生质的变化。

---

① 西奥多·W. 舒尔茨. 论人力资本投资[M]. 吴珠华，译. 北京：北京经济学院出版社，1990：8—13.

从以上分析就可以轻易得出，其他经济资源如土地、厂房设备、技术、资金等无须激励，而人力因素就必须要有激励，原因就在于人力资本的产权特性。一方面，人力资本天然就属于活生生的个人；另一方面，当这种人力资本产权权利遭受损失时，个人就可以迅速地拒绝此项资产的提供，人力资本的价值也就荡然无存。运用这个理论，就可以很好地解释对董事进行激励的原因。董事作为董事会人力资本产权所有人，控制着人力资本提供的"阀门"。

3）人力资本和非人力资本市场契约的不完备性

人力资本产权特性决定了想利用"事先全部讲清楚的契约模式"来直接利用这一经济资源是不可行的。在利用董事的场合，不可能把所有董事应履行的义务全部详尽地罗列出来，因为成长型中小企业面临的环境复杂多变，契约不可能完全适应环境变化的复杂程度。而努力使这一契约完备的成本也是极高的，具有不可操作性。此外，契约执行起来的难度也非常大。对董事是否努力，是否有效履行董事义务，不能得到很好的分析、观察和说明。因为董事主观行为是隐性的，没有可靠直接的绩效判断标准来对每一个董事的贡献进行合理的评价。想要随时随地去观察监督董事的行为是不现实的，反而他们极有可能把失败的原因归咎于外部环境的不确定性。因此，契约的不完备性决定了要想充分利用董事人力资本，必须运用激励机制这一利器，两者相结合。如果董事激励不足，董事会人力资本就好像"天生匮乏"一样供给不足。

总之，随着中小企业成长，人力资本作用尤其是董事会人力资本在企业中占据十分重要的地位。而人力资本特性又决定了企业契约存在着"漏洞"，必须要由激励机制来调度契约里事前所保留的说不清楚的内容。因此，要提高董事会人力资本供给量，激励机制有其必要性。

（2）经济激励是主要的激励方式

董事作为人力资本产权拥有者，人力资本供给具有主观性。由此，最大限度地激励董事努力工作，提高工作积极性，充分发挥主观能动性，提高董事会人力资本水平，激励机制便显得极其重要。不同的激励方式会对董事产生不同的影响，同一激励方式对不同董事的作用强度也是不一致的。因此，选择适当的激励方式，对于提高董事会人力资本水平有非常重要的作用。

马斯洛提出了需求层次理论，把人的需要分为五个层次，它们是生理的需要、安全的需要、爱的需要、尊重的需要、自我实现的需要，后一层次的需要是高于前一层次的需要，只有前一层次的需要得到满足，才能去实现后一层次的需要[①]。借助于此理论，根据我国具体国情和成长型中小企业实际情况，传统的经济激励方式仍是主要的激励机制。职位提升激励主要是针对企业一般职工，对董事不适合；声誉激励的操作性不强，概念较为模糊，难以把握，不能成为"补偿"董事努力工作的主要"报酬"；经济激励操作性较强，对企业董事进行工作评价，对董事贡献度实施不同程度的经济激励，使其更加积极努力工作。常用的经济激励方式主要有董事持股、工资待遇等。以下将运用组织行为学理论和经济学理论对董事经济激励有效性进行阐述。

在前面的分析中，把董事会作为一个集体组织来进行分析，然而只考虑集体的规模

---

① 亚伯拉罕·马斯洛. 动机与人格[M]. 许金声，译. 北京：华夏出版社，1987：113-121.

是远远不够的，还得从单个个体进行分析。每个成员的收益比例不仅取决于集体规模，还取决于董事个体的"规模"，也就是从集体收益中的获益程度。在董事会中，如果没有董事受到有效的激励而提供更多的集体物品，占有最大集体收益比例的董事获得了他所想要的集体物品收益后，集体物品所带来的收益分享与对提供集体公共物品的负担分配便会不成比例。存在着少数"剥削"多数的倾向①。而且收益比例越集中，"剥削"和"无作为"的倾向也就越严重。

　　董事会成员要想通过独立和自发的行动来提供最优水平的集体物品即董事会资本，必要条件是对董事会额外收益进行分享的比例与对额外的集体物品的边际成本进行分担的比例要相一致。只有在满足了这一条件后，董事才会发现总边际收益与总边际成本之比等于他本人边际收益与边际成本之比。如果边际成本和边际收益是以其他任何别的方法进行分担或分享的话，集体物品的提供量就会低于最优水平。乍看起来，既然有一些成本负担和收益分享方法会导致低于最优集体物品数量的供给，那么也就会存在着一些其他成本负担和收益分享方法会导致超过最优集体物品数量的供给，但是实际上这种情况是不可能的。董事会作为一个自愿性组织，如果部分成员的边际成本超过了边际收益，在达到最优集体物品数量之前，他就会停止集体物品的供给。成本与收益的差额越大，停止供给的可能性也就越大。除了每个成员边际成本分担与边际增量收益分享两者比例相一致的情况，别无他法。

　　虽然寻找最优办法是很难的，但是可以去选择次优方案。在集体物品供给量低于最优水平的情况下，如何使成员通过自发和理性的行动尽可能去提供集体物品，也就是要使成员从集体物品获得的边际收益要超过其边际成本，思路有两个。一是减少边际成本的负担量。减少边际成本投入，也就是要降低董事成员工作积极性和努力程度，使其付出更少的精力，但这样会使集体物品供给数量极大地降低；受"从众效应"的影响，某个或某些成员不努力，"坐享其成"别人所付出努力的成果，也会使得其他成员不再或没有以前程度的积极性去提供集体物品。集体总收益也就会骤减，收益分享的基量降低将导致自己所获收益减少，适得其反。二是提高收益分享比例。对成员实施"选择性激励"，把成员的贡献和努力程度与集体收益联系起来。工作越努力，贡献越大，从集体收益这块"大蛋糕"中所获得比例就越高，从而提高董事个体的"规模"。此外，还有利于减少收益分布的不平衡性，降低"少数剥削多数"的程度，使以前的那些"少数人"也能积极努力地工作，提高他们对集体物品供给的关注度。因此，从经济学的角度来说，对董事实施经济激励，尤其是股权激励，把他们的贡献程度与企业绩效相联系，能有效提高他们工作积极性，增加集体物品的供给量，也就是提高人力资本供给水平。

　　（3）经济激励激发董事会人力资本供给的运行模式

　　董事作为人力资本产权所有者，不会没有要求或漫无目的地去实施行动，要想使董事会提供更多的人力资本，激励是十分必要的。激励是行为的键钮，又是行为的钥匙，按动什么样的键钮、使用什么样的钥匙就会产生什么样的行为。激励表现为外部所施加的推动力或吸引力，并转化成自身的推动力，使个人的目标与组织的目标相融合。要想

　　① 曼瑟尔·奥尔森. 集体行动的逻辑[M]. 陈郁，郭宇峰，李崇新，译. 上海：上海人民出版社，1995：25
—26.

使董事努力工作，自觉提供人力资本，外部的推动力和吸引力是必不可少的，通过董事的吸收、消化并发生作用，产生出自动力，使董事的状态由"要我做"变为"我要做"。这种自动力越大，对董事的吸引力和推动力越强，激励强度就越大，董事就越会努力地工作，反之亦然。自动力的大小既与吸引力或推动力的强度有关，也与董事个人具体情况有关。在这里，对董事所施加的推动力和吸引力主要是经济激励，使董事追求高报酬的同时，也意味着更高的身份和社会地位，成为董事作为理性人和经济人的工作目标，如图 4-6 所示。

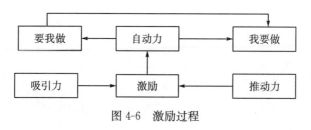

图 4-6　激励过程

1)第一模式

根据心理学分析，董事的行为具有以下特征：自发性，董事的行动是自身所控制的，外力无法强制改变；目的性，董事会行为不是盲目的，采取的行动是要追求自身利益最大化的；原因性，董事任何一种行为都有其原因，可能来自于内部或外部；持久性，董事在达到其目标之前，会持续不断地实施行动；改变性，董事为达成目标，会采取不同的策略或方法，改变其行为内容，行为具有可塑性。董事行为是以目标为导向的，当其目标或愿望未实现时，便会产生一种紧张感，为消除这种紧张感，就会采取适当的行动，直至需求得到满足，以此循环往复下去。这就是激励过程的第一模式，如图 4-7 所示。

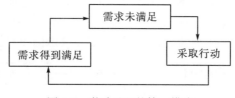

图 4-7　激励过程的第一模式

在理性人和经济人前提假设下，董事要去实现自身利益最大化，而在成长型中小企业的现有阶段，主要是对经济利益的追逐。此时就会产生对经济利益的强烈需要，他会采取行动努力工作，提供尽可能多的人力资本量，才能有效地提高董事会绩效，并对企业绩效产生影响。最终才能在企业目标实现条件下实现自身目标，满足经济利益的需求，并间接地带来名誉及社会地位的提高。

2)第二模式

行为科学理论认为，需要引起动机，而动机则支配行为，行为则去实现目标。动机是引发行为的直接原因，诱使董事采取特定的行为，规定行为的方向，且是以目标为导向的。这构成了激励过程的第二模式，如图 4-8 所示。

当董事的经济利益需求未得到满足时，他就会产生一种内在动机和自动力，去驱使自己采取适当的行动实现企业目标。当企业目标能更好地实现时，个人目标才能得以实现。这时他就会产生更强烈和更大程度上的经济利益需求，去激发其更加努力工作以提供更多的人力资本量。当企业目标和个人目标实现遇到挫折时，也就是当企业经营亏损时，为激发其工作积极态度，抵制消极态度，应该正确评价董事工作绩效，正面激励和负面激励相结合，并把绩效评价结果反馈给董事。从而使他们制定出符合实际和切实可行的经济利益目标，外在激励和内在激励相结合，提高工作积极性，也就是一个董事会人力资本持续不断提供的过程。

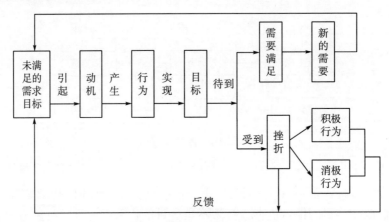

图 4-8　激励过程的第二模式

资料来源：俞克纯，沈迎选. 激励、活力、凝聚力——行为科学的激励理论群体行为理论[M]. 北京：中国经济出版社，2001：6.

3) 第三模式

激励的选择及强度虽然对董事目标达到与否紧密相关，但是目标完成后绩效评价和奖惩力度对董事影响也很大。如果忽视这一环节，便会使激励过程功亏一篑。董事通过对自我的评价来满足自豪感，以他人的评价来得到奖惩。当评价没有达到满足时，激励过程便会重新进行。这构成了激励过程的第三模式，如图 4-9 所示。

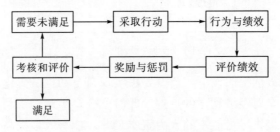

图 4-9　激励过程的第三模式

在这一过程中，董事会薪酬委员会和专门绩效评价组织要对董事绩效进行合理评价，实行"选择性激励"。例如，对董事会中表现突出的董事给予更高的工资和更高比例的股权，这是对董事努力工作最直观和直接的激励方式。当对董事绩效考核得当、奖惩力度适中时，他就会认为激励不仅绝对公平，而且与其他人相比也是相对公平的。经济奖酬过高或过低，都会引起董事的不公平感，会对董事的心理产生重要的影响，不利于经济激励过程的进行；对董事会工作努力程度和人力资本提供将产生负面的影响。

总的来说，随着中小企业逐步扩张和成长，对人力资本的需求和依赖程度极大地提高。董事会作为企业最高决策机构，是企业的高级智囊团和咨询团体，是企业人力资本最重要代表者和拥有者。因此，如何激励董事积极努力工作，便显得尤为重要。对于现阶段的成长型中小企业而言，经济激励是一种较好的选择方式，可以满足董事成员对自身经济利益的追求和需要，成为一种有效的外在推动力和吸引力。为实现经济利益目标和自身需要，转化成为内在自动力，去采取积极有效的行为，也就是董事会人力资本提供的过程。除此之外，经济激励必须是有"选择性"和适当的，这才会使董事产生一种公平的感觉，才会为经济激励方式在下一循环阶段的发挥奠定基础，使经济激励成为一种长期有效的激励方式。

5. 董事会行为对董事会资本的影响

马克思说："人的本质是人的真正的社会联系"[①]。人类社会是一个立体的网络结构。一方面，群体是分层次的；另一方面，各种各样的群体之间，又存在着直接、间接和交叉的关系。在群体内部或群体之间，相互关系纵横交错，既不是单纯的"条条"，也不是纯粹的"块块"，更不是平面网状，而是一个多维的立体结构。每个人的生活与发展都寓于群体之中，一切活动都是通过群体活动来进行的。从原始社会、奴隶社会、封建社会、资本主义社会到社会主义社会，都是如此。群体行为是指群体行为主体在组织内进行的活动。群体行为是有意识、有目的的活动，是有规律可循的；群体行为可以进行定性和定量的测量；群体行为可以是积极行为或消极行为，也可以是长期行为或短期行为，还可以是主要行为和次要行为；群体行为对成员的个体行为有很大影响，反之亦然，群体成员的行为对群体也有重要的影响[②]。群体能把个人的分散力量有机结合起来，具有重要的凝聚作用，产生一种群体向心力。群体的目标、任务、规范、章程、价值观和文化等都会对成员产生潜移默化和思想灌输的作用。群体能满足成员包括生理、安全、归属、尊重和自我实现的多层次需要，只有在集体中，个人才可能积极努力地活动，发挥自身最高效用，实现价值的最大化。

董事会的群体行为和个体行为受哪些因素的影响呢？卢因作为群体动力论的创建者，他提出了一个重要的个体行为函数公式，即：$B=f(P,E)$。B表示个体行为的方向和强度，P表示个体行为的内部条件，E表示个体行为所处的外部环境，f表示内部条件和外部环境对个体行为的影响途径函数。外因通过内因起作用，内因起着决定作用。因此，着重分析内因的影响作用，研究董事会个体行为的内部决定因素。1982年出版的《美国管理百科全书》主要概括了如下内部因素：群体参与形式、群体意见的沟通形式、群体的凝聚力、群体气氛、群体标准、群体程序等。由于董事平时都各自工作，而不像行政科层组织是一个严密、纪律性强的组织系统，这对建立一个凝聚力强、富有斗志的群体提出了严峻考验。运用输入—过程—输出的分析方法，董事将原来自身的人力资本和关系资本作为输入变量，通过董事会会议使董事之间相互融合的过程，产生新的董事会行为，从而输出新的董事会人力资本和关系资本。董事会会议主要存在着两类过程变

① 马克思，恩格斯. 马克思恩格斯全集(第42卷)[M]. 北京：人民出版社，1979：24.
② 俞克纯，沈迎选. 激励、活力、凝聚力——行为科学的激励理论群体行为理论[M]. 北京：中国经济出版社，2001：131—134.

量对董事会行为进而对董事会资本提供产生影响。一类是信息传递的变量，另一类是董事会氛围变量①。下面将对这两类过程变量的子变量进行分析。

(1)以信息传递变量为中介变量分析董事会行为对董事会资本的影响

信息传递变量是指影响董事会内部信息传递效率和途径的变量，主要有董事会目标、群体意识、认知冲突和董事会人际关系。董事会会议能有效地释放信息传递变量，影响董事会内部的人际互动行为，提高董事会资本供给量。

1)董事会目标

董事会作为企业最高决策机构，最主要的目标就是战略决策、咨询建议和监督管理。董事会是由不同的内部董事和外部独立董事按一定比例所组成的，董事会成员的个人目标是不尽相同的。例如，内部董事希望扩大销售规模和职位晋升，倾向于追逐风险较大的投资项目，而外部董事为维护自身声誉，投资决策策略会倾于保守。首先，如果董事单独行动而不加强沟通，董事会目标易缺乏长期性，集中于眼前的利益，具有短视的特点。因为缺乏一个长期和紧密联系的沟通平台来宣传董事会长期目标，可能使董事之间"各自为政"，各干各的事，企业哪里出现了问题，就去补救这些问题，这就是董事会成为"救火员"和"消防员"的重要原因。其次，董事会目标易脱离实际情况，可能使董事会目标难以实现。因为当董事会不能加强紧密沟通交流时，董事限于自身精力、能力和知识结构的限制，对市场把握情况可能以偏概全，对企业全局的把握缺乏周密性。例如，外部董事如果不能与内部董事加强经常性合作，对企业内部经营情况就会不甚了解，所提出的方案、建议与现实性就会产生偏离。董事会行为的目标方向选择一旦错误，董事会资本提供则是无效的，甚至可能适得其反。

因此，搭建一个长期交流合作平台对于董事会目标设定至关重要。鉴于董事会行为的特殊性，董事会会议便成为最重要的交流平台。当董事会会议次数控制在一个合理的范围内时，董事会会议次数越高，董事会就越能达成长期的可实现的目标。更高频率的董事会会议意味着董事之间更高频率的交流合作，使得他们能更好地接受和理解企业的长期和整体目标，降低短期利益追逐行为，董事之间的信息交流渠道更加通畅，增强董事知识互补性，使决策更具有合理性和异质性。董事会目标的长期性、整体性和现实性，影响着董事会行为的方向，引导董事会资本供给朝向正确的方向；影响着董事会行为的强度，从而影响着董事会资本提供的力度；影响着董事会行为的持续时间，进而影响董事会资本提供的时间跨度。因此，在一定条件下，董事会会议次数越多，董事会目标越具长期性和现实性，董事会资本的供给也就越有效率。

2)董事会群体意识

董事会是由不同行为主体的董事所构成的。所谓董事会群体意识，是以董事会为主体的意识，是指在董事会群体中占据主导地位，对董事会本身及其所从事的工作的观点，包括价值观、工作态度、道德标准和理想等。董事会群体意识和个人意识既有联系又有区别。群体意识不能脱离董事会个体意识而单独存在，个体意识又必须受群体意识的影响；而个体意识和群体意识的主体和作用范围是不同的。个体意识主要受董事技能、知

---

① 陈昀，贺远琼. 基于团队过程视角的董事会与企业绩效关系研究评述[J]. 外国经济与管理，2007，(8)：51—56.

识、教育背景和经验的影响，而群体意识受董事会的特定构成和董事会工作任务的影响。从一定意义上说，董事会群体意识是个体意识即价值观、工作态度、道德标准和理想因素的综合，而董事会特定的工作任务又决定了董事相互沟通合作的必要性，发挥个体意识的优势，实现优势互补。要培养董事会群体意识，构建一个通力合作的有机整体，必须借助于有效交流平台。董事会会议作为董事加强彼此之间沟通、合作和意见交流的重要方式，有利于群体意识培养，形成董事会共同的处世态度和工作原则。

首先，董事会群体意识形成后，会影响董事会行为的方向，有利于董事会行为的方向与企业目标相一致。董事会群体意识能把董事不相一致、矛盾甚至冲突的个体意识进行协调、整合，形成董事会的共同意识，衍化出在董事会的主流意识，从而支配董事个体意识，有利于保证董事会资本供给在正确群体意识支配下产生。其次，董事会群体意识还会影响董事会行为的强度。没有统一思想认识的时候，不会有齐心协力的董事会行为；没有明确思想认识的时候，不会有持续稳定的董事会行为，而这两者都会导致董事会资本供给强度的下降。因此，在一定条件下，提高董事会会议召开次数，有助于董事会个体意识在董事会群体意识支配下统一行动，从而明确董事会行为的方向，提高董事会行为的强度，并进而提高董事会资本的供给能力

3) 董事会人际关系

董事会人际关系作为董事会关系资本的重要构成因素，董事会人际关系是否良好对董事会沟通、协调和合作的程度起着重要作用。所谓董事会人际关系，第一层含义是指董事成员间的独特联系；第二层含义是董事会成员联系的方式和程度，即董事会成员在心理和感情上是否一致、相互间的亲疏和态度等。

董事会人际关系大致分为工作关系、利益关系、交往关系和心理关系。工作关系与公务关系大致相同。董事会作为一个正式的企业决策组织，把相互独立的董事主体通过一定的组织架构联结起来，主要包括分工和协作的关系。利益关系是指董事作为不同的利益主体，为了共同的目标和利益而结合在一起，组建董事会，在董事会中实现个人利益。交往关系是董事之间的私人关系，但与工作关系又存在着一些交叉。交往机会越多，彼此之间可能越熟悉。相关学者研究证明，交往的内容与交往的频率，对交往双方的关系亲密程度有重要的影响。"远亲不如近邻"就是这一道理。心理关系主要包括性格上的排斥或吸引、兴趣上的迥异或一致、态度上的否定或认可等。心理关系具有需要上的互补性，例如，性格差异比较大的人，通过共同兴趣的培养，同样可以成为友好合作伙伴。从上面董事会四种人际关系上看，工作关系把不同的董事主体联结在一起、利益关系使他们能为共同的利益和目标而奋斗、交往关系能加深彼此之间的了解和认识、心理关系使董事联系更加紧密。四种人际关系相互联系和交叉，共同影响着董事会人际关系的建立。

董事会会议次数作为衡量董事会交往频率的重要指标，能加强董事之间的工作关系，进行分工和协作，实现优势互补；有利于提高董事会利益的一致性，交往越多，就越清楚对方真正需要什么，越容易达成利益妥协；交流就会更多，加强彼此之间的深层次了解，提高董事之间的关系亲密程度；心理关系就会更紧密，有利于培养共同兴趣、爱好、态度和价值观。因此，在一定条件下，董事会会议次数越高，越有利于建立亲密的董事会人际关系，即董事会关系资本水平也就越高。

4）董事会冲突

世界一切事物中，矛盾是普遍存在的。董事会也并不例外，自始自终都存在着矛盾，而这种矛盾就是董事会冲突。行为科学理论把董事会冲突划分为两类，即董事个体之间的冲突和董事会与其他群体（主要是经理层）的冲突。董事个体之间的冲突主要是董事会内两人或两人以上由于意见不一致所发生的分歧状态。董事会与其他群体的冲突主要是董事会与经理层之间由于目标、决策不一致所引致的"对立"状态。

董事会内个体之间的冲突类型大致有如下几种。第一，工作冲突。董事由于个体差异，可能对工作任务和要求有不同的理解，工作方案、方法和处理手段的不同，以至于工作进度、工作态度、工作质量等方面的不同而引起冲突。第二，利益冲突。由于每个董事对不同事物的效用函数和评价准则不相一致，造成各项事物对董事的利益影响程度也不相同，包括对企业利益和董事会利益关系的不同看法和态度，对董事会利益和个体利益关系的不同看法和态度，对个体和个体之间的利益关系的不同看法和态度所引致的冲突等。第三，交往冲突。董事在工作范围以外包括交往内容、交往方式等方面发生的冲突。每个董事随着相互交往程度的加深，双方的缺点也就更容易暴露，交往内容扩大也必然导致拥有不同看法的事物会增多。第四，感情、思想和性格方面的冲突。董事的兴趣、爱好、性格、思想表达必然存在着差异，也可能导致董事之间的冲突。董事会作为企业的决策机构，负责企业战略决策的制定、咨询和建议，并对经理层进行监督。监督必然会产生两个群体之间的冲突。第一，董事会代表着企业和股东的至高利益，经理层可能具有机会主义和自利倾向而与企业股东利益相悖，两者目标偏离度越大，冲突也就越大。第二，董事会通常不了解企业内部实际运营情况，但对整个行业发展趋势领悟较深；而管理层则对企业实际状况把握得较为清楚，但对行业甚至宏观市场情况的了解有一定的局限性。因此，两者可能会在企业的战略决策制定和执行方面存在着冲突。

但冲突并不可怕，关键在于能否及时、正确地解决这种冲突。冲突可能会给董事会内的人际关系带来不利影响，给董事会造成一种紧张压迫的状态。可能会削弱董事会凝聚力，破坏团结，降低士气，这对董事会行为合理化和资本供给产生不利的影响。根据矛盾的观点，如果能对冲突及时有效地处理，不仅不会产生消极作用，反而会产生正面的积极作用。

各种冲突解决方法有一个共同的特点，就是要借助一定的交流平台，对董事会而言主要是董事会会议。通过董事会会议召开，董事之间更能明确彼此之间的工作和任务，既有分工，又有合作，提高董事会工作质量；解决利益冲突，找出董事之间的共同利益，尤其是内部董事和独立董事之间的共同利益，只有在实现企业目标即企业绩效得到持续增长的情况下，董事才能实现他们各自真正的利益；"解铃还须系铃人"，交往冲突也必须经过进一步的交往才能得到解决，帮助分析对方理解和认识上的缺陷，实现"深度"交往；董事会会议有助于董事会共同兴趣、爱好的培养，使性格得到磨合，解决感情、性格方面的冲突；还有助于解决董事之间的信息不对称问题，提高信息的共享程度，使信息共享程度低的备选方案同样得到重视，合理评估决策方案的风险性。因此，在一定条件下，提高董事会会议次数，召开例行会议和非例行会议，是解决董事会内部冲突的有效方式，变冲突为合作，使冲突成为董事会加强进一步沟通合作的动力源泉，从而提高董事会资本水平。

（2）以董事会氛围变量为中介变量分析董事会行为对董事会资本的影响

董事会氛围变量是指影响董事形成共同心理特征的变量，主要体现在董事会的内部凝聚力。董事会氛围变量是董事会内部人际互动的结果，反映了董事会的心理氛围。自由、开放、凝聚力强的董事会氛围有助于解决冲突、建立良好人际关系，有助于董事会资本水平的提高。

董事会能够取得高绩效的前提之一，就是董事会能把自己的成员紧紧联系吸引在一起，董事会内部有良好的团结状态，也就是董事会凝聚力。董事会凝聚力对成员有一种内聚的作用，使成员产生向心力。董事会凝聚力就是董事会对成员的吸引力和成员之间的吸引力。凝聚力越强，成员的归属感就越强，人际关系就越和睦、协调，成员就越不情愿离开董事会，董事会就越能显示出旺盛的生命力和战斗力。

董事会凝聚力与董事会资本供给效率到底有何关系呢？社会心理学家沙赫特通过研究发现，群体自身的凝聚力对群体施行诱导，实际上会产生四种情况：高凝聚力、积极诱导；低凝聚力、积极诱导；高凝聚力、消极诱导；低凝聚力、消极诱导。

沙赫特研究表明，只要对群体实施正确的诱导，凝聚力高的群体要比凝聚力低的群体具有更高的生产率。若对群体实施消极的诱导，凝聚力高的群体在生产率上的下降会比凝聚力低的群体更快。因此，董事会作为一个群体组织，当董事被正确合理激励即正确诱导时，凝聚力越高，董事会资本供给效率就会越高。

董事会会议召开次数会对董事会凝聚力产生重要影响，主要是通过以下方式实现的。第一，董事会会议的正常举行，有利于明确董事会共同目标和工作方向。这个时候，董事知道为什么工作，而且有强烈的自愿性去做事，就会自然凝聚到一起。董事会目标也能在董事之间合理地分配，把董事会目标转化成为自觉的行动。成员分担董事会目标程度越高，凝聚力也就越强。如果董事会不能按需召开，董事会目标不易明确，现实性也不强，这样的董事会是难有高凝聚力的。第二，提高成员利益的一致性。董事与董事之间最重要的关系是利益关系。成员特征差异性会导致利益追求的差异性，而董事会会议作为董事相互交流最重要的平台，有助于明确和宣传企业利益和董事会利益，使董事会个人利益要服从企业利益，提高董事会凝聚力。如果各个成员都追求私人利益，董事努力成果便会被抵消，凝聚力和向心力降低，这样的董事会资本供给是无效率的。第三，有助于满足董事会成员的心理需要。董事会作为一个群体，能满足董事归属感的需要。董事会会议的召开，使得董事会成为一个有机联结的群体，董事能在董事会会议中加强彼此之间的沟通、协作，自由地表达自己的观点，感觉到别人对自己的尊重和关注，满足董事归属感的心理需要。这样就更易形成一个人际关系融洽、协调和团结、稳定的董事会，从而有助于董事会凝聚力的提高。第四，有利于董事会冲突的解决。董事会凝聚力的高低，与董事会内部冲突的解决状况有关，而董事会冲突的解决必须要有一个长期、稳定、顺畅的解决渠道即召开董事会会议。因此，在一定条件下，提高董事会会议次数，有助于加强董事会之间的紧密联系，明确董事会共同目标和共同利益，提高董事的集体归属感，解决董事会内部冲突，从而提高董事会内部凝聚力，产生向心力和吸引力，进而提高董事会资本水平。

总之，如果董事会会议时间能够合理规划，能够提高董事会会议讨论效率，能对企业战略决策进行充分的讨论，而不是把会议主题仅仅局限在日常经营事务上面，发挥内部董事与独立董事各自的优势，加强企业内外部沟通交流与合作，董事会会议就会具有实质性的作用；而不是被董事长或总经理一手把持，成为"橡皮图章"，每个董事都能自由表达观点、看法。满足这些条件的董事会会议对董事会团队的建设是大有裨益的。董事会会议次数越高，董事会信息传递度和共享度就越高，为解决冲突提供协商渠道和平台，改善董事会人际关系，在董事会主流意识指导下去实现企业目标和董事会目标；营造一个齐心协力、通力合作的董事会团队氛围，提高董事会凝聚力和向心力；规范董事会成员个体行为，使与企业目标相一致，最终会提高董事会资本水平。

6. 董事会组织结构对董事会资本的影响

（1）两职合一对董事会资本的影响

对企业董事会中两权合一特征即企业的董事长和总经理由同一人担任，国内外学者多从代理理论、管家理论和资源依赖理论等角度进行理论研究，实证检验得出的结论也不一致。造成上述不同结论是因为所选取的样本、统计方法、统计口径和前提假设条件存在着差异。针对我国西部地区成长型中小企业的发展现状和特点，要想实现企业绩效持续稳定的增长，构建一个能快速反映市场变化、适应复杂环境的灵活决策机构——董事会，是非常必要的。本书认为，对于成长型中小企业而言，两职兼任能有效充分发挥董事会资本供给作用，提高董事会效能。下面将对这一影响过程进行分析。

1）协调董事会和管理层双方关系，提高董事会资本水平

董事会的主要职能是提供战略决策、咨询和监督控制，管理层主要对董事会的战略决策进行执行，并要接受监督。乍一看来，监督者与被监督者存在一定的"冲突"和"对立"。但董事会和管理层的终极目标是一致的，就是努力提高企业经营绩效，实现股东财富最大化。但由于经理层可能出现机会主义和自利倾向，与企业和股东的利益相悖。这时就需要企业中最难被监督的、作用最重要的、权力地位最高的机构即董事会来对管理层进行监督。

董事长和总经理由一人担任，此时两个群体的领导人为同一人，可以使董事会与管理层减少"对立"和"冲突"，实现更多的合作。此时的董事长（即总经理）作为联结董事会与管理层的桥梁，使董事会的决策规划更易传达到管理层中，使管理层能充分理解到决策层的战略意图，并正确地执行和贯彻战略决策，做到"无缝对接"，可以为企业营造一个更加和谐、团结、协作的氛围，而不是使企业陷入无止境的争吵、指责、谩骂的局面，不仅使董事会内部关系资本水平得到提高，而且使董事会与管理层的关系资本水平得到提升。因此，两职兼任使得董事会与管理层之间的关系更易得到协调，两者的矛盾更易得到调解和缓和，董事会资本尤其是关系资本水平能得到有效的提高。

2）信息共享，提高董事会资本水平

委托代理理论认为，委托代理关系是普遍存在的。委托人因自身的知识、能力、时间和精力的限制，必须把自己掌控资源的能力授予能发挥这些资源更大效用的人，代表其从事相关活动。然而双方的信息是不可能完全对称的，决定了合同的制定也会存在着这样或那样的漏洞。由于代理人可能出现道德风险问题，完全按合同规定执行任务的可能性微乎其微，在最大限度合乎自身效用时可能做出危害委托人利益的行为。

根据企业权力授予结构，董事会与管理层属于委托-代理关系。一方面，管理层可

能出现道德风险问题，主要表现为两类：一是偷懒，即管理层没有全心全意投入工作，所获得报酬高于其付出的努力；二是机会主义，即经营者付出的努力是为了实现个人利益，其努力是反方向的[①]。上述道德风险问题出现的原因是董事会不可能像管理层那样对自身的工作和企业实际运营状况"了如指掌"，不可能完全获取到使管理层无可辩驳的证据，这就是信息不对称。也就是说，管理层可能利用信息优势来逃避监控，以追求"不可告人"的目的。另一方面，董事会同样拥有信息优势。他们通常对行业主流战略模式把握较为清楚，了解最新的市场创新动态，对竞争者的市场策略加以透彻的分析。由于不受企业内部日常经营事务的"管束"和"羁绊"，拥有更多的时间和精力获取企业外部信息。董事会与管理层各有信息优势，根据双方是否传递信息情况可分为四种信息传递模式，如图 4-10 所示。

图 4-10　董事会与经理层的信息传递模式

从图 4-10 可以看出，信息双向传递模式就是董事会和管理层都对自己所掌握的信息向对方传达，互通有无；信息单向传递模式就是董事会和管理层中的一方向对方传递信息，而对方却将自己所掌握的信息隐蔽起来，不能实现信息有效结合、交互和沟通；互斥模式是指双方都将信息隐蔽起来，产生了信息壁垒，董事会与管理层的沟通交流存在着极大的障碍。管理层由于自利主义和投资机会主义倾向，可能隐藏信息以实现与企业目标相悖的个人利益；而董事会可能则由于信息搜寻、分析、归纳和传达过程中存在着成本，而所获得的收益并不能弥补成本，或者由于没有有效的沟通渠道，那他们也将倾向于不传达信息。

使企业建立一个双向信息传递模式，实现信息高度共享，建立一个长期的信息交流机制，具有重要的意义。通过董事长与总经理两职合一制度的建立，能把董事会和管理层紧密地结合起来。因为董事长和总经理既然为同一人，他就可以把管理层所掌握的信息包括企业生产、经营、销售、财务、人力资源及技术等状况详细地传达给董事会，由董事会分析出企业内部优势与劣势，董事会再根据自己所掌握的信息归纳出企业所面临的机会与威胁，从而为企业制定出富有缜密性、异质性、综合性和现实性的战略决策，然后再通过董事会及董事长把战略决策意图和信息传递给管理层，以方便更有效率和正确地执行董事会决策。因此，两职合一也就是董事会和管理层在同一个人领导下，更有利于双方的沟通、合作和信息交流，对于董事会资本有效发挥具有重要意义。

---

① 张亦春，周颖刚. 信息不对称、企业改革和证券市场[J]. 经济研究，1997，(5)：24.

　　总之，两职合一虽然可能会带来自我监督无效性，但在企业的成长阶段是利大于弊的。两职合一有利于董事会加强与管理层之间的沟通、交流和合作，协调好人际关系，并促进信息流在双方之间无障碍传递，实现信息的高度共享。在董事长（总经理）统一领导下，建立一个强有力的领导核心，增强企业内部凝聚力和向心力，从而提高董事会对管理层的关系资本水平。

　　(2)职能委员会设置对董事会资本影响

　　董事会职能分解的原则就是以企业战略目标实现为目的，按照企业生存与发展目标相统一来设置企业组织机构，并把企业总体目标层层分解到各个组织机构。董事会职能委员会就是以董事会效能发挥为目标来设置，以此提高董事会治理水平。

　　董事会职能分解的关键性原则，就是要以董事会效能目标的实现为中心，来设置董事会专业化组织，并把董事会各项职能分解到各个专业化组织，从而按董事会效能提高来设置划分董事会职能组织，并确定各个组织机构之间的组合程序，如审计委员会、薪酬委员会、提名委员会、战略委员会等组织机构。我国中小企业具体情况各不相同，没有千篇一律的组织机构设置，例如，有的中小企业设置了薪酬委员会，而没有设置战略委员会。只要董事会组织机构的设置最有利于提高董事会资本水平目标的实现，那么这种职能委员会组织机构的设置就是合理有效的。因此，中小企业的职能委员会设置不应以国外先进企业的董事会职能委员会设置为蓝图，也不应以我国知名企业的组织机构设置为榜样，最重要的就是要看职能委员会的设置，是否能有效提高董事会资本水平这一理性目标。

　　从实际情况来看，按照董事会职能分解的原则来设置企业职能化机构的关键，就是要有利于提高董事会资本水平理性目标的实现，来确定各职能委员会的责权利，同时确定各个职能委员会之间的责权利。也就是说，确定每个职能委员会的责权利，以及确定每个职能委员会之间的责权利，并以各个职能委员会的责权利为基点，来构建各个职能委员会的责权利关系，即实行以责权利为基础的组合。董事会职能委员会及各个职能委员会之间的责权利，是一种责权利完全对称的关系。如果各个职能委员会之间只有责任而没有权力和利益，这些职能委员会之间的关系就不可能协调；如果各个职能委员会只有责任而没有权力和利益，那么职能委员会也就无积极性可言。与此同时，若各个职能委员会只有权力和利益而没有责任，那这个职能委员会就会失控；如果职能委员会之间只有权力和利益而没有责任，这些职能委员会关系就会紊乱。总之，各个职能委员会的责权利，以及各个职能委员会之间的责权利，都是责权利相对称的责权利关系。

　　根据控制权理论，在我国中小企业内部，企业控制权被大股东把持，大股东对企业拥有绝对的掌控地位，中小企业的战略决策和重大经营活动都在大股东的操纵之下。股东会、董事会、监事会三会合一，大股东同时又是高级管理层，使得董事会、监事会的监督职能几乎不能发挥，让监事会、董事会去监督实际控制人的经营行为，只不过是一个完美的制度设想。一方面，中小企业大股东权力日益膨胀，另一方面，董事会和监事会无心或无力对其加以约束，使得《公司法》中公司权力实行民主化的规定沦为一纸空文。

　　在这种情况下，如何对拥有强大权力的大股东进行监督，而又避免董事会成员为追逐个人利益而损害企业利益，便成为我国中小企业董事会治理的一个重要研究内容。鉴于此，有两种制度安排可执行：一种是增强董事责任感，使其自觉地履行忠实、勤勉义务。也就是依靠董事内在的道德责任修养来进行软性约束。另一种则是强化外部约束，发挥监事会、独立董事的监督职能。对于我国的中小企业，可以引进董事会专业委员会制度来解决这一问题，引入与公司没有利益关系的外部董事，以其公正、客观、独立的原则来监督董事会及大股东操纵行为，从而维护企业、中小股东和债权人的利益。

但独立董事要想真正地发挥作用，还需要处理一系列问题。从客观上来说，独立董事来自于企业外部，对企业生产经营活动客观存在信息不对称的障碍。从主观上来说，独立董事会必须客观公正，具有良好的品行；必须具备丰富的知识水平，在金融、财会、法律、公共关系、管理等专业领域具有出色的研究能力；为切实履行其职责，还必须具备充沛的体力和健康的心态。但事实上，独立董事由于客观和主观等条件的限制，作出决策判断的信息只能来源于企业内部管理层，以下两种情况极有可能影响到独立董事作出独立判断和决策：第一，信息本身的不完全性或管理层非主观的误导信息；第二，管理层错误、歪曲或不完全地披露信息，有目的地进行掩盖、误导或混淆视听行为。

同时，独立董事还必须应对外部市场的严重挑战。我国中小企业面对的市场竞争越来越激烈，企业商务经营日益专业化，对专业化人才的需求也越来越大。但是，相反的是，中小企业的实际控制人则可能思想保守、固步自封，缺乏改革和创新的精神，使得企业越来越缺乏活力。独立董事来自于不同的领域，对自己所任职的公司很难有全面、细致的认识。单纯依靠独立董事的知识技能和经验，已很难满足中小企业强烈的发展诉求。设置董事会职能委员会是较为有效地解决实际控制人、独立董事在董事会中职能发挥和沟通协调的办法。董事会职能委员会在企业授权的范围内合理并充分行事，充分发挥独立董事的优势和特长，并让独立董事肩负责任，享受权力，使他们摆脱大股东的束缚和控制。由此可见，董事会专业委员会对于独立董事充分发挥其才能具有紧密联系，从而提高其董事会资本水平的供给量。正是专业委员会的存在使独立董事真正具有独立性，使董事客观、公正、独立地进行决策，最终提高董事会资本水平。

7. 实际控制人能力特征对董事会资本水平的影响

根据控制权理论，我国中小企业存在着股东会、董事会和监事会三会合一的特征，中小企业的大股东通常在董事会担任董事，一般为董事长兼总经理。实际控制人的知识结构、身心素质和决策能力对董事会资本水平有着重要的影响。

（1）实际控制人知识结构对董事会资本水平的影响

实际控制人的知识结构包括专业知识、教育程度、工作经验和技术技能等。专业知识主要是指实际控制人的专业知识丰度，以及与中小企业主营业务是否对口。实际控制人作为董事会的领导者，其知识结构对董事会资本水平产生重大影响。

第一，实际控制人作为董事会的一员，有权提出决策建议供董事会进行集体讨论决策。实际控制人知识水平越高，其以往所学知识与企业主营业务越相契合，提出的建议方案就越能满足企业决策的需要，方案的知识含量就越高。如果实际控制人知识匮乏，在企业初创阶段，能够凭借自己的个人魅力、冒险精神和开拓精神实现企业的快速成长。但到企业发展一定阶段后，对知识和能力的要求越来越高，如果没有丰富的经验和系统的知识结构体系，很难从容应对企业发展所面临的复杂环境。因此，实际控制人知识水平越高，就越能增加董事会资本水平。

第二，实际控制人同时是决策提议的决定者。董事会在商讨重大事项时，董事会基于自己的见解和观念提出战略方案，有时方案会表现出较大的差异性，甚至会有矛盾和冲突。此时，当董事在为各自的方案而争论不休时，实际控制人则是拍板人。实际控制人的知识能力水平越高，就越能辨识出谁的方案更符合实际，更能赢得市场的认可。如果实际控制人的知识水平极为有限，他们对董事的方案提议的分析力度就低，不容易使最可行的方案脱颖而出。因此，实际控制人的知识水平对整个董事会知识水平的发挥起着关键性的作用，对提高董事会人力资本水平有着积极作用。

(2)实际控制人的身心素质对董事会资本水平的影响

实际控制人作为创业者，必须具有优秀的身心素质，包括身体健康状况、心理承受能力和个人品质等。第一，实际控制人不需要具有特殊的天赋，但必须具有一定的管理技能与知识，同时还需要具备相应的认知特性，尤其是要有过硬的心理素质。认知特性并不是一成不变的，是可以经过后天改善和提高的，可以通过后天的训练使创业者的认知特性和心理素质得到不断改善，以使企业快速发展。反对"神化"创业者的倾向，因为这种倾向可能对潜在创业者造成信心上的打击，继而失去对潜在优秀创业者的选拔与培养，也可能使初始成功的实际控制人过于自信而头脑发热。所以，实际控制人需要很强的天赋，更应该注重后天培养来提高自身心理素质和管理技能，以此提高董事会资本水平。

第二，创业是一项风险活动，实际控制人需要承担较高风险。首先，毋庸置疑的是，无论对于新办企业还是已有企业，中小企业都面临着巨大风险。发现风险、化解风险已成为创业活动重要的环节。其次，创业者作为人力资本的代表，不管是否投入物质资本都要承担风险。实际控制人的身心素质越强，其承担风险能力越强，就越可能能提出新颖性、特异性的战略决策，紧随或引领市场潮流，提高董事会资本水平。

第三，实际控制人的个人品质对董事会关系资本也有重要的促进作用。个人是否存在恶性事件或者犯罪记录会影响公司经营声誉，其声誉直接对公司声誉造成影响。当实际控制人在社会上有着极高的声誉时，也会给企业树立良好的形象，提高企业的知名度和认可度，创建优良的产品名誉。近些年来，许多企业不遗余力筹办社会慈善活动以反馈社会，正是为了提高企业形象，创建更广泛的社会关系网络，从而有助于提高董事会关系资本水平。

(3)实际控制人的决策能力对董事会资本水平的影响

实际控制人作为企业经营决策的最终决定者，对企业经营战略发展方向的确定有至关重要的作用。实际控制人的决策能力包括个人财富、判断能力和信息利用能力等。实际控制人的个人财富是指在其已经拥有的有形和无形资产，多数情况以有形资产衡量。他所拥有的财富会影响其投资战略和风险的承受能力；实际控制人的判断能力是指其具有的对公司经营外部环境、内部资源、投资机会等重要事项认识和把控的能力，实际控制人超人的判断能力可以带领企业持续、健康地发展壮大，机智而敏捷地躲避一个个经营陷阱。从企业成功经营的时间长度这个维度可以体现实际控制人对市场环境的判断能力的高低。信息利用能力或者投资机会识别把握能力是实际控制人的又一个重要能力，在浩如烟海的信息中，迅速筛选并利用有效信息创造财富是当代企业家必须具备的能力。

中小企业面临的竞争环境越来越激烈，需要处理的经营决策事务也越来越复杂，信息量也越来越大，这需要实际控制人具有超强的信息判断、处理和利用能力。对于中小企业来说，信息主要分为三种：第一是对企业经营决策极其相关的重要信息，这对企业把握正确的战略方向具有关键性的作用；第二是对企业经营决策一般重要的内容，这对企业制定经营战略决策具有一般辅助性的作用；第三是对企业经营决策无关的信息，这类信息在市场中广泛存在，可称为干扰信息。

实际控制人在面对这三类信息时，必须要具有果断的信息判断、处理和利用能力。如果把不相关的信息误当成企业的重要信息，便极有可能制订出与实现企业目标南辕北辙的方案，不具有可行性；若把企业重要信息误当成一般重要或不相关的信息，则极有可能错失商业机会，给企业带来重大损失。因此，实际控制人的决策能力越高，就越能筛选重要信息，过滤掉无价值的信息，把有效信息利用到制定经营决策上来。信息利用水平越高，也就意味着中小企业的董事会人力资本水平越高，就越能发挥董事会效能。

(二)董事会资本对董事会效能的影响

1. 提供资源

基于投入—过程—产出的视角，董事会资本可以作为一项投入，通过为企业战略决策、竞争行为和创新行为提供资源，发挥董事会有效性，从而影响企业绩效。

(1)董事会资本提供所需资源

随着市场竞争加剧，企业经营环境的复杂性及不确定性加强，成长型中小企业战略决策对企业绩效显得极其重要。董事会通过人力资本和社会资本提供战略决策所必需的资源，董事会资本深度和广度对战略决策制定产生不同影响。

董事会资本广度对战略决策的影响。董事会资本广度主要是围绕着董事会资本异质性理论展开的。依据异质性理论，高异质性的领导团队有利于战略复杂化[①]。因为异质性团队能使企业在动荡、复杂、多变的市场环境中制定适时战略，创新领导方式，提升企业绩效。异质性董事会在技能、知识、经验和社会关系等方面具有强大优势，具备很高的创造力。董事会异质性越明显，就越有利于扩大战略制定和可供选择的范围，就越有利于成长型中小企业选择正确的战略，促进绩效提高。反之，董事会同质化越严重，战略选择范围就越狭窄，不利于企业选择正确的经营方向[②③]。因此，董事会资本广度越宽，就越能提供战略变革所需的资源，越有利于战略决策决定和企业绩效提高。

董事会资本深度对战略决策的影响。连锁董事在不同行业和企业通过交叉任职，所积累的经验有助于对所在行业有深刻的理解，提高董事会与行业的契合程度；契合程度越高，就越有利于采取行业主流战略模式，战略偏差的可能性就越小。

---

① Priem R L, Lyon D W, Dess G G. Inherent limitations of demographic proxies in top management team heterogeneity research[J]. Journal of Management，1999，25(6)：935—95.

② Miller T P, Dahlberg S, Cassady J R, et al. Chemotherapy alone compared with chemotherapy plus radiotherapy for localized intermediate-and high-grade non-Hodgkin's lymphoma[J]. New England Journal of Medicine，1998，339(1)：21—6.

③ Golden B R. Zajac E J. When will boards influence strategy? inclination×power=strategic change[J]. Strategic Management Journal，2001，22(12)：1087—1111.

　　(2)董事会资本提供企业竞争行为所需资源

　　竞争行为是指企业为扩大市场占有率和增强竞争力，所采取的具体的、可观察的竞争行为，包括竞争倾向、竞争重要性和竞争复杂性维度[①]。竞争倾向是指企业的竞争偏好，与提高获利能力和市场占有率相关；竞争重要性是指竞争行为的重要程度，与所需的财力、物力、人力等资源的数量及对企业影响程度相关；竞争复杂性与竞争行为所采取的措施类型和数量相关。董事会主要依靠人力资本对竞争倾向和竞争重要性产生影响，而社会资本则对竞争复杂性产生影响。

　　第一，董事会人力资本对竞争倾向的影响。董事会人力资本会影响企业吸引和引进外部资源的能力。因为外部资源提供者在与公司企业交流时也会先要考虑企业董事会成员基本状况，机构投资者和基金组织通常把董事会人力资本作为分析报告重要内容和决策依据。因此，董事会人力资本水平越高，把握市场机会的能力、处理市场信息的速度和获取外部资源的能力也就越高，就越容易发起竞争行为，提升企业竞争能力。

　　第二，董事会人力资本对竞争重要性的影响。当董事会建议采取某种竞争行为时，本身就是一项资源投入；董事会凭借其技能、知识和经验为决策者提供决策咨询，帮助管理层去更好地把握行业发展趋势和企业发展机会。重要的战略行动除了向企业内部提供必要的资源，还要获取外界和市场的广泛认可。高水平的人力资本可以发挥声誉机制的作用，向市场和利益相关者传递这样一个信号：企业战略制定是经过董事会论证的，是合法的、经过周密策划的和充分讨论过的，具有可操作性和现实性，将会帮助企业获取外部资源，取得利益相关者的支持和帮助，这对于企业发起重要的竞争行动是十分必要的。可见，董事会人力资本水平越高，企业就越容易发起重要的竞争行为，这为企业取得商业成功打下坚实基础。

　　第三，董事会社会资本对竞争行为复杂性的影响。董事会社会资本分为董事会内部社会资本和外部社会资本。一方面，董事会内部社会资本越高，表明与管理层的关系越密切，合作沟通效率越高。这有利于董事会的自身特长和资源优势与管理层对企业内部运营过程的了解相结合起来，集思广益，密切配合，从而制定出复杂和缜密的竞争策略。否则，双方不能相互沟通合作，互用优势，管理层不能接受董事会的指导和建议，难以发起复杂的竞争行为。另一方面，与管理层不同的是，董事会大部分时间都花在与外部环境的沟通与交流上面，他们通过与行业内其他竞争企业打交道，或者与利益相关者进行协商，能提供丰富的外部社会资本，能够很好地把握竞争环境中的各方力量，如供应商和客户的讨价还价能力、新进入者和潜在进入者的威胁、替代品的威胁及宏观经济运行的整体情况等。董事会将上述外部信息进行搜集、分析、处理，然后传递给决策者和管理层，提高决策者和管理层的信息获取与处理能力，从而提高整个企业的信息化水平，而信息的处理能力对复杂的竞争行为至关重要。因此，董事会社会资本水平越高，资源提供就越丰富，就越容易发起复杂的竞争行为，避免竞争行为同质化。

　　(3)董事会资本提供创新行为所需的资源

　　对于成长型中小企业而言，创新显得极其重要，它是不断提高企业绩效的动力和源

---

　　① Offstein E H，Gnyawali D R，Cobb A T．A strategic human resource perspective of firm competitive behavior [J]．Human Resource Management Review，2005，15(4)：305－318.

泉。企业创新需要丰富技能、知识和经验的人才，以及充足的资源投入。董事会作为推动企业创新的先导力量，董事会资本能为企业提供创新所需的资源，对创新产生积极作用。

第一，人力资本影响企业创新能力。教育背景、工作经验、知识和技能的异质性对企业创新的积极作用已得到了大多数学者的认同。董事会成员人力资本水平越高，教育水平越高，知识和技能的异质性就越强，就越有利于市场机会的发现和认知，有利于提出和综合不同的观点想法，有助于为高质量的创新决策的产生提供必要的资源。反之，董事会人力资本水平越低，知识和技能的同质化趋向就越强，思想保守，视野狭窄，思维固化，难以为企业创新提供必要的资源。此外，学者还发现，董事会人力资本对不同类型组织结构的创新作用也不相同：董事会教育背景、工作经验、知识和技能的异质性对小型组织创新作用较为明显，因为小型组织对董事会人力资本的依赖性较强；而大型组织的创新行为对董事会人力资本需求并不强烈。由此可见，对成长型中小企业而言，董事会人力资本显得更加重要，通过为企业提供各类资源，促进企业创新活动的发生。

第二，董事会社会资本对企业创新行为的影响。董事会能很好地解决创新困难，为创新提供资源，包括获取他人已经获得的创新成果信息[1]、利用新技术或开拓新市场的合法性[2]及一些互补性技术[3]等。企业凭借董事的连锁董事身份与其他企业形成技术创新联盟和信息共享平台，为成长型中小企业的创新行为提供必要的资源，为提高绩效提供持续创新动力。

总之，董事会资本能够有效提升董事会履行资源提供的职能，而根据资源依赖理论，资源提供能力能够促进企业绩效的提高。这样，董事会资本通过董事会资源这一个中介变量对企业绩效产生积极的影响。

2. 加强监督控制

有关董事会对企业绩效的影响作用的研究中，并没有明确讨论董事会资本对董事会控制和监督能力的作用。委托代理者大多从董事会独立性来研究董事会对企业绩效的影响，没有充分地考虑董事会控制和监督能力的异质性问题。而事实上，Carpenter 和 Westphal[4]发现，董事会资本即知识、技能、经验、教育背景、任职企业数和社会关系网络将会影响到他们在评价战略决策执行效果、监督管理层、激励管理层和选任与解聘 CEO 等方面的效能，而没有或缺乏相关资本的董事则在正确评价管理层、监督激励管理

---

① Biemans W G. User and 3rd-party involvement in developing medical equipment innovations[J]. Technovation，1991，11.

② Grandori A，Soda G. Inter-firm networks：Antecedents，mechani sms and forms[J]. Organization Studies，1995，16(2)：183—214.

③ Eisenhardt B K M，Schoonhoven C B. Cooperative strategy in entrepreneurial firms：effects of top management team，strategy and market on alliance formation[J]. Organization Science，2010.

④ Carpenter M A，Westphal J D. The strategic context of external network ties：Examining the impact of director appointments on board involvement in strategic decision making[J]. Academy of Management Journal，2001，44(4)：639—660.

层、CEO 继任计划和识别重要资源等方面的能力会表现得相对不足。Sundaramurthy 等[1]通过研究也发现了类似的结论。他们认为，独立董事的人力资本和社会资本决定了他们如何去充分发挥评价、监督和激励管理层的职能。

首先，董事会人力资本水平与监督控制职能呈正比关系。通常都是行业其他企业的董事、总经理、高校与科研院所的专家，或者是财务、法律、公共关系等方面的顶尖人物。他们对企业的运营过程有独特和深厚的了解，因为他们都是企业商业成功的"过来人"。因此，他们对管理人员的行为举止和动机把握得较为清楚，能"猜测"出他们的策略意图，"知道管理人员所做的事"。此外，高水平人力资本的董事在董事市场上具有较好的声誉和威望。借助于声誉机制的发挥，董事会将积极地去维护这来之不易的良好声誉，就更具动力去监督管理人员行为，使其行为与企业利益最大化目标趋同。否则，可能造成企业亏损，利润降低，严重时甚至濒临破产，这对董事声誉将是一个极大的损害。

其次，董事会社会资本水平与控制监督职能呈正比关系。对管理层提供的信息去伪存真、去粗取精、由此及彼、由表及里，并进行反馈，从而对管理人员形成正确科学的评价。

总之，董事会资本通过作用于董事会的监督与控制能力，保证经理层以股东价值和企业利润最大化为目标，提高董事会履行职能的有效性，最终达到提高企业绩效的目的。

(三)董事会效能对企业绩效的影响

董事会资本对企业价值创造结果的影响，是反映在企业经营绩效上的。在研究董事会资本与企业绩效关系时，常常将董事会有效性作为中介变量，甚至把董事会有效性作为企业绩效的代理变量[2]。因为学者(Cohen 和 Bailey，1997；Sundaramurthy 和 Lewis，2003)普遍认为董事会有效性与企业绩效存在着正相关关系。董事会有效性是指董事会资源提供和监督控制能力的效率和效果。以下将从这两个方面去分析董事会效能是如何对企业绩效产生影响的，从而为中小企业解决成长性问题提供思路。

1. 资源依赖理论观点：提供资源，适应环境，提高企业绩效

依据资源依赖理论，董事会资源的提供，能有效促进公司绩效的提高。不管是内部董事还是外部董事，都在各自专业领域内有较高名望及声誉，为中小企业成长提供必要资源，如表 4-6 所示。

表 4-6　以资源依赖理论为视角研究企业绩效

维度	资源依赖理论视角
董事会作用理论根源	组织行为学与社会学
董事会作用的操作性定义	提供咨询建议，获取外部资源，审视环境，企业合法性，交流途径
主要研究的变量	董事会特征及构成

① Bhatt T, Sundaramurthy V, Zhang J, et al. Method, apparatus and computer program product providing synchronization for OFDMA downlink signal: US. US7613104[P]. 2009.

② Hillman A J, Dalziel T. Boards of directors and firm performance: Integrating agency and resource dependence perspectives [J]. Academy of Management Review，2003，28(3)：383-396.

续表

维度	资源依赖理论视角
企业绩效标准	市场占用率，利润，目标实现，资源增长
董事会对绩效作用	吸纳机制，为提高企业绩效提取关键资源；提高企业合法性

（1）资源越丰富，越能适应环境复杂性和多变性

根据资源依赖理论观点，董事会构成和特征是董事会的两个属性，而且是董事发挥职能作用的先决条件。资源依赖理论认为，董事通过对总经理或 CEO 提供咨询和建议，为他们提供更多的资源和信息获取渠道，或者董事可以提供可供选择的方案来积极参与企业的战略。

资源依赖理论认为，经济生产的基本单位——企业处于一个复杂的资源关系网络体系中，环境不确定性对其有重要约束作用。由于环境不确定性、复杂性和资源的约束力量，企业决策也具有复杂性、不确定性，甚至还有冲突性。复杂性来自于混沌模糊的环境系统，决策者之间不同的观点和看法，以及事物和各个环节之间的"千丝万缕"的复杂关系；不确定性来自于政治、经济、文化、社会和技术的不断变化或变革，导致人们不能精确预料这些变化或变革将以何种方式或途径来影响其结果；冲突性来自于决策人员不同价值观、个人偏好与兴趣。成长型中小企业将会面临着比成熟性、稳定性大中型企业更加复杂的环境，使得决策也变得更复杂，常规性操作更少，不确定性更多，决策者能否获得充足的资源便显得尤为重要。因为在市场经济和知识经济时代下，资源的共享性明显，排他性减弱，如果在资源获取上不能取得优势，便会拉大与其他企业的差距，很难在激烈竞争环境下生存和发展。

董事会在企业战略决策中提供资源程度越来越高，既是法定义务的要求，也是竞争商业环境的复杂性不断增加的结果[①]。自 20 世纪 90 年代以来，超级激烈竞争和商业全球化不断涌现，公司内不同文化和价值观相互碰撞渗透，创新周期越来越短而且频率越来越高，竞争的游戏规则变化越来越强烈。在这种情况下，企业决策者为了做出正确的决策，就需要使企业重大经营决策不能再由一个人拍板，必须经过充分的讨论、分析与论证；董事会不再是仅仅批准总经理或 CEO 所做出的决策，它还要提供必要的优质资源，发挥其强资源供给能力，为决策提供咨询建议和充足的信息，极大地降低环境和决策的不确定性，并利用自身关系、声誉和交流途径去获取更多的外部资源，以适应复杂的环境系统，降低决策与环境变化发展的分离性、不一致性，使决策人做出正确的经营战略决策，从而使中小企业获得持续的增长能力，提高企业绩效。

（2）理论检验

资源依赖理论在很大程度上支持来自于社会学家和经济学家对连锁董事的研究，他们认为董事会是一个有机统一实体，主要贡献就是创建并加强互利组织之间的相互关系，连锁董事可以帮助公司与一般性和竞争性环境紧密衔接。连锁可能是直接的，也可能是间接的。直接连锁董事是指同一企业的一个或多个董事同时也在另外一个企业内担任董事，而间接连锁董事是指两家不同企业的董事同时担任第三家企业的董事，并且他们都拥有调整企业有关活动的意图、动机和能力。连锁董事不仅是其他企业间的重要承接点，

---

① 唐清泉. 如何看待董事会的认知资源[J]. 南开管理评论，2002，(2)：15.

同时还能确保这些企业之间能够实现更好的交易活动。通过连锁董事在各个不同企业之间的相互交叉任职，提供不同企业经营方法及借鉴经验，有机会获得一些商业机密及企业发展的最新消息。这些网络效应能增强组织之间的协作，获得重要信息和外部资源，并能降低市场交易成本[①]。

近年来已形成了关于连锁董事的理论与实证的庞大体系。Penning 对连锁董事进行了较为完整的综述。连锁董事存在着诸多优点，包括横向上加强存在业务关系的企业相互之间沟通合作，纵向上协调价值链、供应链上各个环节的企业，以及通过网络关系提升企业声誉。董事的连锁性有助于为企业提供足够资源，降低企业经营过程的不确定性，降低交易成本，对企业绩效有着强大的有利作用。Pfeffer 和 Provan 的研究结果也支持了资源依赖理论关于资源提供对企业绩效的积极正向作用[②][③]。

董事会资源提供对企业绩效的影响，通过对企业高管选择的战略举措影响表现出来。从资源依赖理论角度看，董事可以直接为决策提供一些建议，提出新的商业概念，传达他们的分析观点，提升企业绩效。

2. 代理理论：加强监督控制，降低代理行为，提高企业绩效

从前面分析结论得知，成长型中小企业出现了新的问题——委托代理问题。把代理关系定义为一种契约，在这种契约下，一个人或更多的人（即委托人）聘用另一个人（即代理人）代表他们来履行某些服务，包括把若干决策托付给代理人。如果这种关系的双方当事人都是效用最大化者，就有充分理由相信，代理人不会总以委托人最大利益而行动[④]。

信息不对称是契约理论的核心问题，是交易契约设计的最基本原因，也是委托代理关系的最重要问题。在委托人和代理人之间存在信息不对称的情况，出于经济人假设，代理人必要使自身效用最大化，可能会出现机会主义和自利主义倾向，而不惜损害股东和企业的利益。因此，如何对代理人进行有效监督，加强事前和事中控制，实行事后惩罚，便显得极其重要。阿罗则把信息不对称分为两类：隐藏信息和隐藏行动[⑤]。

信息不对称一般发生在事件的开始、中间或事后各个阶段。发生在缔约之前的称为事前信息非对称，发生在缔约之后的称为事后信息非对称，分别对应逆向选择模型和道德风险模型。非对称信息的发生可能只有契约的签约方清楚，局外人无从得知的，或者是当事人的行动只有他自己清楚，这就称为隐藏行动。非对称信息发生在信息颁布范围不平衡上，代理人的能力、知识水平和工作努力程度，只有他本人清楚，而委托人很难发觉。这就使得代理人有足够的动机和能力，利用信息优势去追求可能与委托人目标相悖、企业绩效相左的个人利益。

---

① Bazerman M H, Sehoorman F D. A limited rationality model of interlocking directorates[J]. Academy of Management Review, 1983, 8(2): 206—217.

② Pfeffer J. Size, composition, and function of hospital boards of directors: a study of organization-environment linkage[J]. Administrative Seience Quarterly, 1973, 18(3): 349—364.

③ Provan K G. Board power and organizational effectiveness among human service agencies[J]. Academy of Managemenr Journal, 1980, 23(2): 221—236.

④ 迈克尔·詹森，威廉·麦克林. 企业理论：管理行为、代理成本与所有权结构[J]. 金融经济学杂志，1976: 305—360.

⑤ 阿罗. 信息经济学[M]. 北京：北京经济学院出版社，1989: 88—89.

(1)降低逆向选择倾向

在阿罗-德布鲁范式中，一个基本概念就是自然状态。在契约理论中，自然状态是一种外生选择和随机事件，不一定能直接或间接地观察和分析，所以只能依靠代理人自觉去执行契约。在自然状态下，代理人对自身能力、水平、工作胜任能力比较清楚，而委托人却不知道，委托人和代理人双方之间签订契约，资源配置是缺乏效率的。因为代理人提供资源的数量和价格是要小于契约雇佣价格的，代理人会依据契约价格标准或参考市场上同类标准，而对自己的努力程度有所保留，并不会总是尽心尽力，事先已约定好的固定契约价格的激励作用将不会十分明显。因此，加强监督，提高监督水平，董事会对代理人行为进行正确的考查和评价，考评和处置结果与实际付出水平越趋于一致，就越有助于在签订契约时降低逆向选择倾向，越有利于提高契约质量，使代理人付出努力，从而提高企业绩效。

(2)降低道德风险问题

道德风险是现代契约理论研究的重要内容。委托人和代理人一般是在契约实现条件和契约信息知识都不能被签订双方完全察觉到的情景下签订契约的。契约签订以后，代理人就会选择行动，而决定代理人行动的结果，除了自身努力与能力，还受到自然状态的影响，如宏观经济、行业状况、经济政策等。而委托人只能观察到代理人行动结果，而不能确定结果到底是不是由代理人努力所带来的。在这种情况下，自然状态反而可能成为代理人推卸责任、降低努力水平的借口。

代理人利用信息不对称，可能发生"隧道行为"。利用关联交易、内幕交易、职务消费和培植势力等方式来牟取个人利益，自利主义和机会主义倾向便会在企业内部不断滋生泛滥。代理人可能用"敲竹杠""要挟""套牢"等来表达这些行为。"机会主义"包括偷懒、说谎、欺骗等各种形式，与信息不完全和曲解有一定的关系，尤其是和曲解、诱导和制造混乱等故意行为紧密相关，严重影响企业正常化经营，使中小企业成长受阻，极大地降低企业绩效，甚至使企业发生"夭折"，而不能顺利过渡到成熟阶段。成长型中小企业创始人绝大多数时间和精力将花在企业战略决策和规模扩张上，不可能由自己对所聘用的管理者进行逐个监督。随着新的管理体制建立和科层层级的延伸，股东此时获得企业各个环节的信息量在完整性、及时性和准确性上便会大打折扣。因此，加强中小企业管理人员的监督，引入董事会监督机制，可以提高董事会监督水平，从而降低道德风险，对他们的行为加以控制，把他们的行为引导到提高企业绩效的目标上来。

(3)契约不完备性的补充机制

由于契约不完备性，委托人和代理人之间同样存在着交易成本。根据哈特的观点，交易成本来源于三个方面：第一，环境是一个复杂的、多变的、多元的混沌系统，未来事件很难准确预见，对未来进行适当的计划是艰难的；第二，即使单个事件的计划具有操作性，但缔约双方也很难达成一致意见，因为每个人背景、知识构成和价值观存在差异性，甚至大相径庭，缺乏统一理念；第三，即使缔约双方能够将未来计划达成一致协议，也很难用语言将各种情况述写清楚。哈特还认为，随着时间推移和环境变化，不完全契约也必须重新修订和完善。重新协商又会产生许多成本，既可能是事前成本，也可能是事后成本①。

威廉姆森也对交易成本和契约不完备性关系作了系统的阐述。委托代理双方同样是契约人，他们无时无刻不存在着交易，并用各种显性或隐性的契约来规制他们的交易。第一，代理人是有限理性的；第二，具有行动的机会主义，这是代理人为寻求自我利益的深层次条件。因此，缺乏完善契约所需作出的承诺并不是不需要负责的理由②。威廉姆森的第一个假定表明，人是有限理性的，想要签订一个完备以适应未来各种可能出现的情况是"天方夜谭"；第二个假定表明，机会主义的盛行使委托代理双方的口头承诺显得"苍白无力"和"天真"，代理人可能随时损人利己。

因此，从契约不完备性来看，单靠契约来约束代理人行为，使他为企业绩效最大化服务甚至甘愿"牺牲"自身既定利益是一种"幼稚"的想法，故在契约签订以后董事会要加强对代理人的监督，防止其利用契约或合同存在的漏洞去牟取不正当利益，从而损害企业绩效。总之，董事会监督是一种对契约的补充力量，尽量减少代理问题，促使其为提高企业绩效而努力工作。

表 4-7 为以代理理论为视角研究企业绩效。从表 4-7 中可看出，代理理论认为，出于理性经济人的假设，会追求自身利益最大化，随着成长型中小企业引入外部投资者，股权沿着分散方向发展，管理者拥有的权利和自由也逐步扩大。如果缺乏监督，他们可能会追求与委托人或企业目标相悖的目标，置股东财富最大化于不顾，损害企业利益来谋求自身利益③。因此，董事会负有控制和激励代理人的责任以确保企业绩效最大化，实现股东财富最大化。监督是董事会非常重要的职能。董事会对企业绩效的贡献就在于阐明股东目标、将代理人的注意力集中在企业绩效上来，降低代理人偏离企业目标和程序所带来的代理成本。

表 4-7　以代理理论为视角研究企业绩效

维度	代理理论视角
董事会作用理论根源	金融学和经济学
董事会作用的操作性定义	监督激励代理人，降低代理成本，战略决策制定和控制，股东财富最大化，提高企业绩效
主要研究的变量	董事会特征，战略贡献
企业绩效标准	生存与发展，低运营成本，高企业绩效
董事会对绩效作用	监督代理人行为，提高效率并保护股东利益

四、结论

中小企业经过创立时期的发展，积累了一定的经营经验和方法，过渡到成长期，遇到了新的问题。对于西部地区来说，成长型中小企业面临复杂多变的环境，经济技术变革日新月异，单靠企业家冒险精神和创业才能已经无法推动企业绩效的持续增长，因此

---

① 哈特. 企业、合同与财务结构[M]. 上海：上海人民出版社，1998：25—28.
② 威廉姆森. 经济组织的逻辑[M]. 上海：上海人民出版社，1996：68.
③ Masson R T. Executive motivations, earnings and consequent equity performance[J]. Journal of Political Economy，1971，79(6)：1278—1292.

对资源尤其是人才资源的需求逐步加大；两权部分分离也开始出现，如何使成长型中小企业避免"大企业病"，提高代理人对促进企业绩效的动力和能力，也显得十分重要。因此，要实现中小企业绩效的提高，资源提供与监督控制至关重要。本章的董事会特征对企业绩效的影响机理就是基于这个层面来分析的。本书认为，适当的董事会规模、独立董事的引进、经济激励方式、富有效率的董事会会议和两职合一等董事会特征，能有效提高董事会人力资本和社会资本水平，进而提高董事会效能，最终促进企业绩效的提高。完善董事会制度，提高董事会治理水平，使董事会提供有价值的决策建议并对代理人进行监督，对于成长型中小企业绩效的提高有着重要意义。

第五章 我国西部地区成长型中小企业董事会治理指数对企业绩效影响的实证分析

第一节 我国西部地区成长型中小企业的发展历程与现状

一、我国西部地区成长型中小企业的发展历程

随着《中小企业促进法》《关于鼓励支持和引导个体私营等非公有制经济发展的若干意见》等一系列旨在促进中小企业发展的法律法规的实施，我国中小企业取得了空前的发展。

2000年年初，原国家经贸委中小企业司、国家统计局工业交通统计司和中国企业评价协会，共同发起设立了"中小企业发展问题研究"课题，重点研究我国中小企业，特别是成长型中小企业的发展状况与变动趋势。2001年4月，课题组首次联合发布了《中国成长型中小企业发展报告》，引起了社会各界的广泛关注。其后，课题组进行了为期2年的中小企业成长性的个案研究，积累了大量的实证研究成果。2003年，课题组又联合国家工商总局个体私营经济监管司、中华全国工商业联合会经济部，在认真总结首次实际评估效果、广泛征询专家意见和连续开展了2年的企业个案研究的基础上，按国家新发布的中小企业划分标准，针对我国非公经济6.8万家中小企业进行评估，并于同年12月发布了《2003年中国(非公经济)成长型中小企业发展报告》。2005年11月，由中国企业评价协会、国家发展与改革委员会中小企业司、国家统计局工业交通统计司、国家工商总局个体私营经济监管司、中华全国工商业联合会经济部、民建中央企业委员会社会服务部、中国民营科技实业家协会和深圳证券交易所策划国际部组成的"中小企业发展问题研究"联合课题组，运用"成长型中小企业评价方法"——GEP评估法，对2004年我国273 263家非公有制工业中小企业的整体发展状况进行了综合评估，推出了《2005年成长型中小企业发展报告》。可惜，这项活动没有坚持下来，此后就没有关于全国性的成长型中小企业发展报告的发表了。

为了贯彻落实国家促进中小企业发展的方针政策，甘肃、内蒙古、四川、重庆、陕西、云南、广西等西部省份近几年相继公布了成长型中小企业认定办法，评价本地区中小企业的成长性，培育一批中小企业做专、做精、做强、做大。根据各地区对成长型中小企业的界定，省级成长型中小企业是指在一定时间(一般3年以上)内，具有持续挖掘未利用资源能力，不同程度地表现出整体扩张态势，成长潜力大、未来发展预期良好的中小企业。

2006年，甘肃省出台了《甘肃省成长型中小企业评价方法(GSGEP)》，从盈利能力、偿债能力、可持续能力、发展能力、创新能力五个维度八个指标计算中小企业定量成长指数，从生产工艺设备先进程度、企业的信用等级、企业信息化水平、企业质量管理、设立研发机构、商誉与无形资产状况、企业管理、出口创汇等八个指标确定中小企业定性成长指数，根据中小企业定量成长指数、定性成长指数最终确定中小企业综合成长指数。

2006 年 3 月底，内蒙古自治区政府出台《关于促进工业中小企业发展的意见》，决定利用 5 年时间，围绕重点行业和骨干企业，培育壮大 1000 家基础条件比较好，产业发展优势明显，对推进产业结构调整、扩大就业作用突出的成长型中小企业，以此来带动全区中小企业持续、快速、健康发展。

2006 年，四川省全面启动实施"中小企业成长型工程"计划，推出"三个一"目标，即"十一五"期间，每年新增 1 万家微型企业，五年扶持 1000 家成长型企业，每年力争培育 10 家大型企业，五年培育 50 家大型企业，帮助中小企业融资 300 亿元，全面促进全省中小企业上档次、上规模、上水平。当年，由四川省中小企业局、四川省工商业联合会联合组织评选出 175 家"四川省成长型中小企业"并授牌。2011 年 1 月颁发《四川省经济和信息化委员会关于进一步实施"小巨人"企业培育计划和推进"成长型"中小企业加快发展的意见》，根据企业经营规模指标、成长性指标、资本结构指标、产业政策符合性指标、创新能力指标等进行综合评价。计划每年培育 200 户"小巨人"企业和 400 户"成长型"中小企业。力争在"十二五"末，培育年销售收入过 5 亿元"小巨人"企业 350 户、新增年销售收入过 1 亿元中小企业 300 户。对认定为四川省"小巨人"企业和"成长型"中小企业，政府在政策、资金、技术、管理等方面给予积极引导和支持。

2008 年，重庆市开始实施"51311"中小企业成长工程，即用 5 年时间，到 2012 年培育规模以上成长型中小企业 1 万户，其中年销售收入 3000 万元以上企业 3000 户，1 亿元以上企业 1000 户，10 亿元以上企业 100 户。

2009 年，陕西省发布《陕西省成长型中小企业评价认定标准》，主要从企业经济运行指标、创新成长性指标、企业发展潜力指标三大类指标综合评定中小企业成长性。其中，企业经济运行指标包括经营状况、盈利水平、经济效率、偿债能力、社会贡献五方面十个指标；创新成长性指标包括科技进步、科技含量和产品品牌三个指标；企业发展潜力指标包括经营者素质、技术储备、标准认证、信用等级、环境保护、安全生产、企业管理制度等七个指标。启动了陕西省中小企业成长工程——"百千万计划"。2011 年，陕西省围绕国民经济与社会发展第十二个五年规划中确定的产业结构方向，评荐出最具成长力中小企业 1000 名、最具投资价值中小企业 100 户，并助力这些中小企业健康快速发展，通过 5 年的努力，旨在打造出 10 户国内行业标杆企业。

2010 年，云南省发布《云南省省级成长型中小企业筛选认定暂行办法》，省工业和信息化委员会(简称工信委)决定从 2010 年起启动成长型中小企业筛选认定工作，在全省规模以上企业中实行，2010 年筛选认定 500 户成长型企业，到 2015 年达到 1000 户。

2010 年 12 月 16 日，广西政府办公厅印发《广西成长型中小企业评价办法》。计划通过优化政策环境等方式，用 3 年左右的时间，使一批中小企业成为竞争能力强、带动能力强的企业。

二、我国西部地区成长型中小企业的发展现状

2001 年，以陈清泰、香志强、蒋矜贵为代表的国务院发展研究中心、原国家经贸委等单位组成的课题组，对我国成长型中小企业进行了调查，并发布《成长型中小企业发展报告》。报告分析了成长型中小企业的规模和地位、行业结构、地区结构。截止到 1999 年年底，我国成长型中小企业已经具备一定的规模(表 5-1 和表 5-2)，在整个中小企

业中占有十分重要的地位。

表 5-1　成长型中小企业与全部中小企业主要经济指标比较

企业类型	企业个数/个	比例/%	销售总额/亿元	比例/%	利润总额/亿元	比例/%	资产总额/亿元	比例/%
全部中小工业企业	154169	100	37810.44	100	848.07	100	51098.51	100
成长型中小工业企业	46892	30.42	14934.31	39.50	771.91	91.03	15449.92	30.24

资料来源：领导决策信息编辑部. 成长型中小企业发展调查[J]. 领导决策息，2001，(22)：8—11.

表 5-2　成长型中小企业等的经济指标份额

企业类型	全国工业企业	大型工业企业	中、小型企业	成长型企业
企业个数/个	162033	7864	154169	46802
比例/%	100	4.85	95.15	28.94
销售总额/亿元	69851.73	32041.29	37810.44	14934.31
比例/%	100	45.87	54.13	21.38
利润总额/亿元	2288.24	1440.17	848.07	771.91
比例/%	100	69.94	37.06	33.73
资产总额/亿元	116968.90	65870.39	51098.51	15449.92
比例/%	100	56.31	43.69	13.21
人数/万人	4428	224	4204	1146
比例/%	100	5.06	94.94	25.88

资料来源：领导决策信息编辑部. 成长型中小企业发展调查[J]. 领导决策息，2001，(22)：8—11.

　　陈清泰、香志强、蒋矜贵还总结了成长型中小企业存在的问题，并分析了产生问题的原因。问题主要是成长型中小企业的比例偏低；成长型中小企业发展的地区结构严重不合理；成长型中小企业的"成长性"不足。产生问题的主要原因是中小企业自身存在的劣势，如规模小，实力弱，资信差，成本高，融资渠道少，难度大等；传统"大而全""小而全"体制制约；中小企业产权结构不合理；外部政策环境歧视中小企业发展。中西部地区社会经济发展相对滞后、私营经济发展相对缓慢、大企业对中小企业带动能力弱、参与国际分工程度低，成长型中小企业的发展一直落后于东部发达地区，自身缺陷更加严重。

　　为促进成长型中小企业的发展，创业板在 2009 年 10 月 30 日正式开通，首批 28 家优秀的成长型中小企业公开发行股票，并在深圳证券交易所创业板挂牌上市交易（表 5-3 和表 5-4）。创业板为成长型中小企业提供了融资支持，对中小企业发展发挥了巨大的推动作用。我国创业板市场快速发展，为区域经济发展发挥了重大作用，但西部地区成长型中小企业的表现显得差强人意，西部地区企业与中东部地区企业的差距显得更加明显。截至 2011 年 12 月 31 日，创业板共上市 281 家，其中西部地区 24 家，占 8.54%，总市值 743.379 亿元；2012 年 12 月 31 日，创业板上市 355 家，其中西部地区 27 家，占 7.6%，总市值 8731.20 亿元。表 5-3 和表 5-4 分别为创业板上市公司分布情况表和创业板上市公司行业分布情况表。

表 5-3　创业板上市公司分布情况表　　　　　　　　　　（单位：家）

地区名称	省区市名称	创业板上市公司数量		省区市名称	创业板上市公司数量	
		2011 年	2012 年		2011 年	2012 年
东部 10 省区市	北京	38	53	浙江	26	36
	天津	4	5	福建	9	10
	河北	5	5	山东	14	18
	上海	23	28	广东	62	76
	江苏	28	41	海南	2	2
		合计			211	274
中部 6 省	山西	2	2	河南	8	8
	安徽	7	7	湖北	10	11
	江西	2	3	湖南	8	11
		合计			37	42
东北 3 省	辽宁	6	10	黑龙江	1	1
	吉林	1	1			
		合计			8	10
西部 12 省市区	内蒙古	2	3	西藏	0	0
	广西	0	0	陕西	6	6
	重庆	4	4	甘肃	2	2
	四川	7	7	青海	0	0
	贵州	0	1	宁夏	0	0
	云南	1	1	新疆	2	3
		合计			24	27
		合计			281	355

资料来源：深圳证券交易所网站

表 5-4　创业板上市公司行业分布情况表　　　　　　　　　　（单位：家）

	2011 年上市公司数量	2012 年上公司数量
农林牧渔	7	8
采掘业	4	5
制造业	186	227
食品饮料	3	3
造纸印刷	2	2
石化塑胶	31	37
电子	34	45
金属与非金属	10	15
机械设备	81	98

续表

	2011 年上市公司数量	2012 年上公司数量
医药生物	22	24
其他制造业	3	3
建筑业	2	3
运输仓储业	2	3
信息技术	55	77
批发零售	2	2
社会服务	14	19
传播文化	9	11
合计	281	355

资料来源：深圳证券交易所网站

通过分析发现，西部地区创业板上市公司规模小，数量少，募集资金数额少。主要原因是西部地区经济发展水平较低，西部地区企业所处行业不具备优势，西部省份上市资源匮乏。

第二节　我国西部地区成长型中小企业董事会治理评价指标体系的构建

一、国外董事会治理评价研究

董事会治理实践完善的需求促进了董事会治理评价的产生和发展，董事会是公司治理机构的核心，董事会治理评价在公司治理评价体系的发展中具有一定的超前性。

1952 年，美国机构投资者协会设计了正式评价董事会的程序，开创了公司治理评价的先河。随后，有关公司治理与评价的研究成果不断出现，使公司治理评价理论不断深化。1993 年，Walter J. Salmon 提出了诊断董事会的 22 个问题；1998 年，标准普尔公司创立了公司治理服务系统，并于 2004 年进行了修订；1999 年，欧洲戴米诺公司推出戴米诺公司治理评价系统；2000 年，里昂证券推出了里昂公司治理评价系统。此外，还存在 Brunswick Warburg、ICLCG（Institute of Corporate Law and Corporate Governance）、ICRA（Information and Credit Rating Agency）、世界银行公司评价系统、泰国公司治理评价系统、日本公司治理评价系统等诸多公司治理评价系统，有效地促进了全球公司治理效率的改进与治理水平的提高。

尽管董事会的主要职能是监督和战略管理，但是，董事会本身也是一个代理机构，也需要对其进行绩效管理。一般情况下，董事会绩效需要由外部第三方机构进行考核评价，而不应由其自身进行评估。董事会治理评价体系的建立是实施董事会治理考核评价的基础，而董事会治理评价的实施是提高董事会治理效率的有效途径。因此，在世界各国上市公司董事会治理实施过程中，均对董事会治理评价体系的构建给予足够的重视与关注，从而促进了董事会治理评价理论的迅速发展。

二、国内董事会治理评价研究

近年来，对董事会治理评价的研究在我国也广泛地开展起来，对我国上市公司董事会治理水平的提升产生了积极的影响。其中，南开大学公司治理研究中心[①]在该研究领域取得了卓越的成就，引起了国内外公司治理研究领域的高度关注。2000 年，南开大学公司治理研究中心根据我国公司治理的特征提出了《中国公司治理原则》。2003 年，该中心以《上市公司治理准则》为基准，综合考虑《公司法》《证券法》《上市公司章程指引》《上海证券交易所上市公司治理指引》（征求意见稿）《关于在上市公司建立独立董事制度的指导意见》《股份转让公司信息披露细则》等有关上市公司的法律法规及其相应的文件，同时借鉴国内外已有的公司治理评价指标体系，设计推出中国上市公司治理评价指标体系，涉及控股股东行为、董事会治理、经理层治理、信息披露、利益相关者治理、监事会治理等六个维度。南开大学公司治理评价一直处于动态性的调整中，因为我国上市公司的治理环境处于初级发展阶段，带有较大程度的不确定性。2003 年之后，经过四年多的努力，南开大学公司治理评价研究中心又提出了新的治理评价体系，简称南开公司治理评价系统（CCGI^{NK}）。2007 年，南开公司治理评价系统将董事与董事会要素分为 5 个指标：董事会权利与义务、董事会运作效率、董事会组织结构、董事薪酬和独立董事制度[②]。

既然董事会治理是公司治理的核心，董事会治理评价也成为公司治理评价体系的关键组成部分，董事会治理评价作为公司治理评价的关键内容，一直是国外学者研究及投资者关注的重点，在全美公司董事联合会确定了董事会评价的核心内容之后，美里昂证券（CLSA）分别以董事会的结构与运作、董事会的质量、董事会的结构与功能、董事会的独立性和问责性为重点构建了不同的董事会治理评价方法，如表 5-5 所示。国外的董事会治理评价研究源于其完善的资本市场和成熟的董事会制度[③]。

表 5-5　国外董事会治理评价方法综述

组织	董事会治理评价内容
美国标准普尔	董事会的结构和组成、董事会职能和有效性、外部董事的职能和独立性、董事和高层管理人员的薪酬评价和任免政策
美国《商业周刊》	董事会的独立性、董事的素质、董事持有股份、董事会活动质量等 16 项标准
欧洲戴米诺公司	独立董事与董事会主席关系、独立董事与 CEO 关系、董事会的选举、董事薪酬、董事会委员会的运作和权力
里昂证券	董事会的独立性、董事会的问责性

南开大学公司治理研究中心公司治理评价课题组关于董事会治理评价的研究最为突出。李维安和张耀伟[④]借鉴国外关于董事会治理评价研究文献的同时，结合我国的具体经济环境和公司制度的实际情况，系统地建立了公司董事会治理评价指标，对上市公司董

　　① 南开大学公司治理研究中心课题组. 中国上市公司治理评价系统研究［J］. 南开管理评论，2003，（3）：4－12.

　　② 许忠，李明星，张同建. 基于 CCGI^{NK}的董事会治理评价研究［J］. 财会通讯，2011，（11）：53－54.

　　③ 李维安，张耀伟. 中国上市公司董事会治理评价实证研究［J］. 当代经济科学，2005，（1）：17－108.

　　④ 李维安，张耀伟. 中国上市公司董事会治理评价实证研究［J］. 当代经济科学，2005，（1）：17－108.

事会治理状况进行指数化评价，完成董事会治理情况与公司绩效的实证研究。确认了董事会治理评价体系的内容后，从五个维度、十六个方面构建了上市公司董事会治理评价体系。五个主因素（及对应的子因素）分别是董事会权利和义务（董事遴选、董事薪酬、培训状况、自身能力考核）、董事会的运作效率（董事会规模、董事会构成、董事会会议时间）、董事会组织结构（董事会领导结构、专业委员会的设置、专业委员会运行状态）、董事薪酬（董事薪酬水平、董事薪酬形式、董事绩效评价）、独立董事制度（独立董事比例、独立董事激励、独立性）。采用的评价标准是以百分制进行赋值，最大值为百分之百，最小值为零。

时勇等[1]利用四川上市公司 2002 年度报表的数据，从股权结构、董事会构成及特征、董事会成员激励状况等方面讨论了四川上市公司董事会治理结构的特征，表明股权结构不合理、国有股权"一股独大"的现象、董事会成员专业结构不太合理、董事薪酬构成比较单一、缺少期权等长期激励性报酬是四川上市公司董事会治理的主要缺陷。陈晓红等[2]在对国内外相关文献进行评述的基础上构建中小上市公司董事会治理的指标体系，并对 132 家中小上市公司董事会治理状况与企业成长性关系进行实证分析，结果表明，现阶段董事会治理不是促进我国中小上市公司高成长性的源泉。因此，我国中小上市公司必须加强董事会治理机制的改善与建设，切实改善公司治理绩效。

李维安等在 2005 年通过对 2002 年 931 家有效上市公司数据进行评价和实证研究发现，上市公司董事会治理指数基本呈现正态分布，样本公司董事会治理整体水平较低、公司间整体差异较小，但从单个维度出发，公司间差异较大。从控股股东性质出发，民营企业为控股股东的董事会治理指数最高，以外资企业为控股股东的董事会治理指数较低，董事会治理与公司绩效之间呈现"倒 U"型的相关关系。

李维安和唐跃军[3]基于 2003 年的评价样本，从中国上市公司治理指数及其所涉及的六个维度进行实证研究发现：上市公司治理指数对总资产收益率、每股净资产、加权每股收益、每股经营性现金流量、总资产周转率、总资产年度增长率、财务预警值均有显著的正面影响，这表明拥有良好的公司治理机制有助于提升企业的盈利能力、股本扩张能力、运营效率、成长能力，有助于增强财务弹性和财务安全性。公司治理中所涉及的控股股东治理、董事会治理、经理层治理、信息披露、利益相关者治理、监事会治理机制，在很大程度上决定了上市公司是否能够拥有一套科学的决策制定机制与决策执行机制，这将对公司业绩和公司价值产生直接而深远的影响。

李维安和孙文[4]基于 2004 年和 2005 年中国上市公司数据，用南开大学董事会治理指数衡量中国上市公司董事会治理水平，对上市公司董事会治理与公司绩效之间的关系进行了实证研究。研究结果表明，中国上市公司董事会治理指数与公司绩效的改善之间存

① 时勇，黄健柏，扶缚龙．四川省上市公司董事会治理实证研究[J]．财经科学，2004，(3)：118-121．
② 陈晓红，尹哲，曾江洪．中小企业董事会治理水平与成长性关系之研究——基于沪深中小上市公司的经验分析[J]．华东师范大学学报，2007，(3)：115-120．
③ 李维安，唐跃军．公司治理评价、治理指数与公司业绩——来自 2003 年中国上市公司的证据[J]．中国工业经济，2006，(4)：98-107．
④ 李维安，孙文．董事会治理对公司绩效累积效应的实证研究——基于中国上市公司的数据[J]．中国工业经济，2007，(12)：77-84．

在显著相关关系，即董事会治理对公司绩效的影响存在累积效应，董事会治理对公司绩效改善的影响主要来源于董事会组织结构建设和董事薪酬激励的作用，而董事权利与义务、董事会运作和独立董事制度对公司绩效的影响则不显著。进一步的研究还发现，公司绩效的行业固定效应随董事会治理水平的提高而弱化，并且董事会治理对公司绩效影响的累积效应边际递增。

张耀伟[①]在优化中国上市公司董事会治理评价指标体系的基础上，利用董事会治理评价指数及其与公司绩效的关系进行实证分析。实证结果显示，董事会治理质量趋于改善，独立性有所增强，但整体治理指数仍然较低；行业因素、控股股东性质对董事会治理产生重要影响，即行业的竞争性越强，董事会治理质量越高，当控股股东为职工持股会和民营企业时，董事会治理指数较高；不同董事会治理机制间存在替代效应，董事会治理水平的提高对公司绩效产生显著的正向效应，由于替代效应的存在，单一董事会治理机制与公司绩效间的关系缺乏显著性和一致性，但作为一个整体，董事会治理质量的改善显著地提高公司绩效。李维安等是国内目前研究董事会治理评价的先锋者和领路人。

三、我国成长型中小企业董事会治理评价指标体系设计

本节参照南开大学公司治理研究中心公司治理评价课题组的董事会治理评价体系，结合成长型中小企业董事会治理特点，构建了成长型中小企业董事会治理评价指标体系和衡量方法（表 5-6）。

表 5-6 成长型中小企业董事会治理评价指标体系

一级指标	二级指标	评价标准
董事会权利与义务指数（$CCGI_{BOD1}$）	董事会权利与义务（$CCGI_{BOD11}$）	公司章程载明董事会职权和义务规则
	董事出席董事会的次数（$CCGI_{BOD12}$）	符合证监会对此方面的要求和积极主动地参与董事会活动，载明缺席原因
	董事年培训情况（$CCGI_{BOD13}$）	董事应积极主动参与相关法律法规培训
	董事遴选（$CCGI_{BOD14}$）	载明各董事候选人详细情况，公布选聘流程与结果
董事会运行效率指数（$CCGI_{BOD2}$）	董事会规模（$CCGI_{BOD21}$）	《公司法》规定股份有限公司的董事会成员为 5~19 人
	董事会成员构成（$CCGI_{BOD22}$）	外部董事和独立董事占多数，且具有不同的专业知识
	董事会会议年召开次数（$CCGI_{BOD23}$）	董事会应根据需要及时召开，章程中载明
	董事会会议召开程序（$CCGI_{BOD24}$）	《公司法》要求，通知、举行、表决、签名、记录、公告
	董事会会议记录情况（$CCGI_{BOD25}$）	全面、具体、翔实并签字
董事会组织结构指数（$CCGI_{BOD3}$）	董事会领导结构（$CCGI_{BOD31}$）	董事长和总经理两权合一有利于实际控制人对公司的控制、监督和管理
	审计委员会的设置（$CCGI_{BOD32}$）	设置审计委员会并有效运行，且审计委员会中会计人数至少 1 人
	战略委员会的设置（$CCGI_{BOD33}$）	设置战略委员会并有效运行
	提名委员会的设置（$CCGI_{BOD34}$）	设置提名委员会并有效运行
	薪酬与考核委员会的设置（$CCGI_{BOD35}$）	设置薪酬与考核委员会并有效运行

① 张耀伟. 董事会治理评价、治理指数与公司绩效实证研究[J]. 管理科学，2008，(5)：11-18.

续表

一级指标	二级指标		评价标准
董事会薪酬指数（$CCGI_{BOD4}$）	董事薪酬水平（$CCGI_{BOD41}$）		董事薪酬应与绩效挂钩，同时采用合理的激励形式
	董事薪酬形式（$CCGI_{BOD42}$）		
	董事绩效评价标准的建立情况（$CCGI_{BOD43}$）		制定评价标准
董事会独立性指数（$CCGI_{BOD5}$）	独立董事职能（$CCGI_{BOD51}$）		独立董事应对公司重大经营决策等事项履行监督咨询职责
	独立董事比例（$CCGI_{BOD52}$）		至少是董事成员的 1/3
	独立董事独立性（$CCGI_{BOD53}$）		独立董事制度指导意见
	独立董事激励（$CCGI_{BOD54}$）		合理的独立董事激励约束
实际控制人能力指数（$CCGI_{BOD6}$）	知识结构（$CCGI_{BOD61}$）	专业知识（$CCGI_{BOD611}$）	实际控制人专业是否与公司主营业务对口
		教育程度（$CCGI_{BOD612}$）	实际控制人教育程度影响公司的经营
		工作经验（$CCGI_{BOD613}$）	实际控制人就业年限影响公司经营发展
		技术职称（$CCGI_{BOD614}$）	实际控制人职称影响其声誉和关系网络
	身心素质（$CCGI_{BOD62}$）	身体健康状况（$CCGI_{BOD621}$）	实际控制人身体健康有助于其领导管理
		心理承受能力（$CCGI_{BOD622}$）	实际控制人失败次数反映其受挫能力，公司经营年限反映个人心理忍耐力
		个人品质（$CCGI_{BOD623}$）	个人是否存在恶性事件或者犯罪记录影响公司经营声誉
	决策能力（$CCGI_{BOD63}$）	个人财富（$CCGI_{BOD631}$）	实际控制人在其他上市公司或控股公司拥有的财富影响其投资战略和风险承受能力
		判断能力（$CCGI_{BOD632}$）	公司经营年限体现了实际控制人对市场环境的正确判断，有助于公司的有效经营
		信息利用能力（$CCGI_{BOD633}$）	公司经营年限也体现实际控制人对信息的合理挖掘能力，有助于及时做出相应决策

注：本表是参考南开大学公司治理研究中心公司治理评价课题组[①]的董事会治理评价指标体系设计的我国成长型中小企业董事会治理评价指标体系

表 5-6 在参照南开大学公司治理研究中心公司治理评价课题组的董事会治理评价体系的基础上作了如下变动。

一是董事权利与义务指数。舍弃了"董事薪酬"和"自身能力考核"两个二级指标，加入了"董事权利与义务"和"董事出席董事会的次数"两项二级指标。因为董事薪酬与"董事薪酬"的一级指标重复，董事自身能力考核比较复杂。本书还在董事会治理评价的一级指标内加入了"实际控制人能力指数"，相对而言更具有实践意义和重要价值，因此舍弃了"董事自身能力考核"的二级指标。加入"董事权利与义务"的原因是董事

---

① 南开大学公司治理研究中心课题组. 中国上市公司治理评价系统研究[J]. 南开管理评论，2003，(3)：4—12.

在行使权利和履行义务的时候应该有一定的基准和原则，并非随意实施，在公司章程内明确董事的权利与义务更有利于董事行使权利和履行义务的考核。董事出席董事会是行使权利和履行义务最主要和最直接的方式，也是董事的基本任务，所以比较适用于在"董事权利与义务"一级指标内进行考察。

二是董事会运行效率指数。舍弃了"董事会会议时间"二级指标，加入了"董事会会议年召开次数""董事会会议召开程序""董事会会议记录情况"三个二级指标。成长型中小企业董事会会议时间在相关的法律法规中有适当的要求，董事会必须定期召开两次会议，会议一般在公司半年度和年度报告披露前的一定时间内召开，临时董事会会议根据公司的需要进行，所以"董事会会议时间"对于董事会的运行效率评价而言不具有重要意义。董事会会议年召开次数是董事会治理的重要特征之一，既反映了董事会的决策效率，也反映了董事会的成本支出，因此非常有必要在对成长型中小企业董事会治理评价的体系中加入"董事会会议年召开次数"。董事会会议的召开程序是董事会遵行法规行使权利的一个重要体现，如果没有相关的程序限制，不利于对董事会的监督和考察。董事会会议记录是股东、债权人等利益相关者查阅董事会运行的重要凭证。

三是董事会组织结构指数。本书的成长型中小企业董事会治理评价体系中，只是将南开大学公司治理研究中心公司治理评价课题组的董事会治理评价体系一级指标"董事会组织结构"的专业委员会的设置和委员会运行状态细分为"审计委员会的设置""战略委员会的设置""提名委员会的设置""薪酬与考核委员会的设置"四个二级指标，实际考察了四个委员会的设置和运行状况。详细的设置更有利于体现成长型中小企业专业委员会的设置和运行状态，如果只设定"专业委员会的设置"指标，难以体现成长型中小企业具体偏向于设置何种专业委员会，行使董事会的哪些职能，也不利于公司在年报内对专业委员会的运作进行详细披露和考察。

四是董事会薪酬指数。等同于南开董事会治理体系中的一级指标"董事薪酬"，相对而言没有实质性的变动，只是在评价指标的字面上进行了些许调整。

五是董事会独立性指数。加入了"独立董事职能"指标，原因是国内的独立董事普遍存在"花瓶式"现象，没有充分发挥独立董事的独立性和监督职能，所以明确独立董事的职能能够为成长型中小企业独立董事制度的发挥奠定法律基础，在规范独立董事行为的同时，严格要求独立董事应担负的责任，督促独立董事的监督职能。独立董事职责范围的界定限制了董事会行使权利的随意性，如董事的选聘、董事薪酬的考核等，能够保证独立董事的话语权。

六是实际控制人能力指数。增加实际控制人能力指数是基于我国成长型中小企业产生、发展的特殊背景，实际控制人是中小企业创立成长、发展壮大过程中的灵魂人物和精神领袖，实际控制人的能力是推动和制约企业进一步发展的关键因素。本书将"知识结构""身心素质"和"决策能力"作为实际控制人能力指数的一级指标，知识结构指标设置"专业知识""教育程度""工作经验"和"技术职称"四个二级指标，分别从"专业技术知识学习的内容""学习时间长短""就业时间长短"和"社会对专业技术水平的认定"等方面评价实际控制人的知识结构和水平。身心素质指标设置"身体健康状况""心理承受能力"和"个人品质"三个二级指标，分别从有无重大疾病创业失败次数诚信记录等方面评价实际控制人的身心素质高低。决策能力设置"个人财富""判断能力"和

"信息利用能力"三个二级指标，分别从"资产抗风险水平""经营企业时间长短""经营企业绩效"等方面评价实际控制人的决策能力高低。实际控制人能力指数是本书针对成长型中小企业董事会治理的特殊情况而设置的，与南开大学公司治理研究中心公司治理评价课题组针对发展较成熟、公司治理较完善的上市公司董事会治理评价体系存在差异。

第三节　实证研究样本资料的选择

一、研究对象

所谓成长型中小企业，是指在较长时期（如 5 年以上）内，具有持续挖掘未利用资源的能力，不同程度地表现出整体扩张的态势，未来发展预期良好的中小企业。那么，如何判定一个中小企业是否为成长型中小企业呢？关于成长型中小企业的判定方法，目前国内外尚没有形成公认的权威标准。2000 年 4 月，中国企业评价协会会同原国家经贸委中小企业司、国家统计局工业交通统计司，共同设立了"中小企业发展问题研究"课题，提出了一种专门评估成长型中小企业的方法——GEP 评估法。该评估法以企业实际财务指标为直接依据，建立包括发展状况、获利水平、经济效率、偿债能力和行业成长性 5 大类指标的综合指标体系，然后运用二维判断法来科学、规范地对成长型中小企业进行综合评估①。

"成长型中小企业评估方法"直接采用企业财务数据进行评估，在微观层面反映了企业经营绩效，目前是我国各省市评价中小企业成长性的主要方法。然而各省市也根据经济环境的差异，并结合本省实际经济发展状况进行了相应的调整，例如，浙江省从企业信用潜质、企业创新能力、企业外向度、企业社会效益、指标间的低相关性和人为因素六个方面改进企业评估方法②。云南省成长型中小企业筛选认定标准参照 GEP 评估法，结合本省实际发展状况赋予发展状况指标权重 40 分、创新能力指标权重 30 分、管理能力指标权重 10 分、人力资源指标权重 10 分、融资及偿债能力指标权重 10 分。广西省在 GEP 评估法基础上增加技术改造投入、品牌建设情况、产品知识产权状况、企业自主研发条件情况、外贸情况、信用等级等非财务指标。山西省制定了企业发展潜力指标评分评定表和创新成长性指标评分评定表两个非财务指标量化标准。江苏省在 GEP 评估法基础上增加企业社会责任能力和企业技术的创新能力等非财务指标③。综合各省市对 GEP 评估法的改进，本书发现其两大缺点：一是评估法缺少企业非财务指标评定标准；二是各大类指标权重的评定人为主观性较强，实际运用难度非常大。

中国企业评价协会会同国家发展与改革委员会中小企业司、国家统计局工业交通统计司、国家工商行政管理总局个体私营经济监管司、中华全国工商业联合会经济部等联合成立的"中小企业发展问题研究"联合课题组分别在 2004 年、2005 年联合发布了

---

① 国家经济贸易委员会中小企业司，国家统计局工业交通统计司，中国企业评价协会联合课题组. 成长型中小企业评价的方法体系[J]. 北京统计，2001，(5)：9—10.

② 王军，万鹏. 成长型中小企业评价体系综述[J]. 武汉科技大学学报（社会科学版），2007，(1)：34—38.

③ IUD 领导决策数据分析中心. 4 地区成长型中小企业认定标准比较[J]. 领导决策信息，2011，(18)：30—31.

"中国成长型中小企业发展报告"，报告性质为阶段性专题研究报告，以我国成长型中小企业为研究主题，着重考察我国非公有制制造业中小企业的成长速度状况，旨在通过分析非公有制中小企业成长过程中呈现的基本特征，提出有利于非公有制中小企业健康平稳、可持续成长的政策建议。报告对不同行业、不同经济区域及不同企业规模的非公有制中小企业的成长特征进行综合分析，旨在加强对企业成长状况进行整体判断的准确性。报告为本书确定成长型中小企业研究对象提供了借鉴。

自 2001 年 GEP 评估法建立以后，在经历了经济的繁荣、金融海啸的洗礼、经济硬着陆到软着陆、产业发展胶着等各项冲击之后，经济环境、企业规模、企业成长性、企业发展重心均发生了大幅度变化。无论是中小企业发展报告，还是各省市成长型中小企业的评价办法都没有一个权威的、公认的成长型中小企业评价模板。应运而生的创业板为决策者、投资者、学者提供了一个公正、公开的评价中小企业成长性的平台。创业板上市企业不仅需要满足硬性的财务指标，还需要满足企业规模、行业属性、经营风险、创新能力等非财务成长性指标，更重要的是需要时刻承受着严厉的监管。

创业板是对应于主板市场的另外一个二板市场。主板市场的上市公司通常是一些大型、成熟的企业，经营风险相对较小，一些不符合主板市场上市要求的小企业不得不通过场外市场和地方性的交易柜台上市融资。正是为了解决小企业融资难题，自 20 世纪 60 年代开始，欧洲、北美等区域的国家开始在其国内创建并推行创业板市场。直至今日，创业板已经成为协助中小型企业，尤其是一些高成长性的高科技小企业融资的平台。创业板市场有效地补充主板市场的不足，填充小企业在资本市场融资的空缺。创业板市场上市的企业大多数属于高科技、高成长性企业，成立的时间短、规模小，业绩不显著。创业板对申请上市的企业进入门槛低，但是要求运作方面的法规比较严格，有助于有潜力的中小企业获得融资机会进一步发展。创业板市场又为风险资本营造了一个正常的退出机制，也是我国调整产业结构、推进经济体制改革的重要手段。

创业板上市公司是成长型中小企业的典型代表，本书采用创业板上市公司作为"成长型中小企业"的研究样本。

二、研究期间与资料收集

本书主要研究对象是成长型中小企业，研究样本数据来源于创业板上市公司。基于深圳证券交易所对创业板上市公司年度报告披露的要求，本书研究对象的时间为 2012 年 12 月 31 日，起始日为首批创业板上市公司交易日 2009 年 10 月 30 日。深圳证券交易所创业板截止到 2011 年 12 月 31 日共有 281 家上市公司，截至 2012 年 12 月 31 日共有 355 家上市公司。考虑到选取研究样本数量、指标数据及本书拟重点研究的实际控制人能力指标，本书的研究对象确定为 2012 年 12 月 31 日前上市的 355 家上市公司，同时将没有实际控制人[①]的上市公司剔除，剩余 260 个上市公司。本书手工查阅了 260 家上市公司的《首次公开发行股票并在创业板上市招股说明书》、公司章程及公司股票公开发行以来每

---

① 本书研究的实际控制人与法律定义的实际控制人有微小调整，为了增加研究对象数量和进行单一分析，本书实际控制人是对公司有直接或间接控制权的单个自然人，或者对公司有实际或间接控制权的多个自然人、众多一致行动人中最具决策影响力的自然人，不包括根据法律定义没有实际控制人的公司自然人

年披露的年报，评价每个上市公司的董事会治理 23 项可量化指标。本书董事会治理水平的研究期间确定为 2011 年度和 2012 年度（上市公司年度报告数据于次年对外公告）。为了对创业板董事会治理指数进行深入分析和比较，本书还进行了不同区域和不同行业的对比分析。

中华人民共和国国家统计局（以下简称国家统计局）根据《中共中央、国务院关于促进中部地区崛起的若干意见》《国务院发布关于西部大开发若干政策措施的实施意见》及党的十六大报告，将我国的经济区域划分为东部、中部、西部和东北四大地区，东部包括北京、天津、河北、上海、江苏、浙江、福建、山东、广东和海南；中部包括山西、安徽、江西、河南、湖北和湖南；西部包括内蒙古、广西、重庆、四川、贵州、云南、西藏、陕西、甘肃、青海、宁夏和新疆；东北包括辽宁、吉林和黑龙江三大省。根据国家统计局的划分方法，本书研究对象分成东部成长型中小企业、中部成长型中小企业、西部成长型中小企业、东北部成长型中小企业。东部地区创业板上市公司包括特锐德、神州泰岳、南风股份等 201 家，中部地区创业板上市公司包括汉威电子、安科生物、爱尔眼科等共计 34 家，西部地区创业板上市公司包括莱美药业、大禹节水、吉峰农机等共计 18 家，东北地区创业板上市公司包括九洲电气、奥克股份、智云股份等共计 7 家。东部地区创业板上市公司数量远高于其他地区，甚至大于其他三大区域创业板上市公司数量之和。

第四节　模型构建、检验及分析

一、成长型中小企业董事会治理指数对企业绩效的影响分析

（一）董事会权利与义务指数（CCGI$_{BOD1}$）与企业绩效

1. 董事会权利与义务（CCGI$_{BOD1}$）评价标准

（1）董事会权利与义务（CCGI$_{BOD11}$）

董事会权利和义务是董事会治理的重要组成部分，权利和义务的规定为董事会正确履行职责作出了指引，同时保证了董事不会因为杂乱无章的事务工作而无法确认工作重点，有利于董事会对公司发展战略的制定和实施监督。《中华人民共和国公司法》（以下简称《公司法》）规定上市公司的公司章程必须载明董事的权利和义务，《深圳证券交易所创业板上市指引》指出了上市公司董事的忠实和勤勉义务。

忠实义务包括但不限于[①]：一是不得挪用公司资金；二是不得将公司资产或者资金以其个人名义或者其他个人名义开立账户存储；三是不得违反公司章程的规定，未经股东大会或董事会同意，将公司资金借贷给他人或者以公司财产为他人提供担保；四是不得违反公司章程的规定或未经股东大会同意，与本公司订立合同或者进行交易；五是未经股东大会同意，不得利用职务便利，为自己或他人谋取本应属于公司的商业机会，自营

---

① 深圳证券交易所创业板上市公司规范运作指引，深证上（2009）106 号。

或者为他人经营与本公司同类的业务；六是不得接受与公司交易的佣金归为己有；七是不得擅自披露公司秘密；八是不得违反对公司忠实义务的其他行为；九是遵守法律、行政法规、部门规章及公司章程规定的其他忠实义务。

勤勉义务总计六条，包括但不限于[①]：一是应该谨慎、认真、勤勉地行使公司赋予的权利，以保证公司的商业行为符合国家法律、行政法规及国家各项经济政策的要求，商业活动不超过营业执照规定的业务范围；二是应该公平对待所有股东；三是及时了解公司业务经营管理状况；四是应当对公司定期报告签署书面确认意见，保证公司所披露的信息真实、准确、完整；五是应当如实向监事会提供有关情况和资料，不得妨碍监事会或者监事行使职权；六是应该遵守法律、行政法规、部门规章及公司章程规定的其他勤勉义务。

同时，上市公司章程也必须载明董事会应该履行的职权，包括但不限于[②]：一是负责召集股东大会，并向股东大会报告工作；二是执行股东大会的决议；三是决定公司的经营计划和投资方案；四是制订公司的年度财务预算方案、决算方案；五是制订公司的利润分配方案和弥补亏损方案；六是制订公司增加或减少注册资本、发行股票、债券或其他证券及上市方案；七是拟订公司重大收购、收购本公司股票或者合并、分立、解散及变更公司形式的方案；八是在股东大会授权范围内，决定公司对外投资、收购出售资产、资产抵押、对外担保事项、委托理财、关联交易等事项；九是决定公司内部管理机构的设置；十是根据董事长的提名聘任或者解聘公司总经理、董事会秘书，根据总经理的提名聘任或者解聘公司副总经理、财务总监及其他高级管理人员，并决定其报酬事项和奖惩事项，拟订并向股东大会提交有关董事报酬的数额及方式的方案；十一是制定公司的基本管理制度；十二是制订本章程的修改方案；十三是管理公司信息披露事项；十四是向股东大会提请聘请或更换为公司审计的会计师事务所；十五是听取公司总经理的工作汇报并检查总经理的工作；十六是遵守法律、行政法规、部门规章或公司章程授予的其他职权。

本书确定董事会权利和义务的衡量标准时，如果被评价公司在公司章程中载明董事会的权利和义务，并且载明的权利和义务的内容包括本书所叙述的条例，符合相关法律法规的要求，那么该公司的董事会权利和义务符合董事会治理评价体系指标的标准，给予满分 1 分评价。反之，若该公司章程载明的董事会权利和义务细则不完整，给予 0 分的评价。

（2）董事出席董事会的次数（CCGI$_{BOD12}$）

董事的权利和部分义务通过董事会会议实施，公司整体和业务单元战略决策是董事会会议的产物，因此董事会会议的决议对于公司的发展和运营举足轻重。董事会之所以能够称为公司的核心智囊团，是因为它由众多拥有丰富经验、才能和知识的董事组成，经过董事提议、讨论和表决而产生公司章程、决议。理论上董事有义务出席每次董事会会议，只有充分、及时参与董事会会议，才能使得每次董事会决议足够完整、准确。实际上，因为董事工作多，业务繁忙，事务缠身，如果董事会会议即将审议的事项相对重要程度不及某董事正参与的活动，董事可以委托他人代为参与，并说明原因。但是不应

---

① 深圳证券交易所创业板上市公司规范运作指引，深证上（2006）106 号.
② 中华人民共和国. 中华人民共和国公司法（2013 年修订）[M]. 北京：中国法制出版社.

该无故缺席，那样表现得毫无责任，不能起到良好的模范带头作用，也不符合公司章程和规范。

《公司法》第一百一十三条明确指出："董事会会议，应由董事本人出席；董事因故不能出席，可以书面委托其他董事代为出席，委托书中应载明授权范围。"《创业板上市公司规范运作指引》提到："出现连续两次未亲自出席董事会会议或任职期间内连续 12 个月未亲自出席董事会会议次数超过其间董事会总次数的二分之一两种情形之一的，董事应当作出书面说明并向深圳证券交易所报告。"

本书关于董事出席董事会会议次数的衡量标准为创业板上市公司非独立董事（"董事独立性评价"小节将专门针对独立董事参加董事会会议次数给出评价，为了防止重复评价，此处只衡量非独立董事出席董事会会议情况）应该积极主动亲自参与董事会每次会议，如果遇到不能亲自出席的情况，应该以书面形式委托其他董事参与，并说明缺席原因。评价董事出席董事会会议次数，如果上市公司董事未发生无故缺席董事会会议的情形给予满分 1 分，如果上市公司董事发生无故缺席董事会会议的情形给予 0 分。本书采取的衡量标准严格按照法律要求制定，是上市公司董事必须达到的最低标准，所有只有肯定和否定的评级，没有区分等级优劣。

(3)董事年培训情况(CCGI$_{BOD13}$)

社会环境日新月异，金融环境日趋复杂，政府法律法规层出不穷，国内资本市场仍处在不断完善的过程中，创业板上市公司相关法律法规连续出台和发布，董事必须了解其所处的市场环境，并采取相应措施不断改进公司政策以适应环境的改变，漠不关心或顽固不化可能致使公司面临不利的政治风险、法律法规风险，甚至信用风险，最终走向破产之路。培训是加快董事迅速了解当前市场环境和法律法规最直接的途径，培训还能提高董事掌握全局的能力，为法律法规的传达提供更多渠道，为董事提供更多关于公司决策的宏观环境风险、行业风险的信息，也便于董事监督和控制公司政策的正确执行。

董事参与的培训应该与其职能相关、与公司经营业务相关，参加的培训越多，越有利于信息的收集，参加的培训越广泛，掌握的信息越全面。但是，目前国内上市公司信息披露政策还不够全面、完整，上市公司公开披露信息还不够主动和积极，在上市公司年度报告、董事会工作报告里面关于董事参与培训的信息披露还不够详细完整。本书评价董事参与培训情况的标准是上市公司所有董事参加的相关培训，若上市公司在年度报告中披露董事参与了相关培训，就认为董事参加培训情况符合标准，给予满分 1 分；若上市公司在年度报告中未披露培训情况，就认为董事参加培训情况不符合标准，给予 0 分。

(4)董事遴选(CCGI$_{BOD14}$)

公司董事是自然人，成为正式董事之前，不能出现以下情形，否则不能提名为公司董事：一是无民事行为能力或者限制民事行为能力；二是因贪污、贿赂、侵占财产或者破坏社会主义市场经济秩序，被判处刑罚，执行期满未逾五年，或者因犯罪被剥夺政治权利，执行期满未逾五年；三是担任破产清算的公司、企业的董事或者厂长、总经理，对公司、企业的破产负有个人责任，自该公司、企业破产清算完结之日起未逾三年；四是担任因违法被吊销营业执照、责令关闭的公司、企业的法定代表人，并负有个人责任的，自该公司、企业被吊销营业执照之日起未逾三年；五是个人所负数额较大的债务到期未清偿；六是被中国证监会处以证券市场禁入处罚，期限未满的；七是法律、行政法规或部门规章规定的其他内容。若董事在任职期间出现上述情形之一的，公司解除其职务。

公司董事候选人由董事会提名，单独或者合并持有公司发行在外有表决权股份总数3％以上的股东也可以以书面形式提名，但每一单独或共同提名股东提名董事候选人数不能超过拟选人数。董事的候选人名单以提案的方式提请股东大会表决，股东大会审议选举董事的议案，对每位候选人逐个进行表决。通过表决的新任董事就任时间从股东大会作出相关决议的当日开始计算。董事任期三年，三年之后由股东大会选举或更换，任期满可以选择连任，董事期满前，不能被股东大会无故解除其职务，董事也可以由公司总经理或其他高级人员兼任。

本书董事会治理评价认为，公司必须有完整的关于董事遴选的章程细则，披露董事基本资料、个人信息及相关从业经验，必须由符合法律、行政法规遴选的程序和过程，若上市公司章程包括但不限于本书所认为的董事遴选内容，给予满分 1 分，若没有或者有但不完善的董事遴选内容，认为不合格，给予 0 分处理。

2. 董事会权利与义务($CCGI_{BOD1}$)权重均值

董事会权利与义务权重均值如表 5-7 所示。

表 5-7　董事会权利与义务($CCGI_{BOD1}$)权重

主因素	子因素	权重
董事会权利与义务 ($CCGI_{BOD1}$)	董事会权利与义务($CCGI_{BOD11}$)	0.342
	董事出席董事会的次数($CCGI_{BOD12}$)	0.226
	董事年培训情况($CCGI_{BOD13}$)	0.162
	董事遴选($CCGI_{BOD14}$)	0.27

注：因素权重置分采用专家赋值法确定。具体办法：1. 本指标体系一级指标有董事会权利与义务($CCGI_{BOD1}$)、董事会运行效率($CCGI_{BOD2}$)、董事会组织结构($CCGI_{BOD3}$)、董事会薪酬指数($CCGI_{BOD4}$)、董事会独立性指数($CCGI_{BOD5}$)、实际控制人能力指数($CCGI_{BOD6}$)等 6 个指标，由专家根据其观察和理解为每个指标赋予权重系数，6 个一级指标权重系数之和为 1。2. 6 个一级指标分别设置二级指标，由专家根据其观察和理解为二级指标赋予权重系数，每个一级指标项下的各个二级指标权重系数之和为 1。3. 实际控制人能力指数($CCGI_{BOD6}$)的二级指标项分别设置三级指标，由专家根据其观察和理解为三级指标赋予权重系数，每个二级指标项下的各个三级指标权重系数之和为 1。4. 权重标准，最高分 1 分，最低分为 0 分，越重要的因素权重系数越高，反之亦然

3. 变量及模型

(1)研究变量(表 5-8)

变量、变量符号及含义一览表见表 5-8。

表 5-8　变量、变量符号及含义一览表

变量	变量符号	变量含义
	EPS	每股收益
被解释变量	ROE	净资产收益率
	OPE	主营业务利润率

续表

变量	变量符号	变量含义
解释变量	$CCGI_{BOD1}$	董事会权利与义务指数
	$CCGI_{BOD1}{}^2$	董事会权利与义务指数的平方
控制变量	LnTA	公司规模，公司期末总资产的自然对数
	Debt	总资产负债率

(2)研究模型[1]

本书根据表5-8变量的归纳和含义说明，基于稳定性、准确性和完整性的出发点，设定了四个回归模型[2]。

模型一(A)：$P = \beta_0 + \beta_1 CCGI_{BOD1} + \beta_2 Contro + \varepsilon$

模型二(B)：$P = \beta_0 + \beta_1 CCGI_{BOD1} + \beta_2 CCGI_{BOD1}{}^2 + \beta_3 Contro + \varepsilon$

模型三(C)：$Sinh^{-1}(P) = \beta_0 + \beta_1 LNCCGI_{BOD1} + \beta_2 Contro + \varepsilon$

模型四(D)：$Sinh^{-1}(P) = \beta_0 + \beta_1 LNCCGI_{BOD1} + \beta_2 LNCCGI_{BOD1}{}^2 + \beta_3 Contro + \varepsilon$

式中，P代表公司业绩指标，即被解释变量；$CCGI_{BOD1}$代表董事会权利与义务指数，即解释变量；$CCGI_{BOD1}{}^2$代表董事会权利与义务指数的平方数；$Contro$代表影响公司企业的其他主要因素，即控制变量。对于模型三、四，回归模型中董事会治理指数各一级指数的最大值为1，1的自然对数为0，没有回归的数学意义，因此为了排除数据的干扰，本书将各董事会治理水平的分指数乘以100之后，再求其自然对数，将自然对数的结果作为董事会治理水平指数解释变量。

4. 统计、结果与分析

(1)变量的描述性统计结果

董事会权利与义务指数与公司绩效的描述统计如表5-9所示。

表5-9　董事会权利与义务指数($CCGI_{BOD1}$)与公司绩效的描述统计

	年份	N	最小	最大	平均	标准差	偏度		峰度	
							统计量	标准差	统计量	标准差
EPS	2011	260	0.01	2.47	0.60	0.37	1.46	0.15	3.36	0.30
	2012	260	−2.56	3.24	0.38	0.40	−0.10	0.15	20.98	0.30
ROE	2011	260	0.00	0.30	0.08	0.03	1.23	0.15	6.50	0.30
	2012	260	−0.53	0.41	0.06	0.07	−2.98	0.15	20.19	0.30
OPE	2011	260	0.01	0.71	0.19	0.11	1.28	0.15	2.69	0.30
	2012	260	−3.19	0.69	0.12	0.25	−9.48	0.15	126.7	0.30

---

① 李维安，孙文. 董事会治理对公司绩效累积效应的实证研究——基于中国上市公司的数据[J]. 中国工业经济，2007，(12)：77−84.

② 牛建波，李胜楠. 董事会的治理绩效研究——基于民营上市公司面板数据的实证分析[J]. 山西财经大学学报，2008，(1)：75−83.

续表

年份	N	最小	最大	平均	标准差	偏度		峰度	
						统计量	标准差	统计量	标准差
$CCGI_{BOD1}$　2011	260	0.77	1.00	0.97	0.06	−1.76	0.15	1.15	0.30
2012	260	0.61	1.00	0.94	0.08	−0.72	0.15	−0.87	0.30
$CCGI_{BOD1}{}^{2}$　2011	260	0.60	1.00	0.95	0.11	−1.75	0.15	1.12	0.30
2012	260	0.37	1.00	0.88	0.15	−0.64	0.15	−1.25	0.30
LnTA　2011	260	19.49	22.50	20.71	0.53	0.43	0.15	0.25	0.30
2012	260	19.54	22.57	20.82	0.56	0.43	0.15	0.01	0.30
Debt　2011	260	0.02	0.75	0.17	0.12	1.45	0.15	2.89	0.30
2012	260	0.03	0.76	0.21	0.14	1.12	0.15	1.26	0.30

资料来源：利用 SPSS17.0 处理本书收集的数据而来

从表 5-9 可知，本书的样本对象共 260 家创业板上市公司，从公司绩效角度出发，260 家创业板上市公司的绩效差异较大。2011 年度和 2012 年度每股收益最好的公司分别高达 2.47 元、3.24 元，最低的公司每股收益是 0.01 元、亏损 2.56 元；2012 年度创业板上市公司的每股收益有较大幅度的下滑。2011 年度每股收益的峰度值 3.36 大于 0，偏度 1.46 大于 0，呈现尖峰右偏分布状态，说明创业板上市公司的每股收益主要集中在较高的每股收益值，也体现了创业板上市公司的高成长性。2012 年度每股收益的峰度值 20.98 远大于 0，更体现了本年度创业板上市公司经营业绩差异非常大，收益集中度非常明显，盈利企业明显较 2011 年少，偏度微小于 0，呈现略微左偏的形态。创业板上市公司的净资产收益率也体现了这个特点。然而，创业板上市公司的主营业务利润率呈现出一种右偏扁平分布，说明创业板上市公司的主营业务利润率比较不统一，差异较大，没有突出地集中于某一个值。研究对象 2011 年度和 2012 年度的董事会权利与义务指数最低值分别是为 0.77、0.61，均值分别是 0.97、0.94，说明创业板上市公司的董事会权利和义务总体比较符合相关法律法规的规定。$CCGI_{BOD1}$ 指数的分布趋势呈现左偏的分布，因为指数最高值 1 的数量最多。创业板上市公司的资产规模差异较小，比较均衡，属于典型的小规模上市公司。高负债的创业板上市公司较多，且最高的负债率高达 76%，最低的负债率接近 0，说明创业板上市公司还有较大的融资前景和成长空间。综合比较创业板 2012 年与 2011 年的公司治理现状发现，2012 年度业绩有显著下降，受宏观经济疲软的影响较大，令人欣慰的是保证公司长远发展的主营业务利润率和净资产收益率均值变化较小，因此并不表明这种下降趋势的可持续性。董事会权利与义务治理也有较小幅度下滑，资产和负债均有所上升，但是仍具有较大的融资空间。

（2）自相关性检验

董事会权利与义务和公司绩效变量的自相关性检验（数据调整前和调整后）如表 5-10 和表 5-11 所示。

表 5-10　董事会权利与义务和公司绩效等变量的自相关性检验（数据调整前）

	EPS	ROE	OPE	$CCGI_{BOD1}$	$CCGI_{BOD1}{}^2$	LnTA	Debt
2011 年							
EPS	1	0.650 ***	0.499 ***	0.049	0.049	0.101 *	−0.047
ROE	0.523 ***	1	0.481 ***	−0.101 *	−0.101 *	0.037	0.105 *
OPE	0.453 ***	0.417 ***	1	−0.032	−0.032	0.058	−0.482 ***
$CCGI_{BOD1}$	0.078	−0.091	−0.015	1	1.000 ***	0.059	0.048
$CCGI_{BOD1}{}^2$	0.078	−0.091	−0.015	1.000 ***	1	0.059	0.048
LnTA	0.138 **	0.029	0.097	0.077	0.077	1	0.201 ***
Debt	−0.087	0.088	−0.433 ***	0.009	0.009	0.266 ***	1
2012 年							
	EPS	ROE	OPE	$CCGI_{BOD1}$	$CCGI_{BOD1}{}^2$	LnTA	Debt
EPS	1	0.845 ***	0.729 ***	−0.044	−0.044	0.289 **	−0.187 ***
ROE	0.883 ***	1	0.719 ***	0.000	0.000	0.156 **	−0.057
OPE	0.672 ***	0.740 ***	1	−0.019	−0.019	0.125 **	−0.402 ***
$CCGI_{BOD1}$	−0.030	0.017	0.078	1	1.000 ***	0.071	−0.024
$CCGI_{BOD1}{}^2$	−0.030	0.016	0.078	0.999 ***	1	0.071	−0.024
LnTA	0.163 ***	0.020	0.029	0.091	0.092	1	0.205 ***
Debt	−0.215 ***	−0.156 **	−0.258 ***	0.000	0.002	0.307 ***	1

注：左下角是 Pearson 自相关双尾检验，右上角是 Spearman 自相关双尾检验。"***"指相关系数在 99% 的置信水平下显著，"**"指相关系数在 95% 的置信水平下显著，"*"指相关系数在 90% 的显著性水平下显著

表 5-11　董事会权利与义务和公司绩效变量的自相关性检验　　（数据调整后）

	$Sinh^{-1}$(EPS)	$Sinh^{-1}$(ROE)	$Sinh^{-1}$(OPE)	$LNCCGI_{BOD1}$	$LNCCGI_{BOD1}{}^2$	LnTA	Debt
2011 年							
$Sinh^{-1}$(EPS)	1	0.650 ***	0.499 ***	−0.049	−0.049	−0.101 *	0.047
$Sinh^{-1}$(ROE)	0.947 ***	1	0.481 ***	−0.101 *	0.101 *	−0.037	−0.105 *
$Sinh^{-1}$(OPE)	0.834 ***	0.733 ***	1	0.032	0.032	−0.058	0.482 ***
$LNCCGI_{BOD1}$	0.019	0.049	0.057	1	1.000 ***	0.059	0.048
$LNCCGI_{BOD1}{}^2$	0.019	0.049	0.057	1.000 ***	1	0.059	0.048
LnTA	0.073	0.088	0.171 ***	0.077	0.077	1	0.201 ***
Debt	0.024	−0.060	0.229 ***	0.010	0.010	0.266 ***	1
2012 年							
	$Sinh^{-1}$(EPS)	$Sinh^{-1}$(ROE)	$Sinh^{-1}$(OPE)	$LNCCGI_{BOD1}$	$LNCCGI_{BOD1}{}^2$	LnTA	Debt
$Sinh^{-1}$(EPS)	1	0.845 ***	0.605 ***	0.069	0.069	−0.333 ***	0.047
$Sinh^{-1}$(ROE)	0.931 ***	1	0.600 ***	0.025	0.025	−0.200 ***	−0.082
$Sinh^{-1}$(OPE)	−0.119 *	−0.112 *	1	0.088	0.088	−0.149 **	0.278 ***
$LNCCGI_{BOD1}$	0.057	0.012	0.127 **	1	1.000 ***	0.071	−0.024

	Sinh^{-1} (EPS)	Sinh^{-1} (ROE)	Sinh^{-1} (OPE)	LNCCGI$_{BOD1}$	LNCCGI$_{BOD1}$ ^{2}	LnTA	Debt
				2012 年			
LNCCGI$_{BOD1}$ ^{2}	0.057	0.012	0.127 *	1.000 ***	1	0.071	−0.024
LnTA	−0.069	−0.042	0.015	0.089	0.089	1	0.205 ***
Debt	−0.068	−0.132 **	0.079	−0.002	−0.002	0.307 ***	1

注：左下角是 Pearson 自相关双尾检验，右上角是 Spearman 自相关双尾检验。"***"指相关系数在 99% 的置信水平下显著，"**"指相关系数在 95% 的置信水平下显著，"*"指相关系数在 90% 的显著性水平下显著

　　表 5-10 和表 5-11 自相关检验的结果不存在本质上的差异。从表 5-11 可以看出，无论是利用 Pearson 还是 Spearman 自相关检验方法，代表公司经营绩效的每股收益、净资产收益率和主营业务利润率都存在相关性，因为三个财务指标的计算过程都存在紧密的内部相关性。遗憾的是，经过 Pearson 自相关检验发现，董事会权利与义务指数及指数的平方数与三个经营业绩的指标之间相关性较弱。创业板上市公司的主营业务利润率与公司规模和财务杠杆之间存在显著的相关性。令人欣慰的是，无论是 Pearson 自相关检验还是 Spearson 自相关检验，董事会权利与义务指数及指数的平方数与解释变量公司规模和财务杠杆之间不存在内部相关性。

　　(3)回归结果及分析

　　创业板上市公司自成立以来，衡量董事会治理水平的众多可量化指标随着时间的推移只有微小的变化，本书检验董事会治理水平与公司业绩的相关性的重点是分析不同公司的董事会治理水平与公司业绩之间有无相关性，不注重时间的趋势效应，所以本书采用公司的横截面数据进行多元回归，时间区间选定为数据比较全面的 2011.1.1～2011.12.31 和2012.1.1～2012.12.31。这种面板数据的多元回归方法也已经被国内多个研究董事会治理指数的学者采用。表 5-12 为董事会权利与义务指数与公司绩效的实证分析结果。

表 5-12　董事会权利与义务指数与公司绩效的实证分析结果

被解释变量	解释变量	Constant	CCGI$_{BOD1}$	CCGI$_{BOD1}$ ^{2}	LnTA	Debt	R^2	DW	样本数
				2011 年					
EPS	A	−2.1285 (−2.2) **	0.3981 (1.08)	——	0.1166 (2.6) ***	−0.4142 (−2.1) **	0.04	1.45	260
	B	——	−4.2118 (−2.1) **	2.51 (2.2) **	0.1152 (2.6) ***	−0.4114 (−2.1) **	0.04	1.45	260
	C	−15.5137 (−0.66)	1.0138 (0.22)	——	0.6522 (1.09)	0.2140 (0.08)	0.01	1.84	260
ROE	A	——	−0.0374 (−1.2)	——	0.0054 (3.5) ***	0.0192 (1.1)	0.01	1.71	260
	B		0.1817 (1.0)	−0.1261 (−1.2)	0.0008 (0.2)	0.024 (1.3)	0.02	1.76	260
	C	−253.75 (−1.37)	28.0869 (0.66)	——	8.0628 (1.69) *	−29.9526 (−1.39)	0.02	2.00	260

续表

		Constant	CCGI$_{BOD1}$	CCGI$_{BOD1}$^{2}	LnTA	Debt	R^2	DW	样本数
被解释变量 ＼ 解释变量					**2011 年**				
OPE	A	-0.6756 (-2.7)***	-0.0498 (0.507)	——	0.0479 (4.1)***	-0.4649 (-8.7)***	0.24	1.98	260
	B	——	-1.5198 (-2.8)***	0.8008 (2.6)***	0.0476 (4.0)***	-0.4641 (-8.7)***	0.24	1.98	260
	C	-121.80 (-1.59)	11.4043 (0.76)		3.5798 (1.83)*	27.8846 (3.15)***	0.07	1.93	260

		Constant	CCGI$_{BOD1}$	CCGI$_{BOD1}$^{2}	LnTA	Debt	R^2	DW	样本数
被解释变量 ＼ 解释变量					**2012 年**				
EPS	A	-3.0483 (-3.3)***	-0.2501 (-0.89)	——	0.1842 (4.1)***	-0.8389 (-4.7)**	0.11	1.80	260
	B	——	-6.5008 (-3.3)***	3.4400 (3.1)***	0.1728 (4.0)***	-0.8345 (-4.7)***	0.10	1.78	260
	C		5.4022 (0.87)		0.2377 (4.3)***	-4.6637 (-1.1)	0.01	2.03	260
ROE	A		0.0019 (0.04)	——	0.0038 (1.65)*	-0.0842 (-2.7)***	0.03	1.91	
	B		-0.2006 (-0.56)	0.1147 (0.57)	0.0008 (1.04)	-0.0891 (-2.7)***	0.03	1.90	260
	C		4.4912 (0.16)		1.3432 (5.4)***	-41.7208 (-2.2)***	0.02	2.05	260
OPE	A	-0.9906 (-1.7)*	0.2003 (1.13)	——	0.0500 (1.78)*	-0.5164 (-4.6)***	0.08	2.00	260
	B	——	-1.9357 (-1.59)	1.1772 (1.72)*	0.0481 (1.79)*	-0.5176 (-4.7)***	0.08	2.00	260
	C		53.4630 (2.0)**		0.5184 (2.3)**	22.1214 (1.25)	0.02	2.04	260

注：表内第二列中的"A""B""C"分别指代模型一、二、三；"（ ）"内的数据为解释变量的回归系数 T 统计值；"*""**""***"分别表示 T 统计值的显著性水平 90%、95%、99%；"——"表示该项回归模型内没有其空格对应的解释变量

表 5-12 中 LNCCGI$_{BOD1}$ 和 LNCCGI$_{BOD1}$^{2} 过于高度自相关，不存在显著差异，因此剔除模型四（D）。创业板上市公司经营绩效与董事会权利与义务指数之间存在显著的二元非线性相关关系，以净资产收益率为代表的经营绩效不适合用于考察创业板上市公司绩效与董事会权利与义务指数之间的相关关系。参考"董事会治理对公司绩效累积效应的实证研究——基于中国上市公司的数据"（李维安和孙文，2007）的回归模型三、四不适用于考察创业板董事会权利与义务指数与经营绩效之间的相关性。三个经营绩效衡量指

标中，2011 年利用主营业务利润率考察的相关性拟合度最优，回归模型也不存在解释变量之间的自相关现象，2012 年利用每股收益考察的相关性拟合度最优。整体而言，无论是 2011 年还是 2012 年回归模型结果都表明：创业板上市公司董事会权利与义务指数与公司绩效之间在 95% 的显著性水平下存在显著的 "U 型" 非线性相关性，说明存在一个最不适于提高公司绩效的董事会权利与义务标准。董事会权利与义务设置较少，可以减缓创业板董事会权利过度集中的现象，提升公司绩效；董事会被赋予的权利与义务越多，其体现的监督、决策职能越有效，越有利于提升公司的每股收益和主营业务利润率。

(二)董事会运行效率($CCGI_{BOD2}$)与公司绩效

1. 董事会运行效率($CCGI_{BOD2}$)评价标准

(1)董事会规模($CCGI_{BOD21}$)

董事会规模已被理论和实物界多次证实，是影响董事会运行效率的重要影响因素之一。合理的董事会人数更能贴切、公平地代表股东大会的意愿，也能满足公司正确运行的知识和资源要求。不同行业、不同公司对董事会规模的要求不同，与公司规模、复杂性及业务特征紧密相关。过多的董事会人数会带来较高的成本，引发 "搭便车" 行为，影响董事真实才能的发挥；过少的董事会人数会影响某些专业知识的缺失，减少公司的社会关系资源，不利于公司前瞻性决策的形成。

根据我国《公司法》规定，股份有限公司董事会成员人数为 5～19 人。本书董事会治理评价衡量董事会规模的标准是上市公司董事会人数为 5～19 人，符合标准的上市公司给予其满分 1 分；反之，不符合标准的上市公司给予 0 分。

(2)董事会成员构成($CCGI_{BOD22}$)

董事会中非执行董事的比例代表了董事会的独立性，董事会成员拥有的不同专业知识更有利于公司决策的正确性。

《深圳证券交易所创业板上市公司规范运作指引》第三章第一节指明：上市公司董事会中兼任公司高级管理人员及由职工代表担任的董事人数(也就是所谓的执行董事)总计不得超过公司董事人数的 1/2。执行董事既是董事拥有决策权，又是公司管理人员拥有执行权，不利于对其工作的监督和控制，不利于股东财富最大化目标的实现。执行董事过多会增加其徇私舞弊行为的可能性，股东的监督控制成本增加，既不利于公司留存收益的积累，也不利于公司长期可持续的发展。

本书衡量董事会成员构成的标准是公司执行董事不能超过(可以等于)董事会人数总计的 1/2，满足标准的上市公司得分 1 分，否则给予 0 分评价。

(3)董事会会议召开次数($CCGI_{BOD23}$)

较少的董事会会议召开次数不利于公司决策的形成、议案的及时审批；召开较多的董事会会议将会增加公司管理成本，造成资源浪费。董事会会议召开次数也会因为公司行业特性、形势及公司规模、复杂性、发展战略的不同而无法进行优劣对比，各公司章程对董事会召开次数的约定也彼此不同。《公司法》规定董事会每年至少召开两次董事会，公司也可以根据需要召开临时会议，会议召开次数的灵活性由公司自身掌控。

本书评价董事会会议召开次数的标准是上市公司公司章程必须载明董事会会议召开

的有关规定，且次数每年不得少于 2 次，符合标准的上市公司评价满分 1 分，反之 0 分。

(4)董事会会议召开程序(CCGI$_{BOD24}$)

一般而言，董事会会议由董事长提议和主持，并负责董事会会议决议执行的督查。副董事长协助董事长监督董事会会议决议的正确实施，在董事长不能履行其职责时负责召集董事会。当董事长和副董事长都不能履行其职责时，由半数以上董事推选一名董事行使董事长职责。规定每年至少召开两次董事会会议，代表 1/10 以上表决权的股东、1/3以上董事或者监事可以提请召开董事会临时会议。

董事会会议应该在会议召开前十日通过书面形式通知全体董事和监事，董事会临时会议应该于召开前三日或五日以专人、传真、邮件、书面或其他方式通知全体董事、监事和其他参会人员。会议可以采取现场或非现场方式召开。公司应该制定严格的董事会会议召开程序，如会议通知、会议召开、决议表决、会议记录、会议记录签字、会议记录保存，其中会议通知的内容应最好包括会议日期和地点、会议期限、会议议题、通知的时间。决议表决一人一票，与议题涉及的企业有关联的董事不得参与董事会会议议案的表决。

本书评价董事会会议召开程序标准是上市公司应该在公司章程中清晰地载明会议召集人的职务、分工，明确会议通知、会议召集、会议表决、会议记录、会议记录签字程序。符合标准的上市公司给予满分 1 分，反之 0 分。

(5)董事会会议记录情况(CCGI$_{BOD25}$)

会议记录是公司董事会运行效率的重要公开性文件，便于股东大会了解其职能的履行情况。董事会会议记录通常由董事会秘书制作和保存，具备客观性。会议记录内应该包括但不限于会议召开的日期、地点和召集人姓名，出席董事的姓名及受托人出席董事会的董事代理人姓名，会议议程，董事发言要点，每一项决议事项的表决方式和结果(表决结果应载明赞成、反对或弃权的票数)。出席董事会的董事会议记录至少保存十年以上，有助于公司利益相关者查看和审查。

本书评价董事会会议记录情况标准是公司明确载明会议记录应包含的内容、记录人及会议记录的保存情况，符合标准的上市公司给予满分 1 分，反之 0 分。

2. 董事会运行效率(CCGI$_{BOD2}$)评价权重

董事会运行效率的评价权重结果见表 5-13。

表 5-13　董事会运行效率的评价权重结果

一级指标	二级指标	权重
	董事会规模(CCGI$_{BOD21}$)	0.1568
	董事会成员构成(CCGI$_{BOD22}$)	0.312
董事会运行效率(CCGI$_{BOD2}$)	董事会年会召开次数(CCGI$_{BOD23}$)	0.1952
	董事会会议召开程序(CCGI$_{BOD24}$)	0.212
	董事会会议记录情况(CCGI$_{BOD25}$)	0.124

注：采用因素权重置分采用专家赋值法确定，与表 5-7 同

3. 变量及模型

(1)研究变量

变量、变量符号及含义一览表见表 5-14。

表 5-14　变量、变量符号及含义一览表

变量	变量符号	变量含义
被解释变量	EPS	每股收益
	ROE	净资产收益率
	OPE	主营业务利润率
解释变量	CCGI_{BOD2}	董事会运行效率指数
	$\text{CCGI}_{BOD2}{}^2$	董事会运行效率指数的平方
控制变量	LnTA	公司规模，公司期末总资产的自然对数
	Debt	总资产负债率

(2)研究模型

本书根据表 5-14 变量的归纳和含义说明，基于稳定性、准确性和完整性的出发点，设定了四个回归模型。

模型一(A)：$P = \beta_0 + \beta_1 \text{CCGI}_{BOD2} + \beta_2 \text{Contro} + \varepsilon$

模型二(B)：$P = \beta_0 + \beta_1 \text{CCGI}_{BOD2} + \beta_2 \text{CCGI}_{BOD2}{}^2 + \beta_3 \text{Contro} + \varepsilon$

模型三(C)：$\text{Sinh}^{-1}(P) = \beta_0 + \beta_1 \text{LNCCGI}_{BOD2} + \beta_2 \text{Contro} + \varepsilon$

模型四(D)：$\text{Sinh}^{-1}(P) = \beta_0 + \beta_1 \text{LNCCGI}_{BOD2} + \beta_2 \text{LNCCGI}_{BOD2}{}^2 + \beta_3 \text{Contro} + \varepsilon$

其中，P 代表公司业绩指标，即被解释变量；CCGI_{BOD2} 代表董事会运行效率指数，即解释变量；$\text{CCGI}_{BOD2}{}^2$ 代表董事会运行效率指数的平方数；Contro 代表影响公司企业的其他主要因素，即控制变量。对于模型三、四，回归模型中董事会运行效率指数一级指数的最大值为 1，1 的自然对数为 0，没有回归的数学意义，因此为了排除数据的干扰，将董事会运行效率指数的值乘以 100 之后，再求其自然对数，将自然对数的结果作为董事会运行效率指数解释变量。

4. 统计、结果与分析

(1)变量的描述性统计结果

董事会运行效率指数与公司绩效变量的描述性统计结果见表 5-15。

表 5-15　董事会运行效率指数与公司绩效变量的描述性统计结果

	年份	N	最小	最大	平均	标准差	偏度		峰度	
							统计量	标准差	统计量	标准差
EPS	2011	260	0.01	2.47	0.60	0.37	1.46	0.15	3.36	0.30
	2012	260	−2.56	3.24	0.38	0.40	−0.10	0.15	20.98	0.30
ROE	2011	260	0.00	0.30	0.08	0.03	1.23	0.15	6.50	0.30
	2012	260	−0.53	0.41	0.06	0.07	−2.98	0.15	20.19	0.30

续表

	年份	N	最小	最大	平均	标准差	偏度		峰度	
							统计量	标准差	统计量	标准差
OPE	2011	260	0.01	0.71	0.19	0.11	1.28	0.15	2.69	0.30
	2012	260	−3.19	0.69	0.12	0.25	−9.48	0.15	126.7	0.30
CCGI$_{BOD2}$	2011	260	0.688	1.00	0.97	0.09	−2.76	0.15	5.64	0.30
	2012	260	0.69	1.00	0.94	0.07	−4.15	0.15	15.37	0.30
CCGI$_{BOD2}{}^2$	2011	260	0.473	1.00	0.95	0.16	−2.76	0.15	5.64	0.30
	2012	260	0.473	1.00	0.97	0.12	−4.15	0.15	15.37	0.30
LnTA	2011	260	19.49	22.50	20.71	0.53	0.43	0.15	0.25	0.30
	2012	260	19.54	22.57	20.82	0.56	0.43	0.15	0.01	0.30
Debt	2011	260	0.02	0.75	0.17	0.12	1.45	0.15	2.89	0.30
	2012	260	0.03	0.76	0.21	0.14	1.12	0.15	1.26	0.30

资料来源：利用 SPSS17.0 处理本书收集的数据而来

　　本书在"董事会权利与义务指数与公司绩效变量的描述性统计结果"的解读过程中已经详细描述了代表公司绩效的每股收益(EPS)、净资产收益率(ROE)和主营业务利润率(OPE)及创业板上市公司的公司规模和资产负债状况，因此在表 5-15 及后面董事会治理指数与公司绩效变量的描述性统计结果的解读过程中不再赘述。本书研究的创业板上市公司样本的董事会运行效率非常有效，虽然最低的董事会运行效率指数结果为 0.688，仍有非常大的完善空间，但是总体均值结果非常接近满分 1，并且 2012 年董事会运行效率与 2011 年相比还有少许提升。创业板上市公司董事会运行效率指数的峰度值远大于SPSS 分度检验的临界值 0，董事会运行效率指数大多数集中于最大值 1，偏度小于零的原因是董事会运行效率指数的众数也是最大值，指数分布峰度的右侧不存在任何数值，左侧分布一些小于最大值的指数，所以董事会运行效率指数是尖峰左偏的单尾分布。

　　(2)自相关性检验

　　董事会运行效率指数与公司绩效变量的自相关性检验(数据调整前和调整后)见表 5-16 和表 5-17。

表 5-16　董事会运行效率指数与公司绩效变量的自相关性检验(数据调整前)

2011 年							
	EPS	ROE	OPE	CCGI$_{BOD2}$	CCGI$_{BOD2}{}^2$	LnTA	Debt
EPS	1	0.650 ***	0.499 ***	−0.065	−0.065	0.101 *	−0.047
ROE	0.523 ***	1	0.481 ***	−0.091	−0.091	0.037	0.105 *
OPE	0.453 ***	0.417 ***	1	−0.097	−0.097	0.058	−0.482 ***
CCGI$_{BOD2}$	−0.073	−0.083	−0.106 *	1	1.000 ***	0.062	0.094
CCGI$_{BOD2}{}^2$	−0.073	−0.083	−0.106 *	1.000 ***	1	0.062	0.094
LnTA	0.138 **	0.029	0.097	0.074	0.074	1	0.201 ***
Debt	−0.087	0.088	−0.433 ***	0.088	0.088	0.266 ***	1

续表

2012 年						
	EPS	ROE	OPE	$CCGI_{BOD2}$	$CCGI_{BOD2}{}^2$	LnTA	Debt
EPS	1	0.845 ***	0.729 ***	−0.035	−0.035	0.289 **	−0.187 ***
ROE	0.883 ***	1	0.719 ***	−0.038	−0.038	0.156 **	−0.057
OPE	0.672 ***	0.740 ***	1	−0.058	−0.058	0.125 **	−0.402 ***
$CCGI_{BOD2}$	−0.018	−0.010	−0.048	1	1.000 ***	−0.041	0.051
$CCGI_{BOD2}{}^2$	−0.018	−0.010	−0.048	1.000 ***	1	−0.041	0.051
LnTA	0.163 ***	0.020	0.029	−0.029	−0.029	1	0.205 ***
Debt	−0.215 ***	−0.156 **	−0.258 ***	0.033	0.033	0.307 ***	1

注：左下角是 Pearson 自相关双尾检验，右上角是 Spearman 自相关双尾检验。" *** "指相关系数在 99％的置信水平下显著，" ** "指相关系数在 95％的置信水平下显著，" * "指相关系数在 90％的显著性水平下显著

表 5-17 董事会运行效率指数和公司绩效等调整后变量的自相关性检验（数据调整后）

2011 年						
	$Sinh^{-1}$ (EPS)	$Sinh^{-1}$ (ROE)	$Sinh^{-1}$ (OPE)	$LNCCGI_{BOD2}$	$LNCCGI_{BOD2}{}^2$	LnTA	Debt
$Sinh^{-1}$(EPS)	1	0.650 ***	0.499 ***	0.065	0.065	−0.101 *	0.047
$Sinh^{-1}$(ROE)	0.947 ***	1	0.481 ***	0.091	0.091	−0.037	−0.105 *
$Sinh^{-1}$(OPE)	0.834 ***	0.733 ***	1	0.097	0.097	−0.058	0.482 ***
$LNCCGI_{BOD2}$	0.057	0.040	0.062	1	1.000 ***	0.062	0.094
$LNCCGI_{BOD2}{}^2$	0.057	0.040	0.062	1.000 ***	1	0.062	0.094
LnTA	0.073	0.088	0.171 ***	0.074	0.074	.000	0.201 ***
Debt	0.024	−0.060	0.229 ***	0.088	0.088	0.266 ***	1

2012 年						
	$Sinh^{-1}$ (EPS)	$Sinh^{-1}$ (ROE)	$Sinh^{-1}$ (OPE)	$LNCCGI_{BOD2}$	$LNCCGI_{BOD2}{}^2$	LnTA	Debt
$Sinh^{-1}$(EPS)	1	0.845 ***	0.605 ***	0.117 *	0.117 *	−0.333 ***	0.047
$Sinh^{-1}$(ROE)	0.931 ***	1	0.600 ***	0.120 **	0.120 *	−0.200 ***	−0.082
$Sinh^{-1}$(OPE)	−0.119 *	−0.112 *	1	0.122 **	0.122 **	−0.149 *	0.278 ***
$LNCCGI_{BOD2}$	0.061	0.059	0.050	1	1.000 ***	−0.041	0.051
$LNCCGI_{BOD2}{}^2$	0.061	0.059	0.050	1.000 ***	1	−0.041	0.051
LnTA	−0.069	−0.042	0.015	−0.029	−0.029	1	0.205 ***
Debt	−0.068	−0.132 **	0.079	0.033	0.033	0.307 ***	1.000

注：左下角是 Pearson 自相关双尾检验，右上角是 Spearman 自相关双尾检验。" *** "指相关系数在 99％的置信水平下显著，" ** "指相关系数在 95％的置信水平下显著，" * "指相关系数在 90％的显著性水平下显著

　　表 5-16 和表 5-17 都是董事会运行效率指数与公司绩效变量的自相关性检验结果，前者是未经函数调整的公告和考核数据，后者是经函数调整后的变量样本量，调整前、后数据的自相关性检验保证了结果的稳定性。表 5-16 右下角的 Pearson 检验结果显示，2011 年董事会运行效率指数及其平方数与公司主营业务利润率在 90％的显著性水平下存

在显著的相关性，但是该现象在 2012 年的自相关检验中消失。表 5-17 中 2012 年调整后的董事会运行效率与主营业务利润率之间出现自相关性。无论是 90%、95% 还是 99% 的显著性水平下解释变量与控制变量之间都不存在显著的自相关性，避免了回归模型出现内生性的现象。然而 2011 年和 2012 年的自相关检验却出现了一个显著差异，2011 年的董事会运行效率与公司资产之间呈现微弱的正相关关系，2012 年的董事会运行效率却与公司资产之间表现出微弱的负相关关系，说明在宏观经济疲软的环境下，规模较大的公司并不利于提升董事会运行效率。由于董事会运行效率指数及其平方数之间、调整后的董事会运行效率指数及其平方数之间高度的自相关性严重影响了模型二、模型四 $CCGI_{BOD2}$ 对公司绩效影响的实证分析结果，模型二调整为

模型五 (E)：$P = \beta_0 + \beta_1 CCGI_{BOD2}{}^2 + \beta_2 Contro + \varepsilon$，去除模型四。

（3）回归结果及分析

创业板上市公司成立以来，关于衡量董事会运行效率指数的众多可量化指标随着时间的推移只有微小的变化，本书检验董事会运行效率指数与公司业绩的相关性的重点是证明不同公司的董事会运行效率与公司业绩之间有无相关性，不注重时间的趋势效应，所以本书采用公司横截面数据进行多元回归，时间区间为数据比较全面的 2011.1.1~2011.12.31、2012.1.1~2012.12.31。这种横截面的多元回归方法也已经被国内多个研究董事会治理指数的学者采用。表 5-18 为董事会运行效率指数与公司绩效的实证分析结果。

表 5-18　董事会运行效率指数与公司绩效的实证分析结果

2011 年									
被解释变量	解释变量	Constant	$CCGI_{BOD2}$	$CCGI_{BOD2}{}^2$	LnTA	Debt	R^2	DW	样本数
EPS	A	−1.5876 (−1.7)*	−0.3011 (−1.22)	——	0.1232 (2.8)***	−0.39952 (−2.0)**	0.04	1.42	260
	E	——	——	−0.3882 (−1.6)*	0.0500 (4.3)***	−0.3172 (−1.6)*	0.03	1.49	260
	C	−21.0626 (−1.22)	2.3068 (0.83)	——	0.6365 (1.07)	0.0492 (0.02)	0.01	1.84	260
ROE	A	——	−0.0284 (−1.3)	——	0.0049 (4.72)***	0.0215 (1.2)	0.01	1.71	260
	E	——	——	−0.0185 (−1.39)	0.0044 (7.1)***	0.0222 (1.26)	0.01	1.71	260
	C	−210.27 (−1.53)	14.263 (0.64)	——	8.1460 (1.71)*	−31.090 (−1.44)	0.02	2.00	260
OPE	A	——	−0.1315 (−2.0)**	——	0.0188 (6.1)***	−0.4258 (−8.2)***	0.22	2.01	260
	E	——	——	−0.0677 (−1.7)*	0.0157 (8.5)***	−0.4237 (−8.1)***	0.22	1.98	260
	C	——	0.8374 (2.16)**	——	——	32.002 (3.74)***	0.05	1.94	260

2012 年								
被解释变量 \ 解释变量	Constant	$CCGI_{BOD2}$	$CCGI_{BOD2}^2$	LnTA	Debt	R^2	DW	样本数
EPS A	——	−0.4334 (−1.33)	——	0.0455 (2.9)***	−0.6809 (−3.9)**	0.07	1.82	260
EPS E	——	——	−0.1774 (−0.88)	0.0332 (3.4)***	−0.6699 (−3.8)***	0.07	1.82	260
EPS C	7.2349 (1.02)	——	——	0.2278 (4.4)***	−4.8231 (−1.15)	0.01	2.04	260
ROE A	——	−0.0166 (−0.28)	——	0.0047 (1.69)*	−0.849 (−2.7)***	0.03	1.91	260
ROE E	——	——	−0.0072 (−0.20)	0.0043 (2.5)***	−0.0845 (−2.7)***	0.03	1.91	260
ROE C	33.4383 (1.04)	——	——	1.3657 (5.9)***	−42.4493 (−2.2)**	0.02	2.05	260
OPE A	——	−0.2216 (−1.11)	——	0.0211 (2.2)**	−0.4823 (−4.5)***	0.08	2.01	260
OPE E	——	——	−0.1159 (−0.93)	0.0160 (2.67)***	−0.4772 (−4.5)***	0.07	2.01	260
OPE C	22.8003 (0.76)	——	——	0.3652 (1.68)*	21.6047 (1.21)	0.01	2.04	260

注：表内第二列中的"A""E""C"分别指代模型一、五、三；"（）"内的数据为解释变量的回归系数 T 统计值；"*""**""***"分别表示 T 统计值的显著性水平 90%、95%、99%；"——"表示该项回归模型内没有其空格对应的解释变量

表 5-18 的 2011 年实证研究结果显示创业板上市公司的董事会运行效率指数与公司的每股收益、主营业务利润率之间在 90% 的显著性水平下存在显著的"倒 U 型"非线性的相关关系。说明创业板上市公司存在一个最优的董事会运行效率指数值，董事会最优的运行效率可以使得公司获得最佳绩效，过低或者过高，董事会运行效率都会减弱公司的业绩。2012 年，董事会运行效率治理指数与公司绩效之间的相关有较大程度的下降，没有显著的相关关系，利用代理成本中的逆向选择原理和过度投资原理也许能够解释在经济环境不佳的条件下，董事会运行效率越高越可能增加其不利股东财富增加的成本。因此，创业板上市公司应该高度重视董事会的运行效率，力争通过董事会的有效运行，提高公司的经营业绩，避免因董事会运行拖沓导致公司绩效下降。在公司规模和资产负债率回归模型中加入董事会运行效率指数之后，不存在公司规模、资产负债率对公司绩效的严重影响现象。

（三）董事会组织结构指数（CCGI$_{BOD3}$）与公司绩效

1. 董事会组织结构指数（CCGI$_{BOD3}$）评价标准

（1）董事会领导结构（CCGI$_{BOD31}$）

本书评价的董事会领导结构主要考察董事长和总经理的两权分离情况。董事长和总经理两权合一的领导方式可以降低公司所有者和经营者之间存在的代理成本，加强对公司管理层的监督和控制，增加公司所有者对公司经营信息的了解和掌握；有利于制定适合公司发展的经营战略，减少信息从管理层向决策层上报、审批和必要流程的传递时间。董事长和总经理两权分离有利于防止"一枝独大"情形的发生，保护中小所有者的权利；有利于吸引专业职业经理人的参与，为公司带来丰富的管理领导经验；有利于"团队式"决策的制定，公司战略方针政策更具有客观性和科学性；公司实施者和审查者的分离更有利于公司的内部监督控制和风险防范。

本书从控制权理论的视角出发，认为董事会领导结构应该两权合一。董事长和总经理两权合一的上市公司给予1分，反之给予0分。

（2）审计委员会的设置（CCGI$_{BOD32}$）

公司审计委员会是董事会专业委员会之一，由董事会成员提名，董事会选举产生，一般由2～5名成员组成（具体组成人数可参见各公司首次公开发行股票招股说明书），独立董事应占大多数，并且其中一名独立董事应该是会计专业人士。审计委员会职责权限包括但不限于：一是提议聘请或更换外部审计机构；二是监督公司的内部审计制度的制定及其运作，并对内部审计人员及其工作进行监督考核；三是负责内部审计和外部审计的良好沟通；四是审计公司的财务信息及其披露事宜；五是审查公司的内部控制规范，对重大关联交易进行审计；六是公司董事会特别授予的其他事项。

本书认为上市公司董事会应设立审计委员会，人员必须包括一名具备会计专业知识的独立董事，公司章程或审计委员会工作细则中应载明审计委员会的职责权限、成员构成及议事规则，并在公司年度报告中披露其运行情况。符合此条件的公司，给予满分1分，不符合此条件的公司给予0分。

（3）战略委员会的设置（CCGI$_{BOD33}$）

战略委员会也是董事会专业委员会之一，主要负责研究规划公司长期发展的战略并及时提出修改建议；对董事会决议的重大投融资方案进行研究和建议；对董事会决议的重大资本运作、资产经营项目进行研究和建议；对影响公司长期发展的重大事项进行研究和建议；对经过委员会研究后的方案实施过程进行跟踪检查，提出意见；董事会特别授予的其他事项。

本书认为董事会应设立战略委员会，处理公司长期发展战略工作，公司应明确并披露战略委员会的职责、成员构成和议事规则，并在公司年度报告中披露其运行情况，符合上述条件的上市公司给予该项满分1分，反之给予0分。

（4）提名委员会的设置（CCGI$_{BOD34}$）

提名委员会也是董事会专业委员会之一，主要的职责权限包括但不限于以下内容：一是定期检讨董事会的架构、人数及组成（包括技能、知识及经验方面），并就任何拟作出的变动向董事会提出建议；二是评价和审核独立董事的独立性；三是拟定董事、总经理及其他高级管理人员的选择标准和程序，并向董事会提出建议；四是广泛搜寻合格的董事候选人、总经理及其他高级管理人员的人选；五是对董事候选人、总经理及其他高级管理人员的人选进行审查并提出意见；六是提名董事会下设专业委员会(提名委员会委员和各专业委员会召集人除外)委员人选；七是拟定总经理及其他高级管理人员及后备人才的培养计划；八是董事会特别授予的其他事项。

本书认为，上市公司董事会应设立提名委员会负责董事候选人、总经理及其他高级管理人选的提名工作，阐明委员会议事规则，并在公司年度报告中披露期运行情况，符合此条件的上市公司给予此项满分 1 分，反之给予 0 分。

(5)薪酬与考核委员会的设置(CCGI$_{BOD35}$)

完善的薪酬和绩效考核体系是激励员工忠诚度和求实奉献精神的重要工具之一。薪酬与考核委员会作为董事会下设专业委员会之一，主要负责根据董事及高级管理岗位的职责范围、重要性及同行业企业相似岗位的薪酬水平制订本公司的薪酬计划或方案。薪酬计划或方案制订的主要内容包括但不限于：绩效评价标准、程序及主要评价指标体系；奖惩相结合的方案和制度；审查公司董事(非独立董事)及高级管理人员履行职责的情况并对其进行年度绩效考评；负责对公司薪酬制度执行情况进行监督；制订审查公司的股权激励计划；董事会特别授予的其他事项。

设置薪酬与考核委员会，并在公司年度报告中披露委员会运行情况的上市公司给予此项满分 1 分，反之给予 0 分。

2. 董事会组织结构指数(CCGI$_{BOD3}$)评价权重

董事会组织结构指数的权重形成如表 5-19 所示。

表 5-19　董事会组织结构指数(CCGI$_{BOD3}$)的权重形成

一级指标	二级指标	权重
董事会组织结构(CCGI$_{BOD3}$)	董事会领导结构(CCGI$_{BOD31}$)	0.2768
	审计委员会的设置(CCGI$_{BOD32}$)	0.1808
	战略委员会的设置(CCGI$_{BOD33}$)	0.1808
	提名委员会的设置(CCGI$_{BOD34}$)	0.1808
	薪酬与考核委员会的设置(CCGI$_{BOD35}$)	0.1808

注：采用因素权重置分采用专家赋值法确定，与表 5-7 同

3. 变量及模型

(1)研究变量

变量、变量符号及含义一览表见表 5-20。

表 5-20　变量、变量符号及含义一览表

变量	变量符号	变量含义
被解释变量	EPS	每股收益
	ROE	净资产收益率
	OPE	主营业务利润率

变量	变量符号	变量含义
解释变量	$CCGI_{BOD3}$	董事会组织结构指数
	$CCGI_{BOD3}{}^2$	董事会组织结构指数的平方
控制变量	LnTA	公司规模，公司期末总资产的自然对数
	Debt	总资产负债率

（2）研究模型

本书根据表 5-20 变量的归纳和含义说明，基于稳定性、准确性和完整性的出发点，设定了四个回归模型。

模型一（A）：$P = \beta_0 + \beta_1 CCGI_{BOD3} + \beta_2 Contro + \varepsilon$

模型二（B）：$P = \beta_0 + \beta_1 CCGI_{BOD3} + \beta_2 CCGI_{BOD3}{}^2 + \beta_3 Contro + \varepsilon$

模型三（C）：$Sinh^{-1}(P) = \beta_0 + \beta_1 LNCCGI_{BOD3} + \beta_2 Contro + \varepsilon$

模型四（D）：$Sinh^{-1}(P) = \beta_0 + \beta_1 LNCCGI_{BOD3} + \beta_2 LNCCGI_{BOD3}{}^2 + \beta_3 Contro + \varepsilon$

其中，P 代表公司业绩指标，即被解释变量；$CCGI_{BOD3}$ 代表董事会组织结构指数，即解释变量；$CCGI_{BOD3}{}^2$ 代表董事会组织结构指数的平方数；Contro 代表影响公司企业的其他主要因素，即控制变量。对于模型三、四，回归模型中董事会组织结构指数及其各可量化指标的最大值为 1，1 的自然对数为 0，没有回归的数学意义，因此为了排除数据的干扰，将各董事会组织结构指数的值乘以 100 之后，再求其自然对数，将自然对数的结果作为董事会组织结构指数解释变量。

4. 统计、结果与分析

（1）变量的描述性统计结果

董事会组织结构指数与公司绩效变量的描述性统计结果见表 5-21。

表 5-21　董事会组织结构指数与公司绩效变量的描述性统计结果

	年份	N	最小	最大	平均	标准差	偏度		峰度	
							统计量	标准差	统计量	标准差
EPS	2011	260	0.01	2.47	0.60	0.37	1.46	0.15	3.36	0.30
	2012	260	−2.56	3.24	0.38	0.40	−0.10	0.15	20.98	0.30
ROE	2011	260	0.00	0.30	0.08	0.03	1.23	0.15	6.50	0.30
	2012	260	−0.53	0.41	0.06	0.07	−2.98	0.15	20.19	0.30
OPE	2011	260	0.01	0.71	0.19	0.11	1.28	0.15	2.69	0.30
	2012	260	−3.19	0.69	0.12	0.25	−9.48	0.15	126.7	0.30
$CCGI_{BOD3}$	2011	260	0.36	1.00	0.82	0.18	−0.57	0.15	−0.31	0.30
	2012	260	0.36	1.00	0.82	0.16	−0.40	0.15	−0.31	0.30
$CCGI_{BOD3}{}^2$	2011	260	0.13	1.00	0.71	0.27	−0.18	0.15	−1.29	0.30
	2012	260	0.13	1.00	0.70	0.26	0.01	0.15	−1.29	0.30

年份	N	最小	最大	平均	标准差	偏度		峰度	
						统计量	标准差	统计量	标准差
LnTA 2011	260	19.49	22.50	20.71	0.53	0.43	0.15	0.25	0.30
LnTA 2012	260	19.54	22.57	20.82	0.56	0.43	0.15	0.01	0.30
Debt 2011	260	0.02	0.75	0.17	0.12	1.45	0.15	2.89	0.30
Debt 2012	260	0.03	0.76	0.21	0.14	1.12	0.15	1.26	0.30

资料来源：利用 SPSS17.0 处理本书收集的数据而来

创业板上市公司的董事会组织结构的构建现状不甚理想，2011 年与 2012 年董事会组织结构治理指数的描述性统计各指标基本相同，没有显著差异。最小的董事会组织结构指数低至 0.36，说明 50% 以上上市公司的组织结构衡量指标都不符合必要的董事会组织结构设置的要求。董事会组织结构指数的平均值 0.82 显著低于 1，说明创业板上市公司的董事会组织结构与国际主流的董事会组织结构存在差异的比例较大，大多数上市公司对于审计委员会、战略委员会、薪酬与考核委员会、提名委员会中至少有一个没有设立。$CCGI_{BOD3}$ 的峰度 -0.31 小于零，说明董事会组织结构指数的分布是非尖峰、扁平的分布状态，$CCGI_{BOD3}$ 为满分的上市公司并不明显多于非满分的上市公司，体现了创业板上市公司的规模小、成长时间短、公司规范性不足的特点。创业板上市公司董事会行为的分散化、专业化程度仍有较大的提升空间。

（2）自相关性检验

董事会组织结构指数与公司绩效变量的自相关性检验（数据调整前和调整后）见表 5-22 和表 5-23。

表 5-22　董事会组织结构指数与公司绩效变量的自相关性检验（数据调整前）

			2011 年				
	EPS	ROE	OPE	$CCGI_{BOD3}$	$CCGI_{BOD3}{}^2$	LnTA	Debt
EPS	1	0.650***	0.499***	0.001	0.001	0.101*	-0.047
ROE	0.523***	1	0.481***	-0.103*	-0.103*	0.037	0.105*
OPE	0.453***	0.417***	1	-0.054	-0.054	0.058	-0.482***
$CCGI_{BOD3}$	0.028	-0.111*	-0.030	1	1.000***	-0.030	-0.084
$CCGI_{BOD3}{}^2$	0.038	-0.114*	-0.021	0.991***	1	-0.030	-0.084
LnTA	0.138**	0.029	0.097	-0.024	-0.026	1	0.201***
Debt	-0.087	0.088	-0.433***	-0.046	-0.067	0.266***	1
			2012 年				
	EPS	ROE	OPE	$CCGI_{BOD3}$	$CCGI_{BOD3}{}^2$	LnTA	Debt
EPS	1	0.845***	0.729***	-0.020	-0.020	0.289**	-0.187***
ROE	0.883***	1	0.719***	-0.066	-0.066	0.156**	-0.057
OPE	0.672***	0.740***	1	-0.006	-0.006	0.125**	-0.402***
$CCGI_{BOD3}$	0.000	0.005	0.049	1	1.000***	-0.059	-0.091

续表

	EPS	ROE	OPE	CCGI$_{BOD3}$	CCGI$_{BOD3}$^{2}	LnTA	Debt
			2012 年				
CCGI$_{BOD3}$^{2}	0.000	0.006	0.049	0.992 ***	1	−0.059	−0.091
LnTA	0.163 ***	0.020	0.029	−0.062	−0.056	1	0.205 ***
Debt	−0.215 ***	−0.156 **	−0.258 ***	−0.072	−0.074	0.307 ***	1

注：左下角是 Pearson 自相关双尾检验，右上角是 Spearman 自相关双尾检验。"***"指相关系数在 99％的置信水平下显著，"**"指相关系数在 95％的置信水平下显著，"*"指相关系数在 90％的显著性水平下显著

表 5-23　董事会组织结构指数和公司绩效自相关性检验（数据调整后）

	Sinh^{-1}(EPS)	Sinh^{-1}(ROE)	Sinh^{-1}(OPE)	LNCCGI$_{BOD3}$	LNCCGI$_{BOD3}$^{2}	LnTA	Debt
			2011 年				
Sinh^{-1}(EPS)	1	0.650 ***	0.499 ***	−0.001	−0.001	−0.101 *	0.047
Sinh^{-1}(ROE)	0.947 ***	1	0.481 ***	0.103 *	0.103 *	−0.037	−0.105 *
Sinh^{-1}(OPE)	0.834 ***	0.733 ***	1	0.054	0.054	−0.058	0.482 ***
LNCCGI$_{BOD3}$	0.041	0.061	0.016	1	1.000 ***	−0.030	−0.084
LNCCGI$_{BOD3}$^{2}	0.041	0.061	0.016	1.000 ***	1	−0.030	−0.084
LnTA	0.073	0.088	0.171 ***	−0.023	−0.023	1	0.201 ***
Debt	0.024	−0.060	0.229 ***	−0.018	−0.018	0.266 ***	1
			2012 年				
Sinh^{-1}(EPS)	1	0.845 ***	0.605 ***	0.066	0.066	−0.333 ***	0.047
Sinh^{-1}(ROE)	0.931 ***	1	0.600 ***	0.112 *	0.112 *	−0.200 ***	−0.082
Sinh^{-1}(OPE)	−0.119 *	−0.112 *	1	0.106 *	0.106 *	−0.149 **	0.278 ***
LNCCGI$_{BOD3}$	0.000	0.005	0.082	1	1.000 ***	−0.059	−0.091
LNCCGI$_{BOD3}$^{2}	0.000	0.005	0.082	1.000 ***	1	−0.059	−0.091
LnTA	−0.069	−0.042	0.015	−0.072	−0.072	1	0.205 ***
Debt	−0.068	−0.132 **	0.079	−0.068	−0.068	0.307 ***	1

注：左下角是 Pearson 自相关双尾检验，右上角是 Spearman 自相关双尾检验。"***"指相关系数在 99％的置信水平下显著，"**"指相关系数在 95％的置信水平下显著，"*"指相关系数在 90％的显著性水平下显著

　　表 5-22 和表 5-23 的自相关性检验结果都显示，解释变量和控制变量之间并不存在显著的自相关性，Pearson 检验和 Spearman 检验结果都说明数据调整前的 ROE 与解释变量之间在 90％的显著性水平下存在自相关性。数据调整后，只有 Spearman 检验结果表明解释变量与调整后的净资产收益率之间存在较显著的自相关性。表 5-23 说明调整后的董事会组织结构指数与其平方完全自相关，因此不能将调整后的 LNCCGI$_{BOD3}$ 与 LNC-CGI$_{BOD3}$^{2}同时放置于一个多元回归模型中，所以去除模型四。虽然公司规模（LnTA）与公司财务杠杆指标（Debt）的 Pearson 和 Spearman 检验结果都表明两者之间存在显著的自相

关性，但是相关系数较低，因此两者之间的自相关性对模型的总体影响结果不定，需要针对具体的多元回归结果进行重新修正，具体阐述在对表 5-24 的解读过程中。

（3）回归结果及分析

创业板上市公司成立以来，衡量董事会组织结构指数的众多可量化指标随着时间的推移只有微小的变化，本书检验董事会组织结构指数与公司业绩的相关性的重点是证明不同公司的董事会组织结构与公司业绩之间有无相关性，不注重时间的趋势效应，所以本书采用对公司横截面数据进行多元回归，时间区间为数据比较全面的 2011.1.1～2011.12.31、2012.1.1～2012.12.31。这种横截面的多元回归方法也已经被国内多个研究董事会治理指数的学者采用。表 5.24 为董事会组织结构指数与公司绩效的实证分析结果。

表 5-24　董事会组织结构指数与公司绩效的实证分析结果

被解释变量	解释变量	Constant	CCGI_{BOD3}	$\text{CCGI}_{BOD3}{}^2$	LnTA	Debt	R^2	DW	样本数
2011 年									
EPS	A	−1.8698 (−2.05)**	0.0560 (0.43)	——	0.1206 (2.7)***	−0.4132 (−2.07)**	0.04	1.41	260
	B	——	−1.5316 (−1.65)*	1.0200 (1.71)*	0.0552 (3.27)***	——	0.02	1.51	260
	C	−15.0734 (−1.11)	0.8723 (0.68)	——	0.6700 (1.12)	0.2313 (0.08)	0.01	1.84	260
ROE	A	0.0846 (1.02)	−0.0204 (−1.73)*	——	0.0003 (0.08)	0.0230 (1.27)	0.02	1.78	260
	B	0.0772 (0.85)	−0.0015 (−0.02)	−0.0122 (−0.21)	0.0003 (0.08)	0.0224 (1.22)	0.02	1.78	260
	C	−194.59 (−1.80)*	10.0668 (0.99)	——	8.3938 (1.77)*	−29.836 (−1.39)	0.02	2.00	260
OPE	A	−0.6866 (−2.8)***	−0.0302 (−0.87)	——	0.0473 (4.0)***	−0.4664 (−8.8)***	0.24	2.00	260
	B	−0.7023 (−2.6)***	0.0103 (0.04)	−0.0262 (−0.15)	0.0474 (4.0)***	−0.4678 (−8.7)***	0.24	2.00	260
	C	−78.9891 (−1.78)*	1.5276 (0.36)	——	3.7085 (1.90)*	27.8507 (3.15)***	0.07	1.94	260
2012 年									
EPS	A	−3.1910 (−3.4)***	−0.0129 (−0.09)	——	0.1802 (4.1)***	−0.8352 (−4.7)***	0.10	1.80	260
	B	——	−2.2956 (−2.29)**	1.4124 (2.21)**	0.0683 (3.6)***	−0.7128 (−4.1)***	0.08	1.81	260
	C	——	−0.2640 (−0.10)		0.2171 (3.8)***	−4.6908 (−1.11)	0.003	2.03	260

续表

被解释变量	解释变量	2012 年							
		Constant	$CCGI_{BOD3}$	$CCGI_{BOD3}{}^2$	LnTA	Debt	R^2	DW	样本数
ROE	A	——	−0.0043 (−0.17)	——	0.0041 (3.7)***	−0.0849 (−2.7)***	0.03	1.91	260
	B	——	−0.0620 (−0.34)	0.0371 (0.32)	0.0052 (1.51)	−0.0858 (−2.7)***	0.03	1.90	260
	C	——	−0.5891 (−0.04)	——	1.3225 (5.1)***	−41.778 (−2.2)**	0.02	2.05	260
OPE	A	−0.9228 (−1.6)*	0.0523 (0.58)	——	0.0532 (1.9)*	−0.5165 (−4.6)***	0.08	2.00	260
	B	——	−1.0146 (−1.6)*	0.6698 (1.7)*	0.0281 (2.4)**	−0.4875 (−4.5)***	0.08	1.99	260
	C	——	15.5822 (1.42)	——	0.4912 (2.1)**	23.5716 (1.32)	0.01	2.04	260

注：表内第二列中的"A""B""C"分别指代模型一、二、三；"（ ）"内的数据为解释变量的回归系数 T 统计值；"*""**""***"分别表示 T 统计值的显著性水平 90%、95%、99%；"——"表示该项回归模型内没有其空格对应的解释变量

表 5-24 上部分，2011 年以 EPS 为因变量的多元回归模型二，公司规模和资产负债率之间的显著自相关性严重影响了模型的整体回归结果，因此需要舍弃公司规模，只让 Debt 为控制变量。表 5-24 的回归结果显示，创业板上市公司董事会组织结构指数 $CCGI_{BOD3}$ 与公司的每股收益、主营业务利润率之间在 90% 的置信水平下存在显著的"U型"非线性相关影响关系，2011 年的 $CCGI_{BOD3}$ 与创业板上市公司的净资产收益率（ROE）在 90% 的置信水平下存在显著的负相关关系。调整后的 $CCGI_{BOD3}$ 与三个公司业绩指标都不存在显著的相关性，利用主营业务利润率为衡量指标的公司绩效也没有得到有效的多元回归结果，表明了创业板上市公司的董事会组织机构现状与公司绩效之间的相关关系非常微弱，并不能对公司业绩起到明显的效果，说明创业板上市公司董事会组织结构的失效现状，存在巨大的完善空间。$CCGI_{BOD3}$ 与 EPS、ROE 之间的非线性或者负相关关系结果也源于董事会组织结构设立的失效性。董事会组织结构设置的失效不仅不能提升公司的业绩，反而因为设置董事会专业委员会而产生高昂的费用，决策结果失效减小了公司的每股收益和净资产收益率。遗憾的是，董事会组织结构指数多元回归模型的 R^2 都比较低，回归模型对数据的拟合度较差，最大的影响因素是截面回归数据太多，很难形成较高的拟合度。

（四）董事会薪酬指数（$CCGI_{BOD4}$）与公司绩效

1. 董事会薪酬指数（$CCGI_{BOD4}$）评价标准

（1）董事薪酬水平（$CCGI_{BOD41}$）

董事薪酬是董事会运行的主要成本之一，高额董事薪酬带来的激励效应远大于低额

董事薪酬节约的管理成本，但并不表示董事薪酬越高的董事会运行效率越好，应该保持于一个适中的水平。因为不同行业的业务复杂性不同，本书评价董事薪酬水平考察了非独立董事的薪酬均值，具体评价方法共有两步，第一步将上市公司按照创业板行业分类指引（制造业采用二级行业分类）进行分行业考核，并计算非独立董事薪酬行业均值；第二步在 1% 的显著性水平下检验各上市公司非独立薪酬与其对应行业薪酬均值的显著性差异，显著高于或低于行业薪酬均值的上市公司情形给予 0 分，与行业薪酬均值不存在显著性差异的上市公司此项给予 1 分。

(2)董事薪酬形式($CCGI_{BOD42}$)与董事绩效评价标准建立情况($CCGI_{BOD43}$)

不同的董事薪酬发放方式可以满足不同董事的薪酬需求，最大限度地激励董事发挥职能的效率和效果。研究表明，最具激励效力的董事薪酬形式主要是股权激励。在历史年度报告中曾披露公司实施股权激励的上市公司给予 1 分，没有发生过股权激励的上市公司不给此项分数，即 0 分。

建立董事绩效评价标准不只是对实施股权激励的上市公司的要求，没有股权激励机制的上市公司也应该建立适宜的董事绩效评价标准，衡量董事是否准确、积极地履行义务。与企业业绩挂钩的董事薪酬机制能够更加有效地约束董事的行为规范，有效地促使董事主动、高效地履行职责。董事绩效评价标准并不是法律要求的硬性条款，所以本书评价标准是：上市公司在年度报告中说明董事薪酬与公司绩效挂钩，给予 1 分；没有绩效评价方面说明的上市公司不给分，即 0 分。

2. 董事会薪酬指数($CCGI_{BOD4}$)评价权重

董事会薪酬指数的形成见表 5-25。

表 5-25　董事会薪酬指数($CCGI_{BOD4}$)的形成

一级指标	二级指标	权重
董事会薪酬指数($CCGI_{BOD4}$)	董事薪酬水平($CCGI_{BOD41}$)	0.368
	董事薪酬形式($CCGI_{BOD42}$)	0.224
	董事绩效评价标准的建立情况($CCGI_{BOD43}$)	0.408

注：采用因素权重置分采用专家赋值法确定，与表 5-7 同

3. 变量及模型

(1)研究变量

变量、变量符号及含义一览表见表 5-26。

表 5-26　变量、变量符号及含义一览表

变量	变量符号	变量含义
被解释变量	EPS	每股收益
	ROE	净资产收益率
	OPE	主营业务利润率
解释变量	$CCGI_{BOD4}$	董事会薪酬指数
	$CCGI_{BOD4}{}^2$	董事会薪酬指数的平方

变量	变量符号	变量含义
控制变量	LnTA	公司规模，公司期末总资产的自然对数
	Debt	总资产负债率

（2）研究模型

本书根据表 5-26 变量的归纳和含义说明，基于稳定性、准确性和完整性的出发点，设定了四个回归模型。

模型一（A）：$P = \beta_0 + \beta_1 \text{CCGI}_{\text{BOD4}} + \beta_2 \text{Contro} + \varepsilon$

模型二（B）：$P = \beta_0 + \beta_1 \text{CCGI}_{\text{BOD4}} + \beta_2 \text{CCGI}_{\text{BOD4}}^2 + \beta_3 \text{Contro} + \varepsilon$

模型三（C）：$\text{Sinh}^{-1}(P) = \beta_0 + \beta_1 \text{LNCCGI}_{\text{BOD4}} + \beta_2 \text{Contro} + \varepsilon$

模型四（D）：$\text{Sinh}^{-1}(P) = \beta_0 + \beta_1 \text{LNCCGI}_{\text{BOD4}} + \beta_2 \text{LNCCGI}_{\text{BOD4}}^2 + \beta_3 \text{Contro} + \varepsilon$

其中，P 代表公司业绩指标，即被解释变量；$\text{CCGI}_{\text{BOD4}}$ 代表董事会薪酬指数，即解释变量；$\text{CCGI}_{\text{BOD4}}^2$ 代表董事会薪酬指数的平方数；Contro 代表影响公司企业的其他主要因素，即控制变量。对于模型三、四，回归模型中董事会薪酬指数及其各可量化指标的最大值为 1，1 的自然对数为 0，没有回归的数学意义，因此为了排除数据的干扰，将各董事会薪酬指数的值乘以 100 之后，再求其自然对数，将自然对数的结果作为董事会薪酬指数解释变量。

4. 统计、结果与分析

（1）变量的描述性统计结果

董事会薪酬指数与公司绩效变量的描述性统计结果见表 5-27。

表 5-27　董事会薪酬指数与公司绩效变量的描述性统计结果

	年份	N	最小	最大	平均	标准差	偏度		峰度	
							统计量	标准差	统计量	标准差
EPS	2011	260	0.01	2.47	0.60	0.37	1.46	0.15	3.36	0.30
	2012	260	−2.56	3.24	0.38	0.40	−0.10	0.15	20.98	0.30
ROE	2011	260	0.00	0.30	0.08	0.03	1.23	0.15	6.50	0.30
	2012	260	−0.53	0.41	0.06	0.07	−2.98	0.15	20.19	0.30
OPE	2011	260	0.01	0.71	0.19	0.11	1.28	0.15	2.69	0.30
	2012	260	−3.19	0.69	0.12	0.25	−9.48	0.15	126.7	0.30
$\text{CCGI}_{\text{BOD4}}$	2011	260	0.22	1.00	0.52	0.20	1.00	0.15	−0.16	0.30
	2012	260	0.22	1.00	0.52	0.22	0.61	0.15	−0.66	0.30
$\text{CCGI}_{\text{BOD4}}^2$	2011	260	0.05	1.00	0.31	0.26	1.42	0.15	1.02	0.30
	2012	260	0.05	1.00	0.32	0.27	1.16	0.15	0.46	0.30
LnTA	2011	260	19.49	22.50	20.71	0.53	0.43	0.15	0.25	0.30
	2012	260	19.54	22.57	20.82	0.56	0.43	0.15	0.01	0.30

年份		N	最小	最大	平均	标准差	偏度		峰度	
							统计量	标准差	统计量	标准差
Debt	2011	260	0.02	0.75	0.17	0.12	1.45	0.15	2.89	0.30
	2012	260	0.03	0.76	0.21	0.14	1.12	0.15	1.26	0.30

资料来源：利用 SPSS17.0 处理本书收集的数据而来

表 5-27 对创业板上市公司董事会薪酬指数的描述性统计结果表明：最低的 $CCGI_{BOD4}$ 为 0.22，最高的 $CCGI_{BOD4}$ 为 1，平均值是 0.52，指数的标准差高达 0.22，说明创业板的董事会薪酬考核结果非常不佳，接近一半的创业板上市公司并不关注董事会薪酬制度的制定，缺少对董事良好的激励作用，更缺少对董事薪酬的绩效考核。这样，要么不能促使董事会效用的发挥，要么为董事结党营私创造有利条件和空间。$CCGI_{BOD4}$ 的峰度和偏度表明董事会薪酬指数呈现扁平的右偏分布状态，说明创业板各上市公司的董事会薪酬治理存在较大的差异，并且绝大部分的上市公司的董事会薪酬治理存在不足。

（2）自相关性检验

董事会薪酬指数与公司绩效变量的自相关性检验（数据调整前与调整后）见表 5-28 和表 5-29。

表 5-28　董事会薪酬指数与公司绩效变量的自相关性检验（数据调整前）

2011 年							
	EPS	ROE	OPE	$CCGI_{BOD4}$	$CCGI_{BOD4}{}^2$	LnTA	Debt
EPS	1	0.650 ***	0.499 ***	−0.030	−0.030	0.101 *	−0.047
ROE	0.523 ***	1	0.481 ***	0.088	0.088	0.037	0.105 *
OPE	0.453 ***	0.417 ***	1	−0.024	−0.024	0.058	−0.482 ***
$CCGI_{BOD4}$	−0.072	0.034	−0.032	1	1.000 ***	−0.010	0.019
$CCGI_{BOD4}{}^2$	−0.080	0.038	−0.041	0.989 ***	1	−0.010	0.019
LnTA	0.138 **	0.029	0.097	−0.017	−0.005	1	0.201 ***
Debt	−0.087	0.088	−0.433 ***	−0.035	−0.042	0.266 ***	1

2012 年							
	EPS	ROE	OPE	$CCGI_{BOD4}$	$CCGI_{BOD4}{}^2$	LnTA	Debt
EPS	1	0.845 ***	0.729 ***	−0.026	−0.026	0.289 **	−0.187 ***
ROE	0.883 ***	1	0.719 ***	−0.009	−0.009	0.156 **	−0.057
OPE	0.672 ***	0.740 ***	1	−0.035	−0.035	0.125 **	−0.402 ***
$CCGI_{BOD4}$	−0.004	−0.008	0.011	1	1.000 ***	0.072	−0.015
$CCGI_{BOD4}{}^2$	−0.005	−0.000	0.016	0.983 ***	1	0.072	−0.015
LnTA	0.163 ***	0.020	0.029	0.058	0.048	1	0.205 ***
Debt	−0.215 ***	−0.156 **	−0.258 ***	0.003	0.006	0.307 ***	1

注：左下角是 Pearson 自相关双尾检验，右上角是 Spearman 自相关双尾检验。"***"指相关系数在 99% 的置信水平下显著，"**"指相关系数在 95% 的置信水平下显著，"*"指相关系数在 90% 的显著性水平下显著

表 5-29　董事会薪酬指数和公司绩效自相关性检验（数据调整后）

2011 年							
	$Sinh^{-1}$ (EPS)	$Sinh^{-1}$ (ROE)	$Sinh^{-1}$ (OPE)	$LNCCGI_{BOD4}$	$LNCCGI_{BOD4}{}^{2}$	LnTA	Debt
$Sinh^{-1}$(EPS)	1	0.650***	0.499***	0.030	0.030	−0.101*	0.047
$Sinh^{-1}$(ROE)	0.947***	1	0.481***	−0.088	−0.088	−0.037	−0.105*
$Sinh^{-1}$(OPE)	0.834***	0.733***	1	0.024	0.024	−0.058	0.482***
$LNCCGI_{BOD4}$	−0.033	−0.064	−0.008	1	1.000***	−0.010	0.019
$LNCCGI_{BOD4}{}^{2}$	−0.033	−0.064	−0.008	1.000***	1	−0.010	0.019
LnTA	0.073	0.088	0.171***	−0.034	−0.034	1	0.201***
Debt	0.024	−0.060	0.229***	−0.026	−0.026	0.266***	1
2012 年							
	$Sinh^{-1}$ (EPS)	$Sinh^{-1}$ (ROE)	$Sinh^{-1}$ (OPE)	$LNCCGI_{BOD4}$	$LNCCGI_{BOD4}{}^{2}$	LnTA	Debt
$Sinh^{-1}$(EPS)	1	0.845***	0.605***	0.057	0.057	−0.333***	0.047
$Sinh^{-1}$(ROE)	0.931***	1	0.600***	0.059	0.059	−0.200***	−0.082
$Sinh^{-1}$(OPE)	−0.119*	−0.112*	1	−0.006	−0.006	−0.149**	0.278***
$LNCCGI_{BOD4}$	0.057	0.059	0.006	1	1.000***	0.071	0.000
$LNCCGI_{BOD4}{}^{2}$	0.057	0.059	0.006	1.000***	1	0.071	0.000
LnTA	−0.069	−0.042	0.015	0.071	0.071	1	0.205***
Debt	−0.068	−0.132**	0.079	0.307***	0.307***	0.205***	1.000

注：左下角是 Pearson 自相关双尾检验，右上角是 Spearman 自相关双尾检验。"***"指相关系数在 99% 的置信水平下显著，"**"指相关系数在 95% 的置信水平下显著，"*"指相关系数在 90% 的显著性水平下显著

　　表 5-28 与表 5-29 的自相关性检验结果除了相关系数，不存在其他较明显的差异。创业板上市公司的董事会薪酬治理不仅与公司绩效之间不存在显著的自相关性，而且与控制变量之间也不存在显著的自相关关系。数据调整前的董事会薪酬指数与其平方值存在较高的自相关关系，数据调整后的董事会薪酬指数与其平方值存在完全的自相关关系，因此，模型二是否修改需要对具体的回归结果进行检验，去除模型四。

　　（3）回归结果及分析

　　创业板上市公司成立以来，关于衡量董事会薪酬指数的众多可量化指标随着时间的推移只有微小的变化，本书检验董事会薪酬指数与公司业绩的相关性的重点是证明不同公司的董事会薪酬与公司业绩之间有无相关性，不注重时间的趋势效应，所以本书采用以公司横截面数据进行多元回归，时间区间为数据比较全面的 2011.1.1～2011.12.31、2012.1.1～2012.12.31。这种横截面的多元回归方法也已经被国内多个研究董事会治理指数的学者采用。表 5.30 为董事会薪酬指数与公司绩效的实证分析结果。

表 5-30　董事会薪酬指数与公司绩效的实证分析结果

2011 年

被解释变量	解释变量	Constant	CCGI$_{BOD4}$	CCGI$_{BOD4}{}^2$	LnTA	Debt	R^2	DW	样本数
EPS	A	−1.7328 (−1.91)*	−0.1170 (−1.05)	——	0.1191 (2.7)***	−0.4081 (−2.05)**	0.04	1.45	260
	B	−2.0203 (−2.14)**	0.6993 (0.93)	−0.6557 (−1.1)	0.1223 (2.8)***	−0.4020 (−2.02)**	0.04	1.46	260
	C	−9.1949 (−0.72)	−0.4220 (−0.49)	——	0.6499 (1.09)	0.2563 (0.09)	0.01	1.84	260
ROE	A	——	0.0058 (0.57)	——	0.0034 (11.3)***	0.0207 (1.17)	0.01	1.73	260
	B	0.0696 (0.81)	−0.0162 (−0.24)	0.0172 (0.31)	0.0004 (0.09)	0.0238 (1.30)	0.01	1.75	260
	C	——	−8.7058 (−1.35)	——	2.7149 (2.2)**	−23.529 (−1.12)	0.01	2.00	260
OPE	A	−0.7101 (−2.9)***	−0.0059 (−0.20)	——	0.0474 (4.0)***	−0.4641 (−8.7)***	0.24	1.98	260
	B	−0.7805 (−3.1)***	0.1938 (0.97)	−0.1604 (−1.01)	0.0482 (4.1)***	−0.4626 (−8.7)***	0.24	1.99	260
	C	70.0488 (−1.67)*	−0.4371 (−0.16)	——	3.6822 (1.88)*	27.8595 (3.1)***	0.07	1.94	260

2012 年

被解释变量	解释变量	Constant	CCGI$_{BOD4}$	CCGI$_{BOD4}{}^2$	LnTA	Debt	R^2	DW	样本数
EPS	A	−3.2053 (−3.5)***	−0.0318 (−0.30)	——	0.1812 (4.1)***	−0.8351 (−4.7)***	0.10	1.79	260
	B	−3.1986 (−3.2)***	−0.0319 (−0.30)	−0.0062 (−0.02)	0.1812 (4.1)***	−0.8350 (−4.7)***	0.10	1.79	260
	C	——	1.1234 (0.85)	——	0.2599 (3.7)***	−4.6966 (−1.12)	0.01	2.00	260
ROE	A	——	−0.0037 (−0.19)	——	0.0041 (6.6)***	−0.0844 (−2.7)***	0.03	1.91	260
	B	——	−0.0038 (−0.20)	−0.0168 (−0.29)	0.0049 (1.7)*	−0.0850 (−2.7)***	0.03	1.91	260
	C	——	5.5344 (0.92)	——	1.5262 (4.9)***	−41.874 (−2.2)**	0.02	2.02	260

续表

被解释变量	解释变量	Constant	$CCGI_{BOD4}$	$CCGI_{BOD4}^2$	LnTA	Debt	R^2	DW	样本数
				2012 年					
OPE	A	——	−0.0053 (0.08)		0.0104 (4.9) ***	−0.4746 (−4.4) ***	0.07	2.01	260
	B	——	−0.2709 (−0.75)	0.2333 (0.78)	0.0138 (2.9) ***	−0.4798 (−4.5) ***	0.07	2.00	260
	C	21.0687 (0.22)	−0.4861 (−0.09)		−0.7003 (−0.15)	23.2196 (1.25)	0.01	2.04	260

注：表内第二列中的"A""B""C"分别指代模型一、二、三；"（　）"内的数据为解释变量的回归系数 T 统计值；"*""**""***"分别表示 T 统计值的显著性水平 90%、95%、99%；"——"表示该项回归模型内没有其空格对应的解释变量

创业板上市公司的每股收益、净资产收益率和主营业务利润率与董事会治理指数都不存在显著的相关关系，再次从侧面反映了创业板董事会薪酬治理的失效。董事会薪酬治理的缺陷使得董事会的激励效用不能对公司绩效产生显著的正能量。无论是从解释变量的 T 统计值角度，还是从拟合度、DW 检验角度看，董事会薪酬指数与每股收益的非线性相关性明显比两者之间的负相关线性关系突出。在董事会薪酬指数与净资产收益率的相关性考察过程中，模型三的 T 统计值、拟合度和自相关检验结果最突出，结果也相对最好，说明调整后的董事会薪酬指数与净资产收益率之间存在微弱的负相关关系，说明目前的创业板董事会薪酬治理水平的提高可能会减少公司的净资产收益率，本书认为可能的原因是董事会薪酬的治理费用会占用公司的净资产，削弱净资产的利用效率，增加公司资产的机会成本。

（五）董事会独立性指数（$CCGI_{BOD5}$）与公司绩效

1. 董事会独立性指数（$CCGI_{BOD5}$）评价标准

（1）独立董事职能（$CCGI_{BOD51}$）

中国证券监督管理委员会于 2001 年 8 月 16 日发布了《关于在上市公司建立独立董事制度的指导意见》（以下简称《指导意见》），独立董事是独立的外部董事的简称，不在公司担任除董事外的其他职务，并且不能与其就任的上市公司和主要股东存在任何妨碍其进行独立客观判断的关系。

除了一般的董事职权，独立董事还应该被赋予以下特别职权：一是重大关联交易（指上市公司拟与关联人达成的总额高于 300 万元或高于上市公司最近审计资产总值的 5% 的关联交易）应由独立董事认可后，提交董事会讨论，独立董事判断前，可以聘任中介机构出具独立财务顾问报告，作为其判断的依据；二是向董事会提议聘用或聘请会计师事务所；三是向董事会提请召开临时股东大会；四是提议召开董事会会议；五是独立聘请外部审计机构和咨询机构；六是可以在股东大会召开前公开向股东征集投票权；七是独立董事应对董事提名、聘任高级管理人员、公司董事和高级管理人员的薪酬及上市公司的

股东、实际控制人及其关联企业对上市公司现有或新发生的总额高于 300 万元或高于上市公司最近经审计净产值的 5% 的借款发表独立意见。

独立董事亲自出席董事会会议是履行其职能的重要表现,《指导意见》对"独立董事连续 3 次未亲自出席董事会会议的,由董事会提请股东大会予以撤换",也表明了独立董事亲自出席董事会会议的重要性,本书评价独立董事的标准是上市公司应具备完整("完整"指包括但不限于本书所述独立董事职能)的独立董事制度,并且所有独立董事亲自出席了年度内所有董事会会议,符合该条件的上市公司给予满分 1 分,没有完整独立董事制度的上市公司给予 0 分,或者有完整独立董事制度,但是存在独立董事缺席董事会会议的情形的上市公司给予 A 分($A = 1 - \sum$(第 i 次缺席独立董事人数/应出席董事会人数),i 指第 i 次董事会会议出现独立董事缺席情形)。

(2)独立董事比例($CCGI_{BOD52}$)

保证独立董事发表的意见具有效力的一个基本方法是让独立董事在董事会中占有相对较大比例。按照《指导意见》要求,上市公司独立董事比例应当至少是董事会人员总数的 1/3,符合要求的上市公司给予满分 1 分,反之 0 分。

(3)独立董事独立性($CCGI_{BOD53}$)

独立董事应该根据相关法律法规的规定,具备担任上市公司董事的资格,具备上市公司运作的基本知识,熟悉相关法律、行为规范和规章,具备五年以上法律、经济或其他履行其他独立董事所必需的工作经验,以便准确适时地保持独立董事的独立客观性。为了保持独立董事的独立性,《指导意见》规定下列人员不得担任独立董事:一是在上市公司或其附属企业担任职务的人员及其直系亲属、主要社会关系(直系亲属指配偶、父母、子女等;主要社会关系指兄弟姐妹、岳父母、儿媳女婿、兄弟姐妹的配偶、配偶的兄弟姐妹等);二是直接或间接持有上市公司已发行股份 1% 以上或者是上市公司前十名股东中的自然人股东或其直系亲属;三是在直接或间接持有上市公司已发行股份 5% 以上的股东放单位或者在上市公司前五名股东单位任职的人员及其直系亲属;四是最近一年内曾经具有前三项所列举情形的人员;五是为上市公司或其附属企业提供财务、法律、咨询等服务的人员;六是公司章程规定的其他人员;七是中国证监会认定的其他人员。

上市公司任一独立董事符合《指导意见》关于独立董事身份的要求,给予此项满分 1 分,反之 0 分。

(4)独立董事激励($CCGI_{BOD54}$)

根据《指导意见》相关规定,上市公司应该给予独立董事适中的津贴,津贴的标准由董事会制订预案,经股东大会审议并通过,须在公司年度报告中进行披露。除了津贴,独立董事不得从上市公司及其主要股东或有利害关系的机构和人员处取得额外的、未予披露的其他利益。关于独立董事津贴的具体方案由上市公司董事会制订预案,可以是固定金额,也可以与独立董事工作绩效相关。与公司业绩相关的独立董事制度能激发独立董事的工作热情和积极参与程度,减少独立董事的"花瓶"式表现。本书通过上市公司披露的独立董事制度和薪酬衡量独立董事激励情形,明确独立董事激励制度的上市公司给予 1 分,反之给予 0 分。

2. 董事会独立性指数(CCGI$_{BOD5}$)评价权重

董事会独立性指数权重形成过程见表 5-31。

表 5-31　董事会独立性指数权重形成过程

一级指标	二级指标	权重
董事会独立性指数(CCGI$_{BOD5}$)	独立董事职能(CCGI$_{BOD51}$)	0.228
	独立董事比例(CCGI$_{BOD52}$)	0.212
	独立董事独立性(CCGI$_{BOD53}$)	0.404
	独立董事激励(CCGI$_{BOD54}$)	0.156

注：采用因素权重置分采用专家赋值法确定，与表 5-7 同

3. 变量及模型

(1)研究变量

变量、变量符号及含义一览表见表 5-32。

表 5-32　变量、变量符号及含义一览表

变量	变量符号	变量含义
被解释变量	EPS	每股收益
	ROE	净资产收益率
	OPE	主营业务利润率
解释变量	CCGI$_{BOD5}$	董事会独立性指数
	CCGI$_{BOD5}{}^2$	董事会独立性指数的平方
控制变量	LnTA	公司规模，公司期末总资产的自然对数
	Debt	总资产负债率

(2)研究模型

本书根据表 5-32 变量的归纳和含义说明，基于稳定性、准确性和完整性的出发点，设定了四个回归模型。

模型一 (A)：$P = \beta_0 + \beta_1 CCGI_{BOD5} + \beta_2 Contro + \varepsilon$

模型二 (B)：$P = \beta_0 + \beta_1 CCGI_{BOD5} + \beta_2 CCGI_{BOD5}{}^2 + \beta_3 Contro + \varepsilon$

模型三 (C)：$Sinh^{-1}(P) = \beta_0 + \beta_1 LNCCGI_{BOD5} + \beta_2 Contro + \varepsilon$

模型四 (D)：$Sinh^{-1}(P) = \beta_0 + \beta_1 LNCCGI_{BOD5} + \beta_2 LNCCGI_{BOD5}{}^2 + \beta_3 Contro + \varepsilon$

其中，P 代表公司业绩指标，即被解释变量；CCGI$_{BOD5}$ 代表董事会独立性指数，即解释变量；CCGI$_{BOD5}{}^2$ 代表董事会独立性指数的平方数；Contro 代表影响公司企业的其他主要因素，即控制变量。对于模型三、四，回归模型中董事会独立性指数及其各可量化指标的最大值为 1，1 的自然对数为 0，没有回归的数学意义，因此为了排除数据的干扰，将各董事会独立性指数的值乘以 100 之后，再求其自然对数，将自然对数的结果作为董事会独立性指数解释变量。

4. 统计、结果与分析

(1)变量的描述性统计结果

董事会独立性指数与公司绩效变量的描述性统计结果见表 5-35。

表 5-33　董事会独立性指数与公司绩效变量的描述性统计结果

	年份	N	最小	最大	平均	标准差	偏度		峰度	
							统计量	标准差	统计量	标准差
EPS	2011	260	0.01	2.47	0.60	0.37	1.46	0.15	3.36	0.30
	2012	260	−2.56	3.24	0.38	0.40	−0.10	0.15	20.98	0.30
ROE	2011	260	0.00	0.30	0.08	0.03	1.23	0.15	6.50	0.30
	2012	260	−0.53	0.41	0.06	0.07	−2.98	0.15	20.19	0.30
OPE	2011	260	0.01	0.71	0.19	0.11	1.28	0.15	2.69	0.30
	2012	260	−3.19	0.69	0.12	0.25	−9.48	0.15	126.7	0.30
$CCGI_{BOD5}$	2011	260	0.50	0.84	0.82	0.06	−3.00	0.15	9.45	0.30
	2012	260	0.63	1.00	0.83	0.03	−3.16	0.15	22.41	0.30
$CCGI_{BOD5}{}^2$	2011	260	0.25	0.71	0.67	0.08	−2.72	0.15	7.58	0.30
	2012	260	0.40	1.00	0.70	0.05	−2.29	0.15	20.54	0.30
LnTA	2011	260	19.49	22.50	20.71	0.53	0.43	0.15	0.25	0.30
	2012	260	19.54	22.57	20.82	0.56	0.43	0.15	0.01	0.30
Debt	2011	260	0.02	0.75	0.17	0.12	1.45	0.15	2.89	0.30
	2012	260	0.03	0.76	0.21	0.14	1.12	0.15	1.26	0.30

资料来源：利用 SPSS17.0 处理本书收集的数据而来

表 5-33 表明，创业板董事会独立性治理的一个最显著的特点是没有上市公司存在完善的董事会独立性治理细则。虽然关于董事会独立董事赋予绩效薪酬的讨论产生时间较短，但是却得到了许多专家、学者、投资机构和企业家的高度重视和关切，独立董事的薪酬绩效考核应当优先实验于规模较小、成长速度较快、法律要求更严格的创业板企业。遗憾的是，通过本书对 260 家创业板上市公司的考察结果显示，所有样本公司的独立董事制度都没有采用薪酬绩效考核，所以产生了上述的考评无满分公司的结果。$CCGI_{BOD5}$ 的峰度远大于零，说明虽然不存在满分的创业板上市公司，但是这 260 家上市公司的董事会独立性治理水平相对比较集中、统一，左偏的分布状态表明创业板上市公司董事会独立性非常不足，对应了创业板独立董事目前的"花瓶式"现象。

(2)自相关性检验

董事会独立性指数与公司绩效变量的自相关性检验(数据调整前与调整后)见表 5-34 和表 5-35。

表 5-34　董事会独立性指数与公司绩效变量的自相关性检验(数据调整前)

	2011 年						
	EPS	ROE	OPE	$CCGI_{BOD5}$	$CCGI_{BOD5}{}^2$	LnTA	Debt
EPS	1	0.650***	0.499***	0.072	0.072	0.101*	−0.047
ROE	0.523***	1	0.481***	0.068	0.068	0.037	0.105*

续表

2011 年

	EPS	ROE	OPE	CCGI$_{BOD5}$	CCGI$_{BOD5}$^{2}	LnTA	Debt
OPE	0.453 ***	0.417 ***	1	0.032	0.032	0.058	−0.482 ***
CCGI$_{BOD5}$	0.079	0.030	0.044	1	1.000 ***	0.032	0.018
CCGI$_{BOD5}$^{2}	0.076	0.030	0.042	0.998 ***	1	0.032	0.018
LnTA	0.138 **	0.029	0.097	0.135 **	0.133 **	1	0.201 ***
Debt	−0.087	0.088	−0.433 ***	0.015	0.017	0.266 ***	1

2012 年

	EPS	ROE	OPE	CCGI$_{BOD5}$	CCGI$_{BOD5}$^{2}	LnTA	Debt
EPS	1	0.845 ***	0.729 ***	0.045	0.045	0.289 **	−0.187 ***
ROE	0.883 ***	1	0.719 ***	0.013	0.012	0.156 **	−0.057
OPE	0.672 ***	0.740 ***	1	0.014	0.015	0.125 **	−0.402 ***
CCGI$_{BOD5}$	0.045	0.013	0.014	1	1.000 ***	0.127 **	−0.034
CCGI$_{BOD5}$^{2}	0.045	0.012	0.015	0.997 ***	1	0.123 **	−0.034
LnTA	0.163 ***	0.020	0.029	0.127 **	0.123 **	1	0.205 ***
Debt	−0.215 ***	−0.156 **	−0.258 ***	−0.034	−0.040	0.307 ***	1

注：左下角是 Pearson 自相关双尾检验，右上角是 Spearman 自相关双尾检验。"***"指相关系数在 99% 的置信水平下显著，"**"指相关系数在 95% 的置信水平下显著，"*"指相关系数在 90% 的显著性水平下显著

表 5-35　董事会独立性指数和公司绩效自相关性检验（数据调整后）

2011 年

	Sinh^{-1}(EPS)	Sinh^{-1}(ROE)	Sinh^{-1}(OPE)	LNCCGI$_{BOD5}$	LNCCGI$_{BOD5}$^{2}	LnTA	Debt
Sinh^{-1}(EPS)	1	0.650 ***	0.499 ***	−0.072	−0.072	−0.101 *	0.047
Sinh^{-1}(ROE)	0.947 ***	1	0.481 ***	−0.068	−0.068	−0.037	−0.105 *
Sinh^{-1}(OPE)	0.834 ***	0.733 ***	1	−0.032	−0.032	−0.058	0.482 ***
LNCCGI$_{BOD5}$	−0.080	−0.055	−0.089	1	1.000 ***	0.032	0.018
LNCCGI$_{BOD5}$^{2}	−0.080	−0.055	−0.089	1.000 ***	1	0.032	0.018
LnTA	0.073	0.088	0.171 ***	0.137 **	0.137 **	1	0.201 ***
Debt	0.024	−0.060	0.229 ***	0.013	0.013	0.266 ***	1

2012 年

	Sinh^{-1}(EPS)	Sinh^{-1}(ROE)	Sinh^{-1}(OPE)	LNCCGI$_{BOD5}$	LNCCGI$_{BOD5}$^{2}	LnTA	Debt
Sinh^{-1}(EPS)	1	0.845 ***	0.605 ***	−0.037	−0.037	−0.333 ***	0.047
Sinh^{-1}(ROE)	0.931 ***	1	0.600 ***	−0.021	−0.021	−0.200 ***	−0.082
Sinh^{-1}(OPE)	−0.119 *	−0.112 *	1	−0.084	−0.084	−0.149 **	0.278 ***
LNCCGI$_{BOD1}$	−0.065	−0.100 *	−0.022	1	1.000 ***	0.077	−0.100 *
LNCCGI$_{BOD1}$^{2}	−0.065	−0.100 *	−0.022	1.000 ***	1	0.077	−0.100 *

	Sinh^{-1} (EPS)	Sinh^{-1} (ROE)	Sinh^{-1} (OPE)	LNCCGI$_{BOD5}$	LNCCGI$_{BOD5}{}^2$	LnTA	Debt
				2012 年			
LnTA	−0.069	−0.042	0.015	0.130 **	0.130 **	1	0.205 ***
Debt	−0.068	−0.132 **	0.079	−0.027	−0.027	0.307 ***	1.000

注：左下角是 Pearson 自相关双尾检验，右上角是 Spearman 自相关双尾检验。"***"指相关系数在 99% 的置信水平下显著，"**"指相关系数在 95% 的置信水平下显著，"*"指相关系数在 90% 的显著性水平下显著

表 5-34 和表 5-35 的 Pearson 检验结果都出现了董事会独立性治理指数与公司规模之间在 95% 的置信水平下存在显著的自相关性，庆幸的是，两者之间的自相关系数较小，在董事会独立性指数与公司绩效的多元回归结果中可能会产生较为显著的影响，也可能两者之间微弱的自相关关系并不影响回归结果。数据调整前及数据调整后的董事会独立性指数与其平方值之间都存在较显著的相关关系，因此去除模型四。董事会独立性治理指数可能与公司绩效之间存在负相关线性相关性或者"倒 U 型"非线性相关关系。

（3）回归结果及分析

创业板上市公司成立以来，衡量董事会独立性指数的众多可量化指标随着时间的推移只有微小的变化，本书检验董事会独立性指数与公司业绩的相关性的重点是证明不同公司的董事会独立性与公司业绩之间有无相关性，不注重时间的趋势效应，所以本书采用以公司横截面数据进行多元回归，时间区间为数据比较全面的 2011.1.1~2011.12.31、2012.1.1~2012.12.31。这种横截面的多元回归方法也已经被国内多个研究董事会治理指数的学者采用。董事会独立性指数与公司绩效的实证分析结果见表 5-36。

表 5-36　董事会独立性指数与公司绩效的实证分析结果

被解释变量	解释变量	Constant	CCGI$_{BOD5}$	CCGI$_{BOD5}{}^2$	LnTA	Debt	R^2	DW	样本数
					2011 年				
EPS	A	−2.0107 (−2.17)**	0.3799 (0.94)	——	0.1146 (−2.6)***	−0.4127 (−2.07)**	0.04	1.43	260
	B	——	−4.1318 (−1.72)*	3.0517 (1.82)*	0.0966 (2.26)**	−0.3998 (−2.00)**	0.03	1.45	260
	C	——	−3.9219 (−1.62)*	——	0.9625 (1.85)*	0.0849 (−0.03)	0.01	1.84	260
ROE	A	——	0.0224 (0.62)	——	0.0027 (1.89)*	0.0218 (1.23)	0.01	1.74	260
	B	——	0.1834 (3.9)***	−0.1133 (−2.0)**	——	0.0289 (1.42)	0.01	1.77	260
	C	——	−36.726 (−1.9)*	——	8.9373 (2.16)**	−30.572 (−1.44)	0.02	1.99	260

续表

2011 年

被解释变量	解释变量	Constant	CCGI$_{BOD5}$	CCGI$_{BOD5}{}^2$	LnTA	Debt	R^2	DW	样本数
OPE	A	−0.7349 (−3.0)***	0.0405 (0.38)	——	0.0468 (3.9)***	−0.4641 (−8.7)***	0.24	1.98	260
	B	——	1.8281 (−2.8)***	1.2706 (2.8)***	0.0439 (3.9)***	−0.4646 (−8.7)***	0.23	2.00	260
	C	——	−20.089 (−2.5)***	——	4.4913 (2.6)***	27.086 (3.1)***	0.08	1.94	260

2012 年

被解释变量	解释变量	Constant	CCGI$_{BOD5}$	CCGI$_{BOD5}{}^2$	LnTA	Debt	R^2	DW	样本数
EPS	A	——	−1.1303 (−1.65)*	——	0.0707 (2.5)***	−0.7254 (−4.1)***	0.07	1.81	260
	B	——	−7.6585 (−3.3)***	4.8359 (2.9)***	0.1713 (3.9)***	−0.8143 (−4.6)***	0.10	1.80	260
	C	——	−17.1252 (−1.20)	——	0.0694 (0.51)	−4.6647 (−1.11)	0.01	2.04	260
ROE	A	——	−0.0448 (−0.36)	——	0.0058 (1.15)	−0.0867 (−2.7)***	0.03	1.91	260
	B	——	−111.0186 (−1.73)*	0.3543 (0.58)	——	−41.7153 (−2.2)**	0.03	2.05	260
	C	——	−36.726 (−1.9)*	——	8.9373 (2.16)**	−30.572 (−1.44)	0.02	1.99	260
OPE	A	——	0.2570 (8.1)***	——		−0.4510 (−4.3)***	0.07	2.01	260
	B	——	−2.0062 (−1.37)	1.2031 (1.15)	0.0511 (1.8)*	−0.5169 (−4.6)***	0.08	2.01	260
	C	——	−21.3256 (−0.35)	——	0.1525 (0.27)	22.1016 (1.24)	0.01	2.04	260

注：表内第二列中的"A""B""C"分别指代模型一、二、三；"（　）"内的数据为解释变量的回归系数 T 统计值；"*""**""***"分别表示 T 统计值的显著性水平 90%、95%、99%；"——"表示该项回归模型内没有其空格对应的解释变量

表 5-36 的统计结果表明，创业板上市公司 2011 年董事会独立性治理水平与公司绩效之间存在显著的非线性相关关系。研究样本虽然表明公司的每股收益与董事会独立性指数之间在 90% 的置信水平下存在显著的"U 型"非线性的相关关系，但是其对应的DW 为 1.45，解释变量之间存在比较明显的自相关性。调整后的每股收益与董事会独立性指数之间的负线性相关性和"倒 U 型"非线性相关关系在 90% 的置信水平下都显著，比较控制变量和解释变量的 T 统计值、模型的拟合优度，认为创业板上市公司调整后的

董事会独立性与每股收益存在显著的"倒 U 型"非线性相关关系，表明存在使公司每股收益达到最大值的最优董事会独立性指数，比较符合创业板董事会独立性的经济含义。模型一、二、三用于检验 ROE 与 $CCGI_{BOD5}$ 或者 $CCGI_{BOD5}^2$ 的相关性，通过比较解释变量的 T 统计值、模型的拟合优度及变量之间的自相关性 DW，模型二的各项检验指标最优，因此表明创业板上市公司董事会独立性指数与净资产收益率之间 95% 的置信水平下存在显著的"倒 U 型"非线性相关关系，相关性结果与每股收益的检验结果相同。采用类似的方法比较模型 A、B、C 用于检验 OPE 与 $CCGI_{BOD5}$ 或者 $CCGI_{BOD5}^2$ 的相关性，比较发现模型二的效果最佳，创业板上市公司的主营业务收益率与董事会独立性之间在 99% 的置信水平下存在显著的"U 型"非线性的相关关系，表明相对较高或者较低的董事会独立性治理更有利于公司的主营业务利润率的提高，因为较高的董事会独立性保证了主营业务的健康运行，较低的董事会独立性有利于执行董事的意见在企业经营活动中得到贯彻，可以保持主营业务的专业性和集中性，意义不同，但是结果比较一致。无论是每股收益、净资产收益率还是主营业务利润率的实证研究都得到一个结论：创业板上市公司的董事会独立性治理与公司的经营绩效之间存在的显著的相关关系，因此创业板的董事会应当重视其独立性制度的建设及实施，改善创业板董事会独立性弱的现状。2012 年的董事会独立性治理指数与公司业绩的相关性相对 2011 年较弱，与主营业务利润率呈现显著正相关关系，与每股收益之间呈现显著的"U 型"非线性相关关系。

（六）实际控制人能力指数（$CCGI_{BOD6}$）与公司绩效

1.　实际控制人能力指数（$CCGI_{BOD6}$）评价标准

（1）知识结构（$CCGI_{BOD61}$）

知识结构是实际控制人能力体现的骨架和血液。实际控制人知识结构的综合性能够增加其领导和管理能力，实际控制人的专业性知识能够提升公司业务的针对性和竞争优势。鉴于实际控制人能力的评价是本书的重点之一，参考国内目前人才衡量标准，将知识结构又分成了四个评价子项目：专业知识、教育程度、工作经验、技术职称。

1）专业知识（$CCGI_{BOD611}$）

本书实际控制人的专业知识评价重点强调实际控制人毕业专业、研究领域或掌握技能与公司主营业务相符性。评价的理论基础基于企业生命周期理论。大多数中小企业特别是创业板上市公司还处于成长阶段，规模较小、主营业务相对集中、经营年限相对较短，更容易受到市场波动的冲击，面临的经营风险也相对较大。公司在成长阶段的主要发展战略是整合营销，扩大公司产品的市场份额，该阶段产品的创新性和吸引力很大程度上决定了公司成败。如果实际控制人是公司主营业务领域的专家，能够帮助公司掌握核心的、领先的技术，或者获得相关核心资源，实际控制人本身也是业务"商标"的体现。对口的专业知识使得董事会的决策更准确、稳健，减少决策失误的风险。为此，实际控制人专业知识与公司主营业务相关的上市公司给予 1 分，反之给予 0 分。

2）教育程度（$CCGI_{BOD612}$）

随着社会财富的不断积累，技术的不断进步，对人才素质的要求也越来越高，既需要全面综合性的战略管理人才，也有需要技能突出的专家型人才。虽然用教育程度来评价一个人的能力有失偏颇，存在一些局限性，但是在能力的衡量过程中，教育程度却是重要的影响因素之一，因为教育程度是相对较好的衡量指标。受教育程度越高的人，其专业知识越强，综合素质也越高。目前受教育程度大概可以分成四个层次：本科（或学士）以下学历、本科或学士学历、硕士研究生、博士研究生及以上学历。本书给予实际控制人教育程度评价标准是：实际控制人具备本科以下学历和没有披露实际控制人教育程度的上市公司给予 0 分；实际控制人具备一个专业的学士学历给予 1/3 分，两个专业的学士学历给予 2/3 分，三个及三个以上专业的学士学历给予 1 分；实际控制人具备一个专业的硕士学历给予 2/3 分，两个及两个以上专业硕士研究生学历给予 1 分；实际控制人具备一个及一个以上专业的博士研究生学历给予 1 分。

3）工作经验（$CCGI_{BOD613}$）

Hall（1996）从生物学的角度对职业阶段进行划分能够较好地反映稳定状态环境下职业发展的规律，但是在新的动荡环境中，终身职业已经不存在，因此从业年限可以界定职业阶段能力的有效性。Dalton 和 Thompson（1986）从能力角度将个人职业划分成为 4 个阶段，第一阶段是学徒（apprentice），第二阶段是同事（colleague），第三阶段为管理者（mentor），第四阶段是引导者（sponsor）。"个人能力如果随着年龄增长，工作经验的积累，可以提高实际控制人的工作能力，甚至是管理、引导能力。"[①]

实际控制人工作经验指其所有的工作历史，无论是有偿或无偿，全职或兼职，是评价实际控制人能力的主要参考因素之一。公司大部分股东和投资者对实际控制人并不了解，年报披露的工作经历便成为了解、衡量实际控制人能力的重要参考材料。具有较长工作经历的个人具备更突出的沟通交往能力、信息的挖掘和领悟能力、心理承受能力。个人阅历也是别人无法复制、模仿的特点，实际控制人丰富独特的人生阅历或许会成为公司的竞争优势之一。本书的实际控制人工作经验评价办法：上市公司实际控制人至少具备 5 年以上工作经验，并以此为节点给予等级分差；按照通常惯例，假设大专以下学历 18 岁之后开始就业，大专学历 20 岁毕业就业，本科学历 22 岁毕业就业，硕士学历 25 岁毕业就业，博士学历 28 岁毕业就业。如果是在职学习，不扣减学习时间；若是就业过程中辞职学习，应在就业总年限中扣除学习时间，具体分差如表 5-37 所示。

表 5-37　实际控制人工作经验评分标准

实际控制人工作经验 T/年[②]	评分	实际控制人工作经验 T/年	评分
$0<T<5$	0	$5\leqslant T<10$	0.125
$10\leqslant T<15$	0.25	$15\leqslant T<20$	0.375
$20\leqslant T<25$	0.5	$25\leqslant T<30$	0.625
$30\leqslant T<35$	0.75	$35\leqslant T<40$	0.875
$40\leqslant T$[③]	1		

---

① 王勇，杨文慧. 关于企业物流管理绩效评价体系的探讨[J]. 商业研究，2003，（4）：163—165.

② 本书未对实际控制人工作经验从事的具体工作内容进行评分，因为"工作经验"只是实际控制人能力指数的一个微小子项目，并且收集实际控制人曾经从事的具体工作内容也非常困难，所以为了简化工作量，只对实际控制人曾工作的年限评分。

③ 我国劳动用工男子通常是 18~60 岁，女子 18~55 岁，因此 40 年是接近工作年限最大合法值的数目，评分标准控制为 40 年以内。

4）技术职称（CCGI$_{BOD614}$）

技术职称是经专家评审后用于反映一个人专业技术水平并作为聘任专业技术职务依据的一种资格，主要针对人事管理制度中干部身份的一类人，但是个人技术职称一般不与其薪酬挂钩。技术职称根据不同专业划分成不同系列，必须经历从初级到中级再到高级的过程，例如，经济专业的经济员、助理经济师、经济师和高级经济师；科研专业的助理研究员、副研究员、研究员；工程专业的技术员、助理工程师、工程师、高级工程师。拥有技术职称的实际控制人对于其技术含量高的经营业务战略的制定和重大事项的决策更具有优势。为此，分值设置如下：实际控制人具备1类初级技术职称给予1/4分，具备1类中级技术职称给予2/4分，具备1类副高级技术职称给予3/4分，具备1类正高级技术职称给予1分；具备多项技术职称的考察对象分数可累加，但是累加分数不高于1分。

（2）身心素质（CCGI$_{BOD62}$）

1）身体健康状况（CCGI$_{BOD621}$）

健康的身体是实际控制人开展工作的前提条件，对成长期的创业板企业尤其突显。股份制公司虽然不会像个人独资公司那样随着实际控制人的逝世而消失，但是对于中小企业而言，不同的公司发展理念、经营模式和管理制度将决定其是否可以实现可持续发展。如果处于成长期的上市公司的实际控制人突然离世，对投资者、债权人的信心会有很大打击，即使事件之后上市公司股价恢复平稳，也会降低投资者等利益相关人对公司发展的预期。根据法律规定，如果实际控制人健康出现情况必须公告，也是公司披露公告的重要组成部分，本书从公司年报重要事项查阅实际控制人健康公告，上市公司实际控制人身体健康给予1分，反之身体不健康、影响其继续决策管理能力给予0分。

2）心理承受能力（CCGI$_{BOD622}$）

良好的心理素质可以帮助实际控制人在重大事项的决策过程中保持清醒的头脑，使得决策更加理性和科学，不骄不躁。实际控制人面临重大事项所体现出来的果敢和沉稳，不仅影响其自身的判断，也会影响投资人、员工的信心。特别是在瞬息万变的经营环境中，坚持到最后的人才会是最大的赢家，一着不慎，满盘皆输。创业板上市公司成长过程中，如果实际控制人因为早期的成功便自信满满地开始高速扩张，企业可能会由于市场误判、资源短缺等因素最终走向破产。但是如果实际控制人一味地瞻前顾后、犹豫不决，可能因此错过占据市场份额的先机，不仅前期的努力化为乌有，后期的发展也会举步维艰。

本书用于评价实际控制人心理素质的指标是实际控制人有效管控公司的年限，起始日为上市公司整体变更为股份有限公司的日期，截至2012年12月31日，以日为单位计算实际控制人管控公司的总天数。第一步将本书研究对象（创业板上市公司）按照深圳证券交易所行业分类标准归纳于不同行业；第二步计算各行业所有上市公司实际控制人经营年限均值；第三步在10％的置信水平上，计算各上市公司实际控制人经营年限与行业均值是否存在显著差异，显著高于行业均值的上市公司此项评价给予1分，显著低于行业均值的上市公司此项评价给予0分，不存在显著差别的上市公司此项评价给予0.5分。

3）个人品质（CCGI$_{BOD623}$）

个人品质是其行为和习惯所体现的思想、性格和认识的实质，如善良、宽容、乐观、进取等。德才兼备的实际控制人能够在保证公司收益性的同时，善待周围的利益相关人，经营活动中欺诈舞弊的风险更小，经营过程中能起到很好的模范带头作用，良好的个人信用也能为其筹资决策提供更多渠道和灵活性，例如，长期借款合同中通常会对实际控制人的持续经营作出限制性要求，良好的个人品质使得其投资决策逻辑思维更严谨，风险收益权衡点更加细致。实际控制人的决策、监督、管理职能也会通过企业业绩得到体现。本书通过查阅上市公司年报评价上市公司实际控制人是否存在受到有权机关调查、司法纪检部门采取强制措施、被移送司法机关或追究刑事责任、中国证监会稽查、中国证监会行政处罚、证券市场禁入、认定为不适当人选被其他行政管理部门处罚及证券交易所公开谴责的情形，存在上述被处罚、通报批评、公开谴责的上市公司实际控制人评价此项 0 分，不存在的上市公司实际控制人评价此项 1 分。

（3）决策能力（CCGI$_{BOD63}$）

1）个人财富（CCGI$_{BOD631}$）

个人财富的多少是实际控制人经营能力体现的重要指标，也是其决策能力的重要体现。首先，从实际控制人个人财富增长和公司绩效相关联角度看，如果实际控制人控股权越集中，他对公司的掌握力越强，其个人利益与公司业绩关联度也越紧密，那么他在公司决策过程中的参与程度也越强烈，其投入的精力越多，越有利于公司决策的制定和准确实施。其次，从实际控制人个人财富边际收入和风险偏好角度出发，如果实际控制人个人财富丰厚，其对边际投资回报的要求也会相对较多，自身具备较高的风险承受力，对投资项目的选择可能会比个人财富较少的人更冒险和激进或者更挑剔和谨慎，无论哪种心理活动都会产生不一样的决策，影响公司未来发展。最后，个人财富不同的人思维角度和视野可能也会存在很多差别，这也是控股股东与中小股东的显著差异之一。例如，面对公司的股利分配政策，个人财富较多的实际控制人承担较高的税赋，可能偏好于低现金流、高留存收益的股利分配政策，然而个人财富较少的实际控制人承担相对较低的税赋，出于防范未来不确定性收益的风险，会选择高现金流、低留存收益的股利分配政策。因此，实际控制人个人财富对于实际控制人决策能力有重要影响。

出于数据收集的因素考虑，本书采用了较为简单的实际控制人个人财富评价方法。第一步收集实际控制人所持有创业板上市公司股份的价值总额[①]和实际控制人在外兼任其他公司董事的公司总数（包括上市公司下属企业）；第二步将上市公司按照创业板行业分类标准进行归类，并计算每个行业实际控制人个人财富均值，兼任公司总数自然对数的均值；第三步分别将各上市公司实际控制人个人财富数额和兼任公司总数自然对数值分别与行业相对应的均值进行显著性差异检验（10% 的显著性水平），两个检验指标之一或者两者都与行业均值存在显著性差异，显著高于均值的实际控制人此项评价给予 1 分，显著低于均值的实际控制人此项评价给予 0 分，没有显著性差异的此项评价给予 0.5 分，两者结果不同的情形以评分高者为准。

2）判断能力（CCGI$_{BOD632}$）

公司战略决策简单而言是对未来众多不确定性的判断，包括对宏观环境的综合性判断、行业周期的判断、公司投资融资及日常经营现状的判断等。实际控制人良好的判断能力能够引领公司确立正确方向，应对各类复杂局面和保持公司健康良性发展。成长过

---

① 实际控制人持有公司价值＝持有股份总数×股票价格，数据均来自公司 2011 年末最后一个交易日，股票价格为收盘价。

程中的中小企业，产品创新性和营销手段是公司发展壮大的关键环节，实际控制人对于产品市场需求和公司市场定位的判断决定了公司未来收入及增长率大小。迅速、准确的市场判断能力可以加快公司发展速度，缩短公司成功的时间。本书评价实际控制人判断能力的方法参照实际控制人心理承受能力的评价方法，但是评分相反，显著低于行业均值的上市公司此项评价给予 1 分，显著高于行业均值的上市公司此项评价给予 0 分，不存在显著差别的上市公司此项评价给予 0.5 分。

3）信息利用能力（$CCGI_{BOD633}$）

信息是实际控制人进行决策的基础。当今世界信息技术发达，信息接收渠道多样，不同信息会让不同个人作出不一样的判断和动作，由此而产生的结果也不可同日而语。然而，面对同样的信息，不同的处理方式却可以体现各人的信息领悟、挖掘和利用能力。实际控制人及时的信息获取、利用能力可以缓解突发事件给公司带来的危害，或者快速地占领先机抢夺市场获得竞争优势；实际控制人准确的信息获取、利用能力有利于企业战略决策的制定，减少决策失误带来的补救和修改成本；实际控制人有效的信息获取、利用能力有利于战略决策的实施，防范迂回和滞后行动的成本。本书评价实际控制人信息利用能力的方法同样参照实际控制人判断能力的经营年限考察方法。

2. 实际控制人能力指数（$CCGI_{BOD6}$）评价权重

实际控制人能力指数权重见表 5-38。

表 5-38 实际控制人能力指数权重

一级指标	二级指标	权重	三级指标	权重
实际控制人能力指数（$CCGI_{BOD6}$）	知识结构（$CCGI_{BOD61}$）	0.334	专业知识（$CCGI_{BOD611}$）	0.328
			教育程度（$CCGI_{BOD612}$）	0.188
			工作经验（$CCGI_{BOD613}$）	0.348
			技术职称（$CCGI_{BOD614}$）	0.136
	身心素质（$CCGI_{BOD62}$）	0.278	身体健康状况（$CCGI_{BOD621}$）	0.2306
			心理承受能力（$CCGI_{BOD622}$）	0.3026
			个人品质（$CCGI_{BOD623}$）	0.4668
	决策能力（$CCGI_{BOD63}$）	0.388	个人财富（$CCGI_{BOD631}$）	0.196
			判断能力（$CCGI_{BOD632}$）	0.44
			信息利用能力（$CCGI_{BOD633}$）	0.364

注：采用因素权重置分采用专家赋值法确定，与表 5-7 同

3. 变量及模型

（1）研究变量

变量、变量符号及含义一览表见表 5-39。

表 5-39 变量、变量符号及含义一览表

变量	变量符号	变量含义
被解释变量	EPS	每股收益
	ROE	净资产收益率
	OPE	主营业务利润率

变量	变量符号	变量含义
解释变量	$CCGI_{BOD6}$	实际控制人能力指数
	$CCGI_{BOD6}{}^2$	实际控制人能力指数的平方
控制变量	LnTA	公司规模，公司期末总资产的自然对数
	Debt	总资产负债率

（2）研究模型

本书根据表 5-39 变量的归纳和含义说明，基于稳定性、准确性和完整性的出发点，设定了四个回归模型。

模型一（A）：$P = \beta_0 + \beta_1 CCGI_{BOD6} + \beta_2 Contro + \varepsilon$

模型二（B）：$P = \beta_0 + \beta_1 CCGI_{BOD6} + \beta_2 CCGI_{BOD6}{}^2 + \beta_3 Contro + \varepsilon$

模型三（C）：$Sinh^{-1}(P) = \beta_0 + \beta_1 LNCCGI_{BOD6} + \beta_2 Contro + \varepsilon$

模型四（D）：$Sinh^{-1}(P) = \beta_0 + \beta_1 LNCCGI_{BOD6} + \beta_2 LNCCGI_{BOD6}{}^2 + \beta_3 Contro + \varepsilon$

其中，P 代表公司业绩指标，即被解释变量；$CCGI_{BOD6}$ 代表董事会独立性指数，即解释变量；$CCGI_{BOD6}{}^2$ 代表董事会实际控制人能力指数的平方数；Contro 代表影响公司企业的其他主要因素，即控制变量。对于模型三、四，回归模型中董事会实际控制人能力指数及其各可量化指标的最大值为 1，1 的自然对数为 0，没有回归的数学意义，因此为了排除数据的干扰，将各董事会实际控制人能力指数的值乘以 100 之后，再求其自然对数，将自然对数的结果作为董事会实际控制人能力指数解释变量。

4. 统计、结果与分析

（1）变量的描述性统计结果

董事会实际控制人能力指数与公司绩效变量的描述性统计结果见表 5-40。

表 5-40　董事会实际控制人能力指数与公司绩效变量的描述性统计结果

	年份	N	最小	最大	平均	标准差	偏度		峰度	
							统计量	标准差	统计量	标准差
EPS	2011	260	0.01	2.47	0.60	0.37	1.46	0.15	3.36	0.30
	2012	260	−2.56	3.24	0.38	0.40	−0.10	0.15	20.98	0.30
ROE	2011	260	0.00	0.30	0.08	0.03	1.23	0.15	6.50	0.30
	2012	260	−0.53	0.41	0.06	0.07	−2.98	0.15	20.19	0.30
OPE	2011	260	0.01	0.71	0.19	0.11	1.28	0.15	2.69	0.30
	2012	260	−3.19	0.69	0.12	0.25	−9.48	0.15	126.7	0.30
$CCGI_{BOD6}$	2011	260	0.32	0.86	0.66	0.12	−0.63	0.15	−0.18	0.30
	2012	260	0.32	0.86	0.66	0.11	−0.56	0.15	−0.18	0.30
$CCGI_{BOD6}{}^2$	2011	260	0.10	0.74	0.45	0.14	−0.26	0.15	−0.73	0.30
	2012	260	0.10	0.74	0.45	0.14	−0.17	0.15	−0.72	0.30

续表

	年份	N	最小	最大	平均	标准差	偏度		峰度	
							统计量	标准差	统计量	标准差
LnTA	2011	260	19.49	22.50	20.71	0.53	0.43	0.15	0.25	0.30
	2012	260	19.54	22.57	20.82	0.56	0.43	0.15	0.01	0.30
Debt	2011	260	0.02	0.75	0.17	0.12	1.45	0.15	2.89	0.30
	2012	260	0.03	0.76	0.21	0.14	1.12	0.15	1.26	0.30

资料来源：利用 SPSS17.0 处理本书收集的数据而来

表 5-40 实际控制人能力指数的统计结果显示：2011 年、2012 年创业板实际控制人能力指数回归模型各项指标描述性统计结果相同。$CCGI_{BOD6}$ 的最大值均是 0.86，说明在 2011 年本书研究对象——实际控制人能力的评价过程中，没有创业板上市公司的实际控制人能力评价可以获得满分，十项能力的衡量指标中至少有一项没有达到最优的标准，因此创业板上市公司实际控制人的能力还有进一步提升、丰富的空间。$CCGI_{BOD6}$ 的最小值为 0.32，最大值是 0.86，标准差是 0.11，说明创业板上市公司的实际控制人能力差异较大，企业家能力参差不齐，能力最强的实际控制人比能力最弱企业家实力突出很多，差距很大。实际控制人能力的偏度和峰度都小于零，说明 $CCGI_{BOD6}$ 和 $CCGI_{BOD6}{}^2$ 都呈现一种扁平左偏的分布状态，验证了创业板上市公司的实际控制人能力的确不集中，差异较大，能力分散，此外创业板实际控制人能力相对较低的上市公司显著多于实际控制人能力较高的上市公司。

（2）自相关性检验

董事会实际控制人能力指数与公司绩效变量的自相关性检验（数据调整前与调整后）见表 5-41 和表 5-42。

表 5-41　董事会实际控制人能力指数与公司绩效变量的自相关性检验（数据调整前）

2011 年							
	EPS	ROE	OPE	$CCGI_{BOD6}$	$CCGI_{BOD6}{}^2$	LnTA	Debt
EPS	1	0.650 ***	0.499 ***	−0.116 *	−0.116 *	0.101 *	−0.047
ROE	0.523 ***	1	0.481 ***	−0.081	−0.081	0.037	0.105 *
OPE	0.453 ***	0.417 ***	1	0.013	0.013	0.058	−0.482 ***
$CCGI_{BOD6}$	−0.092	−0.062	0.005	1	1.000 ***	0.168 ***	−0.021
$CCGI_{BOD6}{}^2$	−0.094	−0.062	0.008	0.994 ***	1	0.168 ***	−0.021
LnTA	0.138 **	0.029	0.097	0.172 ***	0.171 ***	1	0.201 ***
Debt	−0.087	0.088	−0.433 ***	−0.022	−0.034	0.266 ***	1
2012 年							
	EPS	ROE	OPE	$CCGI_{BOD6}$	$CCGI_{BOD6}{}^2$	LnTA	Debt
EPS	1	0.845 ***	0.729 ***	−0.048	−0.048	0.289 **	−0.187 ***
ROE	0.883 ***	1	0.719 ***	−0.058	−0.058	0.156 **	−0.057
OPE	0.672 ***	0.740 ***	1	0.010	0.010	0.125 **	−0.402 ***

	EPS	ROE	OPE	CCGI$_{BOD6}$	CCGI$_{BOD6}^2$	LnTA	Debt
				2012 年			
CCGI$_{BOD6}$	0.021	0.013	0.020	1	1.000 ***	0.150 **	0.000
CCGI$_{BOD6}^2$	0.032	0.023	0.029	0.994 ***	1	0.050 **	0.000
LnTA	0.163 ***	0.020	0.029	0.160 ***	0.161 ***	1	0.205 ***
Debt	−0.215 ***	−0.156 **	−0.258 ***	−0.012	−0.017	0.307 ***	1

注：左下角是 Pearson 自相关双尾检验，右上角是 Spearman 自相关双尾检验。"***"指相关系数在 99％的置信水平下显著，"**"指相关系数在 95％的置信水平下显著，"*"指相关系数在 90％的显著性水平下显著

表 5-42　董事会实际控制人能力指数和公司绩效自相关性检验（数据调整后）

	Sinh^{-1}(EPS)	Sinh^{-1}(ROE)	Sinh^{-1}(OPE)	LNCCGI$_{BOD6}$	LNCCGI$_{BOD6}^2$	LnTA	Debt
				2011 年			
Sinh^{-1}(EPS)	1	0.650 ***	0.499 ***	0.116 *	0.116	−0.101 *	0.047
Sinh^{-1}(ROE)	0.947 ***	1	0.481 ***	0.081	0.081	−0.037	−0.105 *
Sinh^{-1}(OPE)	0.834 ***	0.733 ***	1	−0.013	−0.013	−0.058	0.482 ***
LNCCGI$_{BOD6}$	0.076	0.069	0.013	1	1.000 ***	0.168 ***	−0.021
LNCCGI$_{BOD6}^2$	0.076	0.069	0.013	1.000 ***	1	0.168 ***	−0.021
LnTA	0.073	0.088	0.171 ***	0.172 ***	0.172 ***	1	0.201 ***
Debt	0.024	−0.060	0.229 ***	−0.008	−0.008	0.266 ***	1
				2012 年			
Sinh^{-1}(EPS)	1	0.845 ***	0.605 ***	0.097	0.097	−0.333 ***	0.047
Sinh^{-1}(ROE)	0.931 ***	1	0.600 ***	0.108 *	0.108 *	−0.200 ***	−0.082
Sinh^{-1}(OPE)	−0.119 *	−0.112 *	1	−0.041	−0.041	−0.149 **	0.278 ***
LNCCGI$_{BOD6}$	0.113 *	0.128 **	0.012	1	1.000 ***	0.150 **	0.000
LNCCGI$_{BOD6}^2$	0.113 *	0.128 **	0.012	1.000 ***	1	0.150 **	0.000
LnTA	−0.069	−0.042	0.015	0.158 **	0.158 **	1	0.205 ***
Debt	−0.068	−0.132 **	0.079	−0.005	−0.005	0.307 ***	1.000

注：左下角是 Pearson 自相关双尾检验，右上角是 Spearman 自相关双尾检验。"***"指相关系数在 99％的置信水平下显著，"**"指相关系数在 95％的置信水平下显著，"*"指相关系数在 90％的显著性水平下显著

　　表 5-41 和表 5-42 的自相关性检验表明，本书代表实际控制人能力指数的数据无论是调整前还是调整后，CCGI$_{BOD6}$与 CCGI$_{BOD6}^2$之间都存在明显的高度相关性，实际控制人能力指数还与创业板上市公司的规模之间存在显著的、系数较小的相关性，因此在具体的实证研究过程中，可能会采用修正后的回归模型，去除模型四。创业板上市公司实际控制人能力指数与公司规模之间的明显自相关关系表明，公司规模会影响公司对实际控制人能力的要求，实际控制人能力的高低也会影响公司未来的规模是壮大还是缩小。2012年经调整的实际控制人能力指数与公司业绩之间也表现出显著的自相关关系。

（3）回归结果及分析

创业板上市公司成立以来，衡量董事会实际控制人能力指数的众多可量化指标随着时间的推移只有微小的变化，本书检验董事会实际控制人能力指数与公司业绩的相关性的重点是证明不同公司的董事会实际控制人能力与公司业绩之间有无相关性，不注重时间的趋势效应，所以本书采用以公司横截面数据进行多元回归，时间区间为数据比较全面的 2011.1.1～2011.12.31、2012.1.1～2012.12.31。这种横截面的多元回归方法也已经被国内多个研究董事会治理指数的学者采用。表 5-43 为董事会实际制人能力指数与公司绩效的实证分析结果。

表 5-43　董事会实际控制人能力指数与公司绩效的实证分析结果

2011 年								
被解释变量 \ 解释变量		Constant	$CCGI_{BOD6}$	$CCGI_{BOD6}^2$	LnTA	Debt	R^2	DW	样本数
EPS	A	−1.8953 (−2.11)**	−0.4149 (−2.09)**	——	0.1375 (3.1)***	−0.4464 (−2.25)**	0.05	1.44	260
	B	−2.0295 (−2.2)**	——	−0.3410 (−2.1)**	0.1382 (3.1)***	−0.4523 (−2.3)**	0.05	1.44	260
	C	——	0.6075 (4.8)***	——	——	0.8560 (0.33)	0.004	1.83	260
ROE	A	——	−0.0187 (−1.03)	——	0.0042 (6.8)***	0.0198 (1.11)	0.01	1.74	260
	B	——	——	−0.0155 (−1.07)	0.0039 (10.8)***	0.0198 (1.12)	0.01	1.75	260
	C	——	5.2712 (5.2)***	——	——	−21.0095 (−1.02)	0.01	1.98	260
OPE	A	−0.7229 (−3.0)***	−0.0454 (−0.85)	——	0.0493 (4.1)***	−0.4678 (−8.8)***	0.24	1.99	260
	B	−0.7753 (−2.7)***	0.1222 (0.25)	−0.1350 (−0.35)	0.0494 (4.1)***	−0.4698 (−8.7)***	0.24	2.00	260
	C	——	0.9057 (2.1)**	——	——	32.2258 (3.8)***	0.05	1.94	260
2012 年								
被解释变量 \ 解释变量		Constant	$CCGI_{BOD6}$	$CCGI_{BOD6}^2$	LnTA	Debt	R^2	DW	样本数
EPS	A	−3.2132 (−3.5)***	−0.0816 (−0.39)	——	0.1834 (4.1)***	−0.8388 (−4.7)***	0.10	1.81	260
	B	——	−4.8275 (−3.2)***	3.7725 (3.0)***	0.0971 (4.0)***	−0.7245 (−4.2)***	0.09	1.80	260
	C	6.9632 (4.2)***	5.6074 (1.83)*	——	——	−4.5214 (−1.09)	0.02	2.04	260

续表

	2012 年							
被解释变量	解释变量 Constant	CCGI$_{BOD6}$	CCGI$_{BOD6}{}^2$	LnTA	Debt	R^2	DW	样本数
ROE	A	−0.1120 (−0.67)	−0.0009 (−0.02)	——	0.0094 (1.14)	−0.0903 (−2.8)***	0.03	1.90	260
	B	——	−0.4224 (−1.46)	0.3344 (1.47)	0.0102 (2.3)**	−0.0892 (−2.8)***	0.04	1.88	260
	C	39.6571 (5.2)***	28.7388 (2.1)**	——	——	−40.0985 (−2.1)**	0.03	2.04	260
OPE	A	−0.8655 (−1.5)	−0.0060 (−0.05)	——	0.0528 (1.9)*	−0.5204 (−4.7)***	0.08	2.01	260
	B	——	−1.7532 (−1.8)*	1.3876 (1.8)*	0.0364 (2.4)**	−0.4951 (−4.6)***	0.08	2.01	260
	C	27.0392 (0.27)	3.0278 (0.23)	——	−0.9102 (−0.19)	23.4998 (1.27)	0.01	2.04	260

注：表内第二列中的"A""B""C"分别指代模型一、二、三；"（　）"内的数据为解释变量的回归系数 T 统计值；"*""**""***"分别表示 T 统计值的显著性水平90%、95%、99%；"——"表示该项回归模型内没有其空格对应的解释变量

　　通过表 5-43 的实证研究结果可以得到以下结论：一是经过调整后的实际控制人能力指数与公司绩效之间在 95% 的置信水平下显著正相关，呈近似线性的相关关系；二是对比调整后的回归结果，发现实际控制人能力指数每变动 1 单位，创业板上市公司的净资产收益率变动的比例最大，高达 5.27 或者 28.74 单位，实际控制人能力对于提升公司的净资产收益率具有非常重要的意义；三是对比调整前后的回归结果，调整前的数据回归结果的拟合度相对较高，自变量的自相关性相对较弱；四是调整后的 CCGI$_{BOD6}$ 或者 CCGI$_{BOD6}{}^2$ 与公司规模之间存在过度的自相关关系，影响了模型 C 的回归有效性，因此必须去除公司规模来反映实际控制人能力指数与公司绩效的相关关系；五是 2011 年调整前的源数据回归结果表明，实际控制人能力指数只与公司每股收益之间在 95% 的置信水平下存在显著的负相关关系，与实际的经济含义不符，源于自变量之间的高度自相关性，出现了伪回归的现象，所以源数据的回归结果不明显，需要将数据进行相应的函数调整后，分析其与公司绩效的相关性；六是 2012 年实际控制人能力指数与代表公司业绩的每股收益、主营业务利润率均呈现显著的"U 型"非线性相关关系，实际控制人能力不足会拖累公司业绩，实际控制人能力越强，越有利于公司未来长远发展。

（七）创业板董事会治理指数（CCGI$_{BOD}$）与公司绩效

1. 创业板董事会治理评价整体水平

　　本书通过查阅 260 家上市公司公告的公司章程、《首次公开发行股票并在创业板上市招股说明书》和各年度报告，对创业板上市公司董事会评价指数的二十一个二级子因素、实际控制人能力评价的十个子因素进行打分，具体打分的方法参照董事会治理评价指数

指标的阐述。为了使各项目最终得分较科学、有效，并保持数据的随机性和一般性，著者委托宏观经济研究领域专家、国有企业董事长、中小企业实际控制人及风险投资领域专家对本书的创业板公司董事会评价指数的六个主因素、二十一个子因素，实际控制人能力评价的十个子因素进行逐一评分，确认各因素的权重比例，董事会治理越重要的因素，指数分数比例越大，反之亦然。

从宏观经济研究专家、国有企业董事长和中小企业实际控制人、风险投资资深专家对董事会评价差异角度出发，本书对专家的打分进行了调整，国有企业董事长和中小企业实际控制人打分占 60%（其中，中小企业实际控制人打分占两者总分的 60%），宏观经济研究专家和风险投资专家打分占 40%（其中，宏观经济研究专家打分占两者中的60%），最后，宏观经济领域研究专家打分占总权重的 24%，中小企业实际控制人打分占总权重的 36%，国有企业董事长打分占总权重的 24%，风险投资资深专家打分占总权重的 16%。

根据本书对创业板董事会治理评价指数各因素的打分标准，三十一个可量化指标中必须满足法律规定最低水平的有十三项，分别是董事会权利与义务（$CCGI_{BOD11}$）、董事出席董事会的次数（$CCGI_{BOD12}$）、董事年培训情况（$CCGI_{BOD13}$）、董事遴选（$CCGI_{BOD14}$）、董事会规模（$CCGI_{BOD21}$）、董事会成员构成（$CCGI_{BOD22}$）、董事会会议年召开次数（$CCGI_{BOD23}$）、董事会会议召开程序（$CCGI_{BOD24}$）、董事会会议记录情况（$CCGI_{BOD25}$）、董事会审计委员会的设置（$CCGI_{BOD32}$）、独立董事职能（$CCGI_{BOD51}$）、独立董事比例（$CCGI_{BOD52}$）及独立董事独立性（$CCGI_{BOD53}$），因此这十三项可量化指标的均值必须不能显著异于 1（10% 置信水平下的 T 检验），其中董事年培训情况、董事会成员构成、独立董事职能和独立董事比例不能显著不满足法律要求。

260 个研究对象中，44 个（16.92%）上市公司可能没有对董事进行相关培训，非常不利于董事成员及时了解相关法律法规及市场环境的变化，企业可能会面临较大的宏观环境风险；25 个（9.62%）上市公司外部董事（包括独立董事）比例低于董事会成员总数的1/2，公司承担的代理成本可能较高，增加了所有者和经营者之间的利益冲突；87 个（33.46%）上市公司存在独立董事未亲自出席董事会的情况，不利于独立董事职能的有效执行，也体现了创业板独立董事"花瓶效应"的现象，虽然上市公司按照法律规定在董事会中设立独立董事席位，但是独立董事根本没有起到应有的独立效果，需要法律更加严格的监督和上市公司的自觉性双重配合才能改变这种现象，更加切实地保护投资者利益，减少创业板上市公司的泡沫化程度；15 个（5.77%）上市公司独立董事比例未达到1/3 的法律规定要求，需要进行整改，否则公司可能受到法律环境变化的威胁，不利公司长期可持续发展。

三十一个可量化指标中符合市场通常要求的有六项，分别是战略委员会的设置（$CCGI_{BOD33}$）、提名委员会的设置（$CCGI_{BOD34}$）、薪酬及考核委员会的设置（$CCGI_{BOD35}$）、董事薪酬水平（$CCGI_{BOD41}$）、董事薪酬形式（$CCGI_{BOD42}$）和实际控制人身体健康状况（$CCGI_{BOD621}$），如果上市公司这六项指标的打分能达到满分，说明公司董事会职能制定明确，公司章程完善并且详细，有利于公司成员的分工协作，面对偶然事件的反应可能更灵活和迅速，更有利于鼓励董事会成员的工作热情和积极性。260 个研究对象中只有 98个（37.7%）上市公司六项指标达到满分，即设置战略委员会、提名委员会、薪酬及考核委员会，董事薪酬水平与行业平均水平相当，董事薪酬形式多样化并且有效实施。上市公司董事会在这六方面的治理情况还有很大的提升空间。

三十一个可量化指标剩余的十二项可以称为"保健性"指标，包括董事会领导结构（CCGI$_{BOD31}$）、董事绩效评价标准的建立情况（CCGI$_{BOD43}$）、独立董事激励（CCGI$_{BOD54}$）、专业知识（CCGI$_{BOD611}$）、教育程度（CCGI$_{BOD612}$）、工作经验（CCGI$_{BOD613}$）、技术职称（CCGI$_{BOD614}$）、心理承受能力（CCGI$_{BOD622}$）、个人品质（CCGI$_{BOD623}$）、个人财富（CCGI$_{BOD631}$）、判断能力（CCGI$_{BOD632}$）、信息利用能力（CCGI$_{BOD633}$）。这些指标的高水准将更有利于提高公司董事会治理水平，提高公司决策、监管和风险控制能力，提升公司的市场竞争力。本书董事会领导结构从实际控制人角度出发，认为上市公司董事长和总经理两权合一更有利于实际控制人决策的准确及时传达和有效执行；136个（52.31%）上市公司出现两权合一的状况，两权合一和两权分离治理的上市公司数目相当，也反映了不同公司对待董事会领导结构的完全相反观点，没有哪种领导结构更受欢迎。在董事绩效评价标准的建立情况方面，本书发现140个（53.85%）上市公司建立明确的董事薪酬与公司绩效相关联的评价标准，大约2/3的上市公司建立了董事薪酬绩效评价，公司的非独立董事平均薪酬高于其对应的行业创业板上市公司非独立董事薪酬平均水平，说明了建立董事薪酬绩效评价标准更有利激发董事工作效率。

所有研究对象都没有建立独立董事激励细则，这方面有待加强。所有研究对象实际控制人身体健康，不存在影响其决策能力的身体异常状况，这个结果的准确性可能会受到信息披露非常大的影响，如果公司有意隐藏实际控制人身体状况信息，监管者及媒体也无从得知。全部研究对象的个人品质非常好，不存在受到证监会处罚的异常状况，体现了监管者、投资者及媒体对其的督导性作用。可能由于创业板上市公司创新性、技术性和短期性特点比较突出，164个（63.08%）上市公司实际控制人专业知识与其主营业务所需技术知识一样；实际控制人具备大学本科学历、硕士研究生学历、两个硕士研究生学历以上或一个博士研究生学历的上市公司个数分别是66个（25.38%）、109个（41.92%）、18个（6.92%），创业板上市公司实际控制人绝大部分受到过较高程度的国民教育；上市公司实际控制人平均工作年限在25年左右，年龄比较适中，成熟且沉稳；122个（46.92%）上市公司实际控制人享有技术职称，其中有88个（72.13%）是副高级及以上职称；98个（37.69%）上市公司实际控制人财富等于或高于其对应行业平均水平；103个（39.62%）上市公司实际控制人心理承受能力适中或突出；157个（60.38%）上市公司实际控制人判断能力、信息利用能力适中或突出。

本书对260家创业板上市公司董事会治理指数的三十一个可量化指标进行打分，共计8060个计算数据。表5-44显示了研究对象的六项主因素、二十四项二级子因素和实际控制人能力评价的十项三级子因素总体的均值和离差。均值表示了创业板上市公司董事会治理指数的平均水平，均值越大，创业板上市公司治理水平越高。离差表明了创业板董事会治理指数在一定的均值水平下公司承担的单位风险，离差值越大说明创业板上市公司承担的风险越高。

表 5-44　创业板上市公司董事会治理评价指数（$CCGI_{BOD}$）整体水平统计结果

2011 年					
主因素	均值	离差	子因素	均值	离差
$CCGI_{BOD1}$	0.9717 ***	0.0639	$CCGI_{BOD11}$	1.0000 ***	0.0000
			$CCGI_{BOD12}$	0.9962 ***	0.0623
			$CCGI_{BOD13}$	0.8308 ***	0.4522
			$CCGI_{BOD14}$	1.0000 ***	0.0000
$CCGI_{BOD2}$	0.9700 ***	0.0950	$CCGI_{BOD21}$	1.0000 ***	0.0000
			$CCGI_{BOD22}$	0.9038 ***	0.3268
			$CCGI_{BOD23}$	1.0000 ***	0.0000
			$CCGI_{BOD24}$	1.0000 ***	0.0000
			$CCGI_{BOD25}$	1.0000 ***	0.0000
$CCGI_{BOD3}$	0.8242 ***	0.2128	$CCGI_{BOD31}$	0.5231 ***	0.9567
			$CCGI_{BOD32}$	0.9923 ***	0.0882
			$CCGI_{BOD33}$	0.9000 ***	0.3340
			$CCGI_{BOD34}$	0.8731 ***	0.3820
			$CCGI_{BOD35}$	0.9923 ***	0.0882
$CCGI_{BOD4}$	0.4352 ***	0.6863	$CCGI_{BOD41}$	0.4615 ***	1.0822
			$CCGI_{BOD42}$	0.2038 ***	1.9801
			$CCGI_{BOD43}$	0.5385 ***	0.9276
$CCGI_{BOD5}$	0.8163 ***	0.0695	$CCGI_{BOD61}$	0.9294 ***	0.1293
			$CCGI_{BOD62}$	0.9423 ***	0.2479
			$CCGI_{BOD63}$	1.0000 ***	0.0000
			$CCGI_{BOD54}$	0.0038	16.1245

主因素	均值	离差	二级子因素	均值	离差	三级子因素	均值	离差
$CCGI_{BOD6}$	0.6584 ***	0.1752 ***	$CCGI_{BOD61}$	0.5305 ***	0.3557	$CCGI_{BOD611}$	0.6332 ***	0.7751
						$CCGI_{BOD612}$	0.4333 ***	0.7163
						$CCGI_{BOD613}$	0.5712 ***	0.3353
						$CCGI_{BOD614}$	0.3192 ***	1.2039
			$CCGI_{BOD62}$	0.7818 ***	0.1464	$CCGI_{BOD621}$	1.0000 ***	0.0000
						$CCGI_{BOD622}$	0.2788 ***	1.3561
						$CCGI_{BOD623}$	1.0000 ***	0.0000
			$CCGI_{BOD63}$	0.6800 ***	0.4662	$CCGI_{BOD631}$	0.5038 ***	0.8676
						$CCGI_{BOD632}$	0.7212 ***	0.5243
						$CCGI_{BOD633}$	0.7250 ***	0.5184

指数	均值	离差
$CCGI_{BOD}$	0.7995 ***	0.0629

续表

		2012 年			
主因素	均值	离差	子因素	均值	离差
CCGI$_{BOD1}$	0.9363 ***	0.0894	CCGI$_{BOD11}$	1.0000 ***	0.0000
			CCGI$_{BOD12}$	0.9692 ***	0.1785
			CCGI$_{BOD13}$	0.6500 ***	0.7352
			CCGI$_{BOD14}$	1.0000 ***	0.0000
CCGI$_{BOD2}$	0.9844 ***	0.0692	CCGI$_{BOD21}$	1.0000 ***	0.0000
			CCGI$_{BOD22}$	0.9500 ***	0.2298
			CCGI$_{BOD23}$	1.0000 ***	0.0000
			CCGI$_{BOD24}$	1.0000 ***	0.0000
			CCGI$_{BOD25}$	1.0000 ***	0.0000
CCGI$_{BOD3}$	0.8194 ***	0.2013	CCGI$_{BOD31}$	0.4808 ***	1.0412
			CCGI$_{BOD32}$	0.9962 ***	0.0623
			CCGI$_{BOD33}$	0.9192 ***	0.2970
			CCGI$_{BOD34}$	0.8846 ***	0.3619
			CCGI$_{BOD35}$	0.9962 ***	0.0623
CCGI$_{BOD4}$	0.5232 ***	0.4300	CCGI$_{BOD41}$	0.4654 ***	0.9276
			CCGI$_{BOD42}$	0.3077 ***	1.3204
			CCGI$_{BOD43}$	0.5769 ***	0.8246
CCGI$_{BOD5}$	0.8335 ***	0.0370	CCGI$_{BOD51}$	0.9584 ***	0.1053
			CCGI$_{BOD52}$	0.9923 ***	0.0882
			CCGI$_{BOD53}$	1.0000 ***	0.0000
			CCGI$_{BOD54}$	0.0038	16.1245

主因素	均值	离差	二级子因素	均值	离差	三级子因素	均值	离差
CCGI$_{BOD6}$	0.6620 ***	0.1721 ***	CCGI$_{BOD61}$	0.5377 ***	0.3485	CCGI$_{BOD611}$	0.6332 ***	0.7751
						CCGI$_{BOD612}$	0.4333 ***	0.7163
						CCGI$_{BOD613}$	0.5918 ***	0.3211
						CCGI$_{BOD614}$	0.3192 ***	1.2039
			CCGI$_{BOD62}$	0.7674 ***	0.1886	CCGI$_{BOD621}$	1.0000 ***	0.0000
						CCGI$_{BOD622}$	0.2788 ***	1.3561
						CCGI$_{BOD623}$	0.9692 ***	0.1785
			CCGI$_{BOD63}$	0.7003 ***	0.4490	CCGI$_{BOD631}$	0.6077 ***	1.1680
						CCGI$_{BOD632}$	0.7212 ***	0.5243
						CCGI$_{BOD633}$	0.7250 ***	0.5184

指数	均值	离差
CCGI$_{BOD}$	0.8069 ***	0.0578

注："均值"是 260 个研究对象对应因素的算术平均值；"离差=标准差/均值"；"***"表示在 1% 的显著性水平下各因素结果的均值显著异于 0，创业板董事会治理评价指数平均水平结果有效

从表 5-44，可以得出以下结论：一是董事培训情况非常不稳定，培训治理承担的单位风险较高，驱动因素是创业板上市公司董事披露和培训细则有待加强；二是董事会成员构成异常，为了降低所有者和经营者之间的利益矛盾，创业板上市公司非执行董事的数量应当适当增加；三是董事会领导结构观点不统一，创业板上市公司董事长与总经理两权合一的状态没有得到普遍施行，对待两权是否合一的态度中庸；四是董事薪酬形式多样化程度不足，许多公司虽然建立了董事薪酬绩效评价细则，然而实行情况却并不乐观，可能与创业板上市公司经营期限较短的原因密切相关；五是创业板上市公司没有建立独立董事激励细则，可能是独立董事制度的实施在国内企业都不太理想，监管者也不易于区分独立董事激励资金和独立董事从上市公司或公司股东获取额外非正常资金；六是实际控制人能力指数是创业板董事会治理评价指数最重要的组成部分，其下设的三个二级子因素权重相当；七是实际控制人心理承受能力评价结果较弱，产生这种结果的原因可能是创业板上市公司成长快、经营时间短、受到技术进步和外部宏观环境的影响非常大，公司面临的风险非常大，实际控制人面临的成功与失败的跳跃性较大；八是创业板上市公司实际控制人获得技术职称的比例较低，产生原因可能是在越来越来精细的专业分工过程中，实际控制人更需要管理、决策和公司整体的掌控能力，技术能力的重要性越来越小；九是创业板上市公司董事会"硬件"强、"软件"弱，关于董事会结构、细则等有据可循的评价分数都较高，单位波动性小，关于董事会效率、效果、能力等隐性因素的评价分数普遍较低，如董事薪酬绩效评价和实际控制人能力评价；十是创业板董事会治理评价水平较高（2011 年 0.7995，2012 年 0.8069，总分 1 分），董事会治理承担的单位风险小，仍有较大提升空间；十一是 2012 年董事会治理指数相对于 2011 年，董事会权利与义务治理指数、董事会组织结构治理指数下降，董事会运行效率治理指数、董事会薪酬治理指数、董事会独立性治理指数及实际控制人能力治理指数均明显改善，总体呈现的结果是董事会治理指数均值上升。

2. 创业板董事会治理指数构成及其指标权重

创业板董事会治理指数构成及其指标权重见表 5-45。

表 5-45　创业板董事会治理指数构成及其指标权重

创业板董事会治理指数	分指数	代码	权重
CCGI$_{BOD}$	董事会权利与义务	CCGI$_{BOD1}$	0.1592
	董事会运行效率	CCGI$_{BOD2}$	0.2112
	董事会组织结构	CCGI$_{BOD3}$	0.118
	董事会薪酬指数	CCGI$_{BOD4}$	0.0788
	董事会独立性指数	CCGI$_{BOD5}$	0.1488
	实际控制人能力指数	CCGI$_{BOD6}$	0.284

资料来源：本书根据调查问卷整理而成

3. 变量及模型

（1）研究变量

变量、变量符号及含义一览表见表 5-46。

表 5-46　变量、变量符号及含义一览表

变量	变量符号	变量含义
被解释变量	EPS	每股收益
	ROE	净资产收益率
	OPE	主营业务利润率
解释变量	$CCGI_{BOD}$	董事会治理指数
	$CCGI_{BOD}{}^2$	董事会治理指数的平方
	$CCGI_{BOD1}$	董事会权利与义务指数
	$CCGI_{BOD2}$	董事会运行效率指数
	$CCGI_{BOD3}$	董事会组织结构指数
	$CCGI_{BOD4}$	董事会薪酬指数
	$CCGI_{BOD5}$	董事会独立性指数
	$CCGI_{BOD6}$	实际控制人能力指数
控制变量	LnTA	公司规模，公司期末总资产的自然对数
	Debt	总资产负债率

（2）分析模型

根据表 5-45 的分指数权重可以得出创业板各上市公司董事会治理指数的具体数据，因此回归模型即有以 $CCGI_{BOD}$ 为解释变量的单因素多元回归模型，也有以 $CCGI_{BOD1}$、$CCGI_{BOD2}$、$CCGI_{BOD3}$、$CCGI_{BOD4}$、$CCGI_{BOD5}$、$CCGI_{BOD6}$ 为解释变量的多元回归模型，参照上述模型一、二的形式，本节的研究模型有些许变化，具体的研究模型如下所述。

模型一（A）：$P = \beta_0 + \beta_1 CCGI_{BOD} + \beta_2 Contro + \varepsilon$

模型二（B）：$P = \beta_0 + \beta_1 CCGI_{BOD} + \beta_2 CCGI_{BOD}{}^2 + \beta_3 Contro + \varepsilon$

模型三（C）：$P = \beta_0 + \beta_1 CCGI_{BOD1} + \beta_2 CCGI_{BOD2} + \beta_3 CCGI_{BOD3} + \beta_4 CCGI_{BOD4} + \beta_5 CCGI_{BOD5} + \beta_6 CCGI_{BOD6} + \beta_7 Contro + \varepsilon$

模型四（D）：$P = \beta_0 + \beta_1 CCGI_{BOD1}{}^2 + \beta_2 CCGI_{BOD2}{}^2 + \beta_3 CCGI_{BOD3}{}^2 + \beta_4 CCGI_{BOD4}{}^2 + \beta_5 CCGI_{BOD5}{}^2 + \beta_6 CCGI_{BOD6}{}^2 + \beta_7 Contro + \varepsilon$

模型五（E）：$Sinh^{-1}(P) = \beta_0 + \beta_1 LNCCGI_{BOD1} + \beta_2 LNCCGI_{BOD2} + \beta_3 LNCCGI_{BOD3} + \beta_4 LNCCGI_{BOD4} + \beta_5 LNCCGI_{BOD5} + \beta_6 LNCCGI_{BOD6} + \beta_7 Contro + \varepsilon$

模型六（F）：$Sinh^{-1}(P) = \beta_0 + \beta_1 LNCCGI_{BOD1}{}^2 + \beta_2 LNCCGI_{BOD2}{}^2 + \beta_3 LNCCGI_{BOD3}{}^2 + \beta_4 LNCCGI_{BOD4}{}^2 + \beta_5 LNCCGI_{BOD5}{}^2 + \beta_6 LNCCGI_{BOD6}{}^2 + \beta_7 Contro + \varepsilon$

式中，P 代表公司业绩指标，即被解释变量；$CCGI_{BOD}$、$CCGI_{BOD1}$、$CCGI_{BOD2}$、$CCGI_{BOD3}$、$CCGI_{BOD4}$、$CCGI_{BOD5}$、$CCGI_{BOD6}$ 代表对应的董事会指数，即解释变量；$CCGI^2$ 代表对应的董事会指数的平方数；Contro 代表影响公司企业的其他主要因素，即控制变量。

4. 统计、结果与分析

(1)变量的描述性统计结果

董事会治理指数与公司绩效变量的描述性统计结果见表 5-47。

表 5-47　董事会治理指数与公司绩效变量的描述性统计结果

	年份	N	最小	最大	平均	标准差	偏度		峰度	
							统计量	标准差	统计量	标准差
EPS	2011	260	0.01	2.47	0.60	0.37	1.46	0.15	3.36	0.30
	2012	260	−2.56	3.24	0.38	0.40	−0.10	0.15	20.98	0.30
ROE	2011	260	0.00	0.30	0.08	0.03	1.23	0.15	6.50	0.30
	2012	260	−0.53	0.41	0.06	0.07	−2.98	0.15	20.19	0.30
OPE	2011	260	0.01	0.71	0.19	0.11	1.28	0.15	2.69	0.30
	2012	260	−3.19	0.69	0.12	0.25	−9.48	0.15	126.7	0.30
$CCGI_{BOD}$	2011	260	0.63	0.93	0.81	0.05	−0.30	0.15	0.17	0.30
	2012	260	0.59	0.96	0.80	0.05	−0.43	0.15	1.39	0.30
$CCGI_{BOD}^2$	2011	260	0.40	0.86	0.65	0.08	−0.11	0.15	−0.06	0.30
	2012	260	0.35	0.93	0.65	0.08	−0.14	0.15	0.94	0.30
LnTA	2011	260	19.49	22.50	20.71	0.53	0.43	0.15	0.25	0.30
	2012	260	19.54	22.57	20.82	0.56	0.43	0.15	0.01	0.30
Debt	2011	260	0.02	0.75	0.17	0.12	1.45	0.15	2.89	0.30
	2012	260	0.03	0.76	0.21	0.14	1.12	0.15	1.26	0.30

资料来源：利用 SPSS17.0 处理本书收集的数据而来

表 5-47 是创业板上市公司董事会治理水平评价指数，治理评价指数越大，相应的董事会治理水平越高；反之，评价指数越小，董事会治理水平越低。统计结果表明：创业板上市公司的董事会平均治理水平评价指数 2011 年是 0.81，标准差为 0.05，2012 年均值是 0.80，标准差是 0.05；2012 年董事会治理指数与 2011 年指数描述性统计结果没有差异，说明创业板董事会治理的总体状况优良，创业板上市公司作为成长型中小企业的典型代表，具有能力突出的企业家、智慧的决策团队、有效的执行队伍及严格的监督制度和环境，保证了创业板董事会决策的正确实施。

(2)自相关性检验

董事会治理指数与公司绩效变量的自相关性检验(数据调整前)见表 5-48。

表 5-48　董事会治理指数与公司绩效变量的自相关性检验(数据调整前)

	2011 年						
	EPS	ROE	OPE	$CCGI_{BOD}$	$CCGI_{BOD}^2$	LnTA	Debt
EPS	1	0.650 ***	0.499 ***	−0.113 *	−0.113 *	0.101 *	−0.047
ROE	0.523 ***	1	0.481 ***	−0.148 **	−0.148 **	0.037	0.105 *
OPE	0.453 ***	0.417 ***	1	−0.110 *	0.110 *	0.058	−0.482 ***
$CCGI_{BOD}$	−0.079	−0.134 **	−0.070	1	1.000 ***	0.140 **	0.050

续表

	EPS	ROE	OPE	$CCGI_{BOD}$	$CCGI_{BOD}^2$	LnTA	Debt
				2011 年			
$CCGI_{BOD}^2$	−0.079	−0.136**	−0.070	0.999***	1	0.140**	0.050
LnTA	0.138**	0.029	0.097	0.181***	0.177***	1	0.201***
Debt	−0.087	0.088	−0.433***	0.024	0.021	0.266***	1

	EPS	ROE	OPE	$CCGI_{BOD}$	$CCGI_{BOD}^2$	LnTA	Debt
				2012 年			
EPS	1	0.845***	0.729***	0.008	0.008	0.289**	−0.187***
ROE	0.883***	1	0.719***	0.020	0.020	0.156**	−0.057
OPE	0.672***	0.740***	1	0.042	0.042	0.125**	−0.402***
$CCGI_{BOD}$	0.008	0.020	0.042	1	0.998***	0.135**	−0.025
$CCGI_{BOD}^2$	0.009	0.020	0.043	0.998***	1	0.135**	−0.025
LnTA	0.163***	0.020	0.029	0.135**	0.135**	1	0.205***
Debt	−0.215***	−0.156**	−0.258***	−0.025	−0.025	0.307***	1

注：左下角是 Pearson 自相关双尾检验，右上角是 Spearman 自相关双尾检验。"***"指相关系数在 99% 的置信水平下显著，"**"指相关系数在 95% 的置信水平下显著，"*"指相关系数在 90% 的显著性水平下显著

本书关于创业板上市公司董事会治理的权重加权指数与公司绩效的自相关检验结果表明：一是 2011 年董事会治理指数 $CCGI_{BOD}$ 或者 $CCGI_{BOD}^2$ 在 Pearson 检验结果中，与公司 ROE 存在显著的负向的自相关关系，在 Spearman 的检验结果下，与公司的 EPS、ROE、OPE 都存在显著的自相关关系，该自相关现象在 2012 年的自相关检验中已经消除；二是两种自相关检验结果都表明董事会治理指数与公司规模之间存在显著的自相关关系，主要原因可能来自于公司规模很大程度上决定了董事会的规模，董事会规模成为董事会治理各分指数的重要组成部分，因此公司规模可能会影响董事会治理指数与公司绩效的实证分析结果，所以可能会被剔除。

董事会分指数与控制变量之间的自相关检验(数据调整前)见表 5-49。

表 5-49　董事会分指数与控制变量之间的自相关检验(数据调整前)

	$CCGI_{BOD1}$	$CCGI_{BOD2}$	$CCGI_{BOD3}$	$CCGI_{BOD4}$	$CCGI_{BOD5}$	$CCGI_{BOD6}$	LnTA	Debt
				2011 年				
$CCGI_{BOD1}$	1	−0.012	0.111	−0.025	−0.013	−0.085	0.059	0.048
$CCGI_{BOD2}$	−0.12	1	−0.128**	0.037	−0.015	−0.016	0.062	0.094
$CCGI_{BOD3}$	0.096	−0.136**	1	0.071	−0.012	0.071	−0.030	−0.084
$CCGI_{BOD4}$	−0.041	0.001	0.047	1	0.005	0.070	−0.010	0.019
$CCGI_{BOD5}$	−0.010	−0.071	0.044	0.003	1	−0.101*	0.032	0.018
$CCGI_{BOD6}$	−0.079	−0.021	0.069	0.080	−0.103*	1	0.168***	−0.021
LnTA	0.077	0.074	−0.024	−0.017	0.135**	0.172***	1	0.201***
Debt	0.009	0.088	−0.046	0.035	0.015	−0.022	0.266***	1

	CCGI$_{BOD1}$	CCGI$_{BOD2}$	CCGI$_{BOD3}$	CCGI$_{BOD4}$	CCGI$_{BOD5}$	CCGI$_{BOD6}$	LnTA	Debt
				2012 年				
CCGI$_{BOD1}$	1	−0.002	0.012	0.022	0.049	−0.075	0.071	−0.024
CCGI$_{BOD2}$	−0.04	1	−0.128**	0.013	0.066	0.010	−0.041	0.051
CCGI$_{BOD3}$	−0.021	−0.104*	1	−0.032	0.050	0.018	−0.059	−0.091
CCGI$_{BOD4}$	0.007	−0.016	−0.045	1	0.068	0.051	0.072	−0.015
CCGI$_{BOD5}$	0.064	0.102*	0.081	0.077	1	0.058	0.077	−0.100*
CCGI$_{BOD6}$	−0.065	0.011	0.042	0.072	−0.017	1	0.150**	−0.001
LnTA	0.091	−0.029	−0.062	0.058	0.127**	0.160***	1	0.205***
Debt	0.000	0.033	−0.072	0.003	−0.034	−0.012	0.307***	1

注：左下角是 Pearson 自相关双尾检验，右上角是 Spearman 自相关双尾检验。"***"指相关系数在 99% 的置信水平下显著，"**"指相关系数在 95% 的置信水平下显著，"*"指相关系数在 90% 的显著性水平下显著

表 5-49 是创业板上市公司的董事会的分指数与控制变量的自相关检验，结果表明：一是董事会权利与义务治理指数 CCGI$_{BOD1}$ 与其他分指数及控制变量都不存在显著的自相关关系；二是两种检验方法都表明，董事会运行效率治理指数 CCGI$_{BOD2}$ 与董事会组织结构治理指数 CCGI$_{BOD3}$、董事会独立性治理指数 CCGI$_{BOD5}$ 之间存在显著的自相关关系，而且自相关的方向为负；三是董事会薪酬治理指数 CCGI$_{BOD4}$ 与其他分指数、控制变量之间都不存在显著的自相关关系；四是董事会独立性治理指数 CCGI$_{BOD5}$ 与实际控制人能力治理指数 CCGI$_{BOD6}$ 之间在 90% 的置信水平存在显著的自相关关系，与公司规模之间也存在显著的自相关关系；五是实际控制人能力治理指数除了与董事会独立性指数之间存在自相关关系，还与公司规模存在显著的正向的自相关关系。

（3）回归结果及分析

创业板上市公司成立以来，衡量董事会治理指数的众多可量化指标随着时间的推移只有微小的变化，本书检验董事会治理指数与公司业绩的相关性的重点是证明不同公司的董事会治理水平与公司业绩之间有无相关性，不注重时间的趋势效应，所以本书采用以公司横截面数据进行多元回归，时间区间为数据比较全面的 2011.1.1～2011.12.31、2012.1.1～2012.12.31。这种横截面的多元回归方法也已经被国内多个研究董事会治理指数的学者采用。表 5-50 为董事会治理指数与公司绩效的实证分析结果（分指数的加权数据）。

表 5-50　董事会治理指数与公司绩效的实证分析结果（分指数的加权数据）

被解释变量	解释变量	Constant	CCGI$_{BOD}$	CCGI$_{BOD}^2$	LnTA	Debt	R^2	DW	样本数
				2011 年					
EPS	A	−1.4276 (−1.54)	−0.8525 (−1.78)*	——	0.1347 (3.0)***	−0.4256 (−2.14)**	0.05	1.44	260
	B	——	−4.3105 (−1.92)**	2.1579 (1.49)	0.1324 (3.0)***	−0.4184 (−2.1)**	0.05	1.44	260

2011 年								
被解释变量	解释变量	Constant	$CCGI_{BOD}$	$CCGI_{BOD}^2$	LnTA	Debt	R^2	DW	样本数
ROE	A	0.1109 (1.32)	−0.0985 (−2.3)**	——	0.0021 (0.51)	0.0233 (1.29)	0.03	1.79	260
ROE	B	——	0.1970 (0.9656)	−0.1853 (−1.41)	0.0017 (0.43)	0.0232 (1.29)	0.03	1.79	260
OPE	A	−0.6062 (−2.5)***	−0.2362 (−1.85)*	——	0.0514 (4.3)***	−0.4670 (−8.8)***	0.24	2.03	260
OPE	B	——	−1.6320 (−2.7)***	0.8686 (2.2)**	0.0491 (4.1)***	−0.4626 (−8.7)***	0.24	2.04	260

2012 年								
被解释变量	解释变量	Constant	$CCGI_{BOD}$	$CCGI_{BOD}^2$	LnTA	Debt	R^2	DW	样本数
EPS	A	−3.0635 (−3.2)***	−0.2733 (−0.57)	——	0.1842 (4.1)***	−0.8414 (−4.7)**	0.11	1.80	260
EPS	B	——	−7.5599 (−3.4)***	4.5788 (3.2)***	0.1756 (4.1)***	−0.8308 (−4.7)***	0.10	1.80	260
ROE	A	−0.1159 (−0.67)	0.0076 (0.09)	——	0.0093 (1.13)	−0.0900 (−2.8)***	0.03	1.90	260
ROE	B	——	0.1793 (1.9)**	−0.0972 (−0.87)		−0.0784 (−2.5)***	0.01	1.91	260
OPE	A		0.2662 (8.1)***	——		−0.4503 (−4.3)***	0.07	2.00	260
OPE	B	−0.7048 (−0.32)	−0.4323 (−0.08)	0.3326 (0.10)	0.0512 (1.8)*	−0.5175 (−4.6)***	0.08	2.00	260

注：表内第二列中的"A""B"分别指代模型一、二；"（ ）"内的数据为解释变量的回归系数 T 统计值；"*" "**""***"分别表示 T 统计值的显著性水平 90%、95%、99%；"——"表示该项回归模型内没有其空格对应的解释变量

表 5-50 创业板上市公司 2011 年的董事会治理指数与公司绩效的实证结果发现如下规律。

一是创业板上市公司董事会治理指数与公司的每股收益存在显著的负相关关系，表明董事会治理水平越高，创业板上市公司的每股收益越少。主要原因是创业板董事会目前的治理水平有利于董事会的决策，包括长期发展的投资决策，更加注重公司的长期发展，股利政策可能更偏向于低甚至是零股利政策，因此董事会治理水平越好，决策的职能发挥很大程度上影响着公司每股收益越少。但是，2012 年董事会治理指数与每股收益之间呈现"U 型"相关关系，说明在公司发展壮大、董事会治理能力增强的过程中，董事会治理水平达到一定阶段后，会给股东带来信心，为公司创造财富。

二是 2011 年董事会治理指数与净资产收益率之间在 95% 的置信水平下存在显著的负相关关系，创业板上市公司董事会治理每变动 1 单位，ROE 往相反的方向变动 0.0985

单位，变动单位虽然较小，也能够对净资产收益率产生一定的影响，之所以会产生负相关关系，主要原因是董事会治理水平越高，越有利于公司的成长、发展和壮大，也为公司资产的积累提供了条件，在上市公司负债较低的情形下，也形成了上市公司较高的净资产额度，较快的净资产增长率远大于净利润的增长率，因此形成了较低的净资产收益率。2012 年，董事会治理指数与净资产收益率之间不显著的"U 型"相关关系也证明这一观点，因为公司规模严重影响董事会治理效率，董事会治理影响趋势是先抑后扬。

三是创业板上市公司董事会治理指数与主营业务利润率之间在 95% 的置信水平下存在显著的"U 型"非线性的相关关系。高于或者低于一个临界值的董事会治理指数有利于提高公司的主营业务利润率。

董事会治理分指数与公司绩效和董事会治理分指数的平方值与公司绩效的多元回归结果分别见表 5-51 和表 5-52。

表 5-51　董事会治理分指数与公司绩效的多元回归结果

	2011 年		
被解释变量 ＼ 解释变量	EPS C	ROE C	OPE C
Constant	1.9923 (−1.99)**	0.1393 (1.53)	−0.5782 (−2.15)
$CCGI_{BOD1}$	0.2994 (0.81)	−0.0473 (−1.41)	−0.0514 (−0.52)
$CCGI_{BOD2}$	−0.2886 (−1.16)	−0.0395 (−1.74)*	−0.1062 (−1.58)*
$CCGI_{BOD3}$	0.0452 (0.34)	−0.0211 (−1.77)*	−0.0338 (−0.95)
$CCGI_{BOD4}$	−0.0974 (−0.87)	0.0064 (0.63)	−0.0030 (−0.10)
$CCGI_{BOD5}$	0.2374 (0.58)	0.0094 (0.25)	0.197 (0.18)
$CCGI_{BOD6}$	−0.3806 (−1.87)*	−0.0196 (−1.06)	−0.0452 (−0.82)
LnTA	0.1316 (2.88)***	0.0019 (0.45)	0.0503 (4.1)***
Debt	−0.4130 (−2.1)**	0.0231 (1.27)	−0.4637 (−8.6)***
R^2	0.065	0.044	0.248
DW	1.50	1.77	2.02
样本数	260	260	260
	2012 年		
被解释变量 ＼ 解释变量	EPS E	ROE E	OPE E
Constant	——	38.1566 (0.35)	26.5803 (0.26)
$CCGI_{BOD1}$	6.4593 (1.04)	11.6140 (0..41)	57.4254 (−2.16)**

续表

	2012 年			
被解释变量 解释变量	EPS E		ROE E	OPE E
CCGI~BOD2~	8.0560 (1.13)		37.7550 (1.17)	28.4065 (0.93)
CCGI~BOD3~	0.0738 (0.03)		0.6730 (0.06)	17.4392 (1.60)*
CCGI~BOD4~	1.1220 (0.84)		6.0147 (1.00)	−0.4234 (−0.07)
CCGI~BOD5~	21.2002 (−1.47)		−121.8899 (−1.81)*	−37.6729 (−0.60)
CCGI~BOD6~	5.1883 (1.70)*		27.8569 (1.96)**	3.0082 (0.23)
LnTA	0.2121 (1.39)		−0.7156 (−0.14)	−0.8405 (−0.18)
Debt	−4.8951 (−1.16)		−40.8128 (−2.06)**	24.5421 (1.32)
R^2	0.032		0.054	0.036
DW	2.02		2.03	2.05
样本数	260		260	260

注：表内第三行"E"指代模型五，十八行中的"C"指代模型三；"（　）"内的数据为解释变量的回归系数 T 统计值；"*"、"**"、"***"分别表示 T 统计值的显著性水平 90%、95%、99%

表 5-52　董事会治理分指数的平方值与公司绩效的多元回归结果

	2011 年		
被解释变量 解释变量	EPS D	ROE D	OPE D
Constant	−2.0248 (−2.19)**	0.0924 (1.10)	−0.6648 (−2.68)
CCGI~BOD1~^{2}	0.1530 (0.76)	−0.253 (−1.38)	−0.0285 (−0.53)
CCGI~BOD2~^{2}	−0.1718 (−1.16)	−0.0234 (−1.74)*	−0.630 (−1.59)*
CCGI~BOD3~^{2}	0.0396 (0.47)	−0.0136 (−1.77)*	−0.0216 (−0.95)
CCGI~BOD4~^{2}	−0.0875 (−0.99)	0.0052 (0.65)	−0.0060 (−0.25)
CCGI~BOD5~^{2}	0.1494 (0.54)	0.0062 (0.25)	0.014 (0.19)
CCGI~BOD6~^{2}	−0.3134 (−1.93)**	−0.0158 (−1.07)	−0.0369 (−0.84)
LnTA	0.1331 (2.92)***	0.0019 (0.45)	0.0504 (4.1)***

续表

2011 年			
被解释变量	EPS	ROE	OPE
解释变量	D	D	D
Debt	−0.4142 (−2.1)**	0.0221 (1.22)	−0.4651 (−8.6)***
R^2	0.067	0.044	0.249
DW	1.51	1.77	2.02
样本数	260	260	260

2012 年			
被解释变量	EPS	ROE	OPE
解释变量	D	D	D
Constant	——	38.1567 (0.35)	——
$\text{CCGI}_{\text{BOD1}}^2$	3.2297 (1.04)	5.8070 (0.41)	28.3421 (2.15)**
$\text{CCGI}_{\text{BOD2}}^2$	4.0280 (1.12)	18.8775 (1.17)	14.4823 (0.96)
$\text{CCGI}_{\text{BOD3}}^2$	0.0369 (0.03)	0.3365 (0.06)	8.8143 (1.59)
$\text{CCGI}_{\text{BOD4}}^2$	0.5610 (0.84)	3.0073 (1.00)	−0.2721 (−0.10)
$\text{CCGI}_{\text{BOD5}}^2$	−10.6001 (−1.47)	−60.9450 (−1.81)*	−20.9481 (−0.69)
$\text{CCGI}_{\text{BOD6}}^2$	2.5942 (1.70)*	13.9285 (1.96)**	1.0958 (0.17)
LnTA	0.2121 (1.39)	−0.7156 (−0.14)	0.3913 (0.61)
Debt	−4.8951 (−1.16)	−40.8128 (−2.06)**	23.1610 (1.30)
R^2	0.032	0.054	0.036
DW	2.02	2.03	2.05
样本数	260	260	260

注：表内第二行中的"D"指代模型四；"（　）"内的数据为解释变量的回归系数 T 统计值；"*""**""***"分别表示 T 统计值的显著性水平 99%、95%、90%；"——"表示该项回归模型内没有其空格对应的解释变量

表 5-51 和表 5-52 的回归结果相似，没有较大的差异，以分指数为研究解释变量的整体实证研究表明如下规律。

一是董事会治理指数体系中，只有实际控制人能力治理指数与公司每股收益之间在 90% 的置信水平下存在显著的负相关关系，当实际控制人能力治理指数每变动 1 单位时，每股收益往相反的方向变动 0.3806 单位，对于每股收益的绝对值而言，具有非常重要的影响意义。出现负相关关系的主要原因是创业板上市公司的实际控制人能力越强，越注重公司未来的发展壮大等长期发展战略，因此会采用较低的股利分配政策。2012 年，未调整的董事会治理分指数与公司绩效的相关关系不显著，经调整后的实际控制人能力指

数与公司每股收益、净资产收益率呈现显著的正相关关系。

二是在整体回归模型中，在 90％的置信水平下，董事会组织结构治理指数、董事会运行效率治理指数与公司净资产收益率之间存在显著的负相关关系。董事会运行效率治理指数每变动 1 单位，ROE 向相反的方向变动 0.0234 单位；董事会组织结构治理指数每变动 1 单位，ROE 向相反的方向变动 0.0136 单位，$CCGI_{BOD2}$ 对 ROE 的影响程度大于 $CCGI_{BOD3}$ 对 ROE 的影响程度。

三是在整体回归结果中，只有董事会运行效率治理指数与主营业务利润率之间在 90％的置信水平下存在显著的负相关关系，当 $CCGI_{BOD2}$ 每变动 1％时，主营业务利润率往相反的方向变动 0.63％，影响程度较大，2012 年，未经调整的董事会权利与义务指数与公司主营业务利润率之间存在显著的正相关关系。

二、西部、中部、东部、东北部成长型中小企业董事会治理对企业绩效影响的比较研究

在上述分析的基础上，将创业板上市公司按西部、中部、东部、东北部分为四类作为研究对象分别研究，具体的研究模型为

模型一（A）：$P = \beta_0 + \beta_1 CCGI_{BODi} + \beta_2 Contro + \varepsilon$

模型二（B）：$P = \beta_0 + \beta_1 CCGI_{BODi} + \beta_2 CCGI_{BODi}{}^2 + \beta_3 Contro + \varepsilon$

模型三（C）：$Sinh^{-1}(P) = \beta_0 + \beta_1 LNCCGI_{BODi} + \beta_2 Contro + \varepsilon$

模型四（D）：$Sinh^{-1}(P) = \beta_0 + \beta_1 LNCCGI_{BODi} + \beta_2 LNCCGI_{BODi}{}^2 + \beta_3 Contro + \varepsilon$

模型五（E）：$Sinh^{-1}(P) = \beta_0 + \beta_1 LNCCGI_{BODi}{}^2 + \beta_2 Contro + \varepsilon$

式中，P 代表公司业绩指标，即被解释变量；$CCGI_{BODi}$ 代表不同研究对象对应的董事会指数，即解释变量；$CCGI_{BODi}{}^2$ 代表对应的董事会指数的平方数；Contro 代表影响公司企业的其他主要因素，即控制变量。

（一）董事会权利与义务指数（$CCGI_{BOD1}$）与企业绩效

不同经济区域董事会权利与义务指数实证研究比较结果见表 5-53。

表 5-53　不同经济区域董事会权利与义务指数实证研究比较结果

比较指标	经济区域	2011 年				
		西部	中部	东部	东北部	整体
EPS	$CCGI_{BOD1}(A)$	−2.9048**	1.5969**	0.4043	0.9867	0.3981
	$CCGI_{BOD1}{}^2(B)$	−1.4941**	0.8688**	0.2193	0.5369	2.5100**
	$LNCCGI_{BOD1}(C)$	9.1205	−6.1781**	2.5209	−0.0638	1.0138
	R^2	0.39	0.21	0.03	0.60	0.04
	DW	1.24	1.34	1.54	0.72	1.45
	样本数	18	34	201	7	260

续表

	经济区域　比较指标	2011 年				
		西部	中部	东部	东北部	整体
ROE	$CCGI_{BOD1}(A)$	−0.2244*	0.0981	−0.0651	0.0199	−0.0374
	$CCGI_{BOD1}{}^2(B)$	−0.1221*	0.0534	−0.0356	0.0108	−0.1261
	$LNCCGI_{BOD1}(C)$	51.3333	−28.0575	36.1599	15.0715	28.0869
	R^2	0.37	0.12	0.02	0.59	0.02
	DW	2.34	1.62	1.95	1.02	2.00
	样本数	18	34	201	7	260
OPE	$CCGI_{BOD1}(A)$	−0.4722*	0.3290**	−0.0825	0.5521	−0.0498
	$CCGI_{BOD1}{}^2(B)$	−0.2569*	0.1790**	−0.0452	0.3004	0.8008***
	$LNCCGI_{BOD1}(C)$	44.4448**	−21.3504**	15.7356	−17.7275	11.4043
	R^2	0.75	0.39	0.06	0.79	0.24
	DW	2.15	2.05	1.97	1.18	1.98
	样本数	18	34	201	7	260

	经济区域　比较指标	2012 年				
		西部	中部	东部	东北部	整体
EPS	$CCGI_{BOD1}(A)$	−0.7703	0.1872	−0.0664	−6.4094	−0.2501
	$CCGI_{BOD1}{}^2(B)$	4.0004	0.1053	3.5298***	−3.3167	3.4400***
	$LNCCGI_{BOD1}(C)$	21.9472	20.8523	−1.5712	17.7665	5.4022
	R^2	0.33	0.19	0.10	0.23	0.10
	DW	0.65	1.79	1.84	1.14	1.78
	样本数	18	34	201	7	260
ROE	$CCGI_{BOD1}(A)$	−0.1215	0.1190	0.0275	−0.7808	0.0019
	$CCGI_{BOD1}{}^2(B)$	0.2743	0.0647	0.0723	−0.4317	0.1147
	$LNCCGI_{BOD1}(C)$	136.9055	70.0152	−25.6386	126.1744	4.4912
	R^2	0.07	0.18	0.03	0.28	0.03
	DW	1.28	1.79	2.00	0.77	1.91
	样本数	18	34	201	7	260
OPE	$CCGI_{BOD1}(A)$	−0.1376	0.1903	0.1907	0.4724	0.2003
	$CCGI_{BOD1}{}^2(B)$	3.1681**	0.1043	1.2736	0.1493	1.1772*
	$LNCCGI_{BOD1}(C)$	−22.3427	22.6366	55.8567*	81.9694	53.4630**
	R^2	0.35	0.29	0.09	0.21	0.08
	DW	1.44	2.14	2.03	1.46	2.00
	样本数	18	34	201	7	260

注：R^2 与 DW 对应，回归结果中最优的 R^2 结果；"*""**""***"分别表示 T 统计值的显著性水平 90%、95%、99%；表内第二列中的"A""B""C"分别对应模型一、二、三

比较表 5-53 中东部、中部、西部、东北部及整个创业板上市公司的董事会权利与义务治理指数与公司绩效的实证研究结果发现如下规律。

一是 2011 年，西部创业板上市公司董事会权利与义务指数与公司绩效之间存在显著的"倒 U 型"非线性的相关关系，2012 年仅与主营业务利润率之间存在显著的非线性相关关系。

二是 2011 年，中部创业板上市公司董事会权利与义务治理指数与公司每股收益或者主营业务利润率都存在显著的正相关关系，2012 年这种显著相关性已经不存在。

三是 2011 年，东部及东北部创业板上市公司董事会权利与义务治理指数与公司绩效之间不存在显著的相关关系，2012 年东部创业板上市公司董事会权利与义务治理指数与每股收益存在显著正向非线性相关关系，经调整后与主营业务利润率之间存在正相关的线性关系。

四是 2012 年，各区域董事会权利与义务治理指数与公司业绩之间的影响程度较 2011年低了许多。西部创业板上市公司董事会权利与义务指数与公司绩效之间出现"倒 U型"非线性相关关系，可能的原因是西部成长型创业板上市公司的发展较其他经济区域更晚，对高新技术人才的吸引力也相对较弱，董事会的权利与义务治理尚在逐渐完善的过程中，较高质量的公司治理能够提升公司的整体盈利性，提高公司的业绩。当赋予董事会的权利过大时，由于监管力度的弱效及西部地区非董事会成员相关知识的欠缺，可能会滋生董事以权谋私的现象，或者董事会承担的义务过重，成员能力有限，不能完成应当的义务，增加了公司决策、监督等职能角色的机会成本，促使公司绩效的下降。

（二）董事会运行效率指数与公司绩效

不同经济区域董事会运行效率指数实证研究比较结果见表 5-54。

表 5-54　不同经济区域董事会运行效率指数实证研究比较结果

比较指标	经济区域	2011 年				
		西部	中部	东部	东北部	整体
EPS	$CCGI_{BOD2}(A)$	1.2928	0.0430	−0.3757	−0.9344	−0.3011
	$CCGI_{BOD2}{}^2(B)$	0.7659	0.0255	−0.2225	−0.5536	−0.3882*
	$LNCCGI_{BOD2}(C)$	−6.8960	0.4404	2.2134	1.1117	2.3068
	R^2	0.28	0.04	0.04	0.69	0.04
	DW	1.57	1.05	1.53	1.04	1.42
	样本数	18	34	201	7	260
ROE	$CCGI_{BOD2}(A)$	−0.0354	0.0286	−0.0286	−0.0516	−0.0284
	$CCGI_{BOD2}{}^2(B)$	−0.0210	−0.0170	−0.0356	−0.0306	−0.0185
	$LNCCGI_{BOD2}(C)$	0.4965	8.7386	12.2924	−0.6216	14.263
	R^2	0.20	0.07	0.02	0.62	0.02
	DW	1.86	1.68	1.97	1.06	2.00
	样本数	18	34	201	7	260

续表

		2011 年				
比较指标	经济区域	西部	中部	东部	东北部	整体
OPE	$CCGI_{BOD2}(A)$	0.0859	0.0508	−0.1633**	−0.0986	−0.1315**
	$CCGI_{BOD2}^2(B)$	0.0509	0.0301	−0.0835*	−0.0584	−0.0677*
	$LNCCGI_{BOD2}(C)$	5.4488	2.4563	5.3946	4.3732	0.8374**
	R^2	0.63	0.31	0.21	0.78	0.22
	DW	1.99	2.17	2.02	1.73	2.01
	样本数	18	34	201	7	260

		2012 年				
比较指标	经济区域	西部	中部	东部	东北部	整体
EPS	$CCGI_{BOD2}(A)$	−0.6546	−0.4921	−0.3800	−8.8914	−0.4334
	$CCGI_{BOD2}^2(B)$	6.7742	0.5642	4.4826***	−8.8914	−0.1774
	$LNCCGI_{BOD2}(C)$	1.6339	−9.9372	7.7698	——	7.2349
	R^2	0.30	0.16	0.10	0.11	0.07
	DW	0.89	2.67	1.83	1.76	1.82
	样本数	18	34	201	7	260
ROE	$CCGI_{BOD2}(A)$	−0.1002	−0.0743	−0.0089	−0.5822	−0.0166
	$CCGI_{BOD2}^2(B)$	−0.0217	0.3660	0.0789	−0.5822	−0.0072
	$LNCCGI_{BOD2}(C)$	33.9869	−44.9798	36.4108	——	33.4383
	R^2	0.05	0.15	0.03	0.06	0.03
	DW	1.41	1.95	2.01	1.68	21.91
	样本数	18	34	201	7	260
OPE	$CCGI_{BOD2}(A)$	−0.5317	−0.0684	−0.2223	1.6447	−0.2216
	$CCGI_{BOD2}^2(B)$	3.9002	0.1837	1.1970	1.6447	−0.1159
	$LNCCGI_{BOD2}(C)$	45.7979	−9.0043	26.2650	——	22.8003
	R^2	0.61	0.26	0.08	0.14	0.08
	DW	1.63	2.27	2.05	1.60	2.01
	样本数	18	34	201	7	260

注：R^2 与 DW 对应，回归结果中最优的 R^2 结果；"*""**""***"分别表示 T 统计值的显著性水平 90%、95%、99%；表内第二列中的"A""B""C"分别指代模型一、二、三；"——"表示该空格无法回归

比较表 5-54 不同经济区域的实证研究结果发现：西部、中部、东部、东北部创业板上市公司董事会运行效率治理指数与公司绩效之间的相关性实证研究结果都不显著，只有 2011 年东部创业板上市公司董事会运行效率治理指数与主营业务利润率在 90% 的置信水平下存在显著的"倒 U 型"非线性的相关关系，2012 年与每股收益之间在 99% 的置

信水平下存在正向的非线性相关关系。从回归模型的拟合度，还是从解释变量的显著程度而言，2012 年的回归结果都不及 2011 年。然而从创业板整体而言，董事会运行效率治理指数却与公司业绩之间存在显著的相关关系。出现这一现象的原因是，目前东部是创业板上市公司的主要区域，东部的回归结果很大程度上影响了整个创业板的回归结果，西部、中部、东北部创业板上市公司非常少，董事会运行效率治理的借鉴经验少，运行效率的有效性还不能够显著地体现在公司业绩层面，这些区域随着创业板上市公司的增多，成长时间的增长，或许会取得如同东部区域一样显著的成果。

（三）董事会组织结构指数与公司绩效

不同经济区域董事会组织结构指数实证研究比较结果见表 5-55。

表 5-55　不同经济区域董事会组织结构指数实证研究比较结果

比较指标	经济区域	2011 年				
		西部	中部	东部	东北部	整体
EPS	$CCGI_{BOD3}(A)$	0.6966*	0.7087**	−0.0659	−0.7304	0.0560
	$CCGI_{BOD3}{}^2(B)$	0.4419*	0.4415**	−0.0325	−0.3563	1.0200*
	$LNCCGI_{BOD3}(C)$	−2.1345	−1.8621*	1.7630	3.8275	0.8723
	R^2	0.29	0.15	0.03	0.69	0.04
	DW	0.96	1.33	1.52	1.81	1.41
	样本数	18	34	201	7	260
ROE	$CCGI_{BOD3}(A)$	0.0520	0.0367	−0.0353***	−0.0652	−0.0204*
	$CCGI_{BOD3}{}^2(B)$	−0.0210	0.0207	−0.0227***	−0.0398	−0.0122
	$LNCCGI_{BOD3}(C)$	−12.3720	−10.4331	15.9958	15.8701	10.0668
	R^2	0.28	0.10	0.04	0.69	0.02
	DW	1.78	1.68	1.80	1.76	2.00
	样本数	18	34	201	7	260
OPE	$CCGI_{BOD3}(A)$	0.0512	0.0439	−0.0703*	0.0657	−0.0302
	$CCGI_{BOD3}{}^2(B)$	0.0183	0.0327	−0.0330	−0.0584	−0.0262
	$LNCCGI_{BOD3}(C)$	−3.2298	−1.8769	2.6685	0.0220	1.5276
	R^2	0.64	0.31	0.23	0.69	0.24
	DW	2.09	2.17	2.08	1.32	2.00
	样本数	18	34	201	7	260

续表

比较指标	经济区域	2012年				
		西部	中部	东部	东北部	整体
EPS	$CCGI_{BOD8}(A)$	0.4498	0.1951	−0.0230	−1.6136	−0.0129
	$CCGI_{BOD8}^2(B)$	1.0368	1.1497	1.4969**	−8.0078	1.4124**
	$LNCCGI_{BOD8}(C)$	19.0707*	−8.8837	−1.0842	3.8126	−0.2640
	R^2	0.32	0.19	0.09	0.14	0.08
	DW	1.62	1.84	1.87	0.77	1.81
	样本数	18	34	201	7	260
ROE	$CCGI_{BOD8}(A)$	0.0459	−0.0089	−0.0021	−0.1819	−0.0043
	$CCGI_{BOD8}^2(B)$	0.3589	0.0363	0.0640	−1.7908	0.0371
	$LNCCGI_{BOD8}(C)$	92.6994*	−28.1842	−5.3674	4.7187	−0.5891
	R^2	0.17	0.17	0.03	0.23	0.03
	DW	1.21	2.02	2.00	0.80	1.91
	样本数	18	34	201	7	260
OPE	$CCGI_{BOD8}(A)$	0.1690	−0.0173	0.0420	0.2188	0.0523
	$CCGI_{BOD8}^2(B)$	2.4739*	−0.5505	0.7131	−1.6953	0.6698*
	$LNCCGI_{BOD8}(C)$	46.3643**	−2.4338	14.9816	13.8586	15.5822
	R^2	0.64	0.27	0.09	0.19	0.08
	DW	1.99	2.31	2.03	1.34	2.00
	样本数	18	34	201	7	260

注：R^2 与 DW 对应，回归结果中最优的 R^2 结果；"*""**""***"分别表示 T 统计值的显著性水平 90%、95%、99%；表内第二列中的"A""B""C"分别指代模型一、二、三

比较表 5-55 中不同经济区域董事会组织结构治理指数与公司绩效的相关性实证研究发现如下规律。

一是无论调整前还是调整后的实证结果都表明，西部创业板上市公司董事会组织结构治理指数只与每股收益在 90% 的置信水平下存在显著的正相关关系，董事会组织结构治理指数每变动 1 单位，公司每股收益相应地同方向变动 0.6966 单位。出现正相关关系的主要原因是西部创业板上市公司董事会组织结构的设置非常契合上市公司的发展要求，良好的董事会组织结构的治理有利于董事会监督职能的发挥，也有利于股东大会对董事会的监督。即使创业板上市公司要保持一定的发展后劲，也要给予股东一定的当期股利分配，提高股东对公司的信心，因此随着董事会组织结构治理水平的提高，西部上市公司的每股收益也随之增长，且影响程度较大。

二是中部创业板上市公司董事会组织结构治理指数无论是调整前还是调整后的回归结果都与净资产收益率、主营业务利润率之间不存在显著的相关关系。2011 年，中部创业板上市公司调整前的董事会组织结构指数与每股收益在 95% 的置信水平下存在显著的正相关关系，董事会组织结构治理指数每变动 1 单位，每股收益同方向变动 0.7087，中部董事会组织结构指数对每股收益的影响程度大于西部创业板上市公司。2011 年，中部

创业板上市公司调整后的董事会组织结构治理指数与每股收益在 90% 的置信水平下存在显著的"倒 U 型"的非线性的相关关系。这种非线性的相关关系与调整前的正相关关系并没有较大的差异，因为"倒 U 型"的关系是先上升后下降的形态，说明董事会组织结构并不能盲目无止境地扩张，过大的组织结构规模可能会增加董事会的费用支出，过大的组织结构也会因为意见的冲突不能够及时统一，不利于董事会的决策，最终导致每股收益的下降。2012 年，中部创业板上市公司董事会组织结构治理指数与公司绩效之间的相关关系不大。

三是东部创业板上市公司调整后的董事会组织结构治理指数与公司绩效之间不存在显著的相关关系。2011 年，调整前的董事会组织结构治理指数与净资产收益率在 99% 的置信水平下存在显著的"倒 U 型"非线性的相关关系，$CCGI_{BOD3}$ 与主营业务利润率之间在 90% 的置信水平下存在显著的负相关关系。2012 年，东部创业板上市公司董事会组织结构治理指数与每股收益之间在 95% 的置信水平下存在显著的非线性正向的影响关系。董事会组织结构的扩张不利于董事会决策、监督、服务职能的发挥，因此不利于提高公司的主营业务利润率。可能东部创业板上市公司董事会的发展相对完善，在这个基础上重复设置累赘的董事会组织结构只会增加董事会的负担，不利于提高公司的业绩。

四是东北部创业板上市公司数量非常少，因此无论是调整前还是调整后的董事会组织结构，治理指数与公司绩效之间都不存在显著的相关关系，但是东北经济区域的模型的拟合度最优。

（四）董事会薪酬指数与公司绩效

不同经济区域董事会薪酬指数实证研究比较结果见表 5-56。

表 5-56　不同经济区域董事会薪酬指数实证研究比较结果

比较指标	经济区域	西部	中部	东部	东北部	整体
		2011 年				
EPS	$CCGI_{BOD4}(A)$	0.3174	−0.0660	−0.1705	−0.6973	−0.1170
	$CCGI_{BOD4}{}^2(B)$	0.2981	−0.0861	−0.1450	−0.6138	−0.6557
	$LNCCGI_{BOD4}(C)$	−1.7174	−0.0934	−0.7388	2.7277**	−0.4220
	R^2	0.28	0.04	0.02	0.78	0.04
	DW	1.65	1.05	1.60	1.49	1.46
	样本数	18	34	201	7	260
ROE	$CCGI_{BOD4}(A)$	−0.0182	0.0454**	−0.0026	−0.0645	0.0058
	$CCGI_{BOD4}{}^2(B)$	−0.0146	0.0331*	−0.0022	−0.0592	0.0172
	$LNCCGI_{BOD4}(C)$	4.2201	−7.9144	−9.7696	13.5504**	−8.7058
	R^2	0.20	0.17	0.01	0.86	0.01
	DW	1.69	1.66	1.99	1.04	2.00
	样本数	18	34	201	7	260

续表

		2011 年				
比较指标	经济区域	西部	中部	东部	东北部	整体
OPE	$CCGI_{BOD4}(A)$	−0.0576	0.0546	−0.0265	−0.2283	−0.0059
	$CCGI_{BOD4}{}^2(B)$	−0.0445	0.0444	−0.0146	−0.1997	−0.1604
	$LNCCGI_{BOD4}(C)$	4.5678	−0.9416	−2.0519	−2.0515	−0.4371
	R^2	0.66	0.32	0.23	0.73	0.24
	DW	1.81	2.20	2.04	1.66	1.99
	样本数	18	34	201	7	260

		2012 年				
比较指标	经济区域	西部	中部	东部	东北部	整体
EPS	$CCGI_{BOD4}(A)$	−0.0379	−0.3484 **	0.0649	−1.8368	−0.0318
	$CCGI_{BOD4}{}^2(B)$	1.4291	−0.0008	0.1101	−72.6719	−0.0062
	$LNCCGI_{BOD4}(C)$	−2.0322	−5.2383 *	2.1109	11.6944 *	1.1234
	R^2	0.23	0.28	0.11	0.58	0.10
	DW	1.26	2.74	1.83	1.68	1.79
	样本数	18	34	201	7	260
ROE	$CCGI_{BOD4}(A)$	0.0387	−0.0437	0.0095	−0.3057	−0.0037
	$CCGI_{BOD4}{}^2(B)$	0.2315	0.1335	0.0559	−8.6121	−0.0168
	$LNCCGI_{BOD4}(C)$	−17.3672	−21.1263 *	8.8320	89.1999 **	5.5344
	R^2	0.10	0.23	0.03	0.77	0.03
	DW	1.37	1.75	1.96	1.54	1.91
	样本数	18	34	201	7	260
OPE	$CCGI_{BOD4}(A)$	0.0864	−0.1607 **	0.0339	−0.3378	−0.0053
	$CCGI_{BOD4}{}^2(B)$	0.8320	0.0133	0.1902	6.0270	0.2333
	$LNCCGI_{BOD4}(C)$	−7.4345	−5.4269	−0.7045	36.4267 *	−0.4861
	R^2	0.61	0.39	0.08	0.63	0.07
	DW	1.71	2.01	2.03	1.47	2.00
	样本数	18	34	201	7	260

注：R^2 与 DW 对应，回归结果中最优的 R^2 结果；"＊""＊＊""＊＊＊"分别表示 T 统计值的显著性水平 90％、95％、99％；表内第二列中的"A""B""C"分别指代模型一、二、三

比较表 5-56 中不同经济区域董事会薪酬治理指数与公司绩效的实证研究结果表明如下规律。

一是西部创业板上市公司调整前或者调整后的董事会薪酬治理指数与公司绩效在 90％、95％、99％的置信水平下都不存在显著的相关关系。可能的原因有西部创业板上

市公司较少，不能反映董事会薪酬治理指数与公司绩效的显著性关系；西部创业板上市公司的董事会薪酬治理较差，不能有效地贡献于公司绩效；西部创业板上市公司的公司绩效较差，董事会薪酬治理的贡献太弱，不能在模型中体现实证结果的显著性。比较不同经济区域的实证研究结果，令人欣慰的是西部董事会薪酬治理指数的模型拟合度相对较优，自变量之间的自相关性也相对较弱。

二是中部创业板上市公司调整后董事会薪酬治理指数与公司绩效之间不存在显著性的相关关系。中部创业板上市公司调整前董事会薪酬治理指数与公司每股收益、主营业务收益率之间在 2011 年存在显著的负相关关系，在 2011 年与净资产收益率之间在 95% 的置信水平下存在显著的正相关关系。中部董事会薪酬治理指数每变动 1 单位，公司净资产收益率同方向相应地变动 0.0454 单位，$CCGI_{BOD4}$ 与 ROE 之间的相关系数较小。两者之间出现正相关关系的主要原因是董事会薪酬治理水平提高，会减少公司董事会、高层管理者、其他治理者及职员的薪酬费用，并且会有效刺激鼓励董事及其他绩效相关者的工作积极性，因此通过提升公司的净利润而提高公司的净资产收益率。出现反向变动影响关系的原因是董事会薪酬发放力度增大，直接导致归属于股东净收益减少，每股收益减少。此外，可用于主营业务的资产也相应减少。

三是东部创业板上市公司董事会薪酬指数无论是调整前还是调整后，在 90%、95%、99% 三种置信水平下都与公司绩效不存在显著的相关关系。东部创业板上市公司样本数非常多，占国内创业板上市公司总数的绝对比例，因此排除西部创业板上市公司样本量小而出现 $CCGI_{BOD4}$ 与 ROE 不存在显著性相关关系的可能，东部创业板上市公司的公司绩效参差不齐，差异较大，有好有次，因此排除公司绩效太差影响回归显著性的原因。由于东部创业板上市公司是国内创业板上市公司的绝对组成部分，东部董事会薪酬治理指数的实证研究结果在很大程度上影响了整体回归结果，也出现了创业板上市公司董事会薪酬治理指数与公司绩效之间不显著的相关性。

四是东北部创业板上市公司调整前董事会薪酬治理指数与公司绩效之间不存在显著的相关关系，调整后董事会薪酬治理指数与公司每股收益、净资产收益率在 95% 的置信水平下存在显著的正相关关系，与主营业务利润率之间在 90% 的置信水平下存在显著的正相关关系。$LNCCGI_{BOD4}$ 每变动 1 单位，$Sinh^{-1}(EPS)$、$Sinh^{-1}(ROE)$、$Sinh^{-1}(OPE)$ 分别至少相应往同方向变动 2.7177 单位、13.5504 单位、36.4267 单位，$LNCCGI_{BOD4}$ 对 $Sinh^{-1}(ROE)$ 的影响程度远大于其对 $Sinh^{-1}(EPS)$ 的影响程度。

(五)董事会独立性指数与公司绩效

不同经济区域董事会独立性指数实证研究比较结果见表 5-57。

比较表 5-57 中董事会独立性治理指数与公司绩效的相关性实证结果表明：一是西部创业板上市公司调整前董事会独立性治理指数与主营业务利润率之间在 99% 的置信水平下存在显著的正相关关系，调整后的董事会独立性治理指数 $LNCCGI_{BOD5}$ 与每股收益的双曲正弦倒数值、净资产收益率的双曲正弦倒数值之间都在 95% 的置信水平下存在显著的正相关关系，相关系数分别是 12.4336 和 41.2334，董事会独立性治理指数对公司绩效的双曲正弦倒数值的影响程度非常大，相关性非常紧密。因此西部创业板上市公司董事会应该着重于提升董事会的独立性，吸收独立董事的同时，还应该加强独立董事的监督权利,最大限度地消除西部创业板上市公司独立董事的"花瓶式"现象。董事会独立性治理指数与公司绩效出现正相关的关系也非常符合公司长期发展的经济含义,因为董事会独立性的增强,提高了股东大会对董事会授予代理权的信心,也提高了董事会对公司高级管理者的监督效果。股东大会赋予董事会的权利越大,业务的集中性、专业性也越强,越能够起到良好的同心协力的作用,董事会的决策方向性也越趋于准确。董事会的有效监督提升了管理者的决策执行效率和效果,最终都反映在随着独立性提高逐渐上升的公司绩效层面。

表 5-57　不同经济区域董事会独立性指数实证研究比较结果

比较指标	经济区域	西部	中部	东部	东北部	整体
		2011 年				
EPS	$CCGI_{BOD5}(A)$	−1.1225	1.1835*	0.2252	4.3193	0.3799
	$CCGI_{BOD5}{}^2(B)$	−0.7725	0.8697*	0.1408	2.4148	3.0517*
	$LNCCGI_{BOD5}(C)$	12.4336**	−3.1961*	−6.1004**	−26.1285	−3.9219*
	R^2	0.33	0.14	0.03	0.83	0.04
	DW	1.93	1.14	1.52	1.19	1.43
	样本数	18	34	201	7	260
ROE	$CCGI_{BOD5}(A)$	−0.1808	0.0830	0.0163	0.4113	0.0224
	$CCGI_{BOD5}{}^2(B)$	−0.1240	0.0648	0.0014	0.3855	−0.1133**
	$LNCCGI_{BOD5}(C)$	41.2334**	−5.0959	−51.7642**	−174.3937*	−36.726*
	R^2	0.29	0.11	0.03	0.88	0.02
	DW	2.14	1.77	1.98	0.99	1.99
	样本数	18	34	201	7	260
OPE	$CCGI_{BOD5}(A)$	−0.2688	0.0608	−0.0644	2.1404*	0.0405
	$CCGI_{BOD5}{}^2(B)$	−0.1200	0.0582	0.0244	1.2506	1.271***
	$LNCCGI_{BOD5}(C)$	4.8237	−2.8118	−25.244***	−11.5654	20.09***
	R^2	0.63	0.31	0.22	0.79	0.24
	DW	2.09	2.23	2.03	1.96	1.98
	样本数	18	34	201	7	260
		2012 年				
EPS	$CCGI_{BOD5}(A)$	−2.9708	−0.4870	−0.0633	−8.7617	−1.1303*
	$CCGI_{BOD5}{}^2(B)$	4.6659	1.4904	4.5236***	27.3307	4.8359***
	$LNCCGI_{BOD5}(C)$	−42.2792	−41.7255	−15.0516	−336.967**	−17.1252
	R^2	0.30	0.15	0.10	0.81	0.10
	DW	0.85	2.68	1.83	1.89	1.80
	样本数	18	34	201	7	260

比较指标	经济区域	西部	中部	东部	东北部	整体
				2012 年		
ROE	$CCGI_{BOD5}(A)$	−0.1808	−0.2619	−0.0210	−0.1025	−0.0448
	$CCGI_{BOD5}{}^2(B)$	−0.5669	0.2830	0.0339	4.5066	0.3543
	$LNCCGI_{BOD5}(C)$	−232.5805	−160.4859	−99.7035	−1966.83*	−36.726*
	R^2	0.13	0.12	0.03	0.68	0.02
	DW	1.33	2.21	2.01	1.88	1.99
	样本数	18	34	201	7	260
OPE	$CCGI_{BOD5}(A)$	0.1853***	0.2487***	0.2719***	3.3015	0.2570***
	$CCGI_{BOD5}{}^2(B)$	2.2517	−0.8446	−0.3579	5.0064	1.2031
	$LNCCGI_{BOD5}(C)$	−47.8219	−28.0185	−22.1092	−866.9084*	−21.3256
	R^2	0.39	0.24	0.07	0.63	0.08
	DW	1.45	2.19	2.05	2.05	2.01
	样本数	18	34	201	7	260

注：R^2 与 DW 对应，回归结果中最优的 R^2 结果；"*""**""***"分别表示 T 统计值的显著性水平 90%、95%、99%；表内第二列中的"A""B""C"分别指代模型一、二、三

二是中部创业板上市公司调整前及调整后董事会独立性治理指数与公司净资产收益率在 90%、95%、99% 三种置信水平下都不存在显著的相关关系。中部创业板上市公司调整前董事会独立性治理指数与公司每股收益在 90% 的置信水平下存在显著的正相关关系，当 $CCGI_{BOD5}$ 每变动 1 单位时，公司每股收益同方向变动 1.1835 单位，影响幅度较大，显著性优于西部创业板上市公司 $CCGI_{BOD5}$ 与每股收益的相关性。中部调整后董事会独立性治理指数与公司每股收益在 90% 的置信水平下存在显著的"倒 U 型"非线性的相关关系，出现这种非线性相关关系说明公司每股收益并不能随着董事会独立性治理的提高而无限增长，当董事会独立性治理超过一定程度的时候也会不利于每股收益的增长，主要的原因是独立性过强的董事会会造成高级管理者执行政策决议的抵触情绪，董事会独立董事权利的有限性和信息的不对称性也会影响其独立性的发挥效果。2011 年中部调整前董事会独立性治理指数与主营业务利润率存在显著的正向变动关系，说明董事会独立性越强，越有利于巩固公司主营业务的收益。

三是 2011 年东部创业板上市公司调整前董事会独立性治理指数与公司绩效之间不存在任何置信水平下的显著性相关关系，相关关系微弱，并且模型的拟合度也不佳。但是与其他三个经济区域不同的是，东部创业板上市公司调整后的董事会独立性治理指数与公司绩效之间在 90% 的置信水平下都存在显著的"倒 U 型"非线性的相关关系，说明分别存在一个最优的 $LNCCGI_{BOD5}$ 让 $Sinh^{-1}(EPS)$、$Sinh^{-1}(ROE)$、$Sinh^{-1}(OPE)$ 分别达到其最大值，高于这个最优的董事会独立性指数的治理水平反而导致公司绩效的下降。这一现象在 2012 年的经营过程中得到大幅度改善，东部董事会独立性正向影响公司每股收

益和主营业务利润率的增长和上升。

四是东北部创业板上市公司调整后的董事会独立性治理指数 $LNCCGI_{BOD5}$ 与公司绩效的双曲正弦倒数值，之间存在显著的"倒 U 型"非线性相关关系。调整前的董事会独立性治理指数 $CCGI_{BOD5}$ 与主营业务利润率在 90% 的置信水平下存在显著的正相关关系，相关系数为 2.1404。东北部 $CCGI_{BOD5}$ 与公司绩效之间的相关性相对于其他三个经济区域而言最显著，说明东北部创业板上市公司更注重通过加强董事会独立性治理，以提高公司经营绩效，增加公司业务的收益，巩固公司的竞争优势，但是过分地注重董事会独立性反而会加重公司决策的负担及减缓董事会反应速度。

（六）实际控制人能力指数与公司绩效

不同经济区域实际控制人能力指数实证研究比较结果见表 5-58。

表 5-58 不同经济区域实际控制人能力指数实证研究比较结果

比较指标	经济区域	2011 年				
		西部	中部	东部	东北部	整体
EPS	$CCGI_{BOD6}(A)$	0.7980 ***	−1.0619 **	−0.2882	1.6979 ***	−0.4149 **
	$CCGI_{BOD6}{}^2(B)$	1.0185 ***	−0.8708 **	−0.2366	0.8505	−0.3410 **
	$LNCCGI_{BOD6}(C)$	0.6777 ***	2.3348 **	1.3323	−2.5956	0.6075 ***
	R^2	0.09	0.21	0.04	0.49	0.05
	DW	1.87	1.16	1.53	1.61	1.44
	样本数	18	34	201	7	260
ROE	$CCGI_{BOD6}(A)$	0.0852 ***	−0.0168	−0.0122	0.3781 ***	−0.0187
	$CCGI_{BOD6}{}^2(B)$	−0.0077	−0.0115	−0.0113	−0.2941 *	−0.0155
	$LNCCGI_{BOD6}(C)$	4.8721 ***	8.4457	11.6479	1.8358	5.2712 ***
	R^2	0.19	0.06	0.02	0.66	0.01
	DW	1.69	1.68	1.97	0.95	1.98
	样本数	18	34	201	7	260
OPE	$CCGI_{BOD6}(A)$	0.3458 ***	0.0187	0.8708 ***	1.1430 ***	−0.0454
	$CCGI_{BOD6}{}^2(B)$	−0.0184	0.0266	−0.6902 ***	−0.9988 *	−0.1350
	$LNCCGI_{BOD6}(C)$	−7.8426	0.8722	0.9287 *	−6.9782	0.9057 **
	R^2	0.66	0.29	0.17	0.65	0.24
	DW	2.19	2.16	2.00	1.85	2.00
	样本数	18	34	201	7	260

续表

比较指标	经济区域	2012 年				
		西部	中部	东部	东北部	整体
EPS	$\text{CCGI}_{\text{BOD6}}(A)$	0.5737 ***	−0.0161	−0.2244	4.5345	−0.0816
	$\text{CCGI}_{\text{BOD6}}{}^2(B)$	3.9196	−1.4380	4.0657 ***	−20.8293	3.7725 ***
	$\text{LNCCGI}_{\text{BOD6}}(C)$	8.2341	15.1910 ***	1.8096	35.1804	5.6074 *
	R^2	0.17	0.30	0.11	0.61	0.10
	DW	1.57	1.66	1.86	1.54	1.81
	样本数	18	34	201	7	260
ROE	$\text{CCGI}_{\text{BOD6}}(A)$	0.0815 ***	0.0205	−0.0177	0.2599	−0.0009
	$\text{CCGI}_{\text{BOD6}}{}^2(B)$	0.8731	−0.1458	0.3387	−3.5786	−0.4224
	$\text{LNCCGI}_{\text{BOD6}}(C)$	46.1075	51.8438 **	14.0635	19.8463	28.7388 **
	R^2	0.17	0.27	0.04	0.14	0.04
	DW	1.24	1.65	1.99	1.42	1.88
	样本数	18	34	201	7	260
OPE	$\text{CCGI}_{\text{BOD6}}(A)$	0.1154	0.0801	−0.0006	−1.2830 **	−0.0060
	$\text{CCGI}_{\text{BOD6}}{}^2(B)$	4.1854 ***	0.0596	1.6030 *	−0.9032	−1.7532 *
	$\text{LNCCGI}_{\text{BOD6}}(C)$	−13.6702	14.1329	−2.3741	2.9889	3.0278
	R^2	0.43	0.27	0.09	0.69	0.08
	DW	1.23	2.27	2.04	2.21	2.01
	样本数	18	34	201	7	260

注：R^2 与 DW 对应，回归结果中最优的 R^2 结果；"*""**""***"分别表示 T 统计值的显著性水平 90%、95%、99%；表内第二列中的 "A""B""C" 分别指代模型一、二、三

比较表 5-58 中不同经济区域创业板上市公司实际控制人能力与公司绩效的相关关系的实证结果发现如下规律。

一是西部创业板上市公司调整前的实际控制人能力指数与公司绩效之间在 95% 的置信水平下存在显著的正相关关系。公司实际控制人能力指数每变动 1 单位，2011 年公司每股收益、净资产收益率、主营业务利润率分别相应地往同方向变动 0.7980 单位、0.0852 单位、0.3458 单位，2012 年，每股收益、净资产收益率分别同方向变动 0.5737 单位、0.0815 单位，主营业务利润率的变动由线性变为非线性的相关关系。西部创业板企业实际控制人能力指数对每股收益的影响程度最强，其次是主营业务利润率，最差的是净资产收益率。调整前 $\text{CCGI}_{\text{BOD6}}$ 与公司绩效之间出现正相关关系的主要原因是西部实际控制人能够有效地影响董事会做出准确的决策，同时提醒董事会监督高层管理者及时、有效地执行董事会的决策，也督促了董事会的监督职能。实际控制人的另外一个角色是股东，股东参与股东会，并用其能力影响董事会，能够提高董事会的服务效果，也能够

更好地保障股东的权利和效益，较高的股利政策可以提高股东的信心和短期效益。优秀的公司治理不仅通过决策的执行带来更多的收入，也会通过良好的董事会治理节约成本，提高公司的净利润。西部创业板实际控制人的能力也会吸引外部贷款，减少公司的净资产，最终提高公司的净资产收益率。公司实际控制人能力通过其知识积累、专业的对口性及信息的利用能力可以集中解决主营业务的成本，提高主营业务利润的同时还能够全面扩张公司的综合业务。调整后的实际控制人能力指数与公司每股收益、净资产收益率的双曲正弦倒数值之间在99％的置信水平下存在显著的正相关关系。

二是2011年，中部创业板上市公司实际控制人能力指数与公司绩效之间的相关关系相对较弱，调整前和调整后的实际控制人能力指数与净资产收益率、主营业务利润率之间在90％、95％、99％三类置信水平下不存在显著的相关关系。但是，中部创业板调整前实际控制人能力指数与公司每股收益之间在95％的置信水平下存在显著的"倒U型"非线性的相关关系，调整后的实际控制人能力治理指数$LNCCGI_{BOD6}$与每股收益的双曲正弦倒数值之间在95％的置信水平下存在显著的正相关关系，相关系数为2.3348。这种既存在正相关的线性相关关系，又存在显著的非线性的相关关系的实证结果，恰巧说明中部创业板实际控制人较强的能力能够为股东谋取福利，但是实际控制人能力过于强悍，不但不会继续为股东带来收益的上涨，反而可能不利于股东在短期内收回投资，因为实际控制人过于优秀的能力可能会有利于公司的长期发展和高成长，但是不能保证实际控制人不谋取私利，为其他股东着想，所以以每股收益为衡量标准的短期公司绩效与实际控制人能力之间存在"倒U型"的非线性相关关系，实际控制人能力突出既有害又有利，符合现实股份制公司的现状。2012年，中部创业板上市公司实际控制人能力调整后指数与公司每股收益、净资产收益率表现出明显的正相关关系，表明在经济萎靡的环境下，实际控制人能力越强，越有利于公司的平稳、持续经营。

三是2011年东部创业板上市公司调整前和调整后的实际控制人能力指数与以公司每股收益、净资产收益率为代表的短期公司绩效之间不存在高置信水平下的显著性相关关系，调整前的实际控制人能力指数与公司主营业务利润率之间在99％的置信水平下存在显著的"倒U型"的非线性相关关系，调整后的实际控制人能力指数与主营业务利润率的双曲正弦倒数值之间在90％的置信水平下存在显著的正相关关系，$LNCCGI_{BOD6}$每变动1单位，$Sinh^{-1}(OPE)$相应地同方向变动0.9287单位，变动幅度较大。2012年，东部创业板上市公司实际控制人能力对公司业绩的影响相对于2011年更明显，与公司每股收益、主营业务利润率均表现出正向的非线性相关关系。

四是2011年东北部创业板上市公司调整前的实际控制人能力指数与公司绩效之间在99％的置信水平下存在显著的正相关关系，模型拟合度高达0.65，实际控制人能力指数每变动1单位，创业板上市公司每股收益、净资产收益率、主营业务利润率分别相应地同方向变动1.6979单位、0.3781单位、1.1430单位，表明实际控制人能力对东北部创业板公司的每股收益和主营业务利润率的影响程度都较大。但是2012年，东北部创业板上市公司实际控制人能力治理却不利于公司主营业务的展开，可能的原因是该区域创业板上市公司实际控制人能力并不能保证其在震荡市场中的稳步经营。

（七）创业板董事会治理指数与公司绩效

创业板董事会治理水平的区域性特点见表 5-59。

表 5-59　创业板董事会治理水平的区域性特点

	东部		中部		西部		东北		整体	
	均值	离差	均值	离差	均值	离差	均值	离差	均值	离差
2011 年										
$CCGI_{BOD1}$	0.9739	0.0619	0.9619	0.0725	0.973	0.0638	0.9537	0.0829	0.9717	0.0639
$CCGI_{BOD2}$	0.9721	0.0919	0.9725	0.0924	0.9827	0.0748	0.8663	0.1925	0.9700	0.0950
$CCGI_{BOD3}$	0.8247	0.2169	0.8134	0.1833	0.8167	0.2431	0.8814	0.1679	0.8242	0.2128
$CCGI_{BOD4}$	0.4431	0.6662	0.4028	0.8604	0.4707	0.5008	0.2743	1.0659	0.4352	0.6863
$CCGI_{BOD5}$	0.8169	0.0655	0.8112	0.0984	0.8138	0.0629	0.8311	0.0299	0.8163	0.0695
$CCGI_{BOD6}$	0.6591	0.1727	0.6331	0.1875	0.6883	0.1613	0.6821	0.2217	0.6586	0.1752
$CCGI_{BOD}$	0.8013	0.0629	0.7868	0.0574	0.8125	0.0478	0.7778	0.1052	0.7995	0.0629
2012 年										
$CCGI_{BOD1}$	0.9365	0.0903	0.9285	0.0879	0.9604	0.0805	0.9074	0.0954	0.9363	0.0894
$CCGI_{BOD2}$	0.9829	0.0724	0.9908	0.0540	0.9827	0.0748	1.0000	0.0000	0.9844	0.0692
$CCGI_{BOD3}$	0.8180	0.2062	0.8269	0.1747	0.8167	0.2036	0.8297	0.2158	0.8194	0.2013
$CCGI_{BOD4}$	0.5346	0.4301	0.4640	0.4137	0.5218	0.4420	0.4869	0.4285	0.5232	0.4300
$CCGI_{BOD5}$	0.8330	0.0407	0.8351	0.0175	0.8341	0.0258	0.8393	0.0147	0.8335	0.0370
$CCGI_{BOD6}$	0.6612	0.1691	0.6362	0.1899	0.6962	0.1450	0.7222	0.2104	0.6620	0.1721
$CCGI_{BOD}$	0.8041	0.0640	0.7930	0.0470	0.8166	0.0497	0.8194	0.0781	0.8069	0.0578

注："均值"为研究对象的算术平均值；"离差＝标准差/均值"

创业板董事会治理水平区域性特点的差异性 T 统计值检验见表 5-60。

表 5-60　创业板董事会治理水平区域性特点的差异性 T 统计值检验

	东部		中部		西部		东北		整体	
	均值	离差	均值	离差	均值	离差	均值	离差	均值	离差
2011 年										
$CCGI_{BOD1}$	1.608	−1.616	−1.125	0.797	1.403	−1.183	−2.993	3.163	1.107	−1.161
$CCGI_{BOD2}$	0.798	−0.738	0.815	−0.717	1.235	−1.463	−3.559	3.526	0.712	−0.607
$CCGI_{BOD3}$	−0.527	0.818	−1.335	−1.453	−1.099	2.589	3.524	−2.494	−0.563	0.541
$CCGI_{BOD4}$	0.983	−0.834	−0.063	0.972	1.699	−2.373	−3.397	2.883	0.778	−0.647
$CCGI_{BOD5}$	−0.248	0.021	−1.721	2.723	−1.049	−0.192	3.422	−2.902	−0.403	0.350
$CCGI_{BOD6}$	−0.469	−0.946	−2.838	0.329	2.193	−1.929	1.628	3.277	−0.514	−0.731
$CCGI_{BOD}$	0.848	−0.393	−1.302	−0.891	2.509	−1.759	−2.637	3.436	0.581	−0.393

续表

| | 2012 年 | | | | | | | | | |
| | 东部 | | 中部 | | 西部 | | 东北 | | 整体 | |
	均值	离差	均值	离差	均值	离差	均值	离差	均值	离差
$CCGI_{BOD1}$	0.282	0.595	−0.560	−0.297	2.796	−3.048	−2.779	2.490	0.261	0.260
$CCGI_{BOD2}$	−1.422	1.171	0.174	−0.005	−1.477	1.324	3.202	−3.456	−1.017	0.966
$CCGI_{BOD3}$	−1.430	0.766	1.645	−3.338	−1.879	0.427	2.612	2.017	−0.947	0.128
$CCGI_{BOD4}$	1.929	0.246	−2.850	−3.002	1.063	2.610	−1.300	−0.072	1.158	0.227
$CCGI_{BOD5}$	−1.582	2.355	0.079	−1.674	−0.712	−0.233	3.402	−2.160	−1.187	1.712
$CCGI_{BOD6}$	−0.852	−0.671	−2.337	1.031	1.225	−2.642	2.769	2.707	−0.805	−0.425
$CCGI_{BOD}$	−0.739	0.751	−2.843	−1.977	1.630	−1.544	2.161	3.014	−0.209	−0.244

注：T 统计值检验的对象是同因素下四大区域、整体之间的均值差异性检验，$T(0.05)=2.132$，$T(0.025)=2.776$，$T(0.005)=4.604$

根据表 5-59 和表 5-60 对比分析可以得出以下结论。

一是综合比较检验分析。经过本书显著性 T 检验，不同显著性水平下，不同经济区域的董事会治理水平的差异性不同。例如，在 1% 的置信水平下，四大经济区域及整体的六大主因素治理水平和董事会治理评价水平的均值和离差都不存在显著差异，然而在 5% 和 10% 的置信水平下，每个主因素及董事会治理都会有一个或一个以上经济区域与其他区域均值或离差存在显著性差异，如在 10% 的置信水平下，2011 年东北部的指数均值和离差检验中，除了 $CCGI_{BOD6}$，其他因素都与其他区域显著不同，要么大于平均水平，要么小于平均水平；2012 年，除了 $CCGI_{BOD4}$，其他因素都与其他区域显著不同，要么大于平均水平，要么小于平均水平。产生的主要原因是东北部研究对象较少，上市公司存在的差异比较突出。

二是同因素不同经济区域的比较分析。①$CCGI_{BOD1}$ 四大经济区域均值比较均衡，与整体治理水平也没有显著区别，东部、西部上市公司的 $CCGI_{BOD1}$ 均值较大、离差较小，治理风险较低，中部、东北上市公司的 $CCGI_{BOD1}$ 均值较小、离差较大，治理风险较高。中部上市公司数目比西部和东北大，所以出现上述现象或许是上市公司数量影响的。②$CCGI_{BOD2}$ 的整体治理水平主要受东北上市公司的影响，2011 年，西部成长型中小企业均值 $CCGI_{BOD2}$ 最高，离差最小，西部董事会运行效率最高，运行风险最低，东北区域均值最低；2012 年东北成长型中小企业均值 $CCGI_{BOD2}$ 最高，离差最小，西部董事会运行效率最高，运行风险最低。③$CCGI_{BOD3}$ 东北部上市公司表现最好，说明创业板东北上市公司董事会组织结构治理最优，成本最低。④观察 $CCGI_{BOD4}$ 的均值和离差值，2011 年西部创业板上市公司董事会薪酬治理水平最高，2012 年东部创业板上市公司董事会薪酬治理水平最高。⑤东北上市公司董事会独立性最强。⑥西部上市公司实际控制人能力最佳，西部上市公司董事会治理水平最高，风险最小。综上所述，西部上市公司董事会整体治理水平最高，并且各内部因素也比较均衡，随着国家西部大开发政策进一步深入和区域性产业经济的大力扶持，西部应该进一步培育更多的成长型上市公司。

　　三是同区域不同治理因素的比较分析。东部创业板上市公司董事会治理水平及各内部治理因素水平都高于研究对象整体水平，成本也较低。由于东部经济发达，特别是精英人才聚集、高科技产品普遍、资源丰富、国内外沟通交流频繁、交通便利，东部上市公司占样本总数量的 77%，董事会监管较严格，董事会成员素质和能力也较强。中部上市公司董事会治理内部因素只有董事会组织结构的构建高于研究对象整体水平，其余内部因素和董事会治理都低于整体水平，说明虽然中部上市公司数量较多，仅次于东部，但是董事会治理却还有很大的提升空间，特别是 $CCGI_{BOD4}$ 董事会薪酬指数，中部创业板上市公司应该更集中于激发董事的工作积极性，给予更优的待遇。西部创业板上市公司只有董事会组织结构的构建和董事会独立性指数略低于所有研究对象的整体水平，较突出的是董事会薪酬指数和实际控制人能力指数都远高于整体水平，凸显了西部上市公司长远发展的竞争优势。东北上市公司董事会组织结构的构建和董事会独立性指数表现较好，略高于整体水平，然而其董事会运行效率和董事会薪酬指数不仅是四大经济区域最差的，且远低于成长型中小企业整体水平；实际控制人能力评价却仅低于西部地区，远高于市场整体水平，说明东北创业板上市公司董事会实际控制人个人能力比较明显。所以，团队力量的提高和保持比优秀的个人能力更有助于成长型中小企业的发展、壮大和转型。

　　创业板上市公司董事会治理的行业特点见表 5-61。

表 5-61　创业板上市公司董事会治理的行业特点

一级行业分类	$CCGI_{BOD}$ 均值	$CCGI_{BOD}$ 离差	二级行业分类	$CCGI_{BOD}$ 均值	$CCGI_{BOD}$ 离差
A 农、林、牧、渔业	0.7674	0.0319	农业	0.7805	0.0163
			渔业	0.7411	0
B 采掘业	0.8192	0.0294	石油和天然气开采业	0.7766	0
			采掘服务业	0.8334	0.111
C 制造业	0.7968	0.0123	食品、饮料	0.7570	0.0537
			造纸、印刷	0.8073	0.0869
			石油、化学、塑胶、塑料	0.7902	0.0552
			电子	0.7988	0.0723
			金属、非金属	0.7961	0.0481
			机械、设备、仪表	0.7942	0.0603
			医药、生物制品	0.8070	0.0578
			其他制造业	0.8239	0.0774
D 电力、煤气及水的生产和供应业	0.8248	0	电力、蒸汽、热水的生产和供应业	0.8248	0
E 建筑业	0.8712	0.0109	土木工程建筑业	0.8645	0
			装修装饰业	0.8779	0
F 交通运输、仓储业	0.8670	0.0076	仓储业	0.8670	0.0076

续表

一级行业分类	CCGI$_{BOD}$		二级行业分类	CCGI$_{BOD}$	
	均值	离差		均值	离差
G 信息技术业	0.8054	0.0195	通信及相关设备制造业	0.7837	0.0553
			计算机及相关设备制造业	0.8152	0.0954
			通信服务业	0.8174	0.0804
			计算机应用服务业	0.8054	0.0610
H 批发和零售贸易	0.8082	0.0546	零售业	0.8082	0.0546
K 社会服务业	0.8018	0.0607	公共设施服务业	0.8757	0
			专业、科研服务业	0.8121	0.0889
			旅游业	0.7961	0.0293
			卫生、保健、护理服务业	0.7985	0.0115
			其他社会服务业	0.7697	0.0242
L 传播与文化产业	0.8233	0.0421	出版业	0.7920	0
			广播电影电视业	0.8453	0.0450
			信息传播服务业	0.7990	0
			其他传播、文化产业	0.8069	0.0062
整体	0.7995	0.0629			

分析表 5-61 中数据，可以得出以下结论。

一是处于一级行业的创业板上市公司董事会治理水平与创业板上市公司董事会平均水平的比较，只有农、林、牧、渔业和制造业上市公司董事会治理水平低于总体平均水平。

二是制造业二级行业的大多数上市公司董事会治理低于整体平均水平，特别是食品、饮料这类卫生安全监管非常严格的行业，利润较低，发展较缓慢，董事会治理也趋于平缓和滞后。

三是创业板上市公司董事会治理最优的行业是装修装饰业，产生的原因可能是作为房地产下游的辅助行业，需求大，创新要求较高，随着生产力的发展、生活水平的提高，利润空间很大，并且该行业的成长型中小企业较少，主要与国外连锁企业竞争，本土性强，成长快。

四是创业板上市公司董事会治理最差的行业是渔业，产生原因可能是受环境、自然因素的影响较大，不可控因素较多，对董事技术的要求较高，治理难度较大。

不同经济区域创业板董事会治理指数实证研究比较结果（加权的 CCGI$_{BOD}$）见表 5-62。

比较表 5-62 中不同经济区域创业板加权董事会治理指数与公司绩效的研究结果表明如下规律。

一是 2011 年西部创业板上市公司董事会治理加权指数与公司绩效之间在 99% 的置信水平下存在显著的正相关关系，2012 年西部创业板上市公司董事会治理加权指数与公司主营业务利润率在 95% 的置信水平下存在显著的正向非线性的相关关系。

表 5-62　不同经济区域创业板董事会治理指数实证研究比较结果（加权的 CCGI_{BOD}）

2011 年					
比较指标 经济区域	西部	中部	东部	东北部	整体
EPS	$\text{CCGI}_{\text{BOD}}(A)$	0.7145***	−0.1261	−1.0693**	−2.2685	−0.8525*
	$\text{CCGI}_{\text{BOD}}^2(B)$	5.3708	1.3314	−2.5813	3.9996	2.1579
	R^2	0.21	0.01	0.03	0.57	0.05
	DW	1.01	0.94	1.59	1.08	1.44
	样本数	18	34	201	7	260
ROE	$\text{CCGI}_{\text{BOD}}(A)$	0.0758***	0.1032***	−0.1174**	0.1478***	−0.0985**
	$\text{CCGI}_{\text{BOD}}^2(B)$	−3.0352	0.4677	−0.3268**	−6.8602	−0.1853
	R^2	0.22	0.07	0.04	0.36	0.03
	DW	1.86	1.67	1.81	0.72	1.79
	样本数	18	34	201	7	260
OPE	$\text{CCGI}_{\text{BOD}}(A)$	0.3079***	0.4818	−0.3831***	0.4116***	−0.2362*
	$\text{CCGI}_{\text{BOD}}^2(B)$	1.7175*	13.9712***	0.9048*	−27.9964*	0.8686**
	R^2	0.63	0.52	0.24	0.43	0.24
	DW	2.02	2.05	2.12	1.30	2.04
	样本数	18	34	201	7	260
2012 年					
比较指标 经济区域	西部	中部	东部	东北部	整体
EPS	$\text{CCGI}_{\text{BOD}}(A)$	0.2078	−0.7907	−0.2207	−5.4066	−0.2733
	$\text{CCGI}_{\text{BOD}}^2(B)$	5.8251	1.1270	4.5933***	10.1742	4.5788***
	R^2	0.29	0.17	0.11	0.12	0.10
	DW	0.89	2.73	1.85	1.61	1.80
	样本数	18	34	201	7	260
ROE	$\text{CCGI}_{\text{BOD}}(A)$	0.1740	0.1060***	0.0076	−1.0537	0.0076
	$\text{CCGI}_{\text{BOD}}^2(B)$	0.4874	0.4651	−0.0890	0.2969	−0.0972
	R^2	0.07	0.08	0.03	0.16	0.03
	DW	1.52	2.16	2.01	1.60	1.90
	样本数	18	34	201	7	260
OPE	$\text{CCGI}_{\text{BOD}}(A)$	0.7335	0.2620***	0.2807***	−1.3123	0.2662***
	$\text{CCGI}_{\text{BOD}}^2(B)$	4.2191**	2.8979	0.8797	−27.9964*	−0.4323
	R^2	0.36	0.25	0.07	0.16	0.07
	DW	1.57	2.23	2.04	1.41	2.00
	样本数	18	34	201	7	260

　　注：R^2 与 DW 对应，回归结果中最优的 R^2 结果；"*""**""***"分别表示 T 统计值的显著性水平 90%、95%、99%；表内第二列中的"A""B"分别指代模型一、二

二是中部创业板上市公司的加权董事会治理指数与公司每股收益之间不存在显著的相关关系，与净资产收益率之间在 99％ 的置信水平下存在显著的正相关关系，与主营业务利润率之间在 99％ 的置信水平下存在显著的正向的相关关系。

三是 2011 年东部创业板上市公司加权董事会治理指数与公司绩效之间在 95％ 的置信水平下存在显著的负相关关系，2012 年，相关关系发生实质转变，董事会治理指数与公司业绩之间存在正向的相关关系。

四是东北部创业板上市公司加权董事会治理指数与公司每股收益不存在显著的相关关系，与公司净资产收益率、主营业务利润率之间在 95％ 的置信水平下存在显著的正相关关系。

五是国内创业板上市公司加权董事会治理指数受东部经济区域的影响，2011 年与公司绩效存在显著的负相关关系，2012 年与公司绩效存在显著的正向相关关系。

实证研究结果表明，西部、中部、东北部创业板上市公司加权董事会治理水平的提高将显著提升公司业绩，公司加权董事会治理水平每上涨一单位，西部创业板上市公司每股收益相应的上升幅度最大，东北部创业板上市公司的净资产收益率、主营业务利润率的上升幅度最大。西部、中部、东北部创业板上市公司加权董事会治理指数与公司绩效之间出现正相关关系的主要原因是这三个经济区域虽然经过改革开放、中国加入WTO、西部大开发和东北老工业基地调整改造等经济扶持后经济实力有较大程度的提高，但是创业板上市公司作为成长型中小企业的典型代表，在主营业务的竞争力、前沿科技的研发力、对高新技术人才的吸引力、获取资讯的便利性、董事会治理的完善程度等方面与东部经济区域相比起来，还存在非常大的差距。西部、中部、东北部的创业板上市公司还处于模仿东部甚至国际知名创业板上市公司的成功模式的过程中，因此董事会治理的水平也相对较低，公司规模也相对较小，董事会治理水平的提高将显著地反映在公司的绩效方面，对公司的业绩影响程度也非常大。

对于东部创业板上市公司而言，或许董事会治理水平的提高已经不能明显地体现在公司的短期业绩层面，反而出现了部分投资者对治理良好的董事会的担忧。原因是，东部创业板董事会会更注重公司的长期发展，加大投资规模，减少当期股利分配，对急于获取短期收益的投资者的诉求无疑无法满足。

不同经济区域创业板董事会治理研究比较结果（分指数）见表 5-63。

由表 5-63 不同经济区域分指数与公司绩效的综合回归结果发现如下规律。

一是西部创业板上市公司董事会权利与义务治理指数与公司绩效之间在 90％ 的置信水平下存在显著的负相关关系；董事会运行效率治理指数、董事会组织结构治理指数与每股收益之间在 95％ 的置信水平下存在显著的正相关关系；西部创业板其他董事会分指数与公司绩效之间不存在显著的相关关系，如实际控制人能力指数与公司绩效之间存在微弱的负相关关系。综合董事会治理的六项分指数，董事会权利与义务治理指数对公司绩效的影响相对最显著。

二是中部创业板上市公司董事会权利与义务治理指数与公司每股收益、主营业务利润率之间在 90％ 的置信水平下存在显著的正相关关系；2011 年，实际控制人能力指数与公司每股收益在 90％ 的置信水平下存在显著的负相关关系，相关系数为 0.9031，2012年，实际控制人能力指数与每股收益、净资产收益率都存在显著的相关关系，相关系数分别是 14.5639、48.0569；董事会薪酬治理指数与公司净资产收益率之间在 95％ 的置信水平下存在显著的正相关关系，相关系数为 0.0510。综合董事会治理的六项分指数，董事会权利与义务指数、薪酬指数、实际控制人能力指数对公司绩效至少一项衡量指标有显著的影响。

表 5-63　不同经济区域创业板董事会治理指数实证研究比较结果（分指数）

比较指标	经济区域	西部	中部	东部	整体
			2011 年		
EPS	$CCGI_{BOD1}(C)$	-3.8051^{**}	1.3969^{*}	0.3526	0.2994
	$CCGI_{BOD2}(C)$	0.5581	-0.1693	-0.3812	-0.2886
	$CCGI_{BOD3}(C)$	0.5734	0.4333	-0.0801	0.0452
	$CCGI_{BOD4}(C)$	0.9719^{**}	0.0366	-0.1103	-0.0974
	$CCGI_{BOD5}(C)$	-0.5190	-0.1674	0.1761	0.2374
	$CCGI_{BOD6}(C)$	-0.3146	-0.9031^{*}	-0.2148	-0.3806^{*}
	R^2	0.66	0.34	0.05	0.065
	DW	2.03	1.67	1.62	1.50
	样本数	18	34	201	260
ROE	$CCGI_{BOD1}(C)$	-0.2568^{*}	0.0591	-0.0265	-0.0473
	$CCGI_{BOD2}(C)$	-0.0067	-0.0365	-0.0292	-0.0395^{*}
	$CCGI_{BOD3}(C)$	0.0187	0.0387	-0.0319	-0.0211^{*}
	$CCGI_{BOD4}(C)$	0.0186	0.0510^{**}	0.0032	0.0064
	$CCGI_{BOD5}(C)$	-0.1325	0.0276	0.0211	0.0094
	$CCGI_{BOD6}(C)$	-0.0506	-0.0057	-0.0067	-0.0196
	R^2	0.51	0.29	0.04	0.044
	DW	2.49	1.58	1.77	1.77
	样本数	18	34	201	260
OPE	$CCGI_{BOD1}(C)$	-0.6422^{*}	0.3448^{*}	-0.1441	-0.0514
	$CCGI_{BOD2}(C)$	-0.1615	0.0897	-0.1729^{**}	-0.1062^{*}
	$CCGI_{BOD3}(C)$	0.0330	0.0349	-0.0664	-0.0338
	$CCGI_{BOD4}(C)$	0.0510	0.0431	-0.0159	-0.0030
	$CCGI_{BOD5}(C)$	-0.1013	-0.0285	-0.0550	0.197
	$CCGI_{BOD6}(C)$	-0.1844	0.0329	-0.0331	-0.0452
	R^2	0.71	0.42	0.23	0.248
	DW	2.14	1.98	2.10	2.02
	样本数	18	34	201	260

续表

2012 年				
比较指标＼经济区域	西部	中部	东部	整体
EPS　$CCGI_{BOD1}(E)$	39.2514	14.0511	−1.4057	6.4593
$CCGI_{BOD2}(E)$	24.7177	−1.0162	8.2103	8.0560
$CCGI_{BOD3}(E)$	25.5929*	−0.8544	−0.9493	0.0738
$CCGI_{BOD4}(E)$	−1.0620	−2.6693	2.3206	1.1220
$CCGI_{BOD5}(E)$	−44.8863	−63.2495	−19.3981	21.2002
$CCGI_{BOD6}(E)$	3.3381	14.5639**	1.2834	5.1883*
R^2	0.43	0.39	0.04	0.032
DW	1.48	1.76	1.97	2.02
样本数	18	34	201	260
ROE　$CCGI_{BOD1}(E)$	198.6298	41.3076	−0.0265	11.6140
$CCGI_{BOD2}(E)$	135.3230	−5.3683	−0.0292	37.7550
$CCGI_{BOD3}(E)$	126.7608*	−2.4586	−0.0319	0.6730
$CCGI_{BOD4}(E)$	−12.7843	−13.0448	0.0032	6.0147
$CCGI_{BOD5}(E)$	−265.4583	−236.4277	0.0211	−1218899*
$CCGI_{BOD6}(E)$	23.6540	48.0569*	−0.0067	27.8569**
R^2	0.36	0.35	0.04	0.054
DW	1.18	1.71	1.77	2.03
样本数	18	34	201	260
OPE　$CCGI_{BOD1}(E)$	59.7914	18.1240	−22.3067	57.4254**
$CCGI_{BOD2}(E)$	29.4989	6.7135	40.0315	28.4065
$CCGI_{BOD3}(E)$	51.8473*	7.2569	−5.2371	17.4392*
$CCGI_{BOD4}(E)$	3.8178	−2.7035	10.2340	−0.4234
$CCGI_{BOD5}(E)$	59.2625	−77.8412	−116.0433*	−37.6729
$CCGI_{BOD6}(E)$	−15.0954	15.6281	10.7135	3.0082
R^2	0.66	0.15	0.06	0.036
DW	1.75	1.86	1.96	2.05
样本数	18	34	201	260

注：R^2 与 DW 对应，回归结果中最优的 R^2 结果；"*""**""***"分别表示 T 统计值的显著性水平 90%、95%、99%；表内"（C）"中的"C"指代模型三、"（E）"中的"E"指代模型五

三是东部创业板上市公司董事会六项分指数对公司每股收益、净资产收益率只有微弱的相关关系；董事会组织结构治理指数、董事会独立性治理指数与公司主营业务利润率在 90% 的置信水平下存在显著的负相关关系。

由于东北部创业板上市公司的研究样本较少，表 5-63 实证研究采用的解释变量相对较多，不能进行有效的模型回归，所以表 5-63 中不包含东北部创业板董事会治理六项分指数的回归结果。

第六章 我国西部地区成长型中小企业董事会特征对企业绩效影响的实证分析

第五章主要分析董事会治理指数对企业绩效的影响。本章实证分析董事会各个特征因素对企业绩效的影响。

第一节 西部地区成长型中小企业董事会特征要素

和前面分析一样，我国西部地区成长型中小企业董事会特征包括董事会规模、独立董事比例、董事会领导结构、董事会持有股权董事比例、董事薪酬、董事会会议次数、董事受教育程度、女性董事比例、实际控制人能力等特征因素，仍然以创业板上市公司的董事会特征作为实证研究对象。

一、董事会规模（size-dish）

影响董事会规模的主要因素有公司规模、业务复杂性等。规模大的公司业务范围可能较广，需要相对较大的董事会规模，这样有助于提高决策制定的效率、增加决策的科学程度，有助于公司信息资源的获取及实现与其他企业协作经营。规模小的公司可能业务比较集中，需要相对较小的董事会规模，具有节约成本、决策灵活、反馈集中等特点。创业板上市公司是典型的成长型中小企业，具备"小而精"的特点和优势，目前，虽然国内外专门针对成长型中小企业公司规模的研究还比较少，但是针对公司董事会规模的研究已经比比皆是，最具影响的研究结果是董事会规模最优人数是 8～9 人。我国证券监督管理委员会对创业板上市公司董事会的规模要求是 5～19 人，具体人数由公司股东大会决定。从图 6-1 可以看出，75％的创业板上市公司董事会规模在 7 人以上，董事会成员

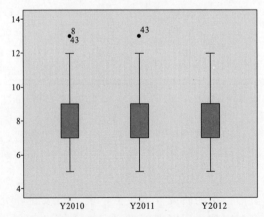

图 6-1 创业板上市公司董事会规模箱式图

（Y2010 为 2010 年，Y2011 为 2011 年，Y2012 为 2012 年）

在 9 人的上市公司最多。其中 2011 年有两个上市公司董事会规模为 13 人，有一个上市公司董事会 13 人；2012 年已经没有上市公司董事会具有 13 人。

二、独立董事比例（indp）

独立董事制度建立的目的是便于监管，上市公司是向公众筹资的法人制公司，股东人数较多，公司所有权和经营权的分离使公司日常经营管理实际上控制在少数人手里，为了缓解经营者和所有者的利益冲突，保护中小投资者的利益，防范不必要的法律风险，独立董事应运而生。除此之外，专业的独立董事有助于公司内部控制和风险权衡，与公司主营业务相关的独立董事专家可以为公司提供专业的技术咨询和把控。我国《关于在上市公司建立独立董事制度的指导意见》规定，上市公司独立董事至少是公司董事会成员的 1/3，据观察，我国创业板上市公司独立董事人数大多数为 3 人。具体讲，独立董事人数为 3 人的上市公司 2010 年有 214 个（82.31％）、2011 年有 222 个（85.38％）、2012年有 221 个（85％），可以看出，创业板上市公司对于独立董事人数设定具有一致性，某种程度上只是为了满足监管者的要求，而没有充分考虑公司规模和主营业务需要等其他原因，可以猜想公司独立董事的效果会不太明显。

三、董事会领导结构（stu-led）

本书考察的董事会领导结构主要集中在董事长和总经理两权是合一还是分离的状况。董事长与总经理两权合一便于公司的经营管理，减少公司代理成本，也加快信息集中和反馈的速度。但是也会带来许多缺点，例如，个人精力毕竟有限，其他成员配合成本较高；个人知识面有限，不便于信息的广泛收集；容易形成"一言堂"；管理层收购的风险较大；外部审计人员的监管审核难度较大。董事长与总经理两权合一的优点就是两权分离的缺点，两权合一的缺点就是两权分离的优点。图 6-2 说明，创业板上市公司董事会领导结构比较均衡，随着时间的推移，上市公司逐渐采用两权分离的领导结构，2012年，采用董事长与总经理两权分离的上市公司多于采用两权合一的上市公司。

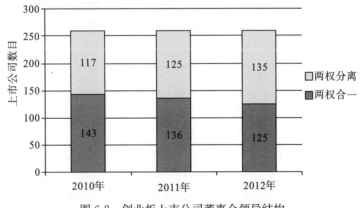

图 6-2　创业板上市公司董事会领导结构

四、董事会持有股权董事比例（eqt-ds）

董事会持股比例是董事会持有股权的董事人数占公司董事会总人数的比例。董事会较多成员持有公司股票能够使董事与股东的利益更好地联系在一起，从而激励董事行使其监督、决策职能，提高公司绩效，有利于保护中小股东的利益。因此，本书采用董事会持有股权董事比例衡量董事会特征对公司绩效的影响结果。

五、董事薪酬（lnpay-ds）

本书的董事薪酬考量了创业板上市公司董事会董事的年度薪酬总额，数据来源于年度报告的董事、高管及其他管理人员的薪酬资料。董事薪酬与公司业绩具有相关性的可能解释是：如果公司制定良好的董事薪酬激励政策，董事会更加努力工作，更有利于其职能和权利的发挥，进而提高公司绩效；相反，薪酬降低，董事工作热情会弱化，甚至做出对公司业绩有害的事情，结果使得公司董事会治理失效、公司业绩降低。

六、董事会会议次数（atten-ds）

董事会的监督、决策职能主要通过董事会会议次数来体现和完成，董事会会议可以制定公司整体或业务单元的发展和经营战略，也可以选拔、聘任公司高层管理者，以及其他一些较大的投资或筹资事项等。我国法律明确规定董事会会议每年至少两次，具体召开次数根据公司具体情况而定，但是一定要满足公司发展和经营的需要，董事会会议次数与公司绩效的相关性主要通过董事会的行为特征连接起来。目前，学术界大多数人认为董事会会议次数与公司业绩是负相关关系，经营良好的公司董事会行为效率较高，会议次数相对较少。

七、董事受教育程度（edu-ds）

董事会成员受教育程度与公司业绩的相关性主要通过董事决策行为的结果得到体现。董事会成员受教育程度可能影响董事知识面、董事关系资源、董事市场感知能力、董事监督有效性等因素的宽度和深度，从而影响董事职能和权利的执行效果，最终通过公司业绩来体现。随着社会经济的快速发展，人们物质和精神生活质量的提高，高学历人才与日俱增，特别能够体现在这种创新型、技术型的高成长性中小企业上。图 6-3 是 2010 年、2011 年及 2012 年创业板上市公司董事取得某种学历总人数占董事总人数的比例分析，由于研究时间非常短，三年间董事学历变化不大，看不出各类学历占比的长期发展趋势，但是可以看出目前创业板上市公司董事学历以大学学历（学士）和研究生学历（硕士）为主。2011 年，学士以下比例相比 2010 年有略微下降，学士比例比 2010 年有略微上升，硕士比例比 2010 年略微下降；博士及以上学历较 2010 年有略微上升。2012 年，学士以下学历比 2011 年略微上升、与 2010 年比例相当，学士比例与 2011 年相当，硕士比例比 2011 年略有上升、与 2010 年相当，博士比例比 2011 年略有下降、与 2010 年相当。

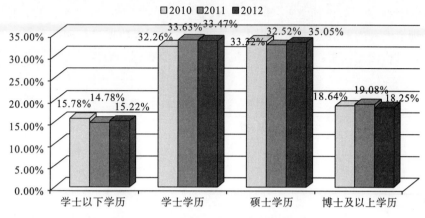

图 6-3　创业板上市公司董事受教育程度

八、女性董事比例（sex-ds）

董事性别比例的研究主要考察董事会成员男女比例情况，关于董事会董事性别比例与公司业绩的相关性基于不同的理论有不同的看法。从人力资本差异论角度出发，女性董事相对于男性董事在教育和工作经验方面的人力资本储备较少，不适用于进入董事会这个需要特殊人力资本储备的团队。从自我性别感知论的角度出发，描述男性角度的自我感知主要集中在收入供给、统治、自主等方面，描述女性角度的自我感知主要集中在家庭主妇、养儿育女和顺从长辈方面，从而女性董事的角色定位增加了其行使董事权利的难度。然而随着社会的发展，人类的进化，无论是人力资本差异论还是自我性别感知论已经不能完全解释当今社会男、女角色和职能，实际上近几年来女性担任董事的情况也越来越多。

九、实际控制人能力指数（capa-con）

对成长型中小企业而言，实际控制人能力是董事会重要特征之一。本书在第五章第四节详细阐述了实际控制人能力指数是创业板上市公司董事会治理评价的主要组成部分。实际控制人能力主要包括其知识结构、身心素质、决策能力等，通过影响董事会决议、监督高级管理者经营，最终反映在公司业绩层面。知识结构是实际控制人能力的基础，身心素质是实际控制人能力的载体，决策能力是实际控制人能力的最终体现。实际控制人良好的知识结构、信息利用能力、市场判断能力决定了公司经营的前景，最终将通过公司经营业绩得以展现。

第二节　实证研究样本资料的选择

本书在第四章详细阐述了董事会特征要素对企业绩效的影响机理，本书第五章分析了创业板董事会治理与公司绩效关系，在此基础上，选取以下董事会特征要素进行实证分析，分别是董事会规模、独立董事比例、董事会领导结构、董事会持股董事比例、董事薪酬、董事会会议次数、董事受教育程度、董事性别比例、实际控制人能力指数。数据来源于深圳证券交易所网站创业板上市公司公告，起止日期为 2009 年 10 月 30 日～

2012 年 12 月 31 日。截止到 2012 年年底，创业板共有 355 家公司上市，其中其实际控制人可追溯到自然人的上市公司共计 260 家，本书采用面板数据进行回归分析，这样总数据量较大，分析偏差较小，每个解释变量对应 780 个数据。表 6-1 为变量、变量符号及含义一览表。

表 6-1　变量、变量符号及含义一览表

变量	变量符号	变量含义
被解释变量	EPS	每股收益
	ROE	净资产收益率
	OPE	主营业务利润率
解释变量	Size	董事会规模
	Indp	独立董事比例
	Lead	董事会领导结构，如果董事长和总经理两权分离，Stu-led 为 1，反之为 0
	Equity	董事会持有股权董事比例
	Educa	董事受教育程度（硕士及以上学历董事比例）
	LNpay	董事薪酬总额的自然对数
	Atten	董事会会议次数
	Female	董事会女性董事比例
	Capacity	实际控制人能力指数
控制变量	LnTA	公司规模，公司期末总资产的自然对数
	Debt	总资产负债率

第三节　成长型中小企业董事会特征对企业绩效的模型构建、检验及分析

一、描述性统计分析和相关分析

2010～2012 年两年总计的变量描述性统计见表 6-2。

表 6-2　2010～2012 年总计的变量描述性统计

	均值	观测值	中位数	标准差	峰度	偏度	最小值	最大值
EPS	0.5460	780	0.5600	0.3831	9.8130	0.4240	−2.5600	3.2400
ROE	0.1060	780	0.0791	0.0982	5.5050	1.1220	−0.5347	0.5529
OPE	0.1753	780	0.1687	0.1718	188.855	−9.5660	−3.1874	0.7127
Size	8.3000	780	9.0000	1.3990	0.7820	−0.3480	5.0000	13.0000
Indp	0.3735	780	0.3333	0.0548	2.8710	1.4520	0.2222	0.6000
Lead	0.4800	780	0.0000	0.5000	−2.0000	0.0720	0.0000	1.0000

	均值	观测值	中位数	标准差	峰度	偏度	最小值	最大值
Equity	0.4129	780	0.4444	0.1699	−0.3640	−0.5550	0.0000	0.7778
Educa	0.5193	780	0.5556	0.2179	−0.2520	0.1310	0.0000	1.0000
LNpay	4.8286	780	4.8280	0.5986	0.4840	0.0590	3.0126	6.8335
Atten	8.2700	780	8.0000	2.9620	1.7280	0.7110	1.0000	21.0000
Female	0.1381	780	0.1250	0.1213	−0.0940	0.6110	0.0000	0.5714
Capacity	0.6596	780	0.6714	0.1147	−0.1940	−0.6050	0.3216	0.8578
LnTA	20.571	780	20.5870	0.6927	0.3270	−0.2700	18.3863	22.5661
Debt	0.2141	780	0.1684	0.1573	0.5540	1.0790	0.0026	0.7641

根据表 6-2 可以看出，创业板上市公司这两年每股收益均值为 0.546 元，收益较高，并且标准误差为 0.3831，说明收益波动性较小，体现了创业板上市公司的高收益性；最大值为 3.24 元，最小值为−2.56 元，说明样本间存在较大的差异。净资产收益率和主营业务利润率均值分别是 10.6%、17.53%，收益率非常好，能够为股东带来收益，带来期望，中位数都低于均值，说明数据形态具有右偏性。董事会规模均值为 8.3，与众多专家学者关于最优董事会规模 8~9 人的结果相符。独立董事比例均值为 0.3735，符合《关于在上市公司建立独立董事制度的指导意见》的"三分之一"规定。董事会领导结构的指标为亚变量，如果董事长与总经理两权分离，董事会领导结构变量为 1，而变量描述性统计结果显示的均值为 0.48，说明创业板上市公司采取两权合一的领导结构较多。董事会持有股权董事比例均值为 0.4129，接近董事会成员的半数，样本董事会持有股权的董事最高比例是 77.78%，同时也存在上市公司董事会董事没有持有公司股权的情况。董事受教育程度的简单统计结果是均值高于 0.5，说明创业板上市公司董事受教育程度较高，一半以上是硕士及以上学历。上市公司董事会薪酬自然对数最小值为 3.0126，最大值为 6.8335，最大值为最小值的两倍有余，样本间差异性大。创业板上市公司董事会会议次数均值是 8.27 次，召开次数存在较大差异。创业板上市公司女性董事参与度较低，只占董事会成员的平均比例是 13.72%，平均 31.41% 的上市公司没有女性董事。创业板实际控制人能力平均水平为 0.6596，说明大部分创业板上市公司的实际控制力能力高于均值。最后样本的总资产比较雄厚，负债比率较少，还有很大的筹资实力和成长空间。

二、相关性检验结果

创业板上市公司董事会特证与公司绩效变量间相关性检验结果见表 6-3。

表 6-3　创业板上市公司董事会特征与公司绩效变量间相关性检验结果

	EPS	ROE	OPE	Size	Indp	Lead	Equity	Educa	LNpay	Atten	Female	Capacity	LnTA	Debt
EPS	1	0.716**	0.563**	0.036	-0.021	-0.067	0.093**	0.023	0.019	-0.246**	-0.038	-0.082*	-0.048	0.052
ROE	0.633**	1	0.491**	-0.014	0.012	0.010	0.077*	0.096**	-0.019	-0.246**	-0.012	-0.107**	-0.281**	0.315**
OPE	0.547**	0.404**	1	0.039	0.004	-0.035	0.056	0.120**	0.044	-0.146**	0.018	0.015	-0.031	-0.368**
Size	-0.011	-0.044	0.026	1	-0.67**	0.012	0.034	-0.10**	0.310**	-0.016	-0.057	-0.012	0.230**	-0.006
Indp	0.022	0.022	-0.021	-0.60**	1	-0.033	-0.068	0.102**	-0.19**	-0.011	0.056	0.008	-0.13**	-0.024
Lead	-0.057	-0.042	-0.058	-0.006	-0.060	1	0.044	-0.021	0.039	0.072*	-0.082*	0.033	0.071*	0.023
Equity	0.099**	0.112**	0.064	0.003	-0.07*	0.033	1	-0.10**	0.028	-0.077*	-0.019	0.029	-0.099**	-0.072*
Educa	0.029	0.055	0.073*	-0.10**	0.12**	-0.035	-0.089*	1	0.142**	0.016	-0.12**	0.105**	-0.043	-0.046
LNpay	0.027	-0.089*	0.034	0.33**	-0.21**	0.023	0.043	0.146**	1	0.106**	-0.12**	0.081*	0.323**	-0.060
Atten	-0.19**	-0.29**	-0.070	-0.043	0.000	0.064	-0.10**	0.040	0.11**	1	0.042	0.060	0.323**	-0.051
Female	-0.034	-0.001	0.019	-0.053	0.087*	-0.08*	-0.033	-0.14**	-0.12**	0.036	1	-0.091*	-0.124**	0.008
Capacity	-0.053	-0.067	0.012	-0.017	0.018	0.038	0.050	0.10**	0.087*	0.072*	-0.07*	1	0.150**	-0.062
LnTA	-0.09**	-0.52**	-0.050	0.22**	-0.13**	0.080*	-0.11**	-0.052	0.320**	0.365**	-0.12**	0.161**	1	-0.100**
Debt	0.062	0.43**	-0.24**	-0.013	0.001	0.010	-0.036	-0.064	-0.063	-0.060	-0.012	-0.058	-0.119**	1

注：左下角是 Pearson 相关系数，右上角是 Spearman 相关系数，* 表示在 95% 的显著性水平上显著（双尾），** 表示在 99% 的显著性水平上显著（双尾）

由表 6-3 创业板上市公司董事会特征因素与公司业绩的相关性检验可以得出以下结论。一是董事会规模与公司业绩不存在显著的自相关性,与董事会独立董事比例、董事受教育程度、董事会薪酬水平、公司规模在 99% 的置信水平下存在显著的自相关性。二是董事会独立董事比例与公司业绩不存在显著的自相关性,与董事受教育程度、董事薪酬水平、公司规模存在显著的自相关性。三是在 95%、99% 的置信水平上董事会领导结构与每股收益、净资产收益率、主营业务利润率都不存在显著自相关,与董事会会议次数、董事会女性董事比例、公司规模存在显著的自相关性。四是董事会持股董事比例与每股收益、净资产收益率显著正相关,董事会持股董事比例的增加可能会提高公司业绩,与董事受教育程度、董事会会议次数、公司规模存在显著的自相关性。五是董事受教育程度与主营业务利润率显著正相关,董事较高程度的教育可能提高公司业绩,与董事薪酬水平、董事会女性董事比例、实际控制人能力指数存在显著的自相关性。六是董事薪酬总额与净资产收益率存在自相关性,与董事会会议次数、董事会女性董事比例、实际控制人能力指数、公司规模均存在显著的自相关性。七是董事会会议次数与每股收益、净资产收益率显著负相关,还与公司规模呈现显著的自相关关系。八是实际控制人能力指数与公司业绩不存在显著自相关,与公司规模息息相关。九是公司规模与每股收益、净资产收益率显著负相关。十是财务杠杆与净资产收益率显著正相关,与主营业务利润率显著负相关。十一是董事会规模、董事受教育程度、董事薪酬水平与其他解释变量之间的自相关关系比较明显。

三、回归模型

本书根据表 6-1 变量的归纳和含义说明,基于稳定性、准确性和完整性的出发点,设定了两个回归模型。

模型一 (A): $P = \beta_0 + \beta_1 \text{DsFet} + \beta_2 \text{Contro} + \varepsilon$

模型二 (B): $P = \beta_0 + \beta_1 \text{DsFet} + \beta_2 \text{DsFet}^2 + \beta_3 \text{Contro} + \varepsilon$

式中,P 代表公司业绩指标,即被解释变量;DsFet 代表董事会特征要素,即解释变量;DsFet^2 代表董事会特征要素的平方数;Contro 代表影响公司企业的其他主要因素,即控制变量。

因为本书主要的研究目的是分析和探索影响创业板上市公司业绩的董事会特征要素,如果对每个公司业绩产生影响的董事会特征要素不同,就失去了研究意义,因此本书首先要确定模型属于混合估计模型还是变截距固定效应模型,假设不存在个体固定效应模型,如果采用经过检验后模型的结果仍旧不显著,则认为该董事会特征要素与所有创业板上市公司业绩之间不存在相关性。

(一)模型一的 F 检验

假设 H_1:不同个体的模型的截距项相同(建立混合估计模型)。

假设 H_2:不同个体的模型截距项不同(建立变截距固定效应模型)。

F 统计量公式是

$$F = \frac{(\text{SSE}_r - \text{SSE}_u)/[(NT-2)-(NT-T-1)]}{\text{SSE}_u/(NT-T-k)} = \frac{(\text{SSE}_r - \text{SSE}_u)/(T-1)}{\text{SSE}_u/(NT-T-k)}$$

式中，SSE_r，SSE_u 分别表示混合估计模型和变截距固定效应模型的残差平方和，K 是解释变量的个数，如果 F 大于 F 临界值，拒绝假设 H_1，结论是应该建立变截距固定效应模型，反之建立混合估计模型。因为本书面板数据研究的时间区间较小，不进行数据的单位根检验和协整检验。最后，本书并非从创业板样本研究推测整个中国资本市场总体特征，仅仅研究创业板样本自身的董事会特征要素，因此不区别面板数据随机效应回归模型和固定效应回归模型的检验，仅进行面板数据的固定效应回归模型的检验。表 6-4 为样本估计模型一的个体固定效应 F 检验结果。

表 6-4　样本估计模型一的个体固定效应 F 检验结果

	EPS	ROA	OPE
SSE_r	108.0814	4.272062	21.27597
SSE_u	39.19124	1.308741	9.860916
k	11	11	11
N	260	260	260
T	3	3	3
F	673.2354	867.209	443.363
$F_{0.01(T-1,NT-T-k)}$	4.633	4.633	4.633
拒绝原假设?	拒绝	拒绝	拒绝
模型选择	变截距固定效应模型	变截距固定效应模型	变截距固定效应模型
截距项	有	有	有

(二)模型二的 F 检验

方法完全参照模型一的 F 检验方法，得出结果显示如表 6-5 所示。

表 6-5　样本估计模型二的个体固定效应 F 检验结果

	EPS	ROA	OPE
SSE_r	109.5932	4.311593	21.35456
SSE_u	39.51432	1.314334	9.893152
k	11	11	11
N	260	260	260
T	3	3	3
F	679.2528	873.4083	443.7129
$F_{0.05(T-1,NT-T-k)}$	4.633	4.633	4.633
拒绝原假设?	拒绝	拒绝	拒绝
模型选择	变截距固定效应模型	变截距固定效应模型	变截距固定效应模型
截距项	有	有	有

第四节　董事会特征与企业绩效实证结果及分析

一、成长型中小企业董事会特征与企业绩效实证结果及分析

董事会特征要素与公司业绩实证研究结果见表 6-6。

表 6-6　董事会特征要素与公司业绩实证研究结果

	EPS		ROA		OPE	
	A	B	A	B	A	B
	固定效应	固定效应	固定效应	固定效应	固定效应	固定效应
β_0	3.5798***	3.9479***	2.7915***	2.9312***	1.3897***	1.5190***
Size	0.1026***	0.0064***	−0.0013	0.0008***	0.0150	0.0009
Indp	0.2487	0.5504	0.5699	0.0296	−0.1518	−0.0736
Lead	−0.0264	−0.0262	−0.00009	0.00005	−0.0410*	−0.0410*
Equity	0.1928	0.1755	0.0194	0.0134	0.03236	0.0093
Educa	−0.00004	−0.00003	−0.00005	−0.000006	0.00002	0.00002
LNpay	−0.0700	−0.0060	0.0045	0.0007	−0.0146	−0.0008
Atten	−0.0123**	−0.0005	−0.0005	0.000005	−0.0028	−0.0001
Female	−0.0798	−0.1487	0.0300	0.0521	0.1426	0.3144
Capacity	−0.6420	−0.5163	0.0839	0.0497	0.1163	0.0697
LnTA	−0.1515***	−0.1693***	−0.1424***	−0.1448***	−0.0596***	−0.0653***
Debt	−0.2535*	−0.2494*	0.2330	0.2309	−0.2458**	−0.2452**
F 检验	3.6152***	3.5703*	8.9431***	8.897***	2.5084***	2.494***
R^2	0.657	0.654	0.826	0.825	0.571	0.570

注：* 表示变量在 90% 的显著性水平下 T 统计值显著，** 表示变量在 95% 的显著性水平下 T 统计值显著，*** 代表变量在 99% 的显著性水平下 T 统计值显著

根据表 6-6 可以得出以下结论：一是独立董事比例、董事会中持股董事比例、董事受教育程度、董事薪酬、女性董事比例、实际控制人能力指数在多因素影响下与公司业绩之间相关性弱；二是以每股收益为代表的公司业绩与董事会特征要素的相关性最强，也最显著；三是董事长与总经理两权分离与主营业务利润率之间在 90% 的置信水平下存在"倒 U"型非线性关系，存在最优的董事会领导结构；四是创业板上市公司董事会规模与公司业绩存在非线性的相关关系。公司规模、资产负债率在多因素董事会特征要素的综合影响下与公司业绩存在显著的相关关系。

二、西部、中部、东部、东北部成长型中小企业董事会特征对企业绩效影响的比较研究

创业板上市公司董事会特征要素与公司绩效实证结果的区域性比较见表 6-7。

表 6-7 创业板上市公司董事会特征要素与公司绩效实证结果的区域性比较

	东部		中部		西部		东北部	
	EPS	ROE	EPS	ROE	EPS	ROE	EPS	ROE
	固定	固定	固定	固定	固定	固定	混合	混合
β_0	3.010***	2.753***	9.258***	2.900***	6.650**	3.998***	——	——
Size	0.145***	0.022***	0.045	0.005	−0.002	−0.030***	——	——
Indp	0.780	0.101	−1.018	−0.186	−2.379**	−0.801***	——	——
Lead	−0.051	−0.004	0.210	0.027	0.041	0.016	——	——
Equity	0.258*	0.023	0.066	0.044	0.056	−0.083	——	——
Educa	−0.000	−0.000	−0.598	0.008	−0.046	−0.015	——	——
LNpay	−0.072	0.003	−0.059	0.010	−0.056	−0.034	——	——
Atten	−0.010	0.000	−0.013	−0.001	−0.005	0.000	——	——
Female	−0.173	0.025	0.381	0.057	0.531	0.127	——	——
Capacity	−0.907	0.030	0.316	0.175	−2.312	−0.023	——	——
LnTA	−0.142***	−0.144***	−0.403***	−0.147***	−0.165*	−0.155***	——	——
Debt	−0.204	0.230***	−0.876***	0.284***	−0.451	0.108*	——	——
F 检验	4.1***	8.9***	2.07***	15.47***	8.01***	19.8***	——	——
R^2	0.69	0.83	0.62	0.92	0.90	0.96	——	——

	东部	中部	西部	东北部
	OPE	OPE	OPE	OPE
	固定	固定	固定	混合
β_0	1.219**	2.212***	2.750***	——
Size	0.013	0.017**	−0.019	——
Indp	−0.081	−0.315	−0.394	——
Lead	−0.049*	0.050*	−0.043	——
Equity	0.046	0.021	0.045	——
Educa	0.000	−0.005	0.317***	——
LNpay	−0.011	−0.006	−0.019	——
Atten	−0.003	−0.001	−0.007	——
Female	0.114	0.109	0.784***	——
Capacity	0.219	0.049	−0.815	——
LnTA	−0.055**	−0.100***	−0.084**	——
Debt	−0.246***	−0.255***	−0.385**	——
F 检验	2.29***	7.57***	6.04***	——
R^2	0.55	0.85	0.87	——

注:* 表示变量在90%的显著性水平下 T 统计值显著,** 表示变量在95%的显著性水平下 T 统计值显著,*** 代表变量在99%的显著性水平下 T 统计值显著,确定不同经济区域的模型方法同表 6.4,"——"表示没有回归项。

从表 6-7 可得出如下结论:

　　东部创业板上市公司董事会特征要素多因素与公司绩效回归发现，董事会规模对公司业绩的影响较大，在其他因素不变的情况下，董事会规模每变动1%，公司每股收益、净资产收益率相应地同方向变动0.145%、0.022%，每股收益变动幅度较大，虽然董事会规模与主营业务利润率也同方向变动，但是变动的概率与每股收益和净资产收益率不一样。董事会董事长与总经理两权分离不利于公司主营业务利润率的提高。董事会中持有股权董事比例的增加有利于提高公司的每股收益，体现了董事持股的激励积极效果。

　　中部创业板上市公司董事会特征要素多因素与公司绩效的相关关系并不太显著，仅董事会规模的增加、董事会两权分离显著提升公司的主营业务利润率，出现这一现象的原因可能是中部创业板上市公司董事会人数还有待增长，并且公司更需要董事长和总经理的两权分离、增加董事会的独立性，保证公司决策和执行的分离。

　　西部创业板上市公司董事会特征要素多因素影响公司绩效的效果相对其他经济区域显著。一是在其他因素不变的情况下，在99%的置信水平下，董事会规模每增加1%将导致公司净资产收益率的减少，反方向变动0.03%。二是董事会董事长与总经理两权分离并不有利于提高公司的业绩，西部创业板上市公司所处的经济环境相对滞后，需求缓慢，可利用的资源缺乏，更需要董事会两权合一的领导结构保证公司政策的有效制定及执行，提高公司对外界环境的反应速度，并且董事会两权合一对公司每股收益的影响程度极大。三是董事会董事受教育程度在99%的置信水平下影响公司的主营业务利润率，董事受教育程度每增加1%，主营业务利润率同向变动0.317%，这一研究成果也符合西部创业板上市公司面临的实际情况，公司所处地域相对较偏，不利于吸引高端技术人才，公司现有员工的知识储备量及接受前沿知识的途径也相对较少，因此西部地区人才储备也是公司面临的较大难题。四是西部创业板上市公司董事会成员的多样性，例如，增加女性成员的比例也有利于公司主营业务利润率的提高。女性思维相对而言较细腻、人性化和贴近生活，一定程度上保证了董事会决策的可实现性、完整性和真实性。

第七章　我国西部地区成长型中小企业董事会治理面临的制约问题与对策建议

第一节　我国西部地区成长型中小企业董事会治理面临的制约问题

一、董事会权利与义务治理问题

董事会权利与义务、董事出席董事会的次数、董事年培训次数及董事的遴选等构成董事会权利与义务指数，其中，比较而言，在董事会权利与义务、董事出席董事会的次数和董事的遴选这三个方面，西部成长型中小企业都非常重视，且得到了良好的运行。然而董事年培训次数这一个衡量指标却还存在很大的制约，公司也没有对董事会成员培训情况进行相应的公告，以便让股东更好地了解董事会成员的能力补给过程与效果。甚至，有些中小企业的董事可能并没有积极、主动、及时地参与各类相关培训工作，缺席必要的培训，企业董事会的成员不仅不能清晰准确地把握政策的走向、法律法规的变化、行业的动态，而且还可能使企业错失最佳的规模扩张期或者投资机会。董事会的培训除了帮助了解外部环境的变化，还有利于董事成员间的相互沟通和交流，及时地交换信息，提高董事会决策效率，同时还会增加董事会决策的质量。董事会成员之间的默契也为防范经理层的不当行为、更好地监督经理层多了一层保障。

创业板上市公司董事会权利与义务治理指数与公司绩效的回归结果表明，西部成长型中小企业董事会权利与义务指数与公司绩效之间存在显著的"倒U型"的非线性相关关系。本书认为，出现这种相关关系的主要原因是西部成长型中小企业起步较晚，发展的参照模式缺乏，赋予董事会的权利虽然在公司章程中得到明确，然而在公司实际运作过程中，可能会由于缺少股东、外部投资者或者相关监督管理者的"盯梢"，并没有得到最佳的体现。但是这种"倒U型"的相关关系却又非常符合企业发展过程中的经济含义，因为董事会权利过大，承担的义务过重，必然不利于董事会的综合治理，不利于董事会职能的平衡发挥；董事会权利过小，不能充分发挥董事会应该承担的角色，造成资源的浪费，以及不必要董事会成本的支出；董事会承担的义务过小，可能会造成股东权利架空，董事会成为公司实际的"所有者"，权利和义务的失衡都会成为公司发展的威胁。

董事会权利与义务指数与公司绩效之间出现这种"倒U型"的相关关系表明，西部成长型中小企业在提高公司业绩的时候，必然面临一个"最优值"的制约问题，即最优的董事会权利与义务治理指数。

二、董事会运行效率制约问题

董事会运行效率治理指数的可衡量指标包括董事会规模、董事会成员构成、董事会会议年召开次数、董事会会议召开程序及董事会会议记录情况五个方面，其中，董事会规模、董事会成员构成、董事会会议年召开次数都是董事会最重要的特征要素。通过比较四个经济区域的董事会运行效率治理水平可以发现，西部成长型中小企业的董事会运行效率治理水平最高，区域内各创业板上市公司之间的 $CCGI_{BOD2}$ 差异也非常小，董事会运行效率承担的风险少，因此目前西部成长型中小企业的董事会运行效率的制约问题相对较少。但是董事会运行效率的细分要素，如董事会规模、董事会会议次数及董事会成员构成，却是潜在的制约问题。

西部创业板上市公司董事会特征与公司绩效的实证结果发现，董事会规模与公司的每股收益之间不存在显著的相关关系，与公司的净资产收益率之间在 95％ 的置信水平下存在显著的负相关关系。当董事会规模变动 1 个单位时，公司净资产收益率在相应的反方向变动 2.22％ 个单位，对于西部创业板上市公司的净资产收益率的绝对值而言，2.22％ 个单位的变动幅度非常大，所以可以说，西部成长型中小企业董事会规模严重影响着公司业绩。西部成长型中小企业发展壮大过程中，如果盲目地扩张董事会的规模在很大程度上会制约公司的净资产收益率，并且成长型中小企业长期处于债务融资困难的境遇；公司的股权资产即净资产构成了公司总资产的绝对组成部分，净资产收益率受制约将直接影响公司总资产的收益状况。

西部创业板上市公司董事会会议次数与公司绩效之间并不存在显著的相关关系，虽然不能从两者之间不显著的相关关系分析得出董事会会议次数与董事会费用之间的必然联系，但是又怎么可以断言西部成长型中小企业的董事会会议次数就不能反映董事会的会议效果或者是所谓的董事会会议质量呢？董事会会议次数多不一定表明董事会会议效率低、会议议题争议大或者决策意见难以统一，也可能是董事会的事务多、细且复杂，需要反复推敲、打磨和决断。当然，董事会会议次数少也不能代表会议决策精准到位，或许是董事会成员不务正业，或许是董事会成员的懒惰妄为。因此西部成长型中小企业在年终的董事会报告过程中，如果意图用董事会会议的次数来说服股东或者投资者，就必须在其中用更多表明董事会会议效果的文件加以佐证。

董事会成员构成实质上是一个比较笼统的分类，如果需要再对此进行深层次细分的话，又可以包括董事会成员性别的构成、董事会成员教育程度的构成、董事会成员股本结构的构成、董事会外部董事与内部董事的构成等方面。西部成长型中小企业董事会成员性别的构成(或称为董事会中女性董事的构成比例)与公司绩效之间不存在显著的相关关系，但是东部创业板上市公司董事会中的女性董事比例的增加对于公司业绩却有显著的提升。西部创业板上市公司董事会成员的教育程度与公司业绩之间在 99％ 的显著性水平下存在显著的负相关关系，董事的教育程度对公司每股收益的影响远大于对净资产收益率的影响。出现这种负相关关系的可能原因是多方面的，例如，高教育水平的董事在董事会的投资决策过程中，可能更注重公司的长期收益，董事成员的高教育水平加大了董事会决策意见统一的难度、董事成员的高薪酬成本高于高教育水平带来的收益。因此，西部成长型中小企业在选举董事会成员时需要权衡教育水平的收益和成本。

三、董事会组织结构制约问题

董事会组织结构治理指数可量化指标包括董事会领导结构、审计委员会的设置、战略委员会的设置、提名委员会的设置及薪酬与考核委员会的设置五个方面。相对于东部、中部、东北部和整体水平，西部成长型中小企业的董事会组织结构治理指数低于整体平均水平，其治理水平只是稍微高于中部，且西部成长型中小企业之间的董事会组织结构治理水平也存在显著的差异。在其他自变量不变的状况下，西部成长型中小企业董事会组织结构治理指数与每股收益之间在 90% 的置信水平下存在显著的正相关关系。因此，西部成长型中小企业的董事会组织结构治理水平对提高企业的业绩层面构成较大的制约作用。

创业板上市公司采取两权合一的领导结构较多，包括西部创业板上市公司。实证研究还表明，在其他董事会特征要素和控制变量保持不变的情况下，西部创业板上市公司董事会两权分离的领导结构与公司业绩之间存在显著的负相关关系，说明西部成长型中小企业采用董事会与总经理两权合一的领导结构更有利于提高公司的业绩。虽然原则上为了保持董事会与经理层的相互独立性，以及强化董事会对经理层的监督职能，董事长应该与总经理实行两权分离的领导结构，但西部成长型中小企业发展时间较短，家族控股经营的状况也非常普遍，聘任职业经理人为总经理的治理模式或许没有真正实现董事长与总经理的实质分离。所以西部成长型中小企业在决策董事会领导结构时，一定要结合企业的自身具体情况，不能盲目跟从其他企业的选择模式。

四、董事会薪酬制约问题

董事会薪酬治理指数可量化指标包括董事薪酬水平、董事薪酬形式及董事绩效评价标准的建立情况三个方面，其中董事薪酬水平是衡量董事会治理的重要特征要素之一。根据本书的统计分析发现，西部成长型中小企业的董事会薪酬治理指数在四个经济区域中位于最高水平，显著高于其他三个经济区域和总体的成长型中小企业的平均水平，但不同的西部成长型中小企业之间董事会薪酬治理水平也存在较大的差异。本书的实证研究结果还表明，西部成长型中小企业董事会薪酬治理水平与公司绩效之间在 90%、95%、99% 三种置信水平下都不存在显著的相关关系，其原因不在于西部成长型中小企业的董事会薪酬治理水平差，而是所有的成长型中小企业董事会薪酬治理水平指数相对于其他董事会治理指数而言都较低；表面上看起来董事会薪酬形式、董事会绩效评价标准的建立情况都非常到位，但是在董事会薪酬考核的实际过程中，可能因为其复杂性和难度而不能严格执行。

董事会薪酬是董事会薪酬治理指数最主要的衡量指标和董事会最主要的特征要素，是用以检验董事会治理与公司绩效相关关系的重要考量指标。西部成长型中小企业董事会薪酬与公司绩效之间不存在显著的相关关系，东部成长型中小企业董事会薪酬与公司绩效之间在 99% 的置信水平下存在显著的正相关关系，表明西部成长型中小企业并没有充分利用董事会薪酬作为激励董事会成员更好地发挥其角色职能的有效工具。相对于其他激励董事会成员正确行使其权利的工具而言，董事会薪酬是最简单、最有效、最直接的工具之一，但是在西部成长型中小企业中却没有得到充分运用。

五、董事会独立性制约问题

董事会独立性治理指数衡量指标包括独立董事职能、独立董事比例、独立董事独立性及独立董事激励四个要素，其中独立董事比例又是考察董事会治理与公司绩效相关关系的重要特征要素之一。本书统计发现，西部成长型中小企业的董事会独立性治理水平低于所有经济区域的平均水平，西部区域内各成长型中小企业之间的董事会独立性治理水平差异不大，说明是西部地区成长型中小企业董事会的一种普遍现象。董事会独立性虽然是有关企业所有权和经营权分离的热点话题，但是关于董事会独立性的治理问题直到独立董事这一舶来品出现后才得以缓解。虽然我国各项政策、法律规章关于独立董事有较多的规定，但是有关制度形成的时间较短，制度体系仍存在很多有待完善的地方，特别是对于经济欠发达的西部区域而言；除此以外，独立董事制度设立与其发挥作用之间还存在鸿沟，所以"花瓶董事"长期存在。独立董事薪酬绩效考核是独立董事问题的热点话题，无论其意义如何重大，西部成长型中小企业甚至是整个成长型中小企业都还没有采纳和行动。

六、实际控制人能力制约问题

探究实际控制人能力对成长型企业绩效的影响是本书研究的主要目标和重要内容。本书采用实际控制人能力指数表示其能力的大小。西部成长型中小企业的实际控制人能力指数是全国四个经济区域中最高的，并且显著高于整个成长型中小企业的平均水平。本书的实证研究也表明，在其他自变量保持不变的前提下，实际控制人能力指数与公司绩效之间在 99％的置信水平下存在显著的正相关关系，实际控制人能力指数的波动对每股收益的影响程度最大，其次是主营业务利润率，影响程度最小的是净资产收益率。西部成长型中小企业的实际控制人能力不集中、差异较大、能力分散，而且实际控制人能力相对较低的企业显著多于实际控制人能力较高的企业。没有企业的实际控制人能力评价可以获得满分，十项能力的衡量指标中至少有一项没有达到最优的标准，因此西部成长型中小企业实际控制人的能力还有进一步提升、丰富的空间。

第二节　我国西部地区成长型中小企业完善董事会治理的对策建议

一、进一步提高董事会权利与义务治理水平

每个企业的董事会权利与义务治理水平是不同的，因此企业在解决这一制约问题的时候，首先应该深入分析本企业董事会权利与义务治理现状，找出股东大会、董事会、经理层三者之间存在的重大问题，以提升董事会权利与义务治理水平为目标，健全完善董事会的权利和义务，建立正确评价企业的董事会权利与义务治理水平的指标，构建促进公司业绩改善的董事会权利与义务治理规范。特别是那些董事会权利与义务治理水平较差的企业，更应该认真研究原因与对策。

加强董事培训工作。西部成长型中小企业的董事培训工作尤为重要，定期或不定期

"充电"，是提升董事决策能力的有效措施。不仅如此，还应当将就董事培训计划及实施情况及时向投资者进行公开披露，增加广大投资者对董事会能力提升的信心，获取利益相关人对董事会成员的信任。董事培训方式可以灵活多样，主要是看效果。除了法律规范、管理能力等专业知识的培训，董事培训最好紧扣当前国家经济发展形势，了解政策的走向，及时捕捉消费者需求变化动态，提高董事决策的前瞻性和科学性。

重视董事遴选工作。企业董事会治理水平的高低与董事会成员的综合素质、专业结构、社会资本、工作阅历等息息相关，在推选董事会成员时，应当系统规划，统筹兼顾。特别是当企业内部合格董事人力资源匮乏时，必须寻求相应的合格的外部董事加入董事会，满足董事会决策、监督职能正常履行的组织需求。需要摒弃"外人"不可信的观念，也要摒弃仅仅为了满足法律规范的要求不得已而为之的做法。需要站在为企业发展的战略高度、以为企业全体利益相关者服务的眼界，从全社会遴选合格的董事候选人，并说服他们加盟董事会，为企业发展贡献力量，而不是只在"内部人"中寻找代理人。

二、切实加强董事会运行效率治理水平

西部成长型中小企业应该建立合理的董事会规模，实现董事会规模的适度优化。因为偏大的董事会规模会影响董事会成员之间的相互沟通和交流，降低董事会的决策效率和效果，也可能出现董事会成员"搭便车"的现象，董事会职能实施效率低同时还伴随着高昂的董事会费用；相对较小的董事会规模虽然能够提高董事会决策效率，统一董事意见，充分发挥董事会的团队力量，但偏小的董事会规模会使董事会成员知识面相对狭窄，不能整合更多社会资源，可能降低董事会决策质量。虽然理论研究表明，最佳的董事会规模是 7~9 人，但是这一最佳规模可能并不适应西部成长型中小企业。西部成长型中小企业应该根据自身的条件、现状及企业面对的外部环境，结合公司内部的优势和劣势、外部环境的机会和威胁，选择最适宜的董事会规模，降低董事会规模带来的不利影响。西部成长型中小企业确定其自身的董事会规模时，应该结合公司所处的行业性质、公司的规模、公司所处的发展阶段和未来发展方向及相关法律法规对董事会规模的规定等。

西部成长型中小企业应该力争提高董事会会议的效率和效果。我国中小企业公司治理的实践研究表明，西部成长型中小企业的董事会会议更多的是对有关议案按照法律法规履行法定程序，并没有很好地实现董事会的三大主要功能：决策、监督及服务。所以西部成长型中小企业在增加董事会会议次数的同时，更应该注重董事会会议的质量。中小企业可以通过避免内部人控制、避免董事会会议的形式化、减少董事信息的不对称性、合理安排董事会的流程、减少董事会的冗长和低效等措施来提高董事会会议的效率和效果。

完善董事会会议记录。董事会会议记录是董事会会议召开的实时记录，每位董事对会议议题的决策意见将完整地记录并长期保存。根据董事会记录可以查看和分析每一位董事履职情况，可以追溯董事会重大事项决策的董事责任，也可以分析出每位董事的决策能力。

三、尽快完善董事会组织结构治理

西部成长型中小企业应尽快提高董事会组织结构的治理水平，为企业的业绩提升作

贡献。西部成长型中小企业的董事会组织结构治理水平明显低于东部及东北部区域，应该尽快完善企业的董事会组织结构设置，设立专门的董事会专业委员会，进行董事会事务的合理分工，协作发展，例如，设置审计委员会负责董事会的账务审计业务，设置战略委员会主要负责董事会的发展、投资、融资战略的建议和审查业务，设置提名委员会主要负责董事会成员及其他高级管理者候选人的提名、审议及聘任工作，设置薪酬与考核委员会主要负责董事会成员及其他高层委员会的薪酬制定及相关绩效的考核工作等。专业的分工可以优化使用董事会的人力资源，减少董事会成员之间的矛盾与冲突，加强董事会成员之间的相互监督，提高董事会的独立性。

西部成长型中小企业董事会两权合一，是股东利益最大化的治理模式。虽然随着所有者和经营者之间的信任越来越弱，董事会两职分离的领导结构的呼声也越来越大，成长型中小企业也逐渐往董事会两职分离的方向发展，但是表面上的董事会两职分离的领导结构并不能解决董事会"一枝独大"现象的滋生。形式永远没有实质来得真实、可靠，因此并不能盲目地向董事会两权合一领导结构找茬。本书的实证研究也表明，西部成长型中小企业董事会两权合一的领导结构显著有利于提高公司的业绩，因此随着对成长型中小企业的外部监管环境越来越严格，企业透明度越来越高，股东和投资者的相关知识水平越来越强，并不能一味反对中小企业合理地采用董事会两权合一的领导结构，实现股东利益最大化。

四、着重改善董事会薪酬治理水平

西部成长型中小企业应当建立切实有效的董事会薪酬治理机制。形式上的董事会薪酬治理机制并不能有效地激励董事会成员辛勤工作，也不能充分发挥董事会的职能。西部成长型中小企业应该实行多元化的薪酬激励方式，最直接且常用的模式是股票期权；除此以外，还应有人性化管理、适度授权、"萝卜与棒"奖惩分明的制度。有压力才有动力的管理方式总有其存在的道理，特别在企业成长的重要阶段，需要有魄力的董事会治理方式，让懒惰的人恐惧，让辛勤的人有动力。董事会薪酬与绩效的考核是董事会薪酬治理的重要内容，因此考核工作的具体执行变得至关重要，必须由董事会的关键人物为主要负责人，工作的保密性、严谨性、公允性、规范性成为运行过程中的基本要求。

五、大力提升董事会独立性治理水平

西部成长型中小企业应该进一步完善企业独立董事制度，提升董事会独立性治理水平。在建立健全企业独立董事制度的法律法规这一外部环境的基础上，解决独立董事的内部工作环境更加举足轻重。为了更好地发挥独立董事的独立性和监督职能，企业首先必须向独立董事提供良好的工作条件和工作氛围，因为独立董事通常由国内的知名专家、学者或社会人士担任，在企业工作的时间较少，对公司的了解甚微。独立董事到企业工作需要了解公司的必要信息时，企业应该尽其所能在不损害公司利益的基础上为其打开方便之门。

西部成长型中小企业应该完善企业独立董事的外部选聘机制，目前由公司董事长直接提名并选聘独立董事的现象层出不穷，这样可能影响独立董事独立性的同时，也影响了公司董事会急需的独立董事进入董事会。企业应该选聘与公司没有直接或者间接利害关系的独立董事，且独立董事应该至少具备法律、财务、管理等方面的专业知识和运作实践经验。独立董事的行事作风和人格特征也需要斟酌，它们是决定其判断独立性和是否及时披露其判断的重要影响因素。

西部成长型中小企业董事会独立董事占董事会成员的比例、独立董事激励约束机制的建立也是董事会独立性治理的重要内容。对独立董事的比例我国规定了下限（不低于三分之一），企业可以根据实际情况研究确定独立董事的比例，决定董事会成员的构成。独立董事激励约束机制的建立目前理论研究较少，实践中的案例也较少，有较大的研究空间。

六、认同并加强实际控制人能力治理水平

理论而言，实际控制人能力越强，对其他股东特别是中小股东的威胁越大，出现实际控制人剥夺中小股东权利和利益的可能性也越大。但是，公司由懒散的董事会治理、管理能力一般的经理层执行，公司收益从何而来，股东的利益从何而来，当然也不会存在利益剥削的现象，因为根本没有剩余的利益可享。虽然关于实际控制人的负面新闻非常多，但是并不能否认实际控制人为公司带来的巨大效益，特别是对于人才相对稀缺的西部成长型中小企业而言。在中小企业的发展初期，实际控制人既是公司的所有者，也是公司的经营者，在其正确的领导下企业步入了高速发展的阶段，即企业生命周期理论中的成长阶段。成长阶段的企业面临较大的经营风险，不仅不能缺少实际控制人把握企业的发展方向和目标，还需要实际控制人投入和吸引更多的资金拓宽企业的产品渠道，争取市场地位，建立品牌效应。西部成长型中小企业应注重实际控制人能力的提升，进一步认同实际控制人对企业的领导和管理，加强实际控制人对董事会的治理力度。

本书的实证研究也表明，西部成长型中小企业实际控制人能力与公司业绩之间存在显著的正相关关系。因此，西部成长型中小企业应该从专业知识、教育程度、工作经验、技术职称、身体健康状况、心理承受能力、个人品质、个人财富、判断能力和信息利用能力十个方面努力提高其能力水平。

第八章　总结与展望

一、全书总结

研究西部地区成长型中小企业董事会特征及其对企业绩效的影响是一个多学科相互交叉、相互渗透的课题，通过集成经济学、管理学、组织行为学和企业管理理论，对中小企业董事会治理、基于企业绩效提升的董事会特征因素与影响机理进行研究。总的来说，本书的主要研究工作和创新之处可以归纳为如下六个方面。

(1)本书回顾我国中小企业发展历程，对我国中小企业公司治理理论研究现状进行梳理，对传统五种主流公司治理理论进行评述。我国中小企业公司治理比较适合采用控制权理论和大股东治理理论，成长型中小企业公司治理适合采用拥有控制权的大股东治理理论，尤其是实际控制人治理模式。因为拥有控制权的大股东参与中小企业的治理能够带来更多的资源，帮助解决中小企业资源稀缺的难题；拥有控制权的大股东治理采用正确的、有针对性的决策能够为公司带来更大的资本积累，解决中小企业融资困难的同时，为众多利益相关者带来持久的收益；拥有控制权的大股东治理对经理层的监控远高于外部机构投资者、债权人及法律机构。因为拥有控制权的大股东具有足够的权利采用各种薪酬激励手段(如股权激励和期权激励等)吸引科技型人才或者防止科技型人才的跳槽。

(2)本书系统梳理和阐释了董事、董事会、董事会模式、董事会职能等董事会治理理论的基本内容，回顾我国企业制度和董事会制度改革历程，深入分析与评述委托代理理论、博弈论、利益相关者理论、资源依赖理论、现代管家理论、替代性假设理论、现代组织理论、经理层霸权理论、阶级霸权理论等董事会治理代表性理论，分析我国上市公司董事会治理存在的主要问题。我国中小企业公司治理与一般意义下的公司治理是存在差异的；我国中小企业的融资途径在发起设立阶段及发展的初期阶段，主要采用内源性融资即内部自筹，这种完全依赖内源性融资所形成的股权结构特征，决定了我国中小企业公司治理结构的企业股权高度集中在企业创业者和家族成员手中，形成了股东会、董事会、监事会三会合一的公司治理结构，成为监督权、决策权、经营权三权合一的内部相互委托、代理的重要组织管理形式。

(3)本书梳理了学者关于董事会特征对企业绩效影响的研究成果，对我国中小企业董事会特征研究现状进行评述，提出并分析我国成长型中小企业董事会特征要素，认为实际控制人能力是成长型中小企业董事会重要的特征要素，构建了我国成长型中小企业实际控制人能力评价指标体系，分析我国成长型中小企业股权结构及公司治理现状，构建了"董事会特征—董事会资本—董事会效能—企业绩效"理论分析模型，深入分析董事会特征要素影响企业绩效的机理。

适当的董事会规模、独立董事的引进、经济激励方式、富有效率的董事会会议和两职合一等董事会特征，能有效提高董事会人力资本和社会资本水平，进而提高董事会效能，最终促进企业绩效的提高；完善董事会制度，提高董事会治理水平，使董事会提供有价值的决策建议并对代理人进行监督，对于成长型中小企业绩效的提高有着重要意义。

(4)本书回顾了我国西部地区成长型中小企业的发展历程，分析西部地区成长型中小企业发展现状，设计了我国成长型中小企业董事会治理评价指标体系，选择满足本书研究要求条件的创业板上市公司为样本，多层面、多维度实证分析了西部地区成长型中小企业董事会治理指数对企业绩效的影响，对西部、中部、东部、东北部成长型中小企业董事会治理指数对企业绩效的影响进行了比较研究。实证结果表明下述几点。①实际控制人能力指数与公司绩效有显著的相关关系；在西部，实际控制人能力指数与公司绩效在95%的置信水平下存在显著的正相关关系，对每股收益的影响最强，其次是主营业务利润，最后是净资产收益率；董事会权利与义务指数在95%的置信水平下与主营业务利润率存在显著的"U"型非线性相关关系；董事会运行效率指数与每股收益、主营业务利润率在90%的置信水平下存在显著的倒"U"型非线性相关关系；董事会组织结构指数与三个业绩指标不存在显著的相关关系(调整后)，反映了董事会组织结构现状与公司绩效的失效现状；董事会薪酬指数与三个业绩指标不存在相关关系，反映了董事会薪酬治理的失效；董事会独立性指数与公司绩效存在显著的相关关系。样本公司总体董事会治理指数与每股收益存在显著的相关关系(2011年负相关、2012年"倒U"型)，与净资产收益率存在显著的相关关系(2011年负相关、2012年"U"型)，与主营业务收益率存在显著的非线性相关关系(2011年和2012年"U"型)。②在西部，董事会权利与义务指数与公司绩效在90%的置信水平下存在显著的负相关关系，董事会运行效率、董事会组织结构指数与每股收益在95%的置信水平存在显著的正相关关系，在六项分指数中，董事会权利与义务指数对公司绩效的影响相对显著。在中部，董事会权利与义务指数与每股收益、主营业务利润率在90%的置信水平下存在显著的正向关系，实际控制人能力指数与每股收益在90%的置信水平下存在显著的负相关关系，董事会薪酬治理指数与公司净资产收益率在95%的置信水平下存在显著的正相关关系，在六项分指数中，董事会权利与义务指数、董事会薪酬指数、实际控制人能力指数对公司业绩的至少一项衡量指标有显著影响。在东部，六项分指数对每股收益、净资产收益率只有微弱的相关关系，董事会组织结构治理指数、董事会独立性治理指数与公司主营业务利润率在90%的置信水平下存在显著的负相关关系。③西部创业板上市公司只有董事会组织结构指数和董事会独立性指数略低于整体水平，较为突出的是董事会薪酬指数和实际控制人能力指数都远高于整体水平，凸显了西部上市公司长远发展的竞争优势；东部创业板上市公司董事会治理水平及各内部治理因素水平都高于研究对象整体水平；中部创业上市公司董事会治理特征因素除了董事会组织结构指数高于研究对象整体水平，其余指数低于整体水平，董事会治理还有很大的提升空间；东北上市公司董事会组织结构指数和董事会独立性指数表现较好，略高于整体水平，但董事会运行效率指数和董事会薪酬指数不仅是四大经济区域中最差的，且远低于成长型中小企业整体水平。④在所有行业中，农、林、牧、渔业董事会治理水平低于总体平均水平；制造业的细分行业企业董事会治理水平大多低于整体平均水平，特别是食品、饮料行业；装修装饰行业企业董事会治理水平相对较优，渔业企业董事会治理水平最差。

(5)直接采用董事会特征因素对企业绩效影响作实证分析，结果表明下述几点。①独立董事比例、董事会中持股董事比例、董事受教育程度、董事薪酬、女性董事比例、实际控制人能力指数在多因素影响下与公司业绩之间相关性弱；以每股收益为代表的公司业绩与董事会特征要素的相关性最强，也最显著；董事长与总经理两权分离与主营业务利润率在90％的置信水平下存在"倒U"型非线性关系，存在最优的董事会领导结构；创业板上市公司董事会规模与公司业绩存在非线性的相关关系；公司规模、资产负债率在多因素董事会特征要素的综合影响下与公司业绩存在显著的相关关系。②在西部，创业板上市公司董事会特征要素影响公司绩效的效果相对其他经济区域更显著。在其他因素不变的情况下，董事会规模增加将导致公司净资产收益率的减少；董事长与总经理两权分离并不有利于提高公司的业绩；董事受教育程度影响公司的主营业务利润率；董事会成员的多样性，例如，增加女性成员的比例，也有利于公司主营业务利润率的提高。在东部，创业板上市公司董事会规模对公司业绩的影响较大，董事长与总经理两权分离不利于公司主营业务利润率的提高，董事会中持有股权董事比例的增加有利于提高公司的每股收益。在中部，创业板上市公司董事会特征要素与公司绩效的相关关系并不太显著，董事会规模的增加、董事会两权分离显著提升公司的主营业务利润率。

(6)本书分析了我国西部地区成长型中小企业董事会治理的制约问题，对完善董事会治理提出相应的对策建议：要从董事会权利与义务、运行效率、组织结构、薪酬体系、独立性、实际控制人能力等多维度提高公司董事会治理水平；要辩证看待"两权合一""一股独大"在我国西部地区成长型中小企业存在的合理性；应更加注重实际控制人能力的提升，认同实际控制人对企业的领导和管理，帮助企业健康、持续的发展。

二、研究展望

本书对成长型中小企业董事会治理进行了探索性研究，但由于时间和能力的局限，在研究的广度和深度上都存在不足之处。从长期看，将来还有待深入研究之处有下述三点。

(1)本书更多着眼于企业董事会自身治理机制建立完善而进行研究，对政府引导帮助中小企业提升董事会治理水平着墨不多。实际上，各地政府早已将促进本地中小企业发展作为重要工作，政府如何培育、支持中小企业特别是成长型中小企业建立完善董事会治理机制是一个值得关注的问题。近年来，西部企业在创业板上市数量、融资数量的占比呈下降趋势，说明西部地区中小企业经营业绩、管理水平、市场竞争能力与其他地区企业具有一定差距，除了资本市场因素影响，政府的公共政策、管理机制对企业董事会治理及经营绩效的提升如何影响、影响的程度怎样，将构成进一步研究的重要内容。

(2)基于我国中小企业产生和发展的特定背景，本书提出了实际控制人能力是中小企业董事会重要的特征要素，初步构建了基于成长型中小企业的董事会治理评价指标体系，一个隐含的假设是：实际控制人是单个自然人。对于由多个自然人(如家族)组成的实际控制人，其能力指标体系如何构建？成员之间如何形成一致意见？实际控制人能力如何提升？对企业经营绩效又有怎样的影响？尚待进一步研究。同时，除了实际控制人能力，成长型中小企业董事会还有哪些重要特征因素对企业绩效产生影响？需要进一步观察和论证。

(3)随着中小企业各种信息数据的完善和成长型中小企业的评判标准变化，本书中样本公司选择可能发生变化，各项董事会特征要素对企业绩效影响会是怎样的呢？这也是一个值得期待的问题。

参 考 文 献

伯利，米恩斯. 2005. 现代公司与私有财产[M]. 甘华鸣，等，译. 北京：商务印书馆.

薄云. 2006. 中小企业发展战略的研究[D]. 天津：天津大学.

陈安忠. 2008. 中小企业改革演进趋势研究[D]. 北京：中国石油大学.

陈建军. 2003. 企业家，企业家资源分布及其评价指标体系[J]. 浙江大学学报，33(4)：56-64.

陈军，刘莉. 2006. 上市公司董事会特征与公司业绩关系研究[J]. 中国软科学，(11)：101-108.

陈玲. 2008. 中小企业版上市公司治理结构与公司绩效关系的实证研究[D]. 成都：西南交通大学.

陈録飞. 2012. 创业板董事会特征与公司绩效的实证研究[J]. 海南金融，(8)：59-63.

陈南. 2005. 我国中小民营企业公司治理研究[D]. 武汉：华中科技大学.

陈涛. 2003. 我国中小企业现状与发展研究[D]. 重庆：重庆大学.

陈晓红，邹湘娟，余坚. 2005. 中小企业成长性评价方法的有效性研究——来自沪深股市的实证[J]. 当代经济科学，27(5)：70-75.

陈永杰. 1997. 西方国家中小企业发展经验及其借鉴[J]. 管理世界，(2)：91-99.

陈昀，贺远琼. 2007. 基于团队过程视角的董事会与企业绩效关系研究评述[J]. 外国经济与管理，29(8)：51-56.

邓峰. 2011. 董事会制度的起源、演进与中国的学习[J]. 中国社会学，(1)：164-177.

邓英杰. 2009. 国有企业公司治理的董事会特征及经营者选择研究[D]. 长沙：中南大学.

丁菱. 2008. 基于公司业绩的我国中小上市公司独立董事制度研究[D]. 苏州：苏州大学.

段海燕，仲伟周. 2008. 网络视角下中国企业连锁董事成因分析——基于上海、广东两地 314 家上市公司的经验研究[J]. 会计研究，(11)：69-75.

冯根福. 2006. 中国公司治理基本理论研究的回顾与反思[J]. 经济学家，(3)：13-20.

冯进路. 2001. 论中小企业的存在、发展和对中小企业的扶持[D]. 郑州：郑州大学.

高闯，关鑫. 2008. 社会资本、网络连带与上市公司终极股东控制权[J]. 中国工业经济，(9)：88-97.

工业和信息化部. 2011-9-23. "十二五" 中小企业成长规划[N]. 人民政协报，(1).

关鑫，高闯，吴维库. 2010. 终极股东社会资本控制链的存在与动用[J]. 南开管理评论，(6)：97-105.

郭明星. 2011. 创业板上市公司董事会特征与公司绩效关系研究综述[J]. 物流工程与管理，(8)：131-133，137.

国家发展和改革委员会. 2011. 中华人民共和国国民经济和社会发展第十二五年规划纲要(单行本)[M]. 北京：人民出版社.

国务院. 2005. 关于鼓励支持和引导个体私营等非公有制经济发展的若干意见[N]. 国发(2005)3 号，(2).

国务院. 2009. 国务院关于进一步促进中小企业发展的若干意见[N]. 国发(2009)36 号，(9).

国务院发展研究中心课题组. 2011. 中小企业发展新环境新问题新对策[J]. 中国发展观察，(11)：4-9.

郝云宏，周翼翔. 2009. 基于动态内生视角的董事会与公司绩效关系研究综述[J]. 外国经济与管理，12：58-64.

何卫华. 2008. 创新型企业家综合评价指标体系研究[J]. 市场研究，(11)：29-30.

洪卫青. 2008. 基于终极控制人特征的中国上市公司业绩报告研究[D]. 厦门：厦门大学.

胡帮勇. 2010. 西部中小企业创业环境存在的问题及对策研究[J]. 特区经济，(9)：204-205.

胡建. 2010. 我国高科技上市公司董事会特征与绩效的实证研究[D]. 苏州：苏州大学.

胡锦涛. 2007. 高举中国特色社会主义伟大旗帜，为夺取全面建设小康社会新胜利而奋斗——在中国共产党第十七次全国代表大会上的报告[N]. 新华社，(10).

胡新文，颜光华. 2003. 现代公司治理理论述评及民营企业的治理观[J]. 财贸研究，(5)：91-95.

黄笠. 2011. 历史与现状：中国上市银行董事会治理研究[D]. 南京：南京大学.

江宁. 2007. 我国中小企业的界定及其现状[J]. 经济论坛，(19)：70-72.

揭筱纹. 2002. 论中小企业与西部地区经济发展[D]. 成都：四川大学.

金永红, 何鹏. 2009. 民营企业公司治理与企业绩效——以中小板上市公司为例[J]. 软科学, (6): 88-92.

剧锦文. 2008. 公司治理理论的比较分析——兼析三个公司治理理论的异同[J]. 宏观经济研究, (6): 19-27.

李爱伶. 2004. 西部中小企业成长探析[J]. 华北电力大学学报, (2): 27-30.

李丹. 2010. 我国中小企业政策支持体系研究[D]. 天津: 天津财经大学.

李庚寅, 黄宁辉. 2001. 中小企业理论演变探析[J]. 经济学家, (3): 97-111.

李慧, 王翀. 2005. 中、西方公司治理理论综述[J]. 经济纵横, (1): 77-79.

李明星. 2010. 上市公司董事会治理体系实证研究[J]. 财会通讯, (11): 22-23.

李维安, 钱先航. 2010. 终极控制人的两权分离、所有制与经理层治理[J]. 金融研究, (12): 80-98.

李维安, 邱艾超, 牛建波, 等. 2010. 公司治理研究的新进展: 国际趋势与中国模式[J]. 南开管理评论, (6): 13-24.

李维安, 王世权. 2007. 利益相关者治理理论研究脉络及其进展探析[J]. 外国经济与管理, (4): 10-17.

李维安, 徐业坤, 宋文洋. 2011. 公司治理评价研究前沿探析[J]. 外国经济与管理, (8): 57-64.

李维安, 牛建生, 宋笑扬. 2009. 董事会治理研究的理论根源及研究脉络评析[J]. 南开管理评论, (2): 130-145.

李伟. 2003. 上市公司实际控制人、股权集中度与业绩之间的关系——以电子行业为例[D]. 呼和浩特: 内蒙古大学.

李文静. 2006. 我国大型国有企业董事会治理研究[D]. 青岛: 中国海洋大学.

李新春, 胡骥. 2000. 企业成长的控制权约束[J]. 南开管理评论, (3): 18-23.

联合课题组. 2001. 成长型中小企业评价的方法体系[J]. 北京统计, (5): 9-10.

廉海廷. 2014. 我国企业家能力状况评价[J]. 山西财经大学学报, (2): 54.

梁益林, 张玉明. 2011. 我国不同区域中小上市公司成长性研究[J]. 证券市场导报, (2): 59-64.

林民书. 2001. 中小企业的生存及其发展问题研究[D]. 厦门: 厦门大学.

林勇, 周妍巧. 2011. 高层管理者的教育背景与公司绩效——基于创业板数据的实证检验[J]. 中南大学学报, (5): 60-65.

刘克, 李戈. 2000. 浅谈企业家评价指标体系[J]. 当代经济研究, (7): 31-32.

刘泉红, 钟华. 2012. 当前中小企业发展形势及政策建议[J]. 中国物价, (7): 30-32.

刘苏. 2013. 创业板上市公司董事会特征对公司成长性影响实证研究[J]. 商业时代, (4): 70-72.

刘伟. 2008. 中国中小民营企业治理与创新研究[D]. 北京: 北京交通大学.

刘小元, 艾博, 李永壮. 2011. 创业板与中小板上市企业董事会治理差异性研究[J]. 现管理科学, (11): 45-48.

刘晓青. 2007. 独立董事制度研究[M]. 南昌: 江西人民出版社: 20-23.

刘新民, 秦静, 吴士健. 2012. 控制权转移的上市公司董事会特征对高管更替的影响研究[J]. 青岛科技大学学报(社会科学版), (3): 55-59.

刘新民, 周涛, 吴士健. 2006. 国内企业家评价指标体系与方法综述[J]. 青岛科技大学学报(社会科学版), (3): 61-63.

刘绪光, 李维安. 2010. 基于董事会多元化视角的女性董事与公司治理研究综述[J]. 外国经济与管理, (4): 47-53.

吕怀立, 李婉丽. 2010. 控股股东自利行为选择与上市公司股权制衡关系研究——基于股权结构的内外生双重属性[J]. 管理评论, (3): 19-28.

罗仲伟. 中国工业企业制度变迁50年[OL]. http://www.cass.net.cm.

马连福, 张耀伟. 2004. 董事会治理评价指数实证研究[J]. 经济与管理研究, (5): 45-50.

马连福. 2003. 公司治理评价中的董事会治理评价指标体系设置研究[J]. 南开管理评论, (3): 11-17.

马斯洛. 1987. 动机与人格[M]. 许金声, 译. 北京: 华夏出版社: 113-121.

迈克尔·詹森, 威廉·麦克林. 1976. 企业理论: 管理行为、代理成本与所有权结构[J]. 金融经济学杂志: 305-360.

曼瑟尔·奥尔森. 1995. 集体行动的逻辑[M]. 陈郁, 郭宇峰, 李崇新, 译. 上海: 上海人民出版社: 25-26.

孟慧祥. 2013. 董事会特征与公司绩效的研究综述[J]. 中国证券期货, (1): 51-52.

缪柏其, 杨勇, 黄曼丽. 2008. 董事会领导结构与公司治理[J]. 经济管理, (12): 10-16.

那智. 2005. 国有上市公司董事会治理与业绩关系研究[D]. 大连：大连理工大学.

南开大学公司治理评价课题组. 2007. 中国上市公司治理评价与指数分析[J]. 管理世界，(5)：104—114.

南开大学公司治理评价课题组. 2008. 中国公司治理评价与指数报告——基于 2007 年 1162 家上市公司[J]. 管理世界，(1)：145—151.

南开大学公司治理评价课题组. 2010. 中国上市公司治理状况评价研究——来自 2008 年 1127 家上市公司的数据[J]. 管理世界，(1)：142—151.

南开大学公司治理研究中心课题组. 2008. 为什么上市公司的治理水平存在差异[J]. 南开学报，(6)：34—44.

欧阳文和. 2006. 中小企业公司治理：理论与实务[M]. 北京：经济管理出版社：71—72.

潘敏. 2004. 中小企业发展的国际比较与借鉴[D]. 杭州：浙江工业大学.

裴东梅. 2008. 浅论公司实际控制人[J]. 网络财富，(6)：135—136.

彭泗清. 1999. 信任的建立机制：关系运作与法制手段[J]. 社会学研究，(2)：56.

上海证券交易所研究中心. 2004. 中国公司治理报告(2004)：董事会的独立性与有效性[M]. 上海：复旦大学出版社：1—35.

深圳证券交易所. 深圳证券交易所创业板股票上市规则(2012 年修订). 深证上(2012)77 号.

深圳证券交易所. 深圳证券交易所独立董事备案方法(2011 年修订). 深证上(2011)386 号.

深圳证券交易所. 深证证券交易所创业板上市公司规范运作指引. 深证上(2009)106 号.

沈小丽. 2010. 董事会治理与公司绩效关系的实证研究——基于中国上市公司的数据[D]. 大连：东北财经大学.

孙静稳. 2010. 我国创业板企业成长性实证分析[J]. 当代经济，(12)：17—19.

孙天琦. 2002. 西部中小企业发展研究[J]. 西北大学学报，(2)：33—37.

孙永祥. 2000. 公司外部董事制度研究[J]. 证券市场导报，(3)：49—54.

谭秋成. 1999. 乡镇集体企业中经营者持大股：特征及解释[J]. 经济研究，(4)：45—51.

唐建新，李永华，卢剑龙. 2013. 股权结构、董事会特征与大股东掏空——来自民营上市公司的经验证据[J]. 经济评论，(1)：86—95.

唐清泉. 2002. 如何看待董事会的认知资源[J]. 南开管理评议，(2)：15.

唐跃军，李维安. 2008. 公司和谐、利益相关者治理与公司业绩[J]. 中国工业经济，(6)：86—98.

田志伟. 2008. 企业的企业家解释——企业控制权机制与创业理论[M]. 哈尔滨：黑龙江大学出版社.

汪爱娥. 2004. 我国公司董事会制度研究[D]. 武汉：华中农业大学.

王贵. 2010. 论中国公司治理完善——一个基于三种治理理论的拓展性分析框架[D]. 成都：西南财经大学.

王磊. 2008. 从日本经验看我国中小企业发展的几个问题[J]. 环球中国，(3)：42—45.

王诗宗. 2009. 治理理论及其中国适应性：基于公共行政学得视角[D]. 杭州：浙江大学.

王维祝. 2009. 我国中小企业板与主板上市公司董事会治理质量比较—基于 2004—2006 面板数据的实证分析[J]. 经济管理，(9)：55—63.

王宣喻，瞿绍发，李怀祖. 2004. 私营企业内部治理结构的演变及其实证研究[J]. 中国工业经济，(1)：66—73.

王跃堂，赵子夜，魏晓雁. 2006. 董事会的独立性是否影响公司绩效[J]. 经济研究，(5)：62—73.

魏乐. 2010. 创业板公司绩效与董事会特征研究[J]. 会计之友，(32)：92—94.

西奥多·W. 舒尔茨. 1990. 论人力资本投资[M]. 吴珠华，译. 北京：北京经济学院出版社：8—13.

席艳玲，吴英英. 2012. 董事会特征、公司治理与银行绩效基于我国 14 家商业银行面板数据的实证分析[J]. 现代管理科学，(9)：47—50.

向锐，冯建. 2008. 董事会特征与公司经营绩效的关系——基于中国民营上市公司的经验数据[J]. 财经科学，(11)：91—99.

谢珺. 2011. 董事会治理研究前沿问题综述[J]. 财会通讯，(1)：109—112.

谢梅，李强. 2011. 终极控制人变更与公司业绩——基于股权分置改革背景的经验研究[J]. 财贸研究，(5)：140—148.

谢永珍，李维安. 2008. 中国国有企业董事会治理：现状、问题与对策[J]. 山东社会科学，(11)：77—82.

徐炜. 2007. 论我国国有独资公司董事会制度建设[J]. 公司治理，(12)：28—35.

徐叶琴. 2009. 中国上市公司董事会治理问题研究[D]. 重庆：重庆大学.

亚当·斯密. 1981. 国民财富的性质和原因的研究(中译本)下卷[M]. 北京：商务印书馆：303.

颜志元. 2004. 深市上市公司股东及实际控制人分析[J]. 证券市场导报，(10)：66−69.

杨海芬. 2005. 国外有关公司董事会研究的理论观点述评[J]. 经济体制改革，(1)：146−150.

杨海芬. 2005. 现代公司董事会治理研究[D]. 成都：四川大学.

杨全社. 2001. 中国成长型中小企业的现状、问题及对策分析[J]. 北方经贸，(12)：34−35.

杨瑞龙，周业安. 1998. 论利益相关者合作逻辑下的企业共同治理机制[J]. 中国工业经济，(1)：38−45.

杨淑娥，王映美. 2008. 大股东控制权私有收益影响因素研究——基于股权特征与董事会特征的实证研究[J]. 经济
    与管理研究，(3)：30−35.

于东智，池国华. 2004. 董事会规模、稳定性与公司绩效：理论与经验分析[J]. 经济研究，(4)：70−79.

于东智. 2001 董事会行为治理效率与公司绩效——基于中国上市公司的实证分析[J]. 管理世界，(2)：200−202.

于东智. 2003. 董事会、公司治理与绩效—对中国上市公司的经验分析[J]. 中国社会科学，(3)：29−41.

于健南. 2009. 家族企业董事会治理、信息透明度与企业价值[D]. 广州：暨南大学.

余锦丽. 2010. 重庆市中小企业成长环境现状、问题及对策研究[D]. 重庆：重庆理工大学.

俞克纯，沈迎选. 2001. 激励、活力、凝聚力——行为科学的激励理论群体行为理论[M]. 北京：中国经济出版社.

喻凯，巢琳. 2011. R&D 投入对高成长性公司成长性影响的实证分析——基于我国创业板上市公司的经验数据
    [J]. 求索，(8)：47−49.

袁国良，王怀芳，刘明. 2000. 上市公司股权激励的实证分析及其相关问题[M]. 刘树成，沈沛. 中国资本市场前沿
    理论研究文集. 北京：社会科学文献出版社.

袁涌波. 2006. 公司治理理论：一个文献回顾及述评[J]. 资料通讯，(6)：26−31.

张国源. 2010. 上市公司董事会特征与业绩关系的实证研究[D]. 济南：山东大学.

张辉华，凌文栓，方俐洛. 2005. 代理理论和管家理论：从对立到统一[J]. 管理现代化，(2)：41−43.

张考考. 2009. 董事会治理与公司绩效的相关性研究——基于北京地区上市公司地区数据的分析[D]. 北京：北方工
    业大学.

张敏. 2007. 我国中小企业公司治理研究[D]. 兰州：兰州理工大学.

张维迎. 1995. 企业理论及其对中国国有企业改革的意义[J]. 经济研究，(12)：5−10.

张维迎. 2003. 博弈论与信息经济学[M]. 上海：上海人民出版社.

张耀伟. 2009. 终极控制股东两权偏离与企业绩效：公司治理的中介作用[J]. 管理科学，(3)：9−16.

张亦春，周颖刚. 1997. 信息不对称、企业改革和证券市场[J]. 经济研究，(5)：24.

张振，陆佳. 2011. 董事会规模、结构与公司绩效——基于创业板上市公司的经验分析[J]. 中国证券期货，(9)：31
    −32.

张宗益，宋增基. 2011. 中国公司治理理论与实证研究[J]. 管理学报，(3)：371−416.

章和杰，黄必成. 2007. 可持续发展成长型中小企业综合评价体系研究[J]. 国际技术经济研究，(3)：37−41.

章继刚. 2005. 中国西部中小企业发展中的问题与建议[J]. 中共乌鲁木齐市委党校学报，(4)：16−19.

赵晨，章仁俊，陈永斌. 2010. 董事会结构特征与企业成长关系研究——以竞争性行业上市公司为例[J]. 经济问题，
    (6)：59−62.

赵晶，关鑫，高闯. 2010. 社会资本控制链替代了股权控制链吗？[J]. 管理世界，(3)：127−139，167.

赵锡斌，温兴琦. 2006. 混沌系统、企业环境与企业可持续发展战略[J]. 中国人口资源与环境，(2)：124−127.

郑江淮. 2009. 中国上市公司最佳董事会治理与绩效评价(2005−2008)[J]. 董事会，(5)：50−53.

中国证券监督管理委员会. 2001−8−16. 关于在上市公司建立独立董事制度的指导意见[N]. 证监发(2001)102 号.

中国中小企业发展问题联合课题组. 2004. 2004 中国成长型中小企业发展报告——非公有制经济中小企业成长速度
    专题研究[RIOL]. http：//cnki. net.

中国中小企业发展问题联合课题组. 2005. 2005 年中国成长型中小企业发展报告[RIOL]. http：//cnki. net.

中华人民共和国. 2002. 中华人民共和国中小企业促进法[M]. 北京：中国商业出版社.

中华人民共和国. 2013. 中华人民共和国公司法(2013 年修订)[M]. 北京：中国法制出版社.

仲伟周，段海燕. 2008. 基于董事个体态度和行为的董事会效率研究[J]. 管理世界，(4)：178.

周勃. 2008. 从"乡镇"到"国际"——西部中小企业风云激荡 30 年[J]. 西部大开发，(12)：22−23.

周建，金媛媛，刘小元. 2010. 董事会资本研究综述[J]. 外国经济与管理，(12)：27—34.

周其仁. 1996. 市场里的企业：一个人力资本与非人力资本的特别合约[J]. 经济研究，(6)：74.

周其仁. 1997. 控制权回报与企业家控制的企业[J]. 经济研究，(5)：31—42.

朱启明，邓鹏. 2010. 董事会特征对控制权收益的影响研究[J]. 中国管理信息化，(9)：16—18.

Alexander J A, Fennell M L, Halpern M T. 1993. Leadership in stability in hospitals：the influence of board-CEO relations and organizational growth and decline[J]. Administrative Science Quarterly，(38)：74—99.

Bazerman M H, Schoorman F D. 1983. A limited rationality model of interlocking directorates[J]. Academy of Management Review，8(2)：206—217.

Bebchuk L, Cohen A, Ferrell A. 2009. What matters in corporate governance[J]. Review of Financial Studies，22 (2)：783—827.

Bennedsen M, Wolfenzon D. 2000. The balance of power in closely held corporations[J]. Journal of Financial Economics，58(1—2)：113—139.

Berle A A, Means G C. 1932. The Modern Corporation and Private Property[M]. New York：Macmillan.

Bertrand M, Paras M, Sendhil M. 2002. Ferreting out tunneling：an application to indian business groups[J]. Quarterly Journal of Economics，117(1)：121—148.

Bhagat S, Black B. 2001. The non-correlation between board independence and long-term firm performance[J]. Journal of Corporation Law，27：231—274.

Brickley J, Coles J, Jarrell G. 1997. Leadership structure：separating the CEO and the chairman of the board[J]. Journal of Corporate Finance，3(3)：189—220.

Chhaochharis V, Grinstein Y. 2007. The changing structure of US corporate boards：1997—2003[J]. Corporate Governance，15(6)：1215—1223.

Core J E, Holthausen R W, Larcker D F. 1999. Corporate governance，chief executive officer compensation，and firm performance[J]. Journal of Financial Economies，51(3)：371—406.

Dahya J, Dimitrov D, McConnel J. 2008. Dominant shareholders，corporate boards，and corporate value：a cross-country analysis[J]. Journal of Financial Economics，87(1)：73—100.

Davis J H, Schooram F D, Donaldson L. 1997. Toward a stewardship theory of management[J]. Academy of Management Review，14(1)：67—73.

Demb A. Neubauer F F. 1992. The Corporate Board：Confronting the Paradoxes[M]. Oxford：Oxford University Press，27—28.

Demsetz H, Lehn K. 1985. The structure of corporate ownership：Cause and consequence [J]. Journal of Political Economics，93(6)：1155—1177.

Denis D, Sarin A. 1999. Ownership and board structures in publicly traded corporations[J]. Journal of Financial Economics，52(2)：187—223.

Donaldson L, Davis J. 1991. Stewardship theory or agency theory：CEO governance and shareholder returns[J]. Australian Journal of Management，6(1)：49—64.

Drakos A A, Bekiris F V. 2010. Corporate performance，managerial ownership and endogeneity：a simultaneous equations analysis for the athens stock exchange[J]. Research in International Business and Finance，24(1)：24—38.

Erickson J, Park Y W, Reising J, et al. 2005. Board composition and firm value under concentrated ownership：the Canadian evidence[J]. Pacific-Basin Finance Journal，13(4)：387—410.

Fama E F, Jensen M C. 1983. Separation of ownership and control[J]. Journal of Law and Economics，26(2)：301 —325.

Gomes A, Novaes W. 2005. Sharing of Control versus Monitoring. PIER Working Paper，University of Pennsylvania Law School.

Gompers P, Ishii J, Metrick A. 2003. Corporate governance and equity prices[J]. The Quarterly Journal of Economics，118(1)：107—155.

Goodstein J, Gautam K, Boeker W. 1994. The effects of board size and diversity on strategic change[J]. Strategic

Management Journal, 15(3): 241—250.

Hall D T. 1996. The Career is Dead-long Live the Career[M]. San Francisco: Jossey-Bass.

Hermalin B E, Weisbach M S. 1991. The effects of boards composition and direct incentives on firm performance[J]. Financial Management, 20(4): 101—112.

Hermalinm B E, Weisbach M S. 1998. Endogenously chosen boards of directors and their monitoring of the CEO[J]. Journal of Economic Literature, 88(1): 96—118.

Hillman A J, Cannella A A, Paetzold R L. 2000. Strategic Adaptation of Board Composition in Response to Environmental Change[J]. Journal of Management Studies, 37(2): 235—256.

Hillman A J, Cannella A A, Paetzold R L. 2000. The resource dependence role of corporate directors: strategic adaptation of board composition in response to environmental change[J]. Journal of Management Studies, 37(2): 235—256.

Hillman A J, Dalziel T. 2003. Boards of directors and firm performance: integrating agency and resource dependence perspectives [J]. Academy of Management Review, 28(3): 383—396.

Jensen M C, Meckling W H. 1976. Theory of the firm: managerial behaviour, agency costs and ownership structure [J]. Journal of Financial Economics, (3): 305—360.

Jensen M C. 1993. The modern industrial revolution, exit and the failure of internal control systems[J]. Journal of Finance, 48(3): 831—880.

Krivogorsky V. 2006. Ownership, board structure, and performance in continental Europe[J]. The International Journal of Accounting, 41(2): 176—197.

La Porta, R, Lopez-de-Silanes F, Shleifer A. 1999. Corporate ownership around the world[J]. Journal of. Finance, 54(2): 471—517.

Lefort F, Urzua F. 2008. Board independence, firm performance and ownership concentration: evidence from chile [J]. Journal of Business Research, 61(6): 615—622.

Lehmann E, Weigand J. 2000. Does the governed corporation perform better? governance structures and the market for corporate control in Germany[J]. European Finance Review, 4(2): 157—195.

Lin Y C, Peasnell K V. 2000. Fixed asset revaluation and equity depletion in the UK[J]. Journal of Business Finance&Accounting, 27(4): 359—394.

Lipton M, Lorsch J W. 1992. A modest proposal for improved corporate governance[J]. Business Lawyer, 48(1): 59—77.

Liu Q, Lu Z. 2007. Corporate governance and earnings management in the Chinese listed companies: a tunneling perspective[J]. Journal of Corporate Finance, 13(5): 881—906.

Masson R T. 1971. Executive motivations, earnings and consequent equity performance[J]. Journal of Political Economy, 79(6): 1278—1292.

Mehran H. 1995. Executive compensation structure, ownership and firm performance[J]. Journal of Financial Economics, 38(2): 163—184.

Mitchell R K, Agle B R, Wood D J, 1997. Toward a theory of stakeholder identification and salience: defining the principle of who and what really counts[J]. Academy of Management Review, 22(4): 853—886.

Offenberg D. 2009. Firm size and the effectiveness of the market for corporate control[J]. Journal of Corporate Finance, 15(1): 66—79.

Offstein E H, Gnyawali D R, Cobb A T. 2005. A strategic human resource perspective of firm competitive behavior [J]. Human Resource Management Review, 15(4): 305—318.

Pagano M, Roel A. 1998. The choice of stock ownership structure: agency costs, monitoring, and the decision to go public[J]. Quarterly Journal of Economics, 13(1): 187—225.

Pearce J A, Zahra S A. 1992. Board composition from a strategic contingency perspective[J]. Journal of Management Studies, 29(4): 411—438.

Perry T. 1999. Incentive Compensation for Outside Directors and CEO Turnover[M]. Phoenix: Arizona State University.

Pfeffer J, Salaneik G R. 1978. The External Control of Organizations: A Resource-Dependence Perspective[M]. New York: Harper & Row.

Pfeffer J. 1972. Merger as a response to organizational interdependence[J]. Administrative Science Quarterly, 17(3): 382—392.

Pfeffer J. 1973. Size, composition, and function of hospital boards of directors: a study of organization-environment linkage[J]. Administrative Seience Quarterly, 18(3): 349—364.

Provan K G. 1980. Board power and or ganizational effectiveness among human serviee agencies[J]. Academy of Management Journal, 23(2): 221—236.

Richardson G B. 1964. The limits to a firm's rate of growth[J]. Oxford Economic Papers, 16(1): 9—23.

Richardson R J. 1987. Directorship interlocks and corporate profitability[J]. Administrative Science Quarterly, 32 (3): 367—386.

Shivdasana A. 1993. Board composition, ownership structure and hostile takeovers[J]. Journal of Accounting and Economics, 16(1—3): 167—198.

Shleifer A, Vishny R W. 1986. Large shareholders and corporate control[J]. Journal of Political Economy, 94(3): 461—488.

Shleifer A, Vishny R W. 1997. A survey of corporate governance[J]. The Journal of Finance, 52(2): 737—783.

Stigler G J, Friedman C. 1983. The literature of economics: the case of berle and means[J]. Journal of Law and Economics, 26(2): 237—268.

Swan B J. 2000. In search of the superior professional[J]. Occupational Health & Safety: 116—118.

Vafeas N. 1999. Board meeting frequency and firm performance[J]. Journal of Financial Economics, 53(1): 113 —142.

Volpin P F. 2002. Governance with poor investor protection: evidence from top executive turnover in Italy[J]. Journal of Financial Economics, 64(1): 61—90.

Whitley R D. .1991. The social construction of business systems in east Asia[J]. Organization Studies, 12(1): 1—28.

Yermack B D. 1996. Higher market valuation of companies with a small board of directors[J]. Journal of Financial Economics, 40(2): 185—202.

Yermack D. 2004. Remuneration, retention and reputation incentives for outside directors[J]. Journal of Finance, 59 (5): 2281—2308.

Zahra S A, Pearce J A. 1989. Board of directors and corporate financial performance: a review and integrative model [J]. Journal of Management, 15(2): 291—334.

后　记

在过去 20 余年的企业管理实践和教学中，著者曾对若干管理领域的问题感兴趣，其中最具吸引力的课题是中小企业的发展问题。在信息化、网络化、经济全球化的今天，我们希望所有的中小企业能够迅速完成资本、人才、技术等资源的积累，成为社会经济发展的顶梁柱；我们对以高技术为支撑的高成长性中小企业的发展寄予厚望，它们为经济发展提供了新的动力，肩负着经济结构调整、经济发展方式转变的重任；我们关注以董事会治理为核心的中小企业公司治理，通过构建合理的制度安排，减少交易成本与费用，提高企业经营效率和绩效；我们期待政府和社会各界认真研究成长型中小企业发展过程遇到的各种问题，致力于营造有利于中小企业成长的社会经济环境。

本书在主流经济理论的基础上，尝试从控制权理论的角度探讨中小企业董事会特征及其对企业绩效的影响；从提高企业实际控制人能力的视角，探讨提高成长型中小企业董事会治理水平，进而提高企业经营绩效；从构建成长型中小企业董事会治理评价指数体系，补充完善研究成长型中小企业董事会特征与企业绩效影响的渠道方法；从构建逻辑分析框架角度，尝试梳理出董事会特征要素影响企业绩效的内在机理。本书避免了仅使用传统理论对中小企业董事会治理问题的重复性解释，希望探索出科学合理的成长型中小企业董事会特征要素体系。

本书是一次尝试，只能算是一个阶段性的成果。对于成长型中小企业日新月异的迅猛发展，其董事会治理还有不少问题有待深入研究，这仍是自己今后努力的方向。

本书在构思与写作过程中，得到了四川省社会科学院副院长盛毅、四川省社会科学院管理学所所长胡绍宏、四川省社会科学院产业经济研究所所长达捷、西南交通大学经济与管理学院副院长王建琼和魏宇、成都市社会科学院院长陈蛇、四川嘉华企业（集团）股份有限公司董事长许毅刚的支持和帮助。对四川省社会科学院段莉、田炎、柴剑锋、徐彬对本人的大力支持表示感谢；特别对刘茂娟、王君的辛勤劳动表示衷心感谢。